Helga Brandt
XII '82

THEOLOGISCHE WISSENSCHAFT
Sammelwerk für Studium und Beruf

Herausgegeben von
Carl Andresen, Werner Jetter,
Wilfried Joest, Otto Kaiser,
Eduard Lohse

Band 1

Rudolf Smend

Die Entstehung des Alten Testaments

Zweite, durchgesehene und ergänzte Auflage

Verlag W. Kohlhammer
Stuttgart Berlin Köln Mainz

CIP-Kurztitelaufnahme der Deutschen Bibliothek

Smend, Rudolf:
Die Entstehung des Alten Testaments / Rudolf Smend.
2., durchges. u. erg. Aufl.
Stuttgart; Berlin; Köln; Mainz: Kohlhammer, 1981.
 (Theologische Wissenschaft; Bd. 1)
 ISBN 3-17-007240-4
NE: GT

Zweite, durchgesehene und ergänzte Auflage 1981
Alle Rechte vorbehalten
© 1978 Verlag W. Kohlhammer GmbH
Stuttgart Berlin Köln Mainz
Verlagsort: Stuttgart
Umschlag: hace
Gesamtherstellung:
W. Kohlhammer Druckerei GmbH + Co. Stuttgart
Printed in Germany

Dem Andenken an Martin Noth

Inhalt

§ 1 Die Aufgabe 9

A. Das Alte Testament

I. Die hebräische Bibel
§ 2 Der Kanon 13
§ 3 Der Text 20

II. Die alten Übersetzungen
§ 4 Die Septuaginta 24
§ 5 Andere Übersetzungen 30

B. Das Gesetz

I. Pentateuch und Pentateuchkritik
§ 6 Pentateuch, Hexateuch, Enneateuch, Tetrateuch 33
§ 7 Die Tradition über den Ursprung und ihre Kritik 35

II. Die priesterliche Schicht
§ 8 Die Endredaktion 38
§ 9 Die Priesterschrift 47
§ 10 Das Heiligkeitsgesetz 59

III. Die deuteronomische Schicht
§ 11 Die Redaktion des vorpriesterschriftlichen Tetrateuchs 62
§ 12 Das Deuteronomium 69

IV. Die alten Literaturwerke
§ 13 Die elohistischen Fragmente 82
§ 14 Das jahwistische Erzählungswerk 86
§ 15 Das Bundesbuch 94

V. Die vorliterarische Überlieferung
§ 16 Die Erzählungszyklen 96
§ 17 Die Grundformen der Überlieferung 101

C. Die Früheren Propheten

I. Die Redaktionen
§ 18 Die Bücher Josua, Richter, Samuel, Könige 110
§ 19 Das deuteronomistische Geschichswerk 111

II. Die ältere Überlieferung
§ 20 Erzählungen aus vorstaatlicher Zeit 125
§ 21 Erzählungen von Königen 129
§ 22 Erzählungen von Propheten 134
§ 23 Aufzählungen 137

D. Die Späteren Propheten

§ 24 Prophetenbuch und Prophetenwort 140

I. Die Großen Propheten
§ 25 Jesaja 143
§ 26 Jeremia 156
§ 27 Ezechiel 164

II. Das Buch der zwölf Kleinen Propheten
§ 28 Hosea 168
§ 29 Joel 171
§ 30 Amos 173
§ 31 Obadja 176
§ 32 Jona 176
§ 33 Micha 178
§ 34 Nahum 180
§ 35 Habakuk 181
§ 36 Zefanja 182
§ 37 Haggai 182
§ 38 Sacharja 183
§ 39 Maleachi 186

E. Die Schriften

I. Die drei poetischen Hauptwerke
§ 40 Die Psalmen 188
§ 41 Ijob 201
§ 42 Die Sprüche Salomos 209

II. Die fünf Megillot
§ 43 Rut 215
§ 44 Das Hohe Lied 216
§ 45 Kohelet 218
§ 46 Die Klagelieder 220
§ 47 Ester 220

III. Das apokalyptische Buch
§ 48 Daniel 222

IV. Die chronistische Geschichtsschreibung
§ 49 Esra und Nehemia 225
§ 50 Chronik 227

Bibelstellenregister 230

Sachregister 235

§ 1 Die Aufgabe

1. Die wissenschaftliche Disziplin, in die der vorliegende Grundriß gehört, heißt traditionell *Einleitung in das AT*. Sie behandelt fast immer a) die Entstehung der einzelnen bibl. Bücher (»spezielle Einleitung«), b) deren Sammlung zum Kanon und c) die Überlieferung des kanon. Textes (»allgemeine Einleitung«). Es leuchtet ein, daß diese Gegenstände zusammengenommen präziser mit dem Begriff »Entstehung des AT« erfaßt werden. Dieser Begriff ist auch glücklicher als der entgegengesetzte der Geschichte des AT bzw. seiner Literatur, unter dem freilich so bedeutende Werke erschienen sind wie die epochemachende Histoire Critique du Vieux Testament des franz. Oratorianers R. SIMON (1678/1685, Neudruck 1967), die ihren Verfasser die Mitgliedschaft in seinem Orden kostete, und die Geschichte der hl. Schriften Alten Testaments des Straßburger Protestanten ED. REUSS (1881, ²1890). Eine regelrechte Geschichte vermögen beide nicht zu geben, weil die Beschaffenheit der bibl. Büchersammlung dem bis heute und vermutlich auch in alle Zukunft unüberwindliche Hindernisse in den Weg legt. Vollends eine Geschichte der altisr. Literatur gibt es auch dem Titel nach nur im Ausnahmefall (K. BUDDE, Geschichte der althebr. Litteratur, 1906, ²1909; A. LODS, Histoire de la Littérature hébraique et juive, 1950) – wir besitzen von dieser Literatur ja nur den zum Kanon gewordenen Ausschnitt. Immerhin liegen aus unserem Jh. zwei wichtige Darstellungen der altisr. Literatur vor, die den Begriff der Geschichte nicht im Titel tragen, beide bezeichnenderweise im Rahmen größerer Gesamtdarstellungen der Literatur erschienen: H. GUNKELS wiederum epochemachender Grundriß »Die isr. Literatur« (in: Die Kultur der Gegenwart I,7, 1906, 51–102, Neudruck 1963) und J. HEMPELS Handbuch »Die althebr. Literatur und ihr hellenist.-jüd. Nachleben« (im Handbuch der Literaturwissenschaft, 1930, Neudruck 1968).

Bei alledem hat aber der Begriff »Einleitung in das AT« seinen Sinn noch nicht verloren. Einmal weil der Versuch, die Entstehung des AT und seiner Teile zu erfassen und zu beschreiben, ungewöhnlich großen Schwierigkeiten begegnet, die bereits angedeutet wurden und die uns auch in diesem Buch immer wieder beschäftigen werden. Vor allem aber weil mit dem Begriff ausgedrückt wird, daß dieser Disziplin, zumal im Rahmen der theol. Wissenschaft, die Funktion eines Dienstes an ihrem Gegenstand, dem AT als einem der beiden Teile der christl. Bibel, zukommt. Die Bemühung um die Entstehungsgeschichte dieses Buches soll seinem Verständnis dienen. Es ist eine Binsenwahrheit, daß zum Verständnis geschichtlich gewordener Gegenstände nichts so wichtig ist wie die möglichst genaue Kenntnis dieses ihres geschichtlichen Werdens; wer im Falle der Bibel auf diesen Schlüssel glaubt verzichten zu können, aus welchen Gründen auch immer, handelt grob fahrlässig. Wie groß der Nutzen ist, den das theol. Verständnis des AT aus der Einleitungswissenschaft zu ziehen vermag, zeigt G. v. RADS Theologie des AT (I 1957, ⁶1969, II 1960, ⁵1968).

2. Die *Literatur* der Disziplin ist kaum noch überschaubar. Nach mancherlei Vorläufern, unter denen außer dem schon genannten R. SIMON besonders B. DE SPINOZA mit seinem auch aus anderen Gründen berühmten Tractatus theologico-politicus (1670) hervorzuheben ist, lieferte J. G. EICHHORN das erste »Einleitung in das AT« betitelte Lehrbuch im modernen Sinn (1780–83, ⁴1823). Gegen sein in mancher Hinsicht noch vorkritisches Verfahren wandten sich W. M. L. DE WETTES »Beiträge zur Einleitung in das AT« (1806/07, Neudruck 1971), die der histor. Kritik am Pentateuch während der folgenden Jahrzehnte den Weg wiesen. DE

WETTES eigenes Lehrbuch (1817, ⁷1852; stark veränderte Neubearbeitung durch E. SCHRADER ⁸1869) bietet mit seinen knappen Übersichten die beste Orientierung über die bis dahin geleistete Arbeit. Es wurde abgelöst durch das vermittelnde Lehrbuch von DE WETTES Schüler F. BLEEK (1860). In der Geschichte dieses Buches trat drastisch die Wende zutage, die die at. Wissenschaft damals nahm: J. WELLHAUSEN bearbeitete die 4.–6. Aufl. (1878, 1886, 1893) und schrieb außer den Teilen über Kanon und Text auch den über die Bücher Ri-Kön neu, nahm diesen aber wieder heraus (1886), weil er der BLEEKschen Betrachtungsweise allzusehr widersprach, und restituierte BLEEKs alten Wortlaut. Seine eigene, bei allen seitherigen nötigen und unnötigen Modifikationen grundlegend gebliebene Sicht der at. Tradition und ihres Hineingehörens in die Geschichte Israels gab WELLHAUSEN in den drei klassischen Werken: Die Composition des Hexateuchs und der histor. Bücher des AT (zusammengefaßt aus JDTh 21, 1876 und 22, 1877 sowie BLEEK⁴, ³1899, Neudruck 1963); Prolegomena zur Geschichte Israels (zuerst als Geschichte Israels I 1878, ⁶1905, Neudruck 1927) und Isr. und jüd. Geschichte (1894, ⁷1914, Neudruck 1958). Das große Handbuch der neuen Schule schrieb der Leidener A. KUENEN: Historisch-critisch Onderzoek naar het ontstaan en de verzameling van de boeken des Ouden Verbonds (1861–65, ²1885–93, deutsch 1887–94), ein bis heute in der Gründlichkeit und der nüchternen Souveränität, mit denen das Material vorgeführt und diskutiert wird, unübertroffenes, freilich kaum zur zusammenhängenden Lektüre geeignetes Werk. Ihm traten S. R. DRIVERS Introduction to the Literature of the OT (1891, ³1913) und G. WILDEBOERS Letterkunde des Ouden Verbonds (1893, ³1903) zur Seite, beide auch ins Deutsche übersetzt (1896 bzw. 1895, ²1905). Den Markt beherrschten in der Folgezeit Grundrisse für den studentischen Gebrauch: die Einleitung C. H. CORNILLS aus dem weiteren Umkreis WELLHAUSENS (1891, ⁷1913) und neben ihr die konservativere von H. L. STRACK (1883, ⁶1906), die von derjenigen E. SELLINS (zuerst 1910) abgelöst wurde, einem originellen Buch, das in der Neubearbeitung durch L. ROST (⁹1959) fast bis in unsere Tage reicht.

Das letzte Lehrbuch aus der WELLHAUSENschule, C. STEUERNAGELS umfangreiche Einleitung (1912), war zur Zeit seines Erscheinens schon fast ein Anachronismus, weil inzwischen eine literaturwissenschaftl. Betrachtungsweise Raum gewonnen hatte, die sich auf J. G. HERDER berief und vor allem durch H. GUNKEL und H. GRESSMANN repräsentiert wurde; sie richtete ihr Augenmerk besonders auf die bisher vernachlässigten vorlit. Gattungen und deren »Sitz im Leben«. Die umfangreiche, nicht leicht lesbare, aber schon wegen ihrer von Aufl. zu Aufl. vermehrten Literaturangaben bis heute unentbehrliche Einleitung von O. EISSFELDT (1934, ³1964 [⁴1976]) sucht diese Fragestellung mit dem herkömmlichen Stoff der Disziplin zu verbinden. Einen Schritt weiter ging darin das verbreitete Lehrbuch von A. WEISER (1939, ⁶1966), das im Verfolg einer namentlich von S. MOWINCKEL beeinflußten Forschungsrichtung den »Sitz im Leben« vorwiegend im Kultus, speziell in einem freilich etwas imaginären Bundesfestkultus, suchte.

Die Nachkriegszeit hat in Deutschland drei sehr empfehlenswerte Bücher hervorgebracht, in denen die genannten Gesichtspunkte voll integriert sind: C. KUHLS für einen weiteren Kreis bestimmte »Entstehung des AT« (1953, ²1960) und die beiden Einleitungen von G. FOHRER und O. KAISER, die erste nur dem Titel nach eine Neubearbeitung des SELLINschen Buches (¹⁰1965, ¹²1980), in Wahrheit ein ebenso übersichtliches wie umfangreiches neues Werk mit dezidierten Auffassungen, die zweite (1969, ⁴1978) eine anregende »Einführung in Ergebnisse und Probleme«, die von Aufl. zu Aufl. die geleistete Arbeit notiert und sichtet. – Zur

Einführung eignen sich auch das von J. Schreiner herausgegebene Sammelwerk »Wort und Botschaft des AT« (²1969) und W. H. Schmidts »Einführung in das AT« (1979).

Von der neueren Literatur des Auslands seien hervorgehoben: J. A. Bewer, The Literature of the OT (1922, ³1962 von E. G. Kraeling); R. H. Pfeiffer, Introduction to the OT (1941, ²1957); Th. C. Vriezen, Oudisraëlitische Geschriften (1948, ⁴1973 unter dem Titel De Literatuur van Oud-Israël, gemeinsam mit A. S. van der Woude); A. Bentzen, Introduction to the OT (1948, ⁷1967); G. W. Anderson, A Critical Introduction to the OT (1959, Neudrucke); H. Cazelles u. a., Introduction critique à l' Ancien Testament (Introduction à la Bible, Éd. nouvelle II, 1973); J. A. Soggin, Introduzione all' Antico Testamento (1974), auch engl.: Introduction to the OT (1976). Auf einer eigenständigen Konzeption von der nach wie vor grundlegenden Bedeutung des Kanons ist aufgebaut B. S. Childs, Introduction to the OT as Scripture (1979). — Eine Darstellung des gegenwärtigen Forschungsstandes unter den Gesichtspunkten der Formgeschichte gibt der Sammelband OT Form Criticism (ed. J. H. Hayes, Beiträge von J. Buss, W. M. Clark, J. L. Crenshaw, E. Gerstenberger, W. E. March, J. A. Wilcoxen 1974). Die Literatur eines entscheidenden Zeitabschnittes in der Geschichte Israels interpretiert P. R. Ackroyd, Exile and Restauration. A Study of Hebrew Thought of the Sixth Century BC (1968, ²1972).

3. Für das *Verfahren* gibt es verschiedene Möglichkeiten. Die gebotene Verbindung von Analyse der bibl. Bücher und Literaturgeschichte wird heute gern so hergestellt, daß man zunächst die vorlit. und lit. Gattungen und dann die bibl. Bücher behandelt, wobei man in der Regel von den älteren zu den jüngeren Bestandteilen fortschreitet, also von einer Quellenschrift oder den authentischen Worten eines Propheten zu späteren Zusätzen und Redaktionen. Das vorliegende Buch verfährt umgekehrt. Ausgangspunkt sind die fertigen lit. Größen: das AT selbst und seine Teile. Von ihnen aus wird jeweils zurückgefragt: über die Redaktionen zu den von ihnen verwendeten schriftl. Quellen und von dort zu den Stoffen und Formen, die wiederum diesen zugrundeliegen. Dieses Verfahren hat den Nachteil, daß gelegentlich nicht gleich deutlich wird, wie sich die jeweils jüngeren Schichten auf die älteren beziehen, sie auslegen, auch korrigieren. Dem steht aber der Vorteil des festeren Ausgangspunktes gegenüber; vom relativ Sicheren wird schrittweise zum, in der Regel wenigstens, Unsichereren zurückgegangen. Die Unterscheidung des Sicheren vom Unsicheren ist in der at. Wissenschaft der letzten Jahrzehnte oft sträflich vernachlässigt worden. Sollte das vorliegende Buch wenigstens einigen Lesern ein gewisses Gefühl für die Grade der Wahrscheinlichkeit vermitteln, wäre es nicht umsonst geschrieben.

Dieses Gefühl kann sich freilich nur an den Gegenständen bilden und hat ohne sie nicht viel Wert. Vollends bei einem Lehrbuch, dessen Gegenstand die Bibel ist, ist es nicht nur unpädagogisch, sondern auch sachlich unangemessen, den Stoff um jeden Preis auf ein Minimum zu reduzieren. Dem Autor standen bei seiner Arbeit, die ein kurzes Lehrbuch ergeben sollte, fortwährend leise drohend J. Wellhausen und M. Noth vor Augen, die beide wohl wußten, warum sie keine Freunde von allzu kurzen Einleitungen in das AT waren. Daß das, was hier vorliegt, schon aus diesem Grunde ihrem Urteil nicht standhalten könnte, bereitet ihm größere Sorge als die Aussicht auf gelegentliche Klagen studentischer Leser, hier würde immer noch zuviel Stoff geboten. Zum Überfluß sei bemerkt: auch das, was in diesem Buch steht, braucht ein Examenskandidat nicht in allen Einzelheiten zu wissen. Wohl aber ist das Buch mit dem Ziel geschrieben, daß seine Lektüre Studenten außer bei der Einarbeitung in den Stoff auch und gerade bei der Vorbereitung auf das Examen gute Dienste leisten solle.

Der wichtigste Hinweis für die Benutzung ist dieser: die Lektüre hat nur dann Sinn, wenn sie mit der intensiven und beharrlichen Lektüre des Buches verbunden wird, in das hier »eingeleitet« werden soll. Die zitierten Bibelstellen wollen nachgeschlagen sein; sonst bleibt die »Einleitung« ohne Anschauung, ja geradezu ohne Gegenstand. Und es kommt am Ende auch in einem gut geführten Examensgespräch, um von Wichtigerem zu schweigen, sehr viel mehr darauf an, daß man ein wenig gelernt hat, die Bibel geschichtlich zu lesen, als darauf, daß man diese und jene Gelehrtenmeinung weiß. Nur: das eine ist nicht ohne das andere zu haben. Und gerade hier, wo unser Nichtwissen oft viel größer ist als unser Wissen, bekommen die Hypothesen der Wissenschaft ein so großes, gelegentlich übergroßes Gewicht, daß die Disziplin der »Einleitung« weithin nicht viel mehr tun kann als sie in neuer Sichtung zusammenzufassen. Der einzigartige Gegenstand, um den es sich handelt, setzt auch die an ihm geleistete Arbeit in eine besondere Verantwortung und Würde. Das erfordert, ihr ebenso erwartungsvoll wie nachdenklich und kritisch zu begegnen und sich an ihr in den Grenzen, die jedem gesetzt sind, zu beteiligen. Zu solcher Beteiligung soll auch im folgenden eingeladen werden.

A. Das Alte Testament

F. BUHL, Kanon und Text des AT 1891; P. R. ACKROYD, C. F. EVANS, S. L. GREENSLACH, G. W. H. LAMPE (ed.), The Cambridge History of the Bible I–III, 1963–70.

I. Die hebräische Bibel

§ 2 Der Kanon

A. KUENEN, Über die Männer der großen Synagoge (1876), Ges. Abhandlungen zur bibl. Wissenschaft, 1894, 125–160; TH. ZAHN, Die Geschichte des nt. Kanons, II,1, 1890; G. HÖLSCHER, Kanonisch und apokryph, 1905; R. MEYER, Kanonisch und apokryph im Judentum, ThWNT III, 1938, 979–987; J. A. SANDERS, Torah and Canon, 1972.

Die hebr. Bibel ist, wie man gern gesagt hat, eine kleine Bibliothek (vgl. B. DUHM, Die Entstehung des AT, ²1909). Sie enthält die folgenden Bücher:
Gen Ex Lev Num Dtn
Jos Ri 1 Sam 2 Sam 1 Kön 2 Kön
Jes Jer Ez   Hos Joel Am Obd Jon Mi Nah Hab Zef Hag Sach Mal
Ps Ijob Spr   Rut Hld Koh Klgl Est   Dan   Esr Neh 1 Chr 2 Chr
Wir fragen nach dem Zustandekommen dieser Bibliothek.
1. Um das Jahr 95 n. Chr. schreibt der jüd. Schriftsteller *Josephus* in seinem apologet. Werk Contra Apionem (I,7 f.), die Juden besäßen seit langem eine Anzahl von Büchern, denen sie nichts hinzuzufügen, von denen sie nichts wegzunehmen und an denen sie nichts zu ändern wagten. Es sei ihnen allen von Kind auf selbstverständlich, in diesen Büchern Gottes Anordnungen (θεοῦ δόγματα) zu finden und darum an ihnen festzuhalten, ja, wenn es sein müsse, freudig für sie zu sterben. Weil bei den Juden nicht jeder habe Geschichte schreiben dürfen, sondern nur die Propheten, die die Vergangenheit gemäß der ihnen zuteil gewordenen göttlichen Inspiration (κατὰ τὴν ἐπίπνοιαν τὴν ἀπὸ τοῦ θεοῦ) und die Gegenwart aus genauer eigener Kenntnis beschrieben hätten, gebe es hier nicht, wie bei anderen Völkern, zahllose einander widersprechende Bücher, sondern nur wenige, und diese seien völlig zuverlässig. Es handle sich um 22: zunächst 5 von Mose, die die Gesetze und die Überlieferung von der Entstehung des Menschen bis zum Tode des Mose umfaßten; dann 13 mit der Geschichte vom Tode des Moses bis zu Artaxerxes, dem Perserkönig nach Xerxes, geschrieben von den Propheten dieser Zeit; schließlich 4 Bücher mit Hymnen auf Gott und Lebensregeln für die Menschen. Auch die Geschichte seit Artaxerxes sei aufgezeichnet, aber diese Schriften besäßen nicht dieselbe Glaubwürdigkeit wie die älteren, weil für diese Zeit die wahre Nachfolge der Propheten gefehlt habe.
Ungefähr gleichzeitig mit dem Zeugnis des Josephus ist das des Schlußkapitels (14) der Apokalypse *4 Esr*, die aus dem bab. Exil zu stammen behauptet, tatsächlich aber nicht die Lage nach 587 v. Chr., sondern die nach der erneuten Zerstörung Jerusalems durch die Römer 70 n. Chr. reflektiert und offenbar auch schon die

Regierung des Kaisers Domitian (81–96) voraussetzt. Der angebliche Verfasser Esra fragt im Gebet vor seiner Entrückung, wer in Zukunft das Volk unterweisen solle; Gottes Gesetz sei ja verbrannt, so daß niemand die Taten kenne, die Gott getan habe und die er noch tun wolle. Auf seine Bitte bekommt Esra, indem er einen Becher mit feuerartigem Wasser trinkt, den hl. Geist verliehen und diktiert gemäß göttlichem Befehl fünf Männern vierzig Tage lang 94 Bücher. Die ersten 24 von ihnen werden für den allg. Gebrauch veröffentlicht, die übrigen 70 dagegen (die Apokalypsen) den Weisen vorbehalten.

2. Die 24 Bücher des 4 Esr sind sehr wahrscheinlich ebenso wie die 22 des Josephus mit denen identisch, die wir als das AT kennen. Dieses war demnach am Ende des 1. Jh.s n. Chr. bereits in seinem heutigen Umfang vorhanden.

Der Unterschied in der *Zahl* der Bücher braucht nicht zu irritieren. Nach unserer heutigen Zählung hat das AT 39 Bücher. In alter Zeit werden Sam, Kön, die 12 Propheten, Esr–Neh und Chr als je ein Buch gezählt. Daher die Gesamtzahl 24, die bei den jüd. Autoren außer Josephus üblich ist. Die Zahl 22 des Josephus kommt wohl dadurch zustande, daß Rut in Ri und Klgl in Jer einbegriffen werden, was, da beide von Hause aus selbständige Schriften und in einem anderen Kanonsteil geläufig sind, ein auf geschichtl. Überlegung beruhender sekundärer Akt sein dürfte. Die Zahl 22 ist also als die jüngere zu betrachten. Sie ist außer bei Josephus bei einer Reihe von Kirchenvätern bezeugt, die die jüd. Ordnung beschreiben (Melito von Sardes, Origenes, Euseb von Caesarea, Cyrill von Jerusalem, Athanasius, Epiphanius, Hieronymus – der auch die 24 kennt –, Augustin); dabei erscheint durch Zerlegung von Sam, Kön, Chr, Esr-Neh und Ri-Rut oder Jer-Klgl in je zwei Bücher als Alternative die Zahl 27 (Epiphanius, Hieronymus). Beide Zahlen werden mit dem hebr. Alphabet in Zusammenhang gebracht: es hat 22 Buchstaben, dagegen 27 unter Einrechnung der abweichenden Form, die fünf von ihnen am Ende des Wortes haben (litterae finales). Auch die 24 ist keine gleichgültige Zahl (2mal 12), ebenso wie die 70 der geheimzuhaltenden Bücher im 4 Esr. Um bloße Spielereien handelt es sich bei alledem nicht; die Zahlen bezeichnen eine Vollständigkeit und Abgeschlossenheit der Schriftensammlung, die keine Änderung zuläßt. »Wer mehr als die 24 Bücher in sein Haus bringt, bringt Verwirrung in sein Haus«, sagt ein rabbin. Text (Midrasch Kohelet 12,12).

Josephus kennt bereits die *Dreiteilung* der at. Bücher, die in der Folgezeit immer festgestanden hat. Die erste Benennung der drei Teile als Gesetz, Propheten und Schriften (*tôrāh, n^{e}bî'îm, k^{e}tûbîm*, νόμος, προφῆται, ἁγιόγραφα) wird dem Rabban Gamaliel II. (um 90 n. Chr.) zugeschrieben; nach den hebr. Anfangsbuchstaben heißt das AT bei den Juden *t^{e}nak*. Die Dreiteilung als solche ist älter als Josephus und Gamaliel II.; sie läßt sich bis ins 2. Jh. v. Chr. zurückverfolgen.

Im Lukasevangelium (24,44) sagt der Auferstandene, es habe alles erfüllt werden müssen, was »im Gesetz des Mose und den Propheten und den Pss« über ihn geschrieben stehe. Ob die Pss hier stellvertretend für alle »Schriften« genannt sind, bleibt unsicher (Bekanntschaft mit der Chr als letztem Buch des AT wird für das NT manchmal aus der sehr zweifelhaften Beziehung von Mt 23,35; Lk 11,51 auf 2 Chr 24,20 f. erschlossen). Etwas älter ist das Zeugnis des Philo von Alexandria, die Therapeuten, eine jüd. Asketengemeinschaft, nähmen zur Lektüre »Gesetze und durch Propheten geweissagte Worte und Hymnen und die anderen Schriften, durch die Erkenntnis und Frömmigkeit vermehrt und vervollkommnet werden« (De vita contemplativa 3 § 25). Am weitesten zurück führt der Prolog der griech. Übersetzung der Weisheit des Jesus Sirach, der mit den Worten beginnt: »Weil uns vieles und großes durch das Gesetz und die Propheten und die, die auf sie folgten, gegeben ist, wofür Israel das Lob der Gesittung und Weisheit verdient...« Der Übersetzer (nach 132 v. Chr.) sagt dann von seinem Großvater, dem Verf. des Buches (um 190 v. Chr.), er habe »das Gesetz und die Propheten und die anderen von den Vätern überkommenen Bücher« studiert. Zur Entschuldigung von Abweichungen seiner Übersetzung vom Original weist er darauf hin, daß »auch sogar das Gesetz und die Propheten und die übrigen Bücher in ihrer urspünglichen (hebr.) Fassung nicht wenig verschieden« (von der Übersetzung) lauten. Die Dreiteilung ist hier ganz offensichtlich schon vorhanden, für den dritten Teil ist aber noch kein fester Begriff geprägt.

Während die Dreiteilung feststeht, variiert innerhalb dieses Rahmens die *Anordnung der einzelnen Bücher*. Das gilt natürlich nicht vom Gesetz, das immer mit den »fünf Büchern Mose« identisch ist, und auch kaum von der ersten der beiden Abteilungen, in die man etwa seit dem 8. Jh. n. Chr. die Propheten zu gliedern pflegt, den Prophetae priores *(n^{e}bî'îm ri'šônîm)* im Unterschied zu den Prophetae posteriores *(n^{e}bî'îm 'ah^{a}rônîm)*; die »vorderen« (oder »früheren«) Propheten umfassen stets die Bücher Jos, Ri (allenfalls mit Rut), Sam und Kön. Dagegen gibt es bei den »hinteren« (oder »späteren«) Propheten und vollends bei den »Schriften« weit weniger zwingende Gründe für eine bestimmte Reihenfolge; als äußerer Umstand kommt hinzu, daß in der Regel jeweils ein Buch auf einer Rolle (aus Papyrus, Leder oder Pergament) steht und die Rollen verschieden hintereinander geordnet werden können (der Kodex kommt erst im 2. Jh. n. Chr. in Gebrauch). So begegnen wir in diesem Bereich einer großen, ja verwirrenden Vielfalt.

Ein Blick auf die eingangs angeführten Zahlen des Josephus zeigt, daß die Ordnung der Bücher bei ihm sogar sehr anders ausgesehen haben muß als in der uns geläufigen Bibel. Sein dritter Teil umfaßt nur 4 Bücher, vermutlich Ps, Spr, Hld und Koh, also die David und Salomo zugeschriebenen Bücher; die übrigen »Schriften« stehen im prophet. Teil. Nun ist Josephus ein Sonderfall. In den detaillierten Aufzählungen, die wir aus alter Zeit besitzen — von der LXX, deren Einflußbereich sich freilich nicht genau eingrenzen läßt, ist hier noch nicht zu reden —, ist der Umfang der drei großen Teile allgemein schon der uns heute geläufige; dagegen wechselt die Reihenfolge der einzelnen Bücher. Die wichtigste Aufzählung enthält der bab. Talmud im Traktat Baba batra (»letzte Pforte«) (14 b). Dort ist als Reihenfolge der Propheten (nach Jos Ri Sam Kön) angegeben: Jer Ez Jes Zwölfprophetenbuch. Diese Reihenfolge wird mit einer eigenen Art von Scharfsinn so begründet: Hos ist, obwohl er eigentlich am Anfang stehen müßte, mit Hag, Sach und Mal zusammengestellt worden, weil seine Prophetie zusammen mit der dieser späteren Propheten aufgeschrieben wurde und weil sie wegen ihrer Kürze als einzelnes Buch leicht verlorengegangen wäre; und Jer ist, obwohl mit Ez jünger als Jes, an die Spitze gekommen, weil er wie das Ende des Königsbuches von Zerstörung handelt, während Ez mit Zerstörung beginnt und mit Tröstung endet und Jes ganz Tröstung ist, so daß nun Zerstörung bei Zerstörung und Tröstung bei Tröstung steht. Die Reihenfolge des dritten Teils ist in der Talmudstelle: Rut Ps Ijob Spr Koh Hld Klgl Dan Est Esr (einschl. Neh) Chr. Dazu wieder die Begründung: eigentlich hätte Ijob, der zur Zeit des Mose lebte, an den Anfang gehört; aber mit einem Strafgericht beginnt man nicht; auch das Buch Rut enthält ein Strafgericht, aber sein Ausgang ist glücklich, und Rut ist die Ahnin Davids, des Verfassers der nun folgenden Pss. Eine andere Reihenfolge gibt Hieronymus (im sog. Prologus galeatus vor den Königsbüchern in der Vulgata) als die jüd. seiner Zeit an: die Prophetenbücher wie bei uns geläufig, außer daß Rut hinter Ri steht und Klgl in Jer eingeschlossen sind, im dritten Teil Ijob Ps Spr Koh Hld Dan Chr Esr Est. In den hebr. Bibelhss. haben die großenteils landschaftlich-schulmäßig bedingten Unterschiede in der Reihenfolge nie ganz aufgehört. Als Beispiel sei genannt, daß in einer der berühmtesten mas. Hss., dem Codex Leningradensis (L), und anderwärts Chr an der Spitze der »Schriften« steht, vermutlich um, wie nach der talmud. Ordnung das Buch Rut, eine Art histor. Einleitung zum Psalter zu bilden.

Aber gewisse einigermaßen feste Ordnungen haben sich allmählich doch weithin durchgesetzt: bei den »späteren Propheten« die Reihenfolge Jes Jer Ez Zwölfprophetenbuch, bei den »Schriften« eine dreifache Gruppierung in

a) die am Anfang stehende Dreizahl Ps Spr Ijob (bei Spr und Ijob oft, z. B. auch im Codex L, die umgekehrte Reihenfolge),

b) in der Mitte die Fünfzahl Hld, Rut, Klgl, Koh, Est, seit dem 6. Jh. in wechselnder Reihenfolge zu den »fünf Rollen« *(mᵉgillôt)* zusammengefaßt, seit dem 12. Jh. in der angegebenen Reihenfolge fest im liturg. Gebrauch bei den fünf wichtigsten Jahresfesten,
c) am Schluß Dan Esr–Neh Chr.

Die *Kanonizität* hat verschiedene Bezeichnungen und Bestimmungen. Das griech. Wort Kanon (Maßstab) wird erst im 4. Jh. in der christl. Kirche auf die bibl. Schriftensammlung angewandt (Athanasius). Das NT spricht von den »(hl.) Schriften« (Lk 24,27.32.45; Röm 1,2; 2 Tim 3,15 u. ö.) und »der Schrift« (Joh 2,22; Gal 3,8.22 u. ö.). Dem liegt jüd. Sprachgebrauch zugrunde (Philo, Josephus, Mischna). Eine eigentümliche Definition der Kanonizität ist bei den Rabbinen die, daß das betreffende Buch »die Hände verunreinige« (bes. Jadajim 3,5); die Heiligkeit hat hier geradezu dinglich-sakramentalen Charakter. Auf der gleichen Linie liegt das Verbot, unbrauchbar gewordene kanon. Schriften gewaltsam zu vernichten; sie sind vielmehr in einem Raum bei der Synagoge, der sog. Geniza zu »verbergen« (aram. *gnz*) und später zu vergraben. Es ist selbstverständlich, daß an Bestand und Wortlaut solcher Bücher nichts geändert werden darf. Sie können auch nicht mehr fortgesetzt, sondern nur noch ausgelegt werden; dies freilich ist ständige Pflicht. Sie sind in allen Fragen gültige Norm. Aus ihnen wird zitiert mit der Formel »es steht geschrieben« oder »wie geschrieben steht«, die uns das NT, auch hier jüd. Brauch folgend, reichlich belegt (γέγραπται bzw. καθὼς γέγραπται Mt 4,4.6.7.10; Röm 1,17; 2,24 usw.). Dahinter steht als Motiv und eigentliches Kriterium der Kanonizität die Anschauung vom göttlichen Ursprung dieser Schriften, hauptsächlich in Form der Lehre von der Inspiration, die in mancherlei Varianten Gemeingut der damaligen jüd. Theologie ist. Dabei hat das Gesetz noch einen Vorrang vor den übrigen Schriften: es ist bereits im Himmel vorhanden gewesen und dem Mose von Gott selbst zur Gänze mündl. mitgeteilt oder schriftl. übergeben oder in die Feder diktiert worden.

3. Im Zusammenhang damit ist die *Tradition von der Entstehung des Kanons* zu sehen. Sie hat die schon in späteren Ausläufern des bibl. Schrifttums (vgl. Ps 74,9; Dan 3,38 LXX; 1 Makk 4,46; 9,27; 14,41) belegte Vorstellung zur Grundlage, daß der Inspirationsgeist zu einem bestimmten Zeitpunkt erloschen ist und daß es seitdem keine Prophetie, mindestens nicht mehr die »wahre Nachfolge« der Propheten gibt, von der Josephus an der eingangs zitierten Stelle spricht. Wenn Josephus diesen Zeitpunkt unter dem Perserkönig Artaxerxes I. (464–424) ansetzt, dann sieht er in Esra (vgl. Esr 7,1) den letzten Propheten und gleichzeitig den letzten unter den Autoren des Kanons, deren erster Mose war.

Der bab. Talmud (Baba batra 14 b.15 a) verteilt in diesem Sinne die at. Bücher so auf die Autoren: Mose schrieb »sein Buch« und Ijob, Josua »sein Buch« und Dtn 34,5–12, Samuel »sein Buch« (die Zeit nach seinem Tode fügten Gad und Natan hinzu, vgl. 1 Chr 29,29 f.), Ri und Rut, David (unter Verwendung von älterem) die Pss, Jeremia »sein Buch«, Kön und Klgl, Hiskija und sein Kollegium schrieben Jes, Spr, Hld und Koh, die »Männer der großen Synagoge« schrieben Ez, das Zwölfprophetenbuch, Dan und Est, Esra schrieb »sein Buch« und die Genealogien der Chr bis auf seine eigene, die Nehemia dann ergänzte. Ob exakt Esra oder Nehemia am Ende steht, macht wenig aus; denn Nehemia wird 2 Makk 2,13 nachgesagt, er habe eine umfassende Sammlung kanonischer Bücher angelegt.

Noch größer ist die Rolle des Esra in der ihm zugeschriebenen Apokalypse, wo er alle 24 Bücher des Kanons (und bei weitem nicht nur sie) diktiert, freilich zum Ersatz für die verlorengegangenen Schriften. Etwa in dieser Weise hat man sich bis ins 16. Jh. allgemein die Entstehung des Kanons vorgestellt. Eine für lange Zeit maßgebliche Modifikation brachte 1538 der jüd. Gelehrte ELIAS LEVITA in seinem Buch Massoreth hammassoreth (deutsche Übersetzung, hrsg. von J. S. SEMLER 1772, dort S. 45 f., in der 3. Vorrede): Esra »und seine Genossen« haben die bis dahin noch getrennt vorhandenen 24 Bücher vereinigt, in drei Teile geteilt und geordnet (Propheten und Hagiographen freilich noch nicht in der im Talmud angegebenen Reihenfolge). Mit »Esras Genossen« sind die »Männer der großen Synagoge« des Talmuds gemeint, eine nach KUENEN unhistorische, von späterer Überlieferung aus Neh 8–10 herausgesponnene Institution. Aber auch abgesehen davon hat diese Theorie, obwohl auch von prot. Gelehrten, darunter dem Basler JOH. BUXTORF (1620), aufgegriffen und ausgebaut, der Kritik nicht standgehalten. Sie scheitert schon daran, daß mehrere kanon. Bücher nachweislich in der Zeit nach Esra entstanden sind. Außerdem läßt sich die Dreiteilung des Kanons, wie sie uns vorliegt, unmöglich einfach aus einem einmaligen Akt begreifen; in ihr spiegelt sich vielmehr deutlich eine längere Entwicklung.

4. Diese Entwicklung und also den *geschichtl. Vorgang der Kanonbildung* in den Einzelheiten zu rekonstruieren fehlen uns die Mittel. Immerhin besitzen wir in den Zeugnissen des Josephus und des 4 Esr einen sicheren Ausgangspunkt: der Kanon war am Ende des 1. Jh.s n. Chr. in seinem jetzigen Umfang vorhanden. Es gibt allgemeine Gründe für die Annahme, daß sein Abschluß den beiden Zeugnissen nicht weit vorausliegt. Das Judentum mußte gerade zu dieser Zeit um eine klare Definition des Bestandes seiner hl. Schriften besorgt sein. Die Zerstörung Jerusalems i. J. 70 und das endgültige Erlöschen des Tempelkultes gaben diesen Schriften und ihrer Auslegung eine neue, dem bisherigen Zustand gegenüber wesentlich gesteigerte grundlegende Bedeutung für das Leben der Juden; die Worte des 4 Esr sind gerade in ihrer Indirektheit ein eindrucksvoller Beleg dafür. Dazu kam die Nötigung zur Abgrenzung nach zwei Seiten hin: einmal gegen das werdende Christentum, das die isr.-jüd. Tradition wie selbstverständlich und mit dem Bewußtsein vollen Rechtes für sich in Anspruch nahm, außerdem, und für den tatsächlichen Umfang des Kanons folgenreicher, gegen die drohende Überwucherung der alten maßgebenden und im Gebrauch bewährten Schriften durch eine Unmenge neuer, dem Herkommen theologisch nicht immer ungefährlicher Literatur, namentlich die Apokalypsen; das Zahlenverhältnis von 24:70, das 4 Esr angibt, wird, wie übertrieben auch immer, doch nicht völlig aus der Luft gegriffen sein. So wahrscheinlich danach irgendein formeller Abschluß des Kanons gegen Ende des 1. Jh.s n. Chr. anzunehmen ist, so wenig besitzen wir doch sichere Nachrichten über einen solchen Vorgang. Man pflegt dafür eine Synode namhaft zu machen, die in Jamnia (Jabne) stattgefunden haben soll, einem Ort in der palästin. Küstenebene, der zwischen 70 und 135 n. Chr. Sitz des Hohen Rates und Zentrum der Rabbinen war. Aber mit dieser Synode verhält es sich fast so wie mit jener »großen Versammlung«: sie ist in den Quellen nicht recht greifbar. Wir erfahren aus dem Talmud (Jadajim 3,5) nur von einer Szene um das Jahr 100, wo »die 72 Ältesten« die damals umstrittenen Bücher Hld und Koh für »die Hände verunreinigend«, also kanonisch erklärt haben sollen. Das dürfte immerhin ein für den Abschluß des Kanons charakteristischer Vorgang sein: es geht in diesem Stadium nur noch um die Zugehörigkeit oder Nichtzugehörigkeit gewisser Schriften zum dritten Kanonsteil, den *Hagiographen;* die beiden ersten Teile, Gesetz und Propheten, stehen fest, und das nicht erst seit gestern. Neben den beiden genannten Schriften werden Est und Spr gelegentlich ohne Erfolg angefochten; daß es auch Angriffe gegen den Propheten Ez gibt, ist die Ausnahme, die die Regel bestätigt. Auf der anderen

Seite bedeutet der Abschluß des Kanons den Ausschluß einer größeren Anzahl von Büchern aus dem tatsächlichen oder möglichen Kreis der hl. Schriften. Eine Reihe dieser Bücher, bei uns herkömmlich als Apokryphen und Pseudepigraphen zusammengefaßt, gewann und behielt, wenngleich nicht immer im Rang voller Kanonizität, Geltung in verschiedenen Bereichen der christl. Kirche und ist uns dadurch in Übersetzungen erhalten geblieben, worauf unten zurückzukommen sein wird. Unsere Kenntnis dieser und verwandter Literatur ist in neuerer Zeit durch glückliche Handschriftenfunde, vor allem die in Chirbet Qumran am Toten Meer seit 1947, sehr erweitert worden. Die Grenzen zwischen dem dritten Kanonsteil und dieser Literatur, die natürlich ihrerseits alles andere als eine einheitliche Größe gewesen ist, dürften bis zum Zeitpunkt des Abschlusses des Kanons, aber auch noch darüber hinaus manchmal fließend gewesen sein. Von den Einzelheiten und im Grunde auch vom Gesamtvorgang wissen wir freilich fast nichts. Die Beobachtungen, die man anzuführen pflegt, wie die Zitierung nichtkanonischer Literatur im NT und bei Josephus, bleiben mehrdeutig. Daß man, wie talmud. Stellen nahelegen, Sir nur gegen Widerstände aus dem Kanon ausgeschlossen hat, ist verständlich und wahrscheinlich; aber dieses Buch hatte eindeutig einen nachprophet. Verf. und war darum nicht kanonfähig wie etwa der theol. viel umstrittenere Koh, den man dem Salomo zuschrieb, oder Dan, den man ins bab. Exil versetzte.

Daß Dan dagegen nicht mehr unter die *Prophetenbücher* gelangte, wie es doch nahegelegen hätte und wie es in der LXX tatsächlich geschehen ist, spricht dafür, daß zur Zeit seiner Entstehung (nach 167 v. Chr.) dieser Kanonsteil bereits abgeschlossen war. Als positives Zeugnis dafür gilt das »Lob der Väter« des Sir (um 190 v. Chr.), in dem nach den Hauptgestalten der alten Zeit Jes, Jer, Ez und die Zwölf Propheten aufgezählt sind (Sir 44–49). Eine Zäsur, die sich dem späteren Abschluß des Gesamtkanons vergleichen ließe, liegt dem allerdings nicht voraus. Nicht nur daß ja noch ein ganzer umfangreicher Kanonsteil hinzutreten konnte; auch die vorhandenen Prophetenbücher waren, wie etwa der Vergleich zwischen dem mas. Text und dem der LXX zeigt, noch mancher Änderung fähig. Bei Sir selbst fehlt das Bewußtsein einer starren Grenze deutlich genug; er mischt einzelne Namen und Sachverhalte aus den Hagiographen unter diejenigen aus den Prophetenbüchern, ja er kann umgekehrt seine eigene Lehre mit der Prophetie vergleichen (24,33), was seinem Buche freilich angesichts der später maßgeblichen Kanonstheorie nichts genützt hat. Die Versuche, das Hinzutreten neuer Literatur zur prophetischen theologisch und literarisch zu bewältigen, zeigen gerade in ihrer Verschiedenheit, wie wichtig die Prophetie als Motiv und Kriterium genommen wurde. Und das geschah mit tiefem Recht. Jedes Prophetenwort enthält von vornherein einen Geltungsanspruch, der es auf Kanonizität hin angelegt sein läßt, mag diese im präzisen Sinne auch nie anders als auf dem langen und unübersichtlichen Wege über die kleineren und größeren Sammlungen, die schriftl. Fixierung und alle damit und mit den wechselnden Deutungen und Aktualisierungen gegebenen, manchmal geradezu bis zur Entstellung der ursprünglichen Gestalt führenden Modifikationen erreicht werden. So ist die Gesamtgeschichte der prophet. Überlieferung auch Vorgeschichte des Kanons.

Aber nicht nur sie; mutatis mutandis gilt Entsprechendes mehr oder weniger für alle Bereiche der at. Überlieferung. Am meisten gilt es für den Bereich, der im Kanon unter dem Begriff *Gesetz* zusammengefaßt ist. Das Gesetz ist den Propheten in den entscheidenden Stadien des Weges auf die Kanonizität hin vorangegangen. Von da her völlig sachgemäß gebraucht das NT für das AT die formelhafte Gesamtbezeichnung »Gesetz und Propheten« (Mt 5,17; 7,12; 22,40; Lk

16,16; Joh 1,45; Röm 3,21) oder »Mose und die Propheten« (Lk 16,29.31). Aus diesen beiden Kanonteilen wird im Gottesdienst der Synagoge vorgelesen (Apg 13,15, vgl. Lk 4,17), wofür aus dem dritten Teil nur die fünf Megillot und diese auch nur im Zusammenhang mit den fünf Festen und selbst das überwiegend erst in späterer Zeit verwendet werden. Aber auch zwischen dem Gesetz und den Propheten gibt es in diesem Punkt Rangunterschiede; die Prophetenlesung (*haptārāh* »Entlassung«) steht eindeutig hinter der des Gesetzes zurück (vgl. Apg 15,21). Das ist kein Zufall. So wenig bei der Kanonbildung eine der beiden Größen gegen die andere ausgespielt und so sehr das prophet. Element und Prinzip gerade hier zur Geltung gebracht wird, so unzweifelhaft ist doch die grundlegende und maßgebende Stellung des Gesetzes. Außer der drei- und der zweigliedrigen Gesamtbeziehung für das AT gibt es mit Grund die eingliedrige: das Gesetz.

So heißt 4 Esr 14,21 die Größe, die bei der Zerstörung Jerusalems verbrannt ist und dann durch das Diktat der 24 Bücher wiederhergestellt wird. Im NT können Propheten (1 Kor 14,21) und Pss (Joh 10,34; 12,34; 15,25) als »das Gesetz« zitiert werden (vgl. auch Röm 3,19). Ganz ebenso wird in zahlreichen rabbin. Texten das ganze AT Gesetz genannt. Kaum weniger eindrucksvoll kommt die Prävalenz des Gesetzes in der rabbin. Zweiteilung des AT in Gesetz und Überlieferung zum Ausdruck; mit Überlieferung (*qabbālāh*) sind der zweite und der dritte Kanonsteil gemeint.

Das entspricht nicht nur dem Schriftverständnis des beim Abschluß des Kanons maßgebenden pharis.-rabbin. Judentums, es ist auch im geschichtl. Hergang begründet. Wir haben Anhaltspunkte dafür, daß es ein Stadium gegeben hat, in dem allein das Gesetz den Kanon bildete – wenn man den Ausdruck Kanon hier schon gebrauchen will. Als bei den alexandrin. Juden von der Mitte des 3. Jh.s v. Chr. an die hl. Schriften ins Griech. übersetzt wurden, betraf diese Übersetzung zunächst nur den Pentateuch, und als vorher, gegen Ende des 4. Jh.s – wenn die herkömmliche Datierung im Recht ist – die Samaritaner sich endgültig von der Kultgemeinde in Jerusalem trennten, übernahmen sie als hl. Schrift ebenfalls nur den Pentateuch, der bis heute bei ihnen in dieser Rolle geblieben ist. Geht man weiter zurück, dann stößt man auf einen Vorgang, in dem man mit einiger Wahrscheinlichkeit die Kanonisierung des Pentateuchs und damit den eigentlichen Beginn der Kanonbildung erblicken kann: die Versammlung des Jahres 458 (?), in der Esra das »Gesetzbuch des Mose« verlas und das Volk sich darauf verpflichtete (Neh 8–10). Die Tradition ist also nicht völlig im Unrecht, wenn sie den Kanon auf Esra zurückführt; aber Esra gehört, anders als sie meint, nicht an das Ende, sondern an den Anfang des Prozesses. Natürlich hat auch dieser Anfang, und gerade er, eine lange Vorgeschichte und womöglich sogar, in der Einführung des dt Gesetzes durch König Joschija (622), ein Vorbild gehabt; aber das liegt der eigentlichen Kanonsgeschichte voraus.

Daß es anderseits auf die Dauer nicht bei der Kanonisierung des Gesetzes blieb, begreift sich leicht. Das Gesetz war, davon wird zu handeln sein, mehr oder weniger künstlich aus einem größeren Zusammenhang herausgehoben worden; die abgeschnittene Fortsetzung, unsere Prophetae priores, blieb vermutlich doch sogar in Verbindung mit dem Pentateuch, vorhanden, und es lag nahe, daß über kurz oder lang die Fortsetzung einen Rang bekam, der dem des Anfanges wenn nicht gleich, so doch ähnlich war. Die einfache Gleichsetzung von Kanon und Gesetz konnte schon dem Pentateuch nicht gerecht werden; um so weniger war sie in der Lage, alle weiteren Stadien der Kanonbildung zu verhindern oder auch nur zu präjudizieren. Mag die Rolle des Gesetzes noch so übermächtig scheinen und sein, wir haben doch im Kanon selbst auch die Mittel, ihre Grenzen zu sehen.

Bevor wir von hier aus an den Pentateuch herantreten, müssen wir uns in groben
Zügen die textliche Gestalt des fertigen Kanons und seine alten Übersetzungen
vergegenwärtigen; ohne eine gewisse Kenntnis davon ist wissenschaftlicher Umgang mit dem AT nicht möglich.

§ 3 Der Text

J. WELLHAUSEN, Der Text der Bücher Samuelis, 1871; F. DELITZSCH, Die Lese- und
Schreibfehler im AT, 1920; M. NOTH, WAT (1940) ⁴1962, 267—322; E. WÜRTHWEIN, Der
Text des AT, 1952, ⁴1973; B. J. ROBERTS, The OT Text and Versions, 1951; P. KAHLE, Der
hebr. Bibeltext seit F. Delitzsch, 1961; DERS., Die Kairoer Genisa, 1962; A. JEPSEN, Von den
Aufgaben der at. Textkritik, VTS 9, 1963, 332—341; R. W. KLEIN, Textual Criticism of
the OT. From the LXX to Qumran, 1974; F. M. CROSS, S. TALMON (ed.), Qumran and the
History of the Biblical Text, 1975; Textus. Annual of the Hebrew University Bible Project, seit 1960.

1. Die Kanonizität schließt notwendig die Unveränderlichkeit des Textes in sich.
Man kann daher von vornherein annehmen, daß den Prozeß der Kanonbildung
das Bemühen um einen festen Text begleitet hat und daß ein Abschluß dieses Bemühens Hand in Hand mit dem Abschluß des Kanons erfolgt ist. Alle Anzeichen
sprechen dafür, daß das tatsächlich der Fall war. Gegen Ende des 1. Jh.s n. Chr.
wurde mit großer Wahrscheinlichkeit ein autoritativer *Konsonantentext* des gesamten AT kanonisiert. Er setzte sich, obwohl gewisse Schwankungen in Einzelheiten,
z. B. der Gottesbezeichnung, sehr lange blieben, in der Folgezeit nahezu vollständig durch; wir haben ihn im mas. Text (MT) vor uns.
Für die *Zeit davor* läßt sich ein *Nebeneinander verschiedener Textformen* nicht
nur grundsätzlich wahrscheinlich machen, sondern auch beobachten.
Die wichtigste Zeugin ist seit jeher die aus vorchristl. Zeit stammende griech.
Übersetzung des AT, die Septuaginta (LXX, 𝔊). Sie setzt an zahllosen Stellen
einen hebr. Text voraus, der von dem uns geläufigen mehr oder weniger stark
abweicht.
Daneben ist der samaritan. Pentateuch (𝔪) zu nennen, dessen Überlieferung sich,
mag es auch später noch Berührungen gegeben haben, wenigstens prinzipiell im
4. (oder 3.?) Jh. v. Chr. verselbständigt hat. Seine Sprache ist hebr., die Schrift
steht der althebr., die vor der sog. Quadratschrift in Gebrauch war, noch sehr
nahe; es gibt auch Übersetzungen in andere Sprachen. Die ältesten Hss. des Samaritanus, die wir kennen, stammen aus dem Mittelalter. Man zählt im Samaritanus
etwa 6000 Abweichungen vom MT, von denen freilich die meisten orthographischer
Natur sind und einige den Garizim als Heiligtum rechtfertigen sollen; in einem
Drittel der Abweichungen geht der Samaritanus interessanterweise mit der LXX
zusammen.
Der älteste unmittelbare Zeuge für den hebr. Bibeltext war nach seiner Entdeckung i. J. 1902 in Ägypten einige Jahrzehnte lang der Papyrus Nash aus dem 2.
Jh. v. Chr., der den Dekalog in einer weder dem MT von Ex 20,2—17 noch
dem von Dtn 5,6—21 genau entsprechenden Form enthält, dazu den Anfang des
»Höre Israel« von Dtn 6,4 f. An Umfang und Bedeutung wurde er seit 1947 weit
überboten durch die Hss.-Funde von Qumran, die bis heute noch längst nicht
erschöpfend ausgewertet sind. Man fand die Hss., bibl. und andere, in Höhlen
(besonders den Höhlen 1, 4 und 11 = 1Q, 4Q, 11Q) nahe der antiken Siedlung
einer jüd. Sekte, wahrscheinlich der Essener, unweit des Toten Meeres. Die Bibliothek dieser Sekte scheint zu Beginn des jüd. Aufstandes gegen die Römer von

66–70 n. Chr. in den Höhlen versteckt worden zu sein. Die Hss. sind also allesamt älter als der Abschluß des jüd. Kanons. Ihre Entstehung reicht bis ins 2., in Einzelfällen vielleicht sogar ins 3. Jh. v. Chr. zurück. Das größte Aufsehen erregten sogleich zwei Hss. des Buches Jes aus Höhle 1. Die eine von ihnen (1QIs^a), vollständig erhalten, weicht vom kanon. Text bei zunächst überraschend weitgehender Übereinstimmung orthographisch, aber auch sachlich an vielen Stellen ab, die andere (1QIs^b), nur fragmentar. erhalten, steht ihm näher. Im übrigen haben sich von allen at. Büchern mit Ausnahme von Est Fragmente gefunden, wenngleich oft nur von winziger Größe. Dazu kommen Kommentare, *pæšær* genannt, die den Text wörtlich anführen, voran der Hab-Kommentar aus Höhle 1 (1QpHab), und Zitatensammlungen verschiedener Art. Verwandtschaft mit den uns bekannten Texttypen, dem MT, dem Samaritanus und der LXX, läßt sich reichlich nachweisen; besonders eindrucksvoll ist etwa die Berührung von Fragmenten aus 1/2 Sam (4 QSam^a, 4 QSam^b) und Jer (4 QJer^b) mit der LXX, die gerade in diesen Büchern stark vom MT abweicht.

Sozusagen die Gegenprobe zu der Verschiedenheit der Texttypen in der vorkanon. Zeit bilden die Zeugnisse aus der *Zeit danach*. Die griech. Übersetzungen des Aquila, des Theodotion und des Symmachos im 2./3. Jh. n. Chr. setzen im wesentlichen den einen kanon. Text voraus, ebenso die rabbin. Literatur in ihren Bibelzitaten, das Targum Onkelos und die Vulgata. Dasselbe gilt von den Textfragmenten vom Wadi Murabbaʿat und vom Naḥal Ḥever am Westrand des Toten Meeres, also nicht sehr weit von Qumran, aber ohne Zusammenhang mit den dortigen Texten, vielmehr aus dem letzten jüd. Aufstand (132–135). Natürlich sind die Texte von Qumran insofern ein Sonderfall, als sie nicht aus dem orthodoxen Judentum stammen, und natürlich sind die Übergänge fließend: in der Zeit vor dem Abschluß des Kanons tritt bereits der eine Text hervor (Textfragmente aus der Bergfestung Masada am Toten Meer, die sich im großen Aufstand bis 73 n. Chr. hielt), und in der Zeit danach gibt es mancherlei Berührungen mit der früheren Vielfalt. Trotzdem erlaubt das Material, von einer grundlegenden Wende zu sprechen.

2. Auf diese Wende folgte die bis in die kleinsten Einzelheiten gehende *Fixierung des kanon. Textes*. Die Arbeit daran beanspruchte rund ein Jt. Ihre Träger in den ersten Jh.en (eine genaue Abgrenzung ist nicht möglich) nennt man die Schreiber (*sôp^{e}rîm*), ihre Nachfolger die Überlieferer oder Masoreten (aram. *msr* »überliefern«), später auch die Punktatoren (*naqdānîm*). Die Zentren der Arbeit lagen in Palästina (Tiberias) und Babylonien (Sura, Nehardea, Pumbeditha). Eine besondere Rolle spielte vom 8. Jh. an die Sekte der Karäer (*qārāʾîm* oder *b^{e}nê miqrāʾ* = Anhänger der Schrift), die unter Ablehnung der rabbin. Tradition ausschließlich die Bibel als Autorität betrachtete und darum an deren genauem Wortlaut besonders interessiert sein mußte.

Die Rekonstruktion der Zusammenhänge ist weitgehend ermöglicht worden durch einen Textfund, der, wenigstens was die Menge des Materials angeht, hinter den Funden vom Toten Meer nicht zurücksteht. In der Geniza der Synagoge von Alt-Kairo, deren Inhalt nach der Vorschrift zu begraben man vergessen hatte, wurden in der 2. Hälfte des 19. Jh.s große Mengen von bibl. und außerbibl. Textfragmenten — KAHLE schätzte ihre Zahl auf 200 000 — entdeckt, deren älteste bis ins 6. Jh. n. Chr. zurückgehen. Etwa die Hälfte des Materials brachte S. SCHECHTER 1898 nach Cambridge, das übrige gelangte nach Oxford, Leningrad und anderen Orten. Für die Geschichte des Bibeltextes wurden die Funde vor allem von P. KAHLE ausgewertet. Sie eröffneten weithin Neuland, indem sie verschiedene Bearbeitungen des Textes vor derjenigen bezeugten, die sich im Mittelalter durchgesetzt hat und die in den bis zum Beginn unseres Jh.s bekannten Hss. und den Drucken so gut wie ausschließlich zu Wort kam.

Dafür, nach welchen Grundsätzen zunächst der allein maßgebliche Konsonantentext als solcher festgestellt wurde, lassen sich durch den Vergleich zwischen dem uns ja bekannten Ergebnis und den vorkanon. Textformen, soweit sie noch greifbar sind, einige Anhaltspunkte gewinnen; auch die Untersuchung der innerhalb des AT doppelt vorkommenden und dabei bemerkenswerterweise nicht ganz gleichmäßig redigierten Texte (2 Sam 22 = Ps 18 usw., dazu die Parallelen zwischen der Chr und den Büchern Sam und Kön) ist nützlich. Als eine Haupttendenz zeigt sich dabei der Versuch, Entartungen des Textes, die uns in den »Vulgärtexten« sichtbar werden, wie etwa aram. Formen oder die Verwendung von Konsonanten als matres lectionis für Vokale, unter Rückgriff auf älteres Herkommen und vermutlich auch ältere Hss. so weit wie möglich zu reduzieren.

Freilich mußte gerade der so hergestellte Text in zahllosen Fällen mehrdeutig, oft auch anstößig sein. Es wurde die Aufgabe der Überlieferung oder *Masora* (*māsôrāh* oder *māsôræt*, auch *massôrāh* oder *massôræt*), das richtige Verständnis sicherzustellen, im Sinne des vielzitierten Ausspruches des Rabbi Aqiba, eines auf das Kleinste bedachten Exegeten (gest. 135 n. Chr.): »(Richtige) Überlieferung (*māsôræt*) ist ein Zaun für das Gesetz« (Pirqe Abot 3,13). Solche den Text begleitende Überlieferung, vorwiegend in aram. Sprache, wurde zunächst mündl. weitergegeben und später schriftl. fixiert. Sie wuchs sich schließlich zu dem uns vorliegenden gewaltigen System von Masora marginalis (parva an den Seiten, magna oben und unten) und Masora finalis aus, das ebenso ehrfurchtgebietend wie, für den Ungeübten wenigstens, verwirrend und schwer zu handhaben ist. Am geläufigsten ist die Angabe eines statt eines »geschriebenen« (*kᵉṯîḇ*) aus irgendeinem sprachlichen oder sachlichen Grunde, oft gewiß, weil dafür eine gute Tradition bezeugt war, »zu lesenden« Wortes (*qᵉrê*); sie wird im Falle des sog. Qᵉrê perpetuum wegen der besonderen Häufigkeit unterlassen; bekanntestes Beispiel: statt *jahwæh* ist *ᵃḏonāj* »der Herr« zu lesen, wobei die Vokale dieses Wortes (sofern nicht aram. *šᵉmāʾ* = »der Name« vorausgesetzt sein sollte) im Text in die Konsonanten *jhwh* eingetragen werden – Anlaß für die irrtümliche Namensform Jehowa. In diese Kategorie gehören ferner die *tiqqûnê sôpᵉrîm* »Verbesserungen der Schreiber« (besonders aus dogmat. Gründen, etwa zur Vermeidung von Anthropomorphismen), die *ʿiṭṭûrê sôpᵉrîm* »Weglassungen der Schreiber«, die puncta extraordinaria *niqqûḏôṯ* (Kennzeichnung bedenklicher Buchstaben bzw. Wörter), das *sᵉḇîr* »zu Vermutendes« (ähnlich wie das *qᵉrê* an den Rand gesetzt). Der Großteil der mas. Bemerkungen betrifft die Häufigkeit von Formen, Wörtern und Wortfolgen im jeweiligen Buch oder dem ganzen AT. Dazu kommt – der Titel *sôper* »Schreiber« ließ sich auch als »Zähler« auffassen – die Zählung der Buchstaben, Wörter und Verse, die Bestimmung der Mitte eines Buches oder Kanonteils u. dgl.

Der mas. Arbeit im engeren Sinne lag die *Einteilung* des Textes in die uns geläufigen Verse in der Hauptsache bereits vor, ebenso die weiteren Gliederungen in Sedarim (*seḏær* = Ordnung) und in größere = offene (*pᵉṯûḥāh*) und kleinere = geschlossene (*sᵉṯûmāh*) Paraschen (*pārāšāh* = Abschnitt). Die heutige Kapiteleinteilung ist dagegen, zusammen mit der Zweiteilung der Bücher Sam, Kön und Chr, erst im 14. Jh. aus der Vulgata übernommen worden und noch später, im 16. Jh., dann auch die Numerierung der Verse.

Die wichtigste Leistung der Masoreten ist die *Punktation* gewesen. Der nur aus Konsonanten bestehende Text war längst nicht mehr – und fortschreitend weniger – allgemein lesbar und verständlich. Die Lesehilfe in Gestalt der matres lectionis war im Stadium der Kanonisierung sehr reduziert worden und ließ auch abgesehen davon immer noch mehrere Möglichkeiten offen. Um dem Mangel abzuhelfen, entwickelten die Masoreten ein umfangreiches System von Vokalen und Akzenten, das Lesung und Aussprache genau festlegt; es ist für uns das entscheidende Mittel zum Verständnis des Konsonantentextes, auch wenn es diesen in vielen Fällen nicht richtig interpretiert. Genauer gesagt handelt es sich um mehrere Systeme. Zunächst standen einander zwei mit sog. supralinearer Punktation gegenüber, das palästin. und das bab.; bei dem zweiten läßt sich noch die Entwicklung aus einfachen Anfängen zu größerer Differenziertheit verfolgen. Durchgesetzt hat sich eine Weiterbildung des palästin. Systems, die mit unüberbietbarer Genauigkeit verfahrende tiberiensische Punktation. Sie hat zwei miteinander rivalisierende Hauptvertreter gehabt, Ben Naftali und die Familie Ben Ascher. Die Stimme des Philosophen Maimonides (gest. 1204) bewirkte, daß der Text der Ben Ascher maßgebend wurde. Freilich haben sich Hss. mit dem Text des Ben Naftali erhalten, und eine Mischung aus beiden, nur in Kleinigkeiten voneinander abweichenden Textgestalten hat den textus receptus der meisten älteren Druckausgaben gebildet.

3. Aus dem Endstadium der mas. Arbeit besitzen wir eine Reihe großer *Handschriften*. Eine von ihnen, der sog. Petersburger Prophetenkodex aus dem Jahre 916, ist zwar mit bab. Zeichen punktiert, weist aber sowohl in der Punktationsweise als auch in der Masora starke tiberiens. Einflüsse auf und stellt damit ein Dokument für die Durchsetzung des westl. Systems auch im östl. Bereich dar. Vorwiegend den Ben-Naftali-Text vertreten der Codex Reuchlinianus in Karlsruhe aus dem Jahre 1105 und die drei Erfurter Kodizes, jetzt in Berlin (14., 13. und 11. Jh.). An der Spitze der Ben-Ascher-Handschriften steht der Codex Cairensis (C), 895 von Mosche ben Ascher geschrieben, alle Propheten enthaltend, im Besitz der Karäergemeinde in Kairo. Von Ahron ben Ascher, dem Sohn des Mosche, ist Anfang des 10. Jh.s die wichtigste der Handschriften, der Kodex von Aleppo, punktiert und mit der Masora versehen worden; sie befand sich nacheinander in Jerusalem, Kairo und Aleppo und wird heute, nach dem Verlust von etwa einem Viertel ihres Umfangs, in Jerusalem aufbewahrt. Etwa gleich alt wie sie ist ein Londoner Pentateuch-Ms. Der letzte große handschriftl. Zeuge des Ben-Ascher-Textes ist der Codex Leningradensis (L) aus dem Jahre 1008, eine genaue Abschrift von Handschriften des Ahron ben Ascher.

Unter den ältesten *Druckausgaben* ragt die »Rabbinerbibel« des Jakob ben Chajim hervor, 1524/25 in Venedig bei Daniel Bomberg erschienen (daher »Bombergiana«, 𝔅), ein Riesenwerk mit aram. Übersetzung (Targum), Kommentaren und eigener Masora, kritisch hergestellt aus mehreren Hss., freilich ganz auf der Grundlage des Textus receptus, die dann bis ins 20. Jh. nicht verlassen wurde. Erst in der von A. ALT und O. EISSFELDT zu Ende geführten 3. Aufl. von R. KITTELS Biblia Hebraica (BHK, 1937) wurde auf den älteren Ben-Ascher-Text zurückgegriffen, und zwar in der Gestalt des Codex L; die Wiedergabe des mas. Textes und der Masora, freilich nur der kleinen, überwachte P. KAHLE. Der Neubearbeitung, die 1968–1977 unter der Herausgeberschaft von K. ELLIGER und W. RUDOLPH als Biblia Hebraica Stuttgartensia (BHS) erschienen ist und in der H. P. RÜGER den mas. Text besorgt hat, wird gesondert auch die große Masora beigegeben (I, 1971); ihr Hrsg. ist G. E. WEIL. Eine andere Ausgabe hat in Jerusalem zu erscheinen begonnen (The Hebrew University Bible, hrsg. von M. H. GOSHEN-GOTTSTEIN, C. RABIN, S. TALMON, seit 1975); sie hat den Kodex von Aleppo zur

Grundlage und bietet einen erheblich größeren und differenzierteren Apparat als die Biblia Hebraica.

4. Die at. *Textkritik* hat es nach alledem schwerer als die nt. Zwar war die orthodoxe Tradition der umgekehrten Meinung: während sie sich beim NT mühsam mit der Vielzahl der, oft gewichtigen, Varianten abfinden mußte, sah sie beim AT einen scheinbar in allen seinen Bestandteilen von Anfang an wunderbar rein bewahrten Text vor sich; auch die Punktation galt weithin als inspiriert; gerade die umfangreichen Variantensammlungen, die man unternahm (KENNICOTT 1776/80, DE ROSSI 1784/88), zeigten, daß es wirkliche Varianten nicht gab. Aber dagegen ließ sich nicht nur der verhältnismäßig späte Ursprung der Punktation nachweisen – hier ist wieder ELIAS LEVITA (s. § 2,3) zu nennen und dann vor allem der ref. Theologe L. CAPPELLUS in Saumur mit seiner Schrift Arcanum punctationis revelatum (1624) –, sondern durch die Wiederentdeckung des Samaritanus (PIETRO DELLA VALLE 1616) und den Vergleich mit der LXX wurde schon verhältnismäßig früh die Relativität auch des Konsonantentextes sichtbar, die seit den Funden von Qumran im hellen Licht liegt. Die Einheitlichkeit in der Bezeugung eines bestimmten Textes ist, wie wir nun sicher wissen, in Wahrheit kein Vorteil, sondern ein Mangel. Denn dieser Text stellt eine gegenüber dem Urtext bzw. den Urtexten doch verhältnismäßig späte Rezension dar, hinter die zurückzugelangen wir nur noch wenige und nicht leicht zu verwendende Mittel haben; unter ihnen nach wie vor mit weitem Abstand an der Spitze die LXX.

II. Die alten Übersetzungen

§ 4 Die Septuaginta

H. B. SWETE, An Introduction to the OT in Greek, 1902 (1968); I. L. SEELIGMANN, The Septuagint Version of Isaiah, 1948; R. HANHART, Fragen um die Entstehung der LXX, VT 12, 1962, 139–163; H. Frh. v. CAMPENHAUSEN, Das AT als Bibel der Kirche vom Ausgang des Urchristentums bis zur Entstehung des NT, in: Aus der Frühzeit des Christentums, 1963, 152–196; DERS., Die Entstehung der christl. Bibel, 1968; S. JELLICOE, The Septuagint in Modern Study, 1968; J. ZIEGLER, Sylloge. Ges. Aufs. zur LXX, 1971; S. P. BROCK, C. T. FRITSCH, S. JELLICOE (ed.), A Classified Bibliography of the LXX. ALGHL 6, 1973; S. JELLICOE (ed.), Studies in the LXX: Origins, Recensions, and Interpretations, 1974.

1. Das AT ist uns in griech. Sprache fast ausschließlich aus *christl.* Überlieferung bekannt. Für das älteste Christentum war das AT wie für das gleichzeitige Judentum die hl. Schrift. Daß neben, ja über seine Autorität die des Herrn trat, der sein »Ihr habt gehört, daß zu den Alten gesagt ist – ich aber sage euch« (Mt 5,21 f. usw.) sprach, und daß es damit eben zum »Alten Testament« wurde (vgl. 2 Kor 3,14), ändert an dieser Tatsache nichts. Die at. Schriften zeugen von Christus (Joh 5,39), sie sind für die geschrieben, »auf die das Ende der Zeiten gekommen ist« (1 Kor 10,11). Das Christentum aber trat bald gänzlich aus dem jüd. Bereich hinaus. Der Buchstabe des Gesetzes wurde preisgegeben, das AT blieb; freilich nicht im hebr. Original, sondern in griech. Übersetzung. Diese brauchte nicht neu geschaffen zu werden; sie lag seit langem in der LXX, der Bibel der griech. sprechenden Juden, vor. Daß das Christentum sich dieser Übersetzung bemächtigte, trug dazu bei, daß das Judentum sie preisgab und an ihre Stelle neue Über-

setzungen treten ließ. Diese, die Werke des Aquila, des Theodotion und des Symmachos, konnten freilich die Bedeutung der LXX nie erreichen; sie sind bis auf wenige Reste, die sich paradoxerweise wiederum größtenteils in christl. Überlieferung erhalten haben, verschollen. So ist die LXX ein christl. Buch geworden und uns als Bestandteil der christl. Bibel Alten und Neuen Testaments überliefert, voran in den drei berühmten großen Majuskelhandschriften des Codex Vaticanus (B) und des Codex Sinaiticus (א, S) aus dem 4. Jh., des Codex Alexandrinus (A) aus dem 5. Jh. Das ändert nichts daran, daß die LXX von Hause aus ein jüd. Buch ist und daß sich die entscheidenden Anfangsstadien ihrer Geschichte im Judentum abgespielt haben.

2. Über den Ursprung der LXX will der *Aristeasbrief* berichten, der von einem griech. Hofmann des Königs Ptolemaios II. Philadelphos (285–246) zu stammen behauptet, tatsächlich aber um 100 v. Chr. von einem alexandrin. Juden geschrieben ist.

Der Vorsteher der königl. Bibliothek in Alexandria, Demetrios von Phaleron, schlägt dem König Ptolemaios vor, der Bibliothek die jüd. Gesetze einzuverleiben, wofür sie freilich ins Griech. zu übersetzen wären. Der König stimmt zu und läßt bei dieser Gelegenheit auf Bitten des Aristeas eine große Zahl jüd. Sklaven frei, die unter seinem Vater als Gefangene nach Ägypten gekommen waren. Er schickt dann den Obersten der Leibwache, Andreas, und den Aristeas nach Jerusalem zum Hohenpriester Eleasar mit kostbaren Geschenken und dem brieflichen Ersuchen, aus jedem Stamm sechs würdige und gelehrte Männer für die Aufgabe der Übersetzung auszuwählen. Eleasar tut das, die 72 Männer (deren Zahl später abgerundet unsere »LXX« ergeben hat) reisen nach Alexandria, wo der König sie empfängt und ausgiebig bewirtet. Er richtet an jeden eine Frage und erhält überaus kluge Antworten. Nachdem dies alles sehr langatmig dargestellt ist, kommt ziemlich kurz die Hauptsache: die 72 Männer führen in 72 Tagen auf der Insel Pharos das Übersetzungswerk aus; durch gegenseitige Vergleiche kommen sie zu voller Übereinstimmung. Demetrios liest das fertige Werk der jüd. Gemeinde von Alexandria vor; diese billigt es und erklärt es für unveränderlich. Darauf wird es dem König vorgelesen; auf seine verwunderte Frage, warum dieses Gesetz bisher so unbekannt geblieben sei, erhält er zur Antwort, einige, die es in profanen Werken hätten verwenden wollen, seien von Gott geschlagen worden. Die Übersetzer werden, wiederum mit reichen Gaben, nach Jerusalem heimgeschickt.

Der Aristeasbrief will der griech. Übertragung des Gesetzes zu besonderer Autorität verhelfen, indem er sie durch ein Zusammenwirken der obersten Autoritäten in Alexandria und Jerusalem veranlaßt, durch kompetente Gelehrte aus Jerusalem durchgeführt und durch die Gemeinde in Alexandria sanktioniert sein läßt. Daß der Hergang in den Einzelheiten nicht so gewesen sein kann, liegt für den kritischen Leser auf der Hand. Strittig ist aber, ob nicht doch ein staatl. Interesse mitgewirkt haben könnte und darum eine wie auch immer geartete Anregung von seiten der Ptolemäer anzunehmen wäre (vgl. L. ROST, Vermutungen über den Anlaß zur griech. Übersetzung der Tora, Fs. W. Eichrodt, 1970, 39–44). Dafür wird ins Feld geführt, daß die Kulturpolitik der Ptolemäer und Seleukiden auf ein Mindestmaß an Einheit unter den von ihnen beherrschten Völkern abzielte (»Der König schrieb seinem ganzen Reich, sie sollten alle ein einziges Volk sein«, 1 Makk 1,41) und daß in diesem Zusammenhang auch ein griech. AT seine Rolle spielen konnte. So richtig das sein mag, für das Zustandekommen der Übersetzung ist es schwerlich der Grund gewesen. Dieser lag vielmehr, mindestens ganz überwiegend, nicht außerhalb, sondern innerhalb des Judentums, nämlich in den *Bedürfnissen der griech. sprechenden Diaspora*. War schon die Gemeinde in Palästina zum Verständnis der hl. Schriften auf die aram. Targume angewiesen, so galt

Entsprechendes noch weit mehr von den Juden außerhalb Palästinas, namentlich denen in Ägypten, unter denen gewiß nur wenige Hebräisch verstehen oder auch nur richtig lesen konnten. Das Lesen ließ sich durch griech. Transskriptionen mehr schlecht als recht möglich machen, für das Verstehen mußte früher und umfassender als bei den aram. sprechenden Juden Palästinas über die jeweiligen mündl. Übertragungen hinaus (die es auch hier gegeben haben dürfte) eine regelrechte schriftl. Übersetzung nötig werden.

P. KAHLE hat angenommen, die LXX sei wie die Targume aus einer Vielzahl von Übersetzungen entstanden. Die Suche nach einem einzigen Urtext, wie ihn P. DE LAGARDE, A. RAHLFS und P. KATZ postuliert haben, wäre dann sinnlos. Aber die Verschiedenheit der Verhältnisse bei den griech. und den aram. sprechenden Juden begünstigt KAHLES These nicht. Eine endgültige Klärung steht noch aus.

3. Daß und wie sehr die LXX ein genuin jüd. Werk ist, erweist aber vor allem der *Charakter der Übersetzung* selbst. Man hat die LXX lange Zeit als das Dokument der Hellenisierung der isr. Religion verstanden und begrüßt; Hauptvertreter dieser Richtung ist A. DEISSMANN gewesen. Und in der Tat läßt sich auf Schritt und Tritt das Bemühen beobachten, die bibl. Aussagen für die neue Gegenwart und Umgebung verständlich zu machen und zu aktualisieren. Aber je mehr die Erforschung der LXX in diesen Sachverhalt eindringt, um so mehr wächst anderseits auch die Einsicht, daß die Übersetzung keine Preisgabe des Inhalts gewesen ist.

»Die LXX strömt in einem für eine Übersetzung in die Sprache des Hellenismus denkbar hohen Maß den Geist des AT aus und in einem denkbar geringen Maß den hellenistischen Geist der untergehenden Antike« (HANHART). »Man darf sagen, daß die der Antike fremde und anstößige Eigenständigkeit der Kirche neben Staat und Gesellschaft ihre ursächliche Parallele in der die Sonderexistenz der Synagoge zum Ausdruck bringenden Sprachgestalt der LXX als Übersetzung hat. Das Gottesvolk alten wie neuen Bundes setzt sich in Sprache und Denkform von der ›Welt‹ ab« (P. KATZ, RGG³V, 1706).

4. Die *Geschichte* der LXX ist uns nur in Umrissen sichtbar. Darin, daß der Pentateuch um die Mitte des 3. Jh.s v. Chr. in Alexandria übersetzt worden ist, dürfte der Aristeasbrief recht haben; die Übersetzer sind freilich kaum palästin., sondern alexandrin. Juden gewesen. Die Übersetzung des Pentateuchs, der allg. eine bes. hohe Qualität zugeschrieben wird, hat deutlich auf die Übersetzung einiger anderer Bücher eingewirkt. Den genaueren Hergang der weiteren Arbeit zu rekonstruieren, fehlen die Mittel; die Reihenfolge wird sich ungefähr nach den Stadien der Vorgeschichte des hebr. Kanons gerichtet haben. Ein gewisser Endpunkt deutet sich im Prolog des griech. Sir (nach 132 v. Chr.) an, wo auf die Übertragung »des Gesetzes, der Propheten und der übrigen Bücher« zurückgeblickt wird.

5. Fertig ist die LXX damit allerdings noch nicht. Sie gibt ja nach *Umfang* und *Anordnung* nicht einfach den hebr. Kanon wieder, sondern enthält darüber hinaus eine Reihe weiterer Bücher und Buchteile und gruppiert den Gesamtbestand neu. Den Überschuß nennt man seit Hieronymus (Prologus galeatus) die *Apokryphen*, d. h. die »verborgenen« Bücher, die nicht für den öffentlichen kirchl. Gebrauch bestimmt sind; der Ausdruck hatte bis dahin im kirchl. Sprachgebrauch ketzerische und darum zu verwerfende Schriften bezeichnet. In der griech. und der röm. Kirche hat, anders als im Protestantismus, ein Großteil der Apokryphen volle kanon. Geltung erlangt (Synode zu Jerusalem 1672, Tridentinum 1546). Die Apokryphen sind teilweise aus dem Hebr. (bzw. Aram.) übersetzt, teilweise von vorn-

herein griech. geschrieben. Sie sind in der LXX nicht wie in unseren prot. Bibeln den Büchern des hebr. Kanons geschlossen als Anhang beigegeben, sondern nach inhaltlichen Gesichtspunkten einzeln in das Ganze eingefügt. Dieses Ganze erscheint neu gegliedert in die drei Teile der histor., poet. und prophet. Bücher, wobei vor allem der jüngste dritte Teil des hebr. Kanons aufgelöst ist und seine Bestandteile, soweit sie nicht als »poet. Bücher« beisammen blieben, den histor. und den prophet. Schriften eingeordnet sind. So folgt Rut auf Ri, und an Kön sind angeschlossen Chr, das apokryphe Buch 1 Esr, darauf 2 Esr (= Esr+Neh); Est (mit apokryphen Erweiterungen) und die apokryphen Bücher Jdt, Tob und 1-4 Makk. Die poet. Bücher enthalten außer den Pss (öfters einschl. der »Oden«, einer Sammlung poet. Stücke aus beiden Testamenten, mitsamt dem Gebet des Manasse), den drei kanon. »salomonischen« Schriften (Spr, Koh, Hld) und Ijob noch die apokryphen Schriften Weish und Sir. Bei den Propheten stehen die 12 Kleinen Propheten am Anfang (die ersten 6 in etwas anderer Reihenfolge als in der hebr. Bibel), dann folgen Jes, Jer (mit Klgl und den apokryphen Schriften Bar und Brief des Jer), Ez und Dan (mit den Erweiterungen Gebet Asarjas und Gesang der drei Männer im Feuerofen und den apokryphen Schriften Susanna und Bel und der Drache). Bestand und Anordnung zeigen große Vielfalt. Est, Jdt und Tob können am Ende der poet. Bücher und 1-4 Makk am Ende des Ganzen stehen. Selbst die Reihenfolge der großen Teile variiert: so wichtige Hss. wie S und A stellen die prophet. Bücher den poet. voran. Aber die Stellung der Propheten am Ende ist die besser bezeugte, und sie beruht offenbar auf theol. Überlegung: die Eschatologie soll das letzte Wort haben. Überhaupt steckt in der Anordnung des »alexandrin. Kanons« deutlich mehr Reflexion als in der des hebr. Ist der hebr. Kanon gewachsen, so ist der griech. bewußt gestaltet. Der Stoff lag vor, und offensichtlich gab es in Alexandria (und in der frühen Kirche) eine größere Freiheit als im pharis. Judentum, ihn zu disponieren und auch zu erweitern. Der Begriff des Kanons läßt sich hier nicht ganz in derselben Schärfe anwenden wie dort.

6. Das bedeutet aber durchaus nicht, daß das Bemühen um größtmögliche Nähe des Textes zum hebr. Original fehlte. Im Gegenteil, soweit uns die weitere Geschichte der LXX bekannt ist, war sie überwiegend eine Geschichte von Rezensionen, die sich vor allem am Urtext orientierten. Zunächst im *Judentum*.

Wir sind dort neuerdings nicht mehr ausschließlich auf die indirekte Bezeugung durch Philo, Josephus und die urchristl. Literatur angewiesen (von ein paar dürftigen älteren Zitaten aus dem hellenist. Judentum zu schweigen), sondern besitzen einige handschriftl. Fragmente der vorchristl. LXX selbst. Es handelt sich um Papyrusfunde aus Ägypten mit Dtn-Texten (Papyrus Rylands Greek 458 in Manchester, Papyrus Fouad 266 in Kairo, beide 2. Jh. v. Chr.) sowie um Funde aus der Wüste Juda: neben einzelnen Fragmenten von Papyrus- und Lederrollen mit Lev- und Num-Texten aus den Höhlen 4 und 7 von Qumran (1. Jh. v. Chr.) vor allem eine in verhältnismäßig großem Umfang erhaltene Lederrolle des Zwölfprophetenbuches aus dem Wadi Murabba'at (1. Hälfte des 1. Jh.s n. Chr.). Diese Funde belegen in überraschendem Ausmaß rezensionelle Eingriffe in den Text, die diesen offenbar in erster Linie dem hebr. Urtext angleichen wollen. Die Generationen, die den hebr. Kanon zum Abschluß brachten, haben sich also nicht nur um eine endgültige Gestalt des hebr. Textes bemüht, sondern auch um einen griech. Text, der diesem möglichst genau entsprechen sollte.

Auf dieser Linie liegen auch die konsequenteren Versuche, nach der Übernahme der LXX durch das Christentum zu einem neuen griech. Text zu kommen. Von ihnen hat sich nur wenig erhalten, weil das hellenist. Judentum keinen Bestand hatte. Wir hören von einem halben Dutzend solcher Übersetzungen, wissen von dreien nur die Zahlen, die ihnen Origenes gegeben hat (Quinta, Sexta, Septima, die LXX als Prima gerechnet), von drei anderen etwas mehr. Die erste von ihnen, in Bruchstücken in der Kairoer Geniza und in den Resten der Hexapla des Origenes erhalten, wurde zu Anfang des 2. Jh.s von einem Proselyten namens Aquila (α´) angefertigt; sie will in oft gewaltsamer Wörtlichkeit den hebr. Text wiedergeben (berühmtes Beispiel Gen 1,1: ἐν κεφαλαίῳ ἔκτισεν θεὸς σὺν τὸν οὐρανὸν καὶ σὺν τὴν γῆν). Die beiden anderen Übersetzer scheinen wieder stärker auf die LXX zurückgegangen zu sein: Theodotion (ϑ´), nach der Tradition ebenfalls ein Proselyt, um die Mitte des 2. Jh.s, und der etwas spätere Symmachos (σ´), dem ebionit. Herkunft zugeschrieben wird.

7. Das *Christentum* der ersten Jh.e gebraucht die LXX mit großer Selbstverständlichkeit als seine Bibel bzw. dann später als deren ersten Teil. Aber es wird doch auch genötigt, diesen Gebrauch zu rechtfertigen, zunächst um dem jüd. Vorwurf zu begegnen, die LXX verfälsche den allein maßgeblichen Urtext, dann aber auch, weil innerhalb der Kirche selbst die Unterschiede zwischen der hebr. und der griech. Bibel nach Umfang und Text zum Problem werden. Die LXX tritt nun notwendig in den Rang voller Offenbarung. Besonders plastisch läßt sich das an den christl. Variationen der Aristeaslegende verfolgen.

Im Aristeasbrief war der Übersetzungsvorgang durchaus natürlich gedacht: die Übersetzer kamen durch gegenseitige Vergleiche zur Übereinstimmung. Bei Philo (De vita Mosis II, 5 § 25 – 7 § 44) wird der Vorgang zum Wunder: die Übersetzer »weissagten wie von der Gottheit ergriffen, nicht der eine so, der andere so, sondern alle gleich in bezug auf Namen und Wörter, wie wenn ein Souffleur es allen unsichtbar zugerufen hätte« (7,37). So wurde überall der beste Ausdruck getroffen, es besteht zwischen Original und Übersetzung eigentlich gar kein Unterschied, und die Siebzig sind nicht Übersetzer, sondern Priester und Propheten (ἱεροφάντες καὶ προφῆται). Diese Version der Legende, für das Judentum ganz untypisch, geht dann ins Christentum hinüber, wo außerdem die Erinnerung an das Pfingstwunder von Apg 2 hineinspielt. Nach Irenäus (Adv. haer. III, 21,2) ließ König Ptolemaios die Übersetzer einzeln und streng voneinander getrennt die Bücher übersetzen; beim anschließenden Vergleich erwiesen sich die Schriften durch die völlige Übereinstimmung der Wiedergabe als »wahrhaft göttlich« (ὄντως θεῖαι ἐγνώσθησαν), und auch die anwesenden Heiden erkannten, »daß die Schriften unter göttlicher Inspiration übersetzt waren« (Κατ᾽ ἐπίπνοιαν τοῦ θεοῦ ἑρμηνευμέναι). Ähnlich Clemens Alexandrinus (Strom. I,22 § 149) und dann vor allem, mit hübschen Details, Epiphanius (De mensuris et ponderibus 3–6).

Damit verbindet sich die Vorstellung von einer besonderen heilsgeschichtl. Rolle der LXX. Sie rückt die LXX etwas stärker vom Urtext ab, als es die bloße Vorstellung von der Inspiriertheit der Übersetzung tut, und wird damit den oft unausweichlich problematischen Unterschieden zwischen den beiden Textgestalten besser gerecht. Die Übersetzung steht nun deutlich als ein zweites Buch von nicht geringerer Würde, aber mit einer anderen Bestimmung neben dem Urtext.

In dieser Richtung äußert sich Irenäus (Adv. haer. III, 21,1 f.) und dann in seinen Spuren Clemens Alexandrinus (Strom. I, 22, § 148 f.): Gott hat mit der Übersetzung, die eine »griech. Offenbarung« (Ἑλληνικὴ προφήτεια) ist, für die griech. Sprechenden Sorge tragen wollen. Besonders eindrücklich stellt Origenes (Ep. ad Africanum 4) eine angesichts der Unterschiede zwischen dem hebr. und dem griech. Text mögliche Preisgabe des letzteren als den Verzicht auf ein hohes Heilsgut hin: »dann hätte auch die göttliche Vorsehung keine Sorge getragen um die, welche teuer erkauft sind, für die Christus gestorben ist«. Einen festen Platz nimmt die LXX in der heilsgeschichtl. Schau des Euseb (Praep. ev. VIII, 1 § 5–7) ein: die göttliche Ökonomie hat durch sie das heilvolle Wort des AT dem

Widerstand der Juden zum Trotz allen Menschen zugänglich gemacht. Die Argumente zugunsten der LXX werden endlich, als Hieronymus bei der Übersetzung ins Lat. auf den hebr. Urtext zurückgreift, von Augustin wiederholt zusammengefaßt und weiter ausgeführt.

Unter den christl. *Rezensionen* der LXX steht die des Origenes (etwa 240–245) obenan. Sie will dem Judentum gegenüber die volle Übereinstimmung des in der Kirche benutzten LXX-Textes mit dem hebr. Urtext erweisen bzw., wo nötig, herstellen. Origenes hat zu diesem Zweck die 50bändige Hexapla (τὰ ἑξαπλᾶ = das sechsfältige Werk) hergestellt, in der synoptisch nebeneinander erscheinen 1. der hebr. Konsonantentext, 2. der hebr. Text in griech. Transkription, 3. Aquila, 4. Symmachos, 5. Septuaginta, 6. Theodotion. Gelegentlich kommen noch weitere griech. Übersetzungen hinzu. Außer der Hexapla hat Origenes auch eine Tetrapla herausgegeben, in der der hebr. Text fehlt. Den LXX-Text korrigierte er nach dem Urtext bzw. nach den diesen wiedergebenden anderen Übersetzungen, besonders Theodotion. Er machte dabei ein Plus der ihm vorliegenden LXX durch den Obelos (÷), ein Minus durch den Asteriskos (※) kenntlich, zwei Zeichen, die auf den alexandrin. Philologen Aristarchos (2. Jh. v. Chr.) zurückgingen. Auch für Varianten gebrauchte er diese Zeichen: er versah den überlieferten LXX-Text mit einem Obelos und fügte die bessere Lesart mit einem Asteriskos hinzu. Die Originale von Hexapla und Tetrapla wurden in Caesarea aufbewahrt; nach der Eroberung durch die Araber im 7. Jh. verliert sich ihre Spur. Vollständige Abschriften hat es kaum gegeben. Wir besitzen von der Hexapla Fragmente aus der Geniza von Kairo (Ps 22 teilweise, alle sechs Kolumnen) und vor allem aus einem Palimpsest der Mailänder Bibliothek (11 Psalmen, Kolumnen 2–6, »MERCATische Fragmente«, 1895 entdeckt, 1958 veröffentlicht). Von Caesarea aus haben um 300 Pamphilus und Euseb den hexaplarischen LXX-Text für den kirchl. Gebrauch verbreitet. Er ist außerdem unter Beibehaltung der aristarchischen Zeichen 616/17 ins Syr. übersetzt worden (Syrohexaplaris). Dagegen fehlen die Zeichen merkwürdigerweise in den MERCATischen Fragmenten.

Hieronymus nennt (im Vorwort zur Chr in der Vulgata) neben der Textrezension des Origenes, die man in Palästina benutzte, zwei weitere: die des Märtyrers Lukian von Antiochia (gest. 312), die zwischen Konstantinopel und Antiochia, also in Syrien und Kleinasien, und die eines gewissen Hesychius, die in Ägypten gelesen werde. Die letztgenannte hat sich bisher in der Überlieferung kaum nachweisen lassen. Doch kann hier die weitere Erforschung des alexandrin. Textes neue Aufschlüsse bringen; immerhin stammen aus diesem Bereich die ältesten bekannten christl. LXX-Hss. (Antinoopolis-Papyri, »Berliner Fragmente«, vor allem Chester-Beatty-Papyri, alle 2.–4. Jh.). Für die Kenntnis der Rezensionen, ohne die wir keine Aussicht haben, zur ursprüngl. Gestalt oder auch den ursprüngl. Gestalten der LXX zurückzugelangen, sind neben den Bibel-Hss. die Zitate bei den Kirchenvätern unentbehrlich. Eine spezielle Gattung bilden die sog. Katenen, in denen seit etwa 500 n. Chr. die bibl. Texte mitsamt »ketten«artig aneinandergereihten Erklärungen der Kirchenväter dargeboten worden.

8. Die LXX liegt in zwei neueren Handausgaben vor. Die eine, von H. B. SWETE herausgegeben (zuerst 1887–94), bietet den Text von B (in dessen Lücken den von A) und wichtige Varianten aus den Majuskelhandschriften. Die andere, von A. RAHLFS (zuerst 1935), sucht einen Urtext herzustellen und im Apparat die Varianten nach Rezensionen zu gruppieren. Jeder der beiden Handausgaben entspricht eine große, auf Vollständigkeit des Variantenmaterials bedachte Edition: der von SWETE die unvollständig gebliebene von A. E. BROOKE und N. MCLEAN

in Cambridge (1906–1940), der von RAHLFS die der Akademie der Wissenschaften zu Göttingen (seit 1931; Herausgeber bisher R. HANHART, W. KAPPLER, A. RAHLFS, J. W. WEVERS, J. ZIEGLER).

§ 5 Andere Übersetzungen

F. Stummer, Einführung in die altlat. Bibel, 1928.

Der einzigartige Rang der LXX besteht nicht zuletzt darin, daß sie nacheinander Besitz der Juden und der Christen gewesen ist. Von keiner der Übersetzungen, die im folgenden noch aufgeführt werden sollen, läßt sich dasselbe mit Sicherheit sagen; sie gliedern sich ohne weiteres in jüdische und christliche. Das beste Mittel, sich den Bestand im Groben anschaulich zu machen, sind die Polyglotten des 16. und 17. Jh.s (Complutensis, Antwerpener, Pariser und vor allem Londoner Polyglotte); in einigen Fällen findet sich dort sogar noch heute der beste erreichbare Text.

1. Zunächst müssen auf jüd. Seite die *Targume* genannt werden, paraphrasierende Übersetzungen des hebr. Textes ins Aramäische. Sie wurden notwendig, als bei den palästin. (und bab.) Juden der nachexil. Zeit die hebr. Sprache immer mehr hinter der aram. zurücktrat, die im Perserreich sogar Amtssprache war (»Reichsaramäisch«). Da die hl. Schriften (mit geringen Ausnahmen: Gen 31,47; Jer 10,11; Dan 2,4b–7,28; Esr 4,8–6,18; 7,11–26) in der fortschreitend weniger verstandenen hebr. Sprache abgefaßt waren, wurde im Synagogengottesdienst der Text abschnittsweise hebr. verlesen und dann von einem Dolmetscher ($m^e\underline{t}urg^em\bar{a}n$) ins Aramäische übersetzt. Diese Übung wurde später auf Esra zurückgeführt (vgl. Neh 8,8). Die Übersetzung (*targûm*) erfolgte mündl. und in einiger Freiheit. Aber es entstanden bestimmte Traditionen, und diese wurden im Laufe der Zeit auch schriftl. fixiert. Der älteste Zeuge dafür ist ein Ijobtargum, das, freilich fragmentarisch, in Höhle 11 von Qumran gefunden wurde (11 QtgJob). Die beiden maßgeblichen Targume sind erheblich jünger: das Targum Onkelos zum Pentateuch und das Targum Jonathan zu den Propheten. Ihre Namen sollen von den Übersetzern ins Griechische Aquila (Onkelos) und Theodotion (Jonathan) genommen sein; das besagt freilich nichts über ihre Herkunft, sondern allenfalls etwas über die Bemühung um Exaktheit des Wortlauts bei der Redaktion. Beide Werke wurden in Babylonien redigiert, Onkelos vielleicht schon um 300, Jonathan später; natürlich war das Material älterer, vor allem palästin. Herkunft. Die beiden Targume sind von A. SPERBER neu herausgegeben worden (1959–62). Daneben stehen zwei weitere Targume zum Pentateuch aus Palästina, genannt Jeruschalmi I oder Pseudo-Jonathan und Jeruschalmi II oder Fragmententargum. Sie scheinen ein älteres palästin. Pentateuchtargum von großer sprachlicher, textlicher und inhaltlicher Bedeutung vorauszusetzen, das uns heute in Fragmenten aus der Kairoer Geniza (7.–9. Jh.) und in einer vollständigen Hs. der Vatikanischen Bibliothek (Codex Neofiti I, 16. Jh.) greifbar geworden ist; seine Tradition scheint sich bis in vorchristl. Zeit zurückverfolgen zu lassen. Außerdem gibt es eine ziemlich bunte Gruppe von Targumen zu den Hagiographen. Mögen die Targume für die Textkritik im engeren Sinne wegen ihrer Verschiedenheit und der geringen Wörtlichkeit ihrer Übersetzungsweise nur beschränkt verwendbar sein, so ist ihr Wert für die Exegese des Textes und die Kenntnis seiner Geschichte insgesamt doch unschätzbar.

2. Unter den Bibelübersetzungen in den Nationalkirchen des *christl. Orients* ragt die wichtigste der syrischen, die Peschitta (𝔖), hervor. Der Name bedeutet entweder »die allgemeine« oder »die einfache«; letzteres wäre wohl im Gegensatz zur Syrohexaplaris, der Übersetzung des LXX-Textes der Hexapla ins Syr. gemeint. Die Peschitta entstand zwischen den Anfängen des syr. Christentums im 2. und seiner Spaltung in Jakobiten und Nestorianer im 5. Jh. Die wichtigste uns erhaltene Hs., der Codex Ambrosianus in Mailand aus dem 6./7. Jh., ist jakobitisch; für die Zeit davor sind wir auf fragmentarische Hss. und Kirchenväterzitate angewiesen. Hinsichtlich der Entstehungs- und Überlieferungsgeschichte der Peschitta tappen wir einstweilen im dunkeln, wozu das Fehlen einer wissenschaftl. Ausgabe beiträgt, ein Mangel, dem nunmehr durch die Arbeit des Leidener Peschitta-Instituts unter Leitung von P. A. H. DE BOER abgeholfen wird. Womöglich ist in die Peschitta eine ältere jüd. Übersetzung des AT (oder von Teilen davon) eingegangen. Im Pentateuch und anderswo besteht eine große Nähe zu den Targumen. Es hat nicht den Anschein, als sei mit der Peschitta hinter den MT zurückzukommen. – Weiter sind aus dem östl. Bereich die Übersetzungen ins Armen. (5. Jh.), Georg. (5. Jh., mit der armen. verwandt), Got. (Wulfila, 4. Jh.), Arab. (erst in islam. Zeit sicher), Kopt. (ab 3. Jh., am wichtigsten die ins Sahid. in Ober- und die ins Bohair. in Unterägypten) und Äthiop. (4. Jh., alle Hss. weit jünger) zu nennen. Ihr textkritischer Wert ist in der Regel dadurch begrenzt, daß sie fast ausschließlich Tochterübersetzungen der LXX sind. Eine größere Bedeutung verschafft ihnen der Umstand, daß sich in ihnen, und sei es auch nicht im vollen kanon. Rang, eine Reihe von Schriften finden, die weder der hebr. noch der griech. Kanon enthält; ohne diese Übersetzungen wäre uns ein großer Teil der sog. Pseudepigraphen unbekannt.

3. In der *westl. Kirche* finden sich Spuren eines lat. Bibeltextes vom 2. Jh. an; sicher faßbar wird er in Zitaten des Cyprian von Karthago (gest. 258). Es handelt sich um eine Mehrzahl von Übersetzungen, die man unter dem Namen Vetus Latina (𝔏) zusammenzufassen pflegt; für zwei angenommene Haupttypen sind, mit unsicherem Recht, die Ausdrücke Afra und Itala in Gebrauch. Den Übersetzungen liegt die LXX zugrunde. Vollständige Texte der Vetus Latina besitzen wir nicht, weil die Vulgata ihre Vorgängerin größtenteils verdrängt hat. Wichtigste Handschriften sind die Konstanzer Bruchstücke (5. Jh., Prophetenfragmente) und der Codex Lugdunensis (7. Jh., Gen-Ri). Anstelle der alten Sammlung von P. SABATIER (1739–49) gibt jetzt das Vetus Latina Institut der Erzabtei Beuron das erreichbare Material in einer großen kritischen Ausgabe neu heraus (Vetus Latina. Die Reste der altlat. Bibel, seit 1949, erster Hrsg. B. FISCHER OSB).
Die unübersichtliche und immer mehr verwilderte Vielfalt der altlat. Übersetzungen wurde allmählich durch eine neue lat. Bibel ersetzt, die seit dem 16. Jh. die Vulgata (die allgemein verbreitete Übersetzung) heißt (𝔙). Sie ist in der Hauptsache das Werk eines einzigen Mannes, des Hieronymus (ca. 347–420). Er begann zunächst im Auftrag des Papstes Damasus I. (366–384), die Vetus Latina nach dem griech. Text zu revidieren. Der erste auf diese Weise entstandene Psalter ist noch heute in der Peterskirche in Rom in Gebrauch (Psalterium Romanum). Nachdem Hieronymus in Caesarea die Hexapla des Origenes kennengelernt hatte, legte er sie zugrunde. So entstand ein neuer Psalter, das in die 𝔙 eingegangene Psalterium Gallicanum (zuerst in Gallien gottesdienstl. gebraucht?); von den weiteren Ergebnissen dieses Arbeitsganges besitzen wir vollständig nur Ijob und Hld. Um 390 begann dann die ganz neue Übersetzung aus dem hebr. Urtext, der

»Hebraica veritas«. Obwohl Hieronymus durch hebr. Sprachkenntnisse gerüstet war, sich auch von Juden helfen ließ und natürlich die vorhandenen griech. Übersetzungen benutzte, war das Unternehmen überaus schwierig und sein später allerseits anerkanntes Gelingen keine Selbstverständlichkeit. Nicht zuletzt richtete es sich ja auch gegen die LXX; Hieronymus respektierte sie zwar zeitlebens hoch, entdeckte aber viele Mängel in ihr und konnte sie nicht mehr in der hergebrachten Weise als inspiriert betrachten. Augustin, der die Revisionsarbeit des Hieronymus begrüßt hatte, wandte sich mit den ernstesten Bedenken gegen die Übersetzung. Sie wurde gleichwohl 405 abgeschlossen und bildet in der röm. Kirchenbibel die Übersetzung aller Bücher des hebr. AT mit Ausnahme der Pss; das Psalterium iuxta Hebraeos des Hieronymus hat in die 𝔙 keinen Eingang gefunden.

Mehrere Apokryphen gingen aus der Vetus Latina in die 𝔙 über (Weish, Sir, Bar, Makk); Tob und Jdt hat Hieronymus aus dem Aram. neu übersetzt. In Umfang und Reihenfolge der Bücher schließt sich die 𝔙 — natürlich variieren auch hier die Hss. und Drucke — nicht an die hebr. Bibel an, sondern an die LXX. Freilich fehlt einiges von den Apokryphen, und die zwölf Kleinen Propheten sind in der Reihenfolge des hebr. Textes den übrigen Propheten nachgestellt. Am Ende der ganzen Bibel stehen 3 Esr (= LXX 1 Esr) und die Apokalypse 4 Esr. Die Lutherbibel folgt in ihrer Reihenfolge der 𝔙, stellt aber die Apokryphen (mit einigen Stücken, die nur in der LXX, aber nicht in der 𝔙 stehen, doch ohne 3 und 4 Esr) als Anhang zusammen.

Die 𝔙 setzte sich nur langsam durch, endgültig erst im 8./9. Jh. Auf ihre mittelalterl. Gestalt wirkte vor allem die Revision Alkuins (gest. 804) ein (Pariser Bibel im 13. Jh., danach die berühmten ersten Drucke: 1456 42zeilige, 1462 36zeilige Bibel usw.). Das Tridentinum erklärte 1546 die 𝔙 für maßgebend, nach längeren Kommissionsarbeiten gaben 1590 Sixtus V. die Sixtina und 1592 Clemens VIII. die Clementina als authentischen Text heraus. Eine große revidierte Neuausgabe durch den Benediktinerorden erscheint seit 1926, eine zweibändige krit. Handausgabe, hrsg. von R. WEBER OSB, ist 1969 erschienen.

B. Das Gesetz

J. Wellhausen (s. § 1,2); H. Holzinger, Einleitung in den Hexateuch, 1893; A. Klostermann, Der Pentateuch. Beiträge zu seinem Verständnis und seiner Entstehungsgeschichte, 1893/1907; R. Smend, Die Erzählung des Hexateuch auf ihre Quellen untersucht, 1912; O. Eissfeldt, Hexateuch-Synopse, 1922; G. v. Rad, Das formgeschichtl. Problem des Hexateuchs (1938), Ges. St. I, 9–86; M. Noth, Die Gesetze im Pentateuch (1940), Ges. St. I, 9–141; Ders., Überlieferungsgeschichte des Pentateuch, 1948; G. Hölscher, Geschichtsschreibung in Israel. Untersuchungen zum Jahvisten und Elohisten, SHVL 50, 1952; S. Mowinckel, Erwägungen zur Pentateuch Quellenfrage, 1964.
Kommentare: Zu Gen: A. Dillmann (KeH) 1875, ^{6}1892; H. Gunkel (HK) 1902, ^{3}1910 (^{8}1969); O. Procksch (KAT) 1913, $^{2.3}$1924; G. v. Rad (ATD) 1949–1953, ^{9}1972; W. Zimmerli (ZBK) I 1943, ^{3}1967; II 1976; C. Westermann (BK) I 1974, II 1981. Zu Ex: B. Baentsch (HK) 1900; M. Noth (ATD) 1959 (^{5}1973); B. Childs (OTL) 1974. Zu Lev: A. Bertholet (KHC) 1901; M. Noth (ATD) 1962 (^{3}1973); K. Elliger (HAT) 1966. Zu Num: B. Baentsch (s. zu Ex); M. Noth (ATD) 1966 (^{2}1973). Zu Dtn: A. Bertholet (KHC) 1899; S. R. Driver (ICC) 1895, ^{3}1902 (1965); C. Steuernagel (HK) 1898, ^{2}1923; G. v. Rad (ATD) 1964 (^{2}1968).

I. Pentateuch und Pentateuchkritik

§ 6 Pentateuch, Hexateuch, Enneateuch, Tetrateuch

1. Die in der Wissenschaft übliche Bezeichnung des ersten Kanonteils als *Pentateuch* ist aus lat. pentateuchus (liber) und dies wiederum aus griech. ἡ πεντάτευχος (βίβλος) = das aus fünf Büchern bestehende (Buch) abgeleitet. Die ersten Belege für den Ausdruck finden sich bei den christl. Schriftstellern Tertullian und Origenes, aber die Sache ist erheblich älter; die LXX hat die Einteilung in die fünf Bücher ebenso wie das Original und hat sie nach verbreiteter Meinung von vornherein, also im 3. Jh. v. Chr., aus diesem übernommen. Die Überschriften sind in der hebr. Bibel nach den Anfangsworten gebildet, in der griech. und ihr folgend der lat. Übersetzung sollen sie den Hauptinhalt bezeichnen. Es handelt sich um

I. $b^e re^{\text{'}}\check{s}\hat{\imath}t$ »im Anfang« = Γένεσις, Genesis »Ursprung«: Urgeschichte (1–11) und Vätergeschichte (12–50).

II. $(w^e\text{'}ell\ae h)\ \check{s}^em\hat{o}\underline{t}$ »(und dies sind die) Namen« = Ἔξοδος, Exodus »Auszug«: Israel in Ägypten, Herausführung, Zug durch die Wüste zum Sinai (1–18), Gottesoffenbarung und Gesetzgebung am Sinai (19–34), Ausführung der Anweisungen von 25–31 und Aufstellung des Heiligtums (35–40).

III. $wajjiqr\bar{a}\text{'}$ »und er rief« = Λευιτικόν, Leviticus »das levitische (Gesetzbuch)«: weitere Anordnungen und Ereignisse am Sinai, hauptsächl. kultischer Art.

IV. $b^emi\underline{d}bar$ »in der Wüste« = Ἀριθμοί, Numeri »Zahlen« (wegen mehrerer Zählungen, die das Buch enthält): Schluß der Anordnungen und Ereignisse am Sinai, Aufbruch von dort (1–10), Weiterzug bis ins Land Moab (11–36).

V. $(\text{'}ell\ae h\ had)\underline{d}^e\underline{b}\bar{a}r\hat{\imath}m$ »(dies sind die) Worte« = Δευτερονόμιον, Deuteronomium

»zweites Gesetz« (nach *mišneh hattôrāh hazzo't* Dtn 17,18, womit aber nicht »Wiederholung«, sondern »Abschrift« dieses Gesetzes gemeint ist): Rede des Mose an Israel im Lande Moab (1–30), Abschluß der mosaischen Geschichte (31–34).
Der Pentateuch schließt mit dem Tode des Mose unmittelbar vor dem Einzug in das Westjordanland. Dazu bildet das Buch Jos (einschl. Ri 1,1–2,5) die notwendige Fortsetzung, indem es die Eroberung dieses Landes unter Führung des von Mose als sein Nachfolger eingesetzten Josua (vgl. Dtn 3,28; 31,1–8.23; Jos 1,1–9) schildert. Es liegt von daher nahe, wie in der Wissenschaft vielfach geschehen, den *Hexateuch*, also die »sechs Bücher« Gen-Jos, der Untersuchung zugrundezulegen. Mit der Eroberung des Landes ist ein Abschluß erreicht; aber doch nur ein vorläufiger, wiederum auf Fortsetzung angewiesener Abschluß. Das Fundament für das weitere Leben des Volkes ist gelegt, nach der alles konstituierenden Erwählung und Weisung durch den Gott vom Sinai der Besitz eigenen Lebensraumes, des schon den Vätern seit Abraham verheißenen Landes Palästina. Nach der einzigartigen Vorgeschichte beginnt nun die der Geschichte der anderen Völker eher vergleichbare – ihr oft nur allzusehr vergleichbare –, aber doch auch wieder höchst besondere Geschichte dieses Volkes in diesem Land, mit der immer von neuem bedrohten und immer von neuem wiedererrungenen, in Wahrheit von Jahwe gewährten Selbstbehauptung unter den verbliebenen Mitbewohnern und Nachbarn, mit der ebenso unvermeidlichen wie fragwürdigen Staatlichkeit bis hin zu deren Ende durch Assur und Babylon und damit der radikalsten Krise der Existenz in dem verheißenen und eroberten Land. Diese Geschichte stellen die Bücher Ri, Sam und Kön in Fortsetzung des Hexateuchs dar. Vorgeschichte und Geschichte des Volkes Israel sind damit Gegenstand eines weitgespannten Erzählungswerkes, das von der Weltschöpfung bis zum bab. Exil reicht; der Pentateuch oder Hexateuch gehört als erster, grundlegender Bestandteil einem *Enneateuch* an, der ihm, auf die Quantität gesehen, beinahe noch einmal seine ganze Länge hinzufügt.
Die Pentateuchforschung hat gelegentlich gemeint, die alten Erzählungswerke, die den Grundbestand des Pentateuchs bilden, reichten auch über das Buch Jos hinaus in die Bücher Ri, Sam oder sogar Kön, also in den Hepta-, Okta- oder sogar Enneateuch hinein (s. § 18,3). Durchgesetzt hat sich diese Meinung nicht; die sachliche Zäsur zwischen den beiden Bereichen, die oben als Vorgeschichte bezeichnet wurden, ist offensichtlich auch eine literarische gewesen. Ja, es fragt sich, ob die entscheidende literarische Zäsur nicht bereits innerhalb des Pentateuchs liegt, nämlich vor dem Dtn, so daß der *Tetrateuch* Gen-Num als eine Größe für sich oder doch zumindest als deren Torso zu betrachten wäre. Die Zäsur zwischen Num und Dtn war die schon im Titel zusammengefaßte These von W. M. L. DE WETTES berühmter Dissertatio critico-exegetica qua Deuteronomium a prioribus Pentateuchi libris diversum, alius cuiusdam auctoris opus esse monstratur (1805). Nach M. NOTHS nicht weniger berühmter These (s. § 19,2) liegt in den Büchern Dtn-Kön ein großes, am Maßstabe des dt Gesetzes orientiertes »deuteronomistisches Geschichtswerk« vor, durch dessen Koordinierung mit dem Tetrateuch das Gesamtwerk des Enneateuchs Gen-Kön entstand.

2. Aus diesem Gesamtwerk, wie auch immer sein Zusammenwachsen genauer vorzustellen ist, grenzte das Judentum den späteren Pentateuch aus. Daß dabei die Zäsur unmittelbar nach der Erzählung vom Tode des Mose gelegt wurde, deutet das sachliche Hauptmotiv dieser Ausgrenzung an. Dazu stimmt die Bezeichnung des Pentateuchs als das Gesetz (*tôrāh*; die fünf Bücher heißen bei den Rabbinen *ḥᵃmiššāh ḥumšē hattôrāh* »die fünf Fünftel des Gesetzes«).

Diese Bezeichnung hat eine Vorgeschichte. *tôrāh* meint von Hause aus die priesterl. Weisung (s. § 17,5). Der Ausdruck wird dann auf ein ganzes Buch übertragen, nämlich auf das dt Gesetzbuch, das oft *sepær hattôrāh (hazzæh)* »(dieses) Gesetzbuch« (Dtn 28,61; Jos 1,8; 2 Kön 22,8.11) heißt, aber auch *sepær tôraṯ mošæh* »Gesetzbuch des Mose« (Jos 8,31; 23,6; 2 Kön 14,6), wobei sowohl von Mose als auch von Jahwe als dem in diesem Gesetz Gebietenden gesprochen, also kein Zweifel an der nur mittlerischen Rolle des Mose gelassen wird; die für alles maßgebende gesetzl. Norm wird gern mit der Formel *kakkāṯûḇ* »gemäß dem, was geschrieben steht« o. ä. zitiert. Aus dem im engeren Sinne dt Bereich übernimmt die jüngere Schriftengruppe Chr Esr Neh den Sprachgebrauch: sie redet vom »Gesetz des Mose« (2 Chr 23,18; Esr 3,2), vom »Buch des Mose« (2 Chr 35,12; Neh 13,1), vom »Gesetz des Mose, das Jahwe, der Gott Israels, gegeben hat« (Esr 7,6, vgl. Neh 8,1), aber auch vom »Gesetz(buch) Jahwes« (1 Chr 16,40; 2 Chr 31,3 f.; 17,9; Neh 9,3; mit dem Zusatz *beyaḏ mošæh* »durch die Hand = Vermittlung des Mose« 2 Chr 34,14) — dies nah bei dem Titel des Esra, der im Auftrage des Perserkönigs als »Schreiber (Staatskommissar) für das Gesetz des Himmelsgottes« (aram. *sāpar dāṯā dî-ʾælāh šemajjāʾ* Esr 7,12) nach Jerusalem kam und das Volk auf dieses Gesetz verpflichtete (Neh 8—10). Was war das Gesetz des Esra? Schwerlich das dt Gesetzbuch (U. KELLERMANN, Erwägungen zum Esragesetz, ZAW 80, 1968, 373—385, immerhin mit SPINOZA als Vorgänger), das schon lange vorher Bestandteil des großen dtr Geschichtswerkes geworden war und damals kaum noch einzeln existiert haben dürfte. Waren es dann andere Sammlungen von Vorschriften, die später etwa in das Buch Lev eingegangen sind (NOTH)? Dafür spricht zweifellos, daß es sich dort noch um »Gesetz« handelt. Der verhältnismäßig späte Zeitpunkt legt es aber mindestens ebenso nahe, an die Priesterschrift (KUENEN; ED. MEYER, Die Entstehung des Judentums, 1896; VINK, s. § 9), wenn nicht bereits an eine Vorform oder sogar die endgültige Form des ganzen Pentateuchs zu denken (WELLHAUSEN, SCHAEDER, s. § 49). Vollends die Bücher Chr Esr Neh haben mit großer Wahrscheinlichkeit den mindestens einigermaßen fertigen Pentateuch vor Augen; sie beziehen sich sowohl auf dt als auch auf priesterschriftl. Gesetzesbestimmungen (vgl. z. B. Neh 13,1 mit Dtn 23,4 f., 1 Chr 16,40 mit Ex 29,38 f.), und diese sind schwerlich anderswo als im Pentateuch vereinigt gewesen. Wieweit dabei mit dem überkommenen Ausdruck »Gesetz(buch) des Mose« schon bewußt und präzise diese lit. Größe gemeint ist, wissen wir allerdings nicht. Sicher ist nur, daß diese Bedeutungserweiterung, die die erzählenden Partien des Pentateuchs einbegriff (vgl. z. B. Mk 12,26), eine kaum vermeidbare Konsequenz des überlieferungsgeschichtl. Hergangs sein mußte; ebenso sicher aber auch, daß sie und noch mehr die ihr folgende letzte Bedeutungserweiterung, in der das ganze AT Gesetz genannt werden konnte (s. § 2,4), den ursprüngl. Tatbestand stark verzerrt hat.

§ 7 *Die Tradition über den Ursprung und ihre Kritik*

1. Dem deutschen Bibelleser suggerieren die anscheinend unausrottbaren Überschriften »1.—5. Buch Mose« noch heute die mosaische Autorschaft am Pentateuch. Das entspricht alter *Tradition*, die im AT wenn nicht schon enthalten, so doch mindestens angelegt ist (s. § 6,2). Unzweideutig greifbar wird sie im außerbibl. Judentum. Philo (De vita Mosis III 39 § 291) und Josephus (Ant. IV, 8,48 § 326) führen sogar die Schlußverse Dtn 34,5—12 auf Mose zurück, während der Talmud die Verse dem Josua zuschreibt (s. § 2,3). Dieses einfachste Beispiel zeigt bereits das Doppelproblem der mosaischen Autorschaft einerseits, der lit. Einheitlichkeit andererseits. Die Tradition neigt naturgemäß dazu, beide zugleich zu behaupten, kann das aber nur gewaltsam und sieht sich schnell zu Einschränkungen gezwungen. Solche Einschränkungen auf seiten der lit. Einheitlichkeit machen ihr oft überraschend wenig Beschwer, wenn sie sich in Grenzen halten und wenn dabei im wesentlichen die Mosaität bewahrt werden kann, an der sie um der Offenbarungsqualität und

der histor. Zuverlässigkeit des Pentateuchs willen im allg. so weit wie irgend möglich glaubt festhalten zu müssen.

2. Die *Kritik* bringt *bis ins 18. Jh.* einzelne Beobachtungen und Einfälle, aber auch erste imposante Gesamtentwürfe, die freilich meist im Ungefähren bleiben und nicht in den Einzelheiten ausgearbeitet sind.

Der berühmteste kritische Gesamtentwurf dieser älteren Zeit, der des B. SPINOZA in seinem Tractatus theologico-politicus von 1670, greift (Kap. 8) auf Bedenken zurück, die ein halbes Jt. vorher ABRAHAM IBN ESRA (1089—1164) in seinem Pentateuchkommentar bei einzelnen Stellen, einmal (Gen 36,31) auch in scheinbarer Widerlegung eines Rabbi Isaak vorsichtig angedeutet hat, spricht diese Bedenken offen aus und erweitert die Liste. Es handelt sich um Stellen, die bei näherem Zusehen eine spätere Situation als die des Mose voraussetzen, wie Gen 12,6 »damals waren die Kanaanäer im Lande«, Gen 36,31 »bevor ein König herrschte bei den Israeliten«, Dtn 1,1 »jenseits (= östlich) des Jordans«. Solche »Postmosaica«, an ihrer Spitze natürlich Dtn 34,5—12 und unter ihnen meist auch der Umstand, daß der Pentateuch von Mose in der 3. Person redet, bilden fast immer den Ausgangspunkt der Kritik. Weiter wird man fortschreitend auf Widersprüche innerhalb des Pentateuchs (Wiederholungen, verschiedene Chronologie usw.) aufmerksam und bemerkt auch, daß nur einzelne kleinere Schriftwerke ausdrücklich auf Mose zurückgeführt werden (Ex 17,14; 24,4; 34,27; Num 33,2; Dtn 1,5; 31,9.24.30), was sich mit der Abfassung des Ganzen durch ihn schlecht verträgt.

Die Konsequenzen, die man aus solchen Beobachtungen zieht, reichen verschieden weit; aufs ganze gesehen nimmt ihre Radikalität im Laufe der Zeit zu. Redet IBN ESRA noch dunkel von der »Wahrheit« und einem »Geheimnis«, über das »der Kluge schweigt«, so wagt sich der erste Kritiker in der neueren Zeit, Luthers späterer Widersacher A. BODENSTEIN VON KARLSTADT in seiner Schrift »De canonicis scripturis« (1520) schon weiter vor: die Ansicht lasse sich verteidigen, Mose sei nicht der Verfasser des Pentateuchs (defendi posse, Mosen non fuisse scriptorem quinque librorum); für SPINOZA ist das sonnenklar (luce meridiana clarius apparet, Pentateuchum non a Mose ... scriptum fuisse). Ähnlich steht es mit der Bestimmung des Verhältnisses zwischen dem Mosaischen und dem Nichtmosaischen. Während es zunächst vorwiegend üblich ist, auf der Spur des Talmuds, diese freilich verbreiternd, aus dem im wesentlichen für mosaisch gehaltenen Pentateuch einzelnes als nichtmosaisch herauszunehmen — so die Jesuiten B. PEREIRA (Commentaria et disputationes in Genesim, 1594—1600) und J. BONFRÈRE (Pentateuchus Mosis commentario illustratus, 1631) —, halten die Kritiker fortschreitend umgekehrt das Ganze für nachmosaisch und schreiben nur einzelne Stücke dem Mose zu, namentlich solche, bei denen der Text das ausdrücklich nahelegt — so SPINOZA oder vor ihm TH. HOBBES, der an Dtn 11—27 denkt (Leviathan, 1651, Kap. 33; besser die Abgrenzung Kap. 42: Dtn 12—26). Wer ist der eigentliche Autor, wenn nicht Mose? KARLSTADT spricht sich ausdrücklich dagegen aus, daß es Esra gewesen sei; diese Möglichkeit erscheint damit immerhin am Horizont. Sie ist in der Folgezeit wiederholt mit mehr oder weniger großer Sicherheit vertreten worden, so längst vor SPINOZA von dem holl. kath. Juristen A. MASIUS (Josuae imperatoris historia illustrata atque explicata, 1574). Dessen prot. Landsmann J. LE CLERC (CLERICUS) meint hundert Jahre später den Autor bzw. Kompilator des Pentateuchs in dem Priester gefunden zu haben, den die Assyrer nach 2 Kön 17,28 aus dem Exil in das Gebiet des ehemaligen Reiches Israel schickten, damit er dessen neue Bewohner die Furcht Jahwes lehrte; er habe nach der Auffindung des Gesetzbuches im 18. Jahr des Josia gearbeitet (Sentimens de quelques théologiens de Hollande sur l'histoire critique... par R. Simon, 1685).

Interessanter, wenn auch für unsere heutigen Begriffe noch sehr naiv, oft auch leicht romanhaft sind die Vorstellungen, die man über die bloße Frage nach dem Autor hinaus von der Entstehung des Pentateuchs gehabt hat. Was lag zwischen Mose und dem fertigen Pentateuch oder auch schon vor Mose? Die alte Legende, daß Esra auf Diktat alles wörtlich so aufgeschrieben habe, wie es schon vorher gelautet hatte (s. § 2,1), schied ja für jede halbwegs kritische Betrachtung mindestens in dieser Form aus, ebenso auch eine Spekulation wie die der judenchristl. Pseudoclementinen, wonach das Gesetz, von Mose siebzig weisen Männern mündl. anvertraut, nach seinem Tode von nichtprophet. Hand aufgeschrieben worden sei (daher Widersprüche und Anthropomorphismen) und alsdann eine wechselvolle Geschichte erlebt habe (Hom. III, 46 f., vgl. II, 52). In der Regel rechnete man mit der meist mehr oder weniger stark modifizierenden Benutzung schriftlicher Quellen der verschiedensten Art, sei es durch Mose — auf diese Weise ließ sich die Mosaität des Pentateuchs bei Anerkennung seiner lit. Uneinheitlichkeit noch von Gelehrten des 19. Jh.s notdürftig retten —, sei es durch Esra oder einen anderen in der späteren Zeit, sei es durch beide. So hat etwa nach dem franz. ref. Schriftsteller I. DE LA PEYRÈRE (Systema theologicum ex praeadamitarum hypothesi, I, 1655) Mose den Auszug aus Ägypten, die Gesetzgebung am Sinai und die vierzig Jahre in der Wüste beschrieben und dem, ältere Schriftsteller auswertend, auch die frühere Zeit vorangestellt. Exzerpte daraus wurden später im Pentateuch verwendet. Am umsichtigsten, auch in der hermeneut. Grundlegung, geht SPINOZA vor. Er betrachtet (Tractatus Kap. 8 f.) den Enneateuch der Bücher Gen-Kön als zusammenhängendes Geschichtswerk eines einzigen Verf., wahrscheinlich des Esra, der es, mit Dtn beginnend, verfaßt hat, unter modifizierender Verwendung älteren Materials, darunter auch mosaischer Urkunden (Buch der Kriege Jahwes, einzelne Gesetze); Esra hat die Arbeit nicht abschließen können, so daß auch dadurch viele Unstimmigkeiten stehengeblieben sind. Kurz nach SPINOZA postuliert R. SIMON (s. § 1,1) einen von Mose eingesetzten öffentl. Schreiberstand, dessen Annalen mit dem mosaischen und anderem Material in Archiven tradiert und endgültig nach dem Exil (Esra) zusammengestellt wurden.

3. Die *moderne Pentateuchkritik* beginnt im 18. und kommt zu voller Entfaltung im 19. Jh. Die Tradition von der mosaischen Autorschaft und der, wenigstens relativen, lit. Einheitlichkeit verliert schnell an Gewicht, mag sie auch noch gelegentlich einen prominenten Vertreter finden wie E. W. HENGSTENBERG (Beiträge zur Einleitung in das AT II/III: Die Authentie des Pentateuchs, 1836/39). Ohne allzu große Rücksicht auf sie wird an den beiden Aufgaben gearbeitet, die nun gestellt sind: Ermittlung der lit. Bestandteile des Pentateuchs einerseits, deren Datierung anderseits. Diese doppelte Arbeit findet ihren Höhepunkt und vorläufigen Abschluß in den großen Werken J. WELLHAUSENS (s. o. § 1,2).

Die Ergebnisse lassen sich hier nicht vorwegnehmen; wohl aber ist es am Platz, zur vorläufigen Orientierung eine kurze Übersicht über die drei Hypothesen zu geben, die, schon ziemlich früh entwickelt, für alle seitherige Arbeit am Pentateuch grundlegend geblieben sind.
a) Die *Urkundenhypothese.* Der Hildesheimer Pfarrer H. B. WITTER entdeckt in Gen 1,1–2,4 und 2,5–3,24 Parallelen, die jede einen anderen Gottesnamen (Elohim und Jahwe, letzteres damals Jehowa gelesen) verwenden (Jura Israelitarum in Palaestinam, 1711). Mose hat also zwei Quellen benutzt. Die gleiche Entdeckung macht noch einmal der Pariser Arzt J. ASTRUC (Conjectures sur les mémoires originaux dont il paroit que Moyse s'est servi pour composer le Livre de la Genèse, 1753). Es gibt eine elohist. (A) und eine jehowist. (B) Quelle; dazu kommt eine weitere Quelle, die aus zehn Fragmenten besteht (C). Die endgültige Form gibt dieser Zweiquellentheorie (auch bei ASTRUC handelt es sich ernsthaft nur um zwei Quellen) mit gründlicherer Quellenscheidung in der Gen und genauerer Charakterisierung der beiden Quellen J. G. EICHHORN (s. § 1,2; auch hier die Annahme von Nebenquellen). K. D. ILGEN modifiziert diese »ältere Urkundenhypothese« durch die Annahme dreier Quellen, zweier elohistischer und einer jehowistischen (Die Urkunden des jerusalem. Tempelarchivs I, 1798), doch ohne sich durchzusetzen. Das gelingt erst H. HUPFELD (Die Quellen der Genesis, 1853), der die beiden Elohisten für die Genesis nachweist, und A. DILLMANN, der diesen Nachweis in seinen Kommentaren auf den übrigen Pentateuch ausdehnt (»neuere Urkundenhypothese«).
b) Gegen die Urkundenhypothese setzt, teilweise im Anschluß an den Engländer A. GEDDES, J. S. VATER die *Fragmentenhypothese* (Abhandlung über Moses und die Verfasser des Pentateuchs, 1802–05). VATER bezieht die von WITTER, ASTRUC und ILGEN gar nicht, von EICHHORN nur summarisch behandelten Bücher Ex-Dtn ein und teilt sie samt der Gen »in

einzelne Stücke, in große, kleinere, auch ganz kleine Stücke, von welchen sich nicht zeigen läßt, daß ursprünglich zwischen ihnen ein Zusammenhang stattfand. Bei den meisten derselben fällt vielmehr das Gegenteil deutlich in die Augen«.

c) Die *Ergänzungshypothese* ist entstanden als eine Kombination von Urkunden- und Fragmentenhypothese. Ihr eigentlicher Begründer DE WETTE (s. § 1,2) nimmt an, zahlreiche Fragmente, namentlich die »Jehowa«-Fragmente, also der EICHHORNsche Jehowist in aufgelöster Form, seien auf ein großes »Elohim-Epos« »als Erläuterungen und Supplemente aufgetragen«. Auf ähnliche Weise denken sich die Entstehung des Pentateuchs H. EWALD (ThStKr 4, 1831, 595–606), F. BLEEK (De libri Geneseos origine, 1836), F. TUCH (Kommentar zur Gen, 1838) u. a.

Die Pentateuchkritik hat fortschreitend einsehen müssen, daß sie es mit einem überaus komplizierten Gegenstand zu tun hat, dessen Entstehung sich niemals in allen Einzelheiten wird rekonstruieren lassen. Jede der entwickelten Hypothesen hat sich in der Erklärung eines Teils der Tatbestände bewährt; jede von ihnen ist aber schnell zum stumpfen Werkzeug geworden, wenn sie gewaltsam auf Tatbestände angewendet wurde, denen sie nicht gemäß war. Wenn irgendwo, dann ist hier die unablässige Orientierung am Gegenstand geboten; wenn irgendwo, dann bietet aber hier die Geschichte der Hypothesen auch eine Fülle von Lehren, die für alle weitere Arbeit wegweisend bleiben. Es entspricht nicht nur dem sachlichen Gewicht des ersten Kanonteils, sondern auch der methodischen Bedeutung der Arbeit am Pentateuch, daß dieser Teil des vorliegenden Lehrbuches der ausführlichste ist.

II. Die priesterliche Schicht

§ 8 Die Endredaktion

»Noch immer fehlt das Buch über den Gesamtverfasser, den Endredaktor« (H.-W. HERTZBERG, Beiträge zur Traditionsgeschichte und Theologie des AT, 1962, 11).

1. Der Pentateuch verdankt seine Gestalt mehreren *Redaktionen*. Diese Redaktionen waren angesichts der Verschiedenheit des Materials, das ihnen vorlag, und der Absichten, die sie verfolgten, von recht verschiedener Art. Unsere Kenntnis von ihnen ist noch nicht groß. Sie sind uns meist nur indirekt greifbar, und die Anschauung von ihnen läßt sich weder leicht gewinnen noch leicht vermitteln. Aber das Interesse an ihnen wächst, und mit Recht. Gewiß kann der christl. Exeget F. ROSENZWEIGS und M. BUBERS Ergänzung des R der kritischen Wissenschaft, das den abschließenden Redaktor bezeichnen soll, zu Rabbenu = »unser Meister« (Die Schrift und ihre Verdeutschung, 1936, 322) aus mehr als einem Grund nicht akzeptieren; aber für ihn ist wie für ROSENZWEIG in dessen erstem Beispiel durch das Werk dessen, auf den die Vereinigung von Gen 1 f. zurückgeht, das, »was uns von der Schöpfung zu wissen nottut, nicht aus einem der beiden Kapitel allein zu lernen, sondern erst aus ihrem Zusammenstehen und Zusammenklingen«. Der theol. und geistesgeschichtl. Rang dieser Vereinigung verbietet es, sie nur gleichsam im Vorübergehen als solche zu würdigen und das Interesse mehr oder weniger ausschließlich den durch die Quellenscheidung gewonnenen älteren Werken zu widmen, die der Redaktor vor sich hatte. Es gilt, die Ergebnisse der »neueren Urkundenhypothese« viel stärker auch im umgekehrten Sinn zu nutzen und auszubauen.

Hier ist eine grundsätzliche, auch für alles Folgende geltende Zwischenbemerkung über den Sprachgebrauch, genauer über die Hintergründe einer Schwierigkeit im Sprachgebrauch am Platz. Man spricht oft von dem Endredaktor des Pentateuchs und ähnlich vom Jahwisten oder vom Elohisten oder vom Deuteronomisten oder vom Verfasser der Priesterschrift oder dem der Geschichte von der Thronfolge Davids, als wisse man, es habe sich dabei jeweils um einzelne Personen gehandelt. In der Mehrzahl der Fälle besitzen wir aber einstweilen nur wenige oder gar keine Kriterien dafür, daß es sich so verhalten hat. Die at. Literatur ist überwiegend anonym. Die wesentlichste Ausnahme, die wir in den Worten einer Reihe von Propheten vor uns haben, hat ihrerseits wieder die Zuschreibung anonymen Gutes an diese Propheten und also eine Pseudonymität zur Folge gehabt, die dann auch im übrigen das Bild der kanon. und außerkanon. Literatur, angefangen beim »mosaischen« Pentateuch, zu einem sehr großen Teil bestimmt. Demgegenüber hat sich der Wissenschaft ein viel komplizierteres Bild vom Werden der Überlieferung ergeben, in dem für dieses Werden in allen seinen Stadien natürlich auch Menschen verantwortlich sind, wir aber von diesen Menschen oft nicht nur – wie etwa bei Deuterojesaja – den Namen nicht kennen, sondern auch nicht wissen, ob es sich um Einzelpersonen gehandelt hat oder aber um eine Gruppe, eine Schule o. dgl. Sehr oft ist die zweite Möglichkeit die wahrscheinlichere. Jedenfalls tut man in dieser Frage gut daran, im Sprachgebrauch vorsichtig zu sein und durch ihn keine Sicherheit zu suggerieren, die wir zumindest vorläufig nicht haben und wahrscheinlich nie haben werden – ebensowenig aber auch zu vergessen, daß hinter den Vorgängen, die wir notgedrungen behelfsmäßig mit allen möglichen Siglen und in passivischen Umschreibungen bezeichnen, so oder so lebendige Menschen mit ihrem Leiden und Tun zu ihrer Zeit, an ihrem Ort und in ihrem Lebenszusammenhang stehen.

2. Die für die Endgestalt des Pentateuchs entscheidende Redaktion – im folgenden also: R = Redaktor – hat zwei große, von Hause aus selbständige Erzählungswerke miteinander verbunden, die beide mit der Schöpfung beginnen. Das eine dieser Werke zeigt durchgehend so auffällige, auch dem Ungeübten erkennbare Eigentümlichkeiten, daß es sich ziemlich leicht aus dem Ganzen herauslösen läßt. An wenigen Stellen ist sich darum die at. Wissenschaft so einig wie hier, wo der Konsensus schon vor gut hundert Jahren begründet wurde, nämlich in TH. NÖLDEKES Abhandlung »Die sog. Grundschrift des Pentateuchs« (Untersuchungen zur Kritik des AT, 1869, 1-144). Das Wort *Grundschrift* übernahm NÖLDEKE von seinen Vorgängern; es drückte die Rolle im Pentateuchganzen aus, die man diesem Erzählungswerk zuschrieb. R hatte danach die Erzählungswerke offenbar so zusammengefügt, daß vorwiegend das eine von ihnen, und zwar das uns leichter erkennbare, die Grundlage bildete und aus dem oder den anderen ergänzt wurde. Trifft das zu, dann setzt die Urkundenhypothese die Ergänzungshypothese nicht außer Kraft, sondern verbindet sich mit ihr und bekommt von ihr im Vollzuge zumindest ein wichtiges Kriterium geliefert: wenn sich tatsächlich eine der »Urkunden« als »Grundschrift« herausstellt, darf damit gerechnet werden, daß sie beim Redaktionsvorgang so weit wie möglich erhalten blieb und daß also zweifelhafte Stücke eher ihr als einer anderen »Urkunde« zuzuschreiben sind.

R konnte seine Aufgabe, verschiedene lit. Werke miteinander zu vereinigen, ja ineinander zu schieben, natürlich nicht ohne Eingriffe in diese Werke ausführen; vor allem waren mehr oder weniger umfangreiche Streichungen und Umstellungen erforderlich. Trotzdem blieb das Ziel, den überlieferten Wortlaut so weit wie irgend möglich zur Geltung kommen zu lassen. R beschränkte daher seine eigenen harmonisierenden Zutaten auf ein Minimum und bewahrte den Wortlaut auch dort, wo seine Änderung im Interesse der Einheitlichkeit des Ganzen ein Leichtes gewesen wäre. Die Literarkritik hat daraus den Nutzen gezogen. So bekam sie ein ziemlich einfaches Kriterium für ihre Quellenscheidung schon dadurch in die Hand, daß R die Gottesbezeichnungen Jahwe und Elohim in aller Regel so hatte stehenlassen, wie er sie vorgefunden hatte (eine seltene Ausnahme, die nicht auf R zurückzugehen braucht: Jahwe statt Elohim an der zweifellos priesterschriftl. Stelle Gen 17,1). Bestreitungen dieses Sachverhalts in dem Sinne, daß der Wechsel der Gottesbezeichnung aus inhaltlichen, nicht aber aus lit. Gründen zu erklären sei und also als Kriterium für die Quellenscheidung ausscheide, hat es für mehr oder weniger große Bereiche im Pentateuch immer wieder einmal gegeben. Sie haben sich aber schon darum nicht durchsetzen können, weil zu dem Kriterium der Gottesbezeichnung zahlreiche weitere hinzutraten, die das mit ihm gewonnene Bild bestätigten, vertieften und präzisierten. Natürlich führten sie auch darüber hinaus, so vor allem in HUPFELDS entscheidender Erkenntnis, daß in der Gen nicht eine, sondern zwei Quellen die Gottesbezeichnung Elohim gebrauchen, die »Grundschrift« und eine weitere. Erst daraufhin konnte NÖLDEKE die »Grundschrift« nach Umfang und Inhalt präzise beschreiben. Der Inhalt lieferte auch den Namen, der sich auf die Dauer für sie durchsetzte: *Priesterschrift* (P). Für die zweite der Quellen, die in der Gen die Gottesbezeichnung Elohim verwenden, bürgerte sich die Bezeichnung *Elohist* (E) ein. Dazu kommt als dritte Quelle der *Jahwist* (J), bei dem Gott von Anfang an Jahwe heißt. Die Gemeinsamkeit zwischen P und E hinsichtlich der Gottesbezeichnung darf nicht darüber hinwegtäuschen, daß beide im übrigen sehr verschieden sind; E steht viel näher bei J als bei P und ist von J, wenn das Kriterium der Gottesbezeichnung fehlt, oft viel weniger leicht zu unterscheiden als JE gemeinsam von P. Die erste Aufgabe der Quellenscheidung ist immer die Herauslösung der »Grundschrift« P, die zunächst die sehr andersartige relative Einheit JE, seit WELLHAUSEN auch Jehowist (Konsonanten von Jahwe, vokalisiert nach Elohim) genannt, übrigläßt.

Bei dem nun folgenden Gang durch den Pentateuch ist die ständige Lektüre des Bibeltextes unerläßlich, darüber hinaus die Benutzung einer der Rekonstruktionen der Quellenschriften J und P (etwa EISSFELDTs Hexateuchsynopse oder R. SMEND, At. Lesebuch, Siebenstern Taschenbuch 182, 1974; vgl. auch die Übersicht über P § 9,1) anzuraten. Es empfiehlt sich auch, die Quellen, bes. P, im Bibeltext durch Unterstreichung in verschiedenen Farben kenntlich zu machen.

3. In der *Urgeschichte* (Gen 1–11) halten sich P und J (E ist hier noch nicht vertreten) quantitativ ungefähr die Waage. Den Anfang macht die Schöpfungsgeschichte von P, eine genau überlegte und bis zum Schematismus gegliederte Aufzählung der göttlichen Schöpfungswerke mit dem Chaos als Ausgangspunkt und dem nach Gottes Bild geschaffenen Menschen als letzter Stufe, endend mit der Ruhe Gottes am 7. Tage (1,1–2,4 a). Daran hat R, gewissermaßen als nähere Ausführung über den Menschen, die ganz andersartige Paradiesgeschichte des J angeschlossen, die das jetzige schwere Los des Menschen in einer unvergleichlichen Szenenfolge ebenso kunstvoll wie tiefsinnig daraus herleitet, daß er mehr sein wollte, als ihm im Verhältnis zu Gott zukam (2,5–3,24; 2,4 b dürfte Überleitung von R sein). Die Schöpfungs- und die Paradiesgeschichte haben in ihrer Kombination durch R ihre spätere große Wirkung ausgeübt, bis hin zu dem dogmat. Problem, ob der Mensch durch den Sündenfall die Gottebenbildlichkeit verloren habe; für sich genommen kennt J keine ursprüngl. Gottebenbildlichkeit, P keinen Sündenfall des Menschen. R gibt nach der Paradiesgeschichte dem J noch in der sich daran anschließenden Erzählung von Kain und Abel mitsamt dem Stammbaum der Kainiten das Wort (4) und überbrückt dann den Zeitraum bis zur Sintflut mit einer großen Genealogie, die mit Adam und seinem Sohn Set beginnt und mit Noach und seinen Söhnen Sem, Ham und Jafet endet (5,1–28.30–32). Sie stammt aus P; von der Parallele bei J hat R nur ein oder zwei kleine Fragmente aufgenommen

(5,29, vielleicht 4,25 f.). Bei Noach hat P sein monotones genealog. Schema durch die Sintflutgeschichte gewaltig erweitert (Schlußnotiz 9,28 f.). R reichert diesen Bestand aus JE an, einmal durch die beiden Rahmenstücke zur Sintflutgeschichte, die Geschichte von den sog. Engelehen vorn (6,1–4; die Begrenzung des Menschenlebens auf 120 Jahre in 6,3 hat sich auf die folgenden Genealogien aus P nicht ausgewirkt!) und Noachs Fluch und Segen hinten (9,18–27), vor allem aber indem er in die Sintflutgeschichte von P sehr sorgfältig die aus J einarbeitet.

Am klassischen Beispiel der *Sintflutgeschichte* (6,5–9,17) sei hier im Anschluß an GUNKELS Genesiskommentar die Arbeit der Quellenscheidung demonstriert: dabei fällt gleichzeitig Licht auf die Eigenart der beiden Quellen und das Verfahren des R.
Im jetzigen Text überrascht sogleich, daß die Gottesnamen Jahwe und Elohim ohne erkennbare Bedeutungsverschiedenheit (vgl. 6,22 mit 7,5) durcheinander gebraucht werden. Ausgangspunkt sind weiter die zahlreichen Dubletten. Zweimal sieht Gott die Bosheit der Menschen 6,5 ‖ 11 f., kündigt er dem Noach den Untergang der Menschheit durch eine Flut an 6,17 ‖ 7,4, befiehlt er ihm, mit seinem Hause in die Arche zu gehen 6,18 b ‖ 7,1, dazu mit einer Anzahl von Tieren 6,19 f. ‖ 7,2, um sie am Leben zu erhalten 6,19 ‖ 7,3. Zweimal geht er mit seinen Angehörigen und den Tieren in die Arche 7,7–9 ‖ 13–16, kommt die Flut 7,10 ‖ 11, nehmen die Wasser zu und schwimmt die Arche 7,17 b ‖ 18, stirbt alles Lebende 7,21 ‖ 22, hört die Flut auf 8,2 a ‖ 2 b, sinken die Wasser 8,3 a ‖ 3 b.5, erfährt Noach, daß er die Arche verlassen kann 8,6–12.13 b ‖ 15 f., und verspricht schließlich Gott, keine Sintflut mehr zu senden 8,20–22 ‖ 9,8–17.
Zu den Wiederholungen kommen Widersprüche leichterer und schwererer Art. Noach nimmt 6,19 f.; 7,15 f. von allen Tieren je zwei, 7,2 von allen reinen Tieren je sieben, nur von den unreinen je zwei. Die Flut kommt 7,11 von unten und oben aus den Quellen der Tiefe und den Fenstern des Himmels, 7,12 ist sie schlicht ein Regen; entsprechend ihr Aufhören 8,2 a ‖ 2 b. Noach bekommt nach 8,6–12 durch Aussendung der Vögel selbst heraus, daß er die Arche verlassen kann, nach 8,16 f. teilt Gott es ihm mit. Ferner stehen zwei verschiedene Typen von Zahlenangaben nebeneinander: einmal die ungefähren Zahlen 7 und 40 (7,4.10.12; 8,6.10.12), daneben eine pedantische Chronologie, in der die Sintflut nicht nur genau datiert wird, sondern auch länger dauert, nämlich 150 Tage statt 40 (7,6.11.13.24; 8,3 b–5.13 a.14); zur zweiten Reihe passen auch die Maßangaben für die Arche und den Wasserstand 6,15; 7,20.
Die Quellenscheidung läßt sich großenteils schon anhand der Gottesnamen durchführen. Jahwe steht in 6,5–8 (5.6.7.8); 7,1–5 (1.5 Anfang und Ende eines einheitlichen Passus); 7,16 b; 8,20–22 (20.21), Elohim in 6,9–22 (9.11.12.13.22, einheitlicher Passus; vgl. die Parallelität von 9–12 mit 5–8 und von 17–22 mit 7,1–5); 7,16 a; 8,1 (zweimal Elohim); 8,15–19 (15, einheitlicher Passus); 9,1–7 (1.6, einheitlicher Passus); 9,8–17 (8.12.16.17, einheitlicher Passus, parallel mit 8,20–22). Damit sind 6,5–7,5 und 8,15–9,17, also der Anfang, vor Noachs Gang in die Arche, und der Schluß, nach Noachs Ausgang aus der Arche an, auf J (Jahwe) und P (Elohim) verteilt. Von da aus läßt sich der große Mittelabschnitt, die Schilderung der Flut, analysieren. Die Version, nach der je ein Paar von allen Tieren mit in die Arche kommt, gehört zu P (6,19 f.), die, wonach es nur von den unreinen je ein Paar, von den reinen aber je sieben sind, zu J (7,2, vgl. 8,20); also gehört auch 7,15.16 a zu P. Die einfachen Zahlen 7 und 40 stehen 7,4 bei J; dann gehören zu J auch 7,10.12; 8,6–12 (einschl. 7; der neben der Taube störende Rabe dürfte nicht aus P, sondern aus älterer, von J verarbeiteter Tradition herrühren) mit dem Schluß 13 b. Dagegen ist die pedantische Chronologie mit den höheren Zahlen P: 7,6.11.13–16 a.18–20 (18 f. sind von 20 nicht zu trennen); 8,3 b–5.13 a.14. Da 7,18 zu P gehört, muß die Parallele 17 b aus J stammen. Die Flut denkt sich J nach 7,4.12 aus einem Regen, P nach 7,11 aus den Quellen der Tiefe und den Fenstern des Himmels kommend; also gehört die Feststellung über ihr Ende in 8,2 b zu J, in 8,2 a zu P. Nach J will Jahwe den Menschen »von der Oberfläche des Erdbodens vertilgen *(mḥh)* 6,7; 7,4; dann gehört der entsprechende Ausführungsbericht 7,23 a ebenfalls zu J. Nach P soll alles, was auf Erden ist, »umkommen« *(gwʿ)* 6,17; also ist der Ausführungsbericht 7,21 P und seine Parallele 7,22 *(mwt*

»sterben«) J. Das Sinken der Wasser wird 8,3 b.5 nach P, also 3 a (mit 2 b zusammenhängend) nach J erzählt. Wenn Noachs Eingang in die Arche in 7,13—16 a aus P stammt, muß in der Parallele 7,7—9 die Version des J stecken.
Freilich paßt 7,8 f. nicht zu J: Gott heißt Elohim, von allen Tieren geht je ein Paar in die Arche, und auch die Art der Aufzählung erinnert stark an P. Da anderseits wie bei J von den reinen und den unreinen Tieren die Rede ist und die Parallelität zu 15 f. (P) bleibt, haben wir in 8 f. weder J noch P vor uns, sondern einen Späteren, der Elemente beider Quellen vereinigt, also wohl R (allenfalls, aber nicht wahrscheinlich, einen noch späteren Glossator). Auf ihn dürften auch noch andere, zum Teil gleichartige Erweiterungen des J-Textes im Stile von P zurückgehen, so besonders in 7,7 (vgl. 7,1); 6,7 a (br' »schaffen« wie 1,1 usw. bei P im Unterschied zu csh »machen« bei J 6,6.7 b; 7,4); 7,23 a. Umgekehrt sind in 7,17 a die 40 Tage von R aus J übernommen; der Halbvers kann im übrigen aus P stammen oder aber von R selbst formuliert sein.
Aus den gewonnenen Fragmenten lassen sich nun die beiden Versionen der Sintflutgeschichte rekonstruieren. Vollständig ist die des P erhalten: 6,9—22; 7,6.11.13—16 a.18—21. 24; 8,1.2 a.3 b—5.13 a.14—19; 9,1—17. Die Version des J dürfte so ausgesehen haben: 6,5—8 ...; 7,1—5.10.*7.16 b.12.17 b.22.23*a.b; 8,6 a.2 b.3 a ... 6 b—12.13 b ... 20—22. Man sieht, R hat bei der Kombination mit P die Erzählung des J mehrfach umgestellt und einiges ausgelassen: nach 6,8 den Bau der Arche (und den göttlichen Befehl dazu), nach 8,3 ihre Landung, nach 8,13 b Noachs Auszug. Vertieft man sich in jede der beiden Versionen, dann tritt ihre Verschiedenheit schnell zutage. J bietet noch eine Reihe von poet.-naiven Einzelzügen, wie sie für volkstümliche Erzählung charakteristisch sind: das Zuschließen der Arche durch Jahwe (7,16 b), das Aussenden der Vögel (8,7—12), Jahwes Riechen (8,21). Bei P fehlt dergleichen gänzlich; statt dessen pedantische Aufzählungen, exakte Zahlenangaben, gewaltig gesteigerte Ausmaße, ein spannungsloser Handlungsablauf mit einer unlebendigen, auf den Typus des Frommen reduzierten Hauptfigur. Der Unterschied erinnert an den zwischen der Paradiesgeschichte des J und der Schöpfungsgeschichte des P. Die Heranziehung der beiden Quellen in ihrem übrigen Bestand ist natürlich erforderlich, um die Analyse zu sichern und über die Einzelstelle hinauszuführen. In der Sintflutgeschichte des P findet sich auf Schritt und Tritt für P charakteristisches Vokabular; sachlich weist 9,1—7 auf 1,29 f. zurück, und daß bei P die Unterscheidung zwischen reinen und unreinen Tieren fehlt und Noach nicht opfert, weist voraus auf die Einsetzung dieser Dinge am Sinai. Die Flut, bei J Auswirkung eines bloßen Regens, ist bei P viel universaler gedacht, vgl. 7,11 mit der Kosmologie von 1,6 f.; sie betrifft »alles Fleisch«, das sich, unter Einschluß der Tiere, schuldig gemacht hat (6,11—13; 7,21), während J nur die menschliche Schuld kennt, deren Bestrafung freilich alle Kreatur mitbetrifft (6,5 f.; 8,21).
Die trotz der Unterschiede frappante Parallelität der Sintflutgeschichte bei P und bei J machte es R unmöglich, die beiden Versionen hier hintereinanderzustellen wie in Gen 1 f. Er hat sie vielmehr mit großer Mühe ineinandergearbeitet und dabei auch Wiederholungen und Widersprüche in Kauf genommen. Die Führung bekam eindeutig die Version des P. Sie wurde vollständig, in möglichst großen Blöcken und in der gegebenen Reihenfolge erhalten, die Version des J wurde auf sie hin zerstückelt, gekürzt, umgestellt und glossiert. So stehen aus P der große Block 6,9—22 (sozusagen gerahmt durch die ihres Mittelgliedes beraubten Parallelstücke aus J: 6,5—8 und 7,1—5) am Anfang und der Block 9,1—17 (eingeleitet durch 8,20—22 J) am Ende. In der Mitte mußte etwas komplizierter verfahren werden; aber auch hier wurde P kompakter erhalten. So beim Beginn der Flut und Eingang in die Arche: R rahmte die P-Version (7,11.13—16 a) durch die von ihm zu diesem Zweck auseinandergerissenen (und in 8 f. harmonisierend glossierten) J-Sätze 7,7 und 16 b und schob hinter der Angabe von P über den Anfang der Flut (11) halbwegs passend die des J über ihre Dauer (12) ein. Ähnlich machte er es mit der P-Version vom Wachsen der Flut und ihren Folgen 7,18—21; er ließ sie sogar ganz unangetastet und stellte die entsprechenden Elemente der J-Erzählung, wiederum von ihm selbst erweitert, davor und dahinter (17.22 f.). In das anschließende Stück über Höhepunkt und Aufhören der Flut 7,24—8,5 nach P ist in 8,2 b.3 a die jahwist. Parallele eingeschoben, freilich ohne die in

diesem Zusammenhang unmögliche chronolog. Einleitung (6 a), die an den Anfang der folgenden Taubenszene trat, die ja Sondergut des J war (7,6 b–12.13 b) und die sich an ihrem Ende leicht mit der P-Version über das Ende der Flut, die Anweisung zum Auszug aus der Arche und den Auszug selbst (7,13 a.14–19) verzahnen ließ; der Auszug nach J mußte dabei fortfallen.

Für die Völkertafel in Gen 10 liefert P das Schema. Am Anfang steht die Überschrift »Dies sind die Toledot (s. § 9,3) der Söhne Noachs, Sem, Ham und Jafet« (1 a), am Ende die Unterschrift »Dies sind die Geschlechter der Söhne Noachs nach ihren Toledot, in ihren Völkern, und von ihnen haben sich ausgebreitet die Völker auf Erden nach der Sintflut« (32). Dazwischen das dreifache Schema: jeweils am Anfang »Die Söhne Jafets, Hams, Sems« (2.6.22) und am Ende »Dies sind die Söhne Jafets, Hams, Sems« (5c.T.20.31). Die J-Parallele zum Anfang und Ende des Ganzen steht 9,18 f., im übrigen ist die buntere Version des J, leicht kenntlich schon an der abweichenden Ausdrucksweise für die Verwandtschaftsangaben (»x zeugte y« bzw. Passiv 10,8.13.15.21.25.26 statt »Söhne des x«), in das P-Schema eingefügt, wobei Widersprüche stehenblieben (Seba/Scheba und Hawila stammen von Kusch, also aus der Linie Ham, 7, dagegen von Joktan, also aus der Linie Sem, 26–29). Die Erzählung des J vom Turmbau zu Babel (11,1–9) führt im jetzigen Zusammenhang den Satz des P von der Ausbreitung der Völker auf Erden nach der Sintflut (10,32 b) aus; für P war das ohne den Turmbau geschehen. Die Überleitung auf Terach, den Vater Abrahams, und seine Familie wird durch die aus P stammende Genealogie 11,10–27.31 f. hergestellt. R scheint aus J das Fragment 28–30 eingefügt und dieses durch den Zusatz »in Ur Kasdim« (28) geograph. mit P (31) in Übereinstimmung gebracht zu haben.

In der damit eingeleiteten *Vätergeschichte* (Gen 12–50) tritt P längst nicht so hervor wie in der Urgeschichte. Das liegt nicht an R, sondern an P selbst, der hier weniger zu bieten hatte. Die Erzählungen, durch die Abraham und Sara, Lot und Ismael, Isaak und Rebekka, Jakob und Esau, Lea und Rahel, Josef und seine Brüder durch die Jahrtausende lebendig geblieben sind, stammen aus JE. P erzählt eigentlich gar nicht, sondern liefert ein dürres Schema weithin genealog. Art wie in der Urgeschichte; wenige Male macht er sozusagen einen Knoten in den Faden, indem er Gott oder einen der Patriarchen eine Rede halten läßt (bes. Gen 17) oder gar eine Geschichte erzählt (Gen 23). Daß der dünne Faden des P unseren Gesamteindruck von der Vätergeschichte so wenig bestimmt und bestimmen kann, darf aber nicht darüber hinwegtäuschen, daß R ihn doch so weit wie möglich dazu benutzt, die Perlen aus JE an ihm aufzureihen (WELLHAUSEN). Die oft sehr kurzen P-Stücke lassen sich verblüffend leicht und fast ohne Umstellung zu einem beinahe lückenlosen Ganzen zusammensetzen.

Mit Rücksicht auf JE mußte R vielleicht nur die Notiz über die Bewahrung Lots aus der ursprüngl. Reihenfolge des P nehmen; sie dürfte bei P den Schluß des Abram-Lot-Abschnitts 13,6.11 b.12 aα gebildet, also vor der Notiz über Hagar und Ismael (16,1 a.3.15 f.) und dem Bundesschluß (Kap. 17) gestanden haben, mußte aber jetzt hinter die Sodomgeschichte des J rücken (19,29), die sich ihrerseits wegen der Verheißung der Geburt des Isaak (18,10) nicht vor 16 stellen ließ. Sicher fortgefallen sind aus P nur ganz wenige Notizen: über die Geburt Esaus und Jakobs (vor 25,26 b P, zugunsten von 25,21–26 a J), die Heiraten Jakobs (vor 31,18 aβb P, zugunsten von 29,15–30 J) und Josef und seine Brüder (über 37,1 f.; 41,46 a P hinaus zur Vorbereitung auf 46,6 f. P); hier überall kam P gegen das Gewicht der ausführlichen Erzählungen in JE nicht auf. Umgekehrt hat R zugunsten von P aus JE nicht aufgenommen: Abrahams Auszug (P: 12,4 b.5), Anfang und Ende der Hagargeschichte (P: 16,1 a.3.15 f.), Isaaks Geburt (P: 21,1 b–5), Abrahams Tod P: 25,7–11 a), Jakobs Tod und Begräbnis (P: 49,33 aαb; 50,12 f.). Es verwundert nicht, daß es sich stets um Notizen sozusagen standesamtlicher Natur, also eine Domäne von P, handelt. In einer weiteren Einzelheit hat R den JE-Text notwendig auf P hin ausgerichtet, indem er aufgrund des Namenswechsels Abram/Abraham und Sarai/Sara in Gen 17,5.15 P nunmehr an allen Stellen davor Abram und Sarai, danach Abraham und Sara setzte.

In der Darstellung der *mosaischen Zeit* ist das quantitative Verhältnis zwischen den beiden Quellenschriften, die dem R vorgelegen haben, umgekehrt wie in der Vätergeschichte; P bekommt ein auf weite Strecken geradezu erdrückendes Übergewicht.
Zunächst sieht es freilich noch aus wie in der Vätergeschichte. R gibt aus P eine kurze Exposition über die Israeliten in Ägypten (Ex 1,1–5.7) und arbeitet die Notizen von P über die Bedrückung und die bevorstehende Wende (1,13 f.; 2,23 aβ–25) in die erheblich reichere Erzählung von JE ein. Im folgenden fällt auch dem Ungeübten die Parallelität der Quellen ins Auge: Nachdem in 3,1–6,1 die Berufung des Mose (und des Aaron) und die ersten erfolglosen Verhandlungen mit dem Pharao erzählt worden sind, setzt 6,2–7,7 erneut mit dem gleichen Thema ein, unter weitgehender Wiederholung der Motive, voran der Mitteilung des Gottesnamens Jahwe (3,14 f. ∥ 6,2 f.). Es handelt sich das erste Mal um JE, das zweite Mal um P (vgl. den Rückbezug von 6,3 auf Gen 17,1; 28,3; 35,11; 48,3). Bei den nun folgenden Plagen ist das Schema von P, in dem der Aspekt des göttlichen Machtbeweises stark hervortritt (s. § 9,1; Beispiel 8,12–15; zu I vgl. 4,2–4 JE): göttlicher Befehl an Mose und Aaron, Ausführung (bis IV durch Aaron, dann durch Mose), Nachahmung durch die ägypt. Zauberpriester (bei IV erfolglos, bei V sind sie selbst betroffen), Wirkungslosigkeit beim Pharao, dessen Herz verhärtet (*ḥzq*) ist. Im ausführlicher und weniger pedantisch durchgeführten Schema von JE (I Verpestung des Nilwassers, II Frösche, III Stechfliegen, IV Viehseuche, V Hagel, VI Heuschrecken, VII Finsternis; Beispiel 8,16–28 = III) spielt die Verhandlung des Mose (hinter dem Aaron ganz zurücktritt) mit dem Pharao eine erheblich größere Rolle: Mose fordert auf göttlichen Befehl jeweils zu Anfang die Entlassung des Volkes und kündigt für den Fall der Weigerung die nächste Plage an, um deren Beendigung dann nach ihrem Eintreten der Pharao bittet; am Ende auch hier die Verstockung des Pharao (mit der Vokabel *kbd* statt *ḥzq* 8,11 a.28; 9,7.34, vgl. 7,14). R verbindet die beiden Versionen der Plagenreihe recht geschickt miteinander, ohne viel auszulassen. An ihr Ende stellt er aus JE den endgültigen Abbruch der Verhandlungen zwischen Mose und dem Pharao (10,28 f.) und die Ankündigung der Tötung der ägypt. Erstgeburt (11,1–8), sodann aus P das abschließende Resümee (11,9 f.). Bei den Ereignissen und Bestimmungen um das Pascha kombiniert er, mit P einsetzend, die beiden Quellen in größeren Blöcken (P: 12,1–20.28.40–51; JE: 12,21–27.29–39; 13), beim Schilfmeerwunder (14) arbeitet er JE jeweils in kleineren Stücken in P ein. Bis zur Ankunft am Sinai liefert P den Faden durch die Itinerarnotizen 15,22 aα.27; 16,1; 17,1 abα; 19,2.1 a (so die ursprüngl. Reihenfolge), dazu die nur durch Bruchstücke aus JE ergänzte Geschichte von Wachteln und Manna (16).
In der Darstellung der Ereignisse am Sinai gibt R nach der Einleitungsnotiz von P zunächst in einem Block den ersten Teil der JE-Version mit Theophanie, Dekalog und Bundesbuch wieder (19,2 b–24,15 a). Daran schließt er aus P die Erscheinung der »Herrlichkeit« (*kābôd*) Jahwes (24,15–18) und die umfangreichen göttlichen Anweisungen für die Einrichtung des Kultus (25–31) an. Es folgt, angeknüpft an die Notiz von der Übergabe der beiden Gesetzestafeln an Mose (31,18; in P an dieser Stelle? von R zur Überleitung formuliert?), aus JE der Erzählungskomplex um das goldene Kalb und die neuen Gesetzestafeln (32–34). Dann sieht

sich R von Pflichten gegenüber JE frei und gibt in dem großen Komplex Ex 35- Num 10,10 ausschl. der Sinaiperikope von P das Wort, die nach Umfang und sachlichem Gewicht den Mittelpunkt dieses Werkes gebildet hat. Es ist gut möglich, daß dabei Stücke aus JE unter den Tisch gefallen sind; so legt die Nennung der Lade in Num 10,35 f. JE nahe, daß diese vorher in JE eingeführt gewesen ist, vielleicht so, daß in einem Zusammenhang wie dem von Ex 33 ihre Herstellung erzählt wurde. Die Kirchenväter leiteten aus den kombinierten Quellen auch hier ein Theologumenon her, das sowohl JE als auch P als auch R ferngelegen haben dürfte: die Gebote im Buch Lev seien als Strafe für das goldene Kalb gegeben.
Für die Ereignisse vom Aufbruch vom Sinai an liefert P wieder die Einleitung (Num 10,11–28), dann folgt ein größeres Stück aus JE (10,29–12,16). Die Kundschaftergeschichte Num 13 f. ist aus beiden Quellen zusammengearbeitet, wobei aber P die Führung hat und unversehrt erhalten ist, während aus JE die Einleitung und die Angabe über die Rückkehr der Kundschafter fortfallen mußten. Im weiteren Bestand des Buches Num haben die JE-Stücke mehr oder weniger den Charakter von Inseln. Sie finden sich zunächst in der Erzählung des P vom Aufruhr der Rotte Korach (16), in die aus JE die Erzählung von Datan und Abiram eingearbeitet ist. In größerem Umfang enthalten Num 20–25 Stoff aus JE. Ein interessanter Fall ist 20,1–13, wo die Geschichte des P vom Wasser aus dem Felsen durch eine Parallelgeschichte aus JE aufgefüllt ist, die bereits vollständig in Ex 17,1 bβ–7 steht (aus ihr stammen Num 20,3 a.5 a.8 aα.bα.9.11 α*13). Ganz aus JE stammen sodann (mit Ausnahme der P-Itinerarnotizen 21,4 aα; 22,1) die Erzählungen von den Siegen über die Könige Sihon von Heschbon und Og von Baschan (21,21–35), von Bileam (22–24) und vom Abfall zum Baal Peor (25,1–5, wohl auch die Fortsetzung 25,6–18). Schließlich hebt sich aus dem andersartigen Zusammenhang das ostjordan. Landnahmekapitel Num 32 als jehowistisch heraus.
Mit dem Buch Dtn beginnt in dem Traditionskomplex, der mit P vereinigt worden ist, sachlich und lit. ein ganz neuer Zusammenhang, der sich nicht mehr mit JE bezeichnen läßt (s. § 12). Hier sind einige wenige Zusätze im Sinne von P gemacht worden (Dtn 1,3; 4,41–43; 32,48–52 in Wiederholung von Num 27,12–14). Am Ende des Buches Dtn, wo der Tod des Mose erzählt wird, spricht noch einmal – und wahrscheinlich zum letzen Mal – P selbst: 34,1 a.7–9.
4. Der kurze Gang durch den Pentateuch dürfte die *Motive der Redaktionsarbeit* wenigstens in einigen Grundzügen deutlich gemacht haben. Es lagen zwei erstaunlich ähnliche und erstaunlich verschiedene Darstellungen der Ursprungsgeschichte des Volkes Israel vor, beide unter Einschluß umfangreichen gesetzl. Materials, beide von autoritativem Anspruch und Charakter. Ein schwerlich nur individuelles Interesse, das vermutlich sogar die Form eines amtl. (königl. pers.?) Auftrages angenommen hatte und hinter dem darüber hinaus als tiefstes Motiv etwas stand, was man das Bewußtsein von der notwendigen Einheit der Wahrheit nennen kann, führte dazu, die beiden Darstellungen nicht nebeneinander stehen zu lassen, sondern zu einer einzigen zu verschmelzen. Die Person oder Personengruppe bzw. Schule, die wir als R bezeichnen, bewältigte die merkwürdige und gewiß nicht leichte Aufgabe mit großem Geschick, zwangsläufig aber auch auf Kosten der inneren Folgerichtigkeit und der lit. Qualität des Werkes. Die umfangreichere der beiden Vorlagen, P, war schon in sich kein Gebilde von lit. Schönheit gewesen, von Hause aus und durch umfangreiche Erweiterungen, die P zu einem ziemlich unförmigen Koloß gemacht hatten (s. § 9,4). Und gerade P mußte für R aufs ganze gesehen die »Grundschrift« bilden, aus lit. Gründen – seine Ordnung machte P zum gegebenen Rahmen des Ganzen, man kann sich umgekehrt eine Einarbei-

tung von P in JE schlechterdings nicht vorstellen – und aus theologischen. Die letzteren lassen sich freilich mehr nur indirekt erschließen und vermuten, nicht zuletzt aus dem, was wir über die Zeit des R, also die Zeit um Esra, wissen. Und man muß sich auf der anderen Seite vor Augen halten, daß die Tätigkeit des R ja auch eine Relativierung von P bedeutete. Denn P war keineswegs auf einen Ausgleich und eine Vereinigung mit JE hin geschrieben worden, sondern als ein eigenes Werk mit uneingeschränktem Geltungsanspruch. JE bzw. das größere Werk, dessen Grundstock JE bildete (vgl. §§ 11; 12; 19), ließ sich aber, anerkannt und wirksam, wie es wohl immer noch war, offenbar nicht außer Kurs setzen, sondern höchstens durch Integration in P neutralisieren. Möglicherweise sollte dabei umgekehrt die althergebrachte Autorität von JE in Verbindung mit dem Dtn auch der Geltung von P zugute kommen.

5. Die Schule, die wir mit R bezeichnen, beschränkte sich nicht darauf, die überkommenen Quellenschriften zusammenzufügen. Sie unterzog vielmehr das neue Ganze einer *weiteren Bearbeitung,* von KUENEN, dem WELLHAUSEN sich anschloß, »eine fortgesetzte Diaskeue und Diorthose« (Bearbeitung und Verbesserung) genannt (vgl. bereits J. POPPER, Der bibl. Bericht über die Stiftshütte. Ein Beitrag zur Geschichte der Composition und Diaskeue des Pentateuch, 1862). Hier hat die Ergänzungshypothese eines ihrer wichtigsten Felder. Besonders die Rechtsbestimmungen wurden, solange der Bestand noch nicht gänzlich verfestigt war – daß manches noch über längere Zeit im Fluß blieb, zeigt zu ihrem Teil ja auch die Textkritik –, durch Erweiterungen und Veränderungen auf dem laufenden gehalten. Weil sich gerade solche Zusätze zwangsläufig meist an P anschließen und weil sie in Geist und Sprache zur Tradition von P gehören – nur gelegentlich begegnet dtr Formulierung –, ist ihre Unterscheidung von den sekundären Stücken innerhalb des noch selbständigen P schwierig; immerhin dürfte sicher sein, daß besonders am Ende des Buches Num vieles, was gemeinhin als Ps bezeichnet wird (s. § 9,4), eher unter die Rubrik R gehört (vgl. bes. NOTH). Es handelt sich dabei nicht nur um gesetzl. Material. Auch ein Gebilde wie das Stationenverzeichnis Num 33,1–49 setzt offenbar bereits die Kombination JEP voraus (NOTH). Und schließlich gehört auch Erzählung hierher.

Hauptbeispiel dafür ist Gen 14, die antiquarisch aufgemachte, aber spätnachexil. Geschichte vom Einfall vier mesopotamischer Könige in Palästina, ihrem Sieg über die Könige von Sodom und Gomorra, der Gefangennahme des Lot und seiner Befreiung durch Abraham mitsamt der sekundär hinzugefügten Segnung Abrahams durch den Priesterkönig Melchisedek von (Jeru-)Salem (v. 18–20). Der Abraham dieser Perikope ist ein anderer und agiert in anderen Dimensionen als der von JE, aber auch als der von P.

In diesem Stadium der Bearbeitung erfolgte auch die Ausgrenzung des Pentateuchs als Grundlage des späteren Kanons. Wenn P mit dem Tode des Mose geschlossen hat, dann ist nach dem Maßstab dieser Quelle der Schnitt zwischen dem Gesetz und den Propheten vollzogen worden. Schließlich gehört in diesen Zusammenhang auch die Einteilung des Pentateuchs in seine fünf Bücher, die der große Umfang des Ganzen gebot. Das erste und das letzte Buch, Gen und Dtn, hoben sich durch ihren Inhalt von selbst heraus. Der Schluß von Ex wurde teilweise im Vorgriff auf Späteres neu formuliert, damit ein einigermaßen abgerundetes Buch entstand (vgl. bes. die hier kaum passenden Sätze über die Rolle der Wolke Ex 40,36–38 mit Num 9,15–23; auch die Opfer in Ex 40,27.29 und die Priestersalbung in v. 12–16 überraschen vor Lev 8 f.). Die jetzigen Schlußsätze in Lev (27,34) und Num (36,13) sind wohl als Abschlüsse der beiden Bücher gemeint.

§ 9 Die Priesterschrift

G. v. RAD, Die Priesterschrift im Hexateuch, BWANT 65, 1934; K. ELLIGER, Sinn und Ursprung der priesterl. Geschichtserzählung (1952), Kl. Schr. 174–198; J. HEMPEL, Art. Priesterkodex, PW 22, 1954, 1943–1967; R. RENDTORFF, Die Gesetze in der Priesterschrift, FRLANT 62, 1954; K. KOCH, Die Priesterschrift von Ex 25 bis Lev 16, FRLANT 71, 1959; W. ZIMMERLI, Sinaibund und Abrahambund (1960), Ges. Aufs. I, 205–216; M. HARAN, Shiloh and Jerusalem: The Origin of the Priestly Tradition in the Pentateuch, JBL 81, 1962, 14–24; W. H. SCHMIDT, Die Schöpfungsgeschichte der Priesterschrift, WMANT 17, 1964, ²1967; J. G. VINK, The Date and Origin of the Priestly Code in the OT, OTS 15, 1969, 1–144; R. J. THOMPSON, Moses and the Law in a Century of Criticism since Graf, VTS 19, 1970; S. E. McEVENUE, The Narrative Stile of the Priestly Writer, AnBibl 50, 1971; W. BRUEGGEMANN, The Kerygma of the Priestly Writers, ZAW 84, 1972, 397–417; P. WEIMAR, Untersuchungen zur priesterschriftl. Exodusgeschichte, Forschung zur Bibel 9, 1973; A. HURVITZ, The Evidence of Language in Dating the Priestly Code, RB 81, 1974, 24–56; O. H. STECK, Der Schöpfungsbericht der Priesterschrift, FRLANT 115, 1975; J. BLENKINSOPP, The Structure of P, CBQ 38, 1976, 275–292; N. LOHFINK, Die Priesterschrift und die Geschichte, VT.S 29, 1978, 189–225; E. CORTESE, Dimensioni letterarie e elementi strutturali di Pᵍ: per una teologia del documento sacerdotale, RivBib 25, 1977, 113–141; DERS., La teologia del documento sacerdotale, RivBib 26, 1978, 113–137.

1. Der *Inhalt* von P läßt sich mit einem meist nur geringen Unsicherheitsfaktor so rekonstruieren:

Die Toledot (s. u. 3) des Himmels und der Erde: Schöpfungsgeschichte (Gen 1,1–2,4 a).
Die Toledot Adams (Adam hier Eigenname; in Gen 1,26 f. *hā'ādām* »der Mensch«): »Setitenstammbaum« Adam–Set–Enosch–Kenan–Mahalalel–Jered–Henoch–Metuschelach–Lamech–Noach (Gen 5,1–28.30–32).
Die Toledot Noachs: Sintflut (Gen 6,9–22; 7,6.11.13–16 a.18–21.24; 8,1.2 a.3 b–5.13 a. 14–19). *bᵉrît* (9,1–17). Schlußnotiz (9,28 f.).
Die Toledot der Söhne Noachs, Sem, Ham und Jafet: »Völkertafel« (Gen 10,1–7.20.22 f.31 f.).
Die Toledot Sems: »Semitenstammbaum« Sem–Arpachschad–Schelach–Heber–Peleg–Regu–Serug–Nahor–Terach (Gen 11,10–26).
Die Toledot Terachs: Genealogische Notiz Terach–Abram/Nahor/Haran–Lot (Gen 11,27). Auszug nach Haran, Tod Terachs (11,31 f.). Auszug Abrams mit Sarai und Lot nach Kanaan (12,4 b.5), Trennung von Lot, Zerstörung der Städte, in denen Lot wohnte (13,6.11 b.12 abα; 19,29). Geburt Ismaels (16,1 a.3.15 f.), *bᵉrît*, Umbenennung Abrams und Sarais in Abraham und Sara, Ankündigung der Geburt Isaaks, Beschneidung Abrahams und Ismaels (17), Geburt und Beschneidung Isaaks (21,1 b–5). Tod Saras, Erwerb der Höhle Makpela. Begräbnis Saras (23). Tod und Begräbnis Abrahams (25,7–11 a).
Die Toledot Ismaels: Verzeichnis der 12 Söhne Ismaels (25,12–17).
Die Toledot Isaaks: Heirat mit Rebekka, Geburt Esaus und Jakobs (25,19 f. . . . 26 b). Heiraten Esaus, Entsendung Jakobs nach Paddan-Aram (26,34 f.; 27,46–28,9). Jakobs Frauen und Nebenfrauen, seine Söhne (. . . 29,24.28 b.29 . . . ; 35,23–26). Rückkehr nach Kanaan, Gotteserscheinung in Bet-El (. . . 31,18 aβb; 33,18 a; 35,6 a.9–13.15). Ankunft in Hebron, Tod und Begräbnis Isaaks (35,27–29).
Die Toledot Esaus: edomit. Namenlisten (Gen 36, darin mehrfache Überschneidungen, nicht sicher bestimmbarer P-Grundbestand). Niederlassung Esaus in Seïr, Jakobs in Kanaan (36,6–8; 37,1).
Die Toledot Jakobs: Josef bei seinen Brüdern und in Ägypten (Gen 37,2 . . . ; 41,46 a . . .). Jakobs Zug nach Ägypten (46,6 f.). *Seine 70köpfige Familie (46,8–27)*. Jakob vor dem Pharao, Ansiedlung und Aufenthalt in Ägypten (47,5 b.6LXX.7–11.27 b.28). Jakobs Worte an Josef (48,3–7), an alle Söhne (49,1 a.28 b–32). Tod und Begräbnis (49,33; 50,12 f.).
Jakobs Söhne in Ägypten (Ex 1,1–5). Unterdrückung, Hilfeschrei, Erhörung (1,7 aαb.13 f.; 2,23 aβ–25). Berufung Moses und Aarons (6,2–7,7; *darin Genealogie Rubens, Simeons, Levis: 6,13–30*). Plagen: I. Verwandlung von Aarons Stab in eine Schlange (7,8–13),

II. Wasser zu Blut (7,19.20 aα.21 b.22), III. Frösche (8,1–3 ... 11 aβb), IV. Mücken (8,12–15), V. Beulen (9,8–12), evtl. VI. Hagel (9,22.23 aα ... 35), VII. Heuschrecken (10,12.13 aα ... 20), VIII. Finsternis (10,21 f. ... 27). Resümee (11,9 f.). Pascha und Auszug aus Ägypten (12,1–20.28.40 f.*42–51*). Durchzug durch das Meer, Untergang der Ägypter (14,1–4.*8.9*aαb.10 abβ.15–18.21 aαb–23.26.27 aα.28 f.; nach manchen Exegeten ist P hier nicht zu finden). Itinerar Schilfmeer-Elim-Wüste Sin (15,22 aα.27). Wachteln und Manna (16,1–3.6 f.9–27.30.35 a, vgl. E. Ruprecht, ZAW 86, 1974, 269–307). Itinerar Refidim-Wüste Sinai (17.1 abα; 19,2a.1).
Die Wolke auf dem Berg, die Herrlichkeit Jahwes, Mose in der Wolke (Ex 24,15 b–18 a). Die Anweisungen für die Einrichtung des Kultus: Erhebung einer Abgabe (25,1–9), Lade (25,10–22), Tisch (25,23–30), siebenarmiger Leuchter (25,31–40), »Wohnung« (26), Altar und Vorhof (27), Priesterkleidung (28), Riten für die Einsetzung der Priester (29), *Räucheraltar (30,1–10), Kopfsteuer (30,11–16), Wasserbecken (30,17–21), Salböl (30,22–33), Räucherwerk (30,34–38), Bestellung der Handwerker (31,1–11), Sabbat (31,12–17).*
Ausführung der Anweisungen (35–39). Aufstellung des Heiligtums (40).
Opferanweisungen: Brandopfer (Lev 1), Speisopfer (2), Schlachtopfer (3), Anlässe zu sühnenden Opfern (4 f.), verschiedene Opfervorschriften (6 f.).
Der Beginn des Kultus: *Einsetzung Aarons und seiner Söhne (8),* die ersten öffentl. Opferhandlungen (9), *Nadab und Abihu (10).*
Reinheitsvorschriften: reine und unreine Tiere (11), Wöchnerin (12), Aussatz (13 f.), Ausflüsse (15). Der große Versöhnungstag (16).
Heiligkeitsgesetz: Opfern und Fleischgenuß (17), Geschlechtsverkehr (18), Verhalten in der Gemeinschaft (19), Todeswürdigkeit geschlechtl. und anderer Verfehlungen (20), Heiligkeit der Priester (21), Heiligkeit kult. Abgaben und Opfer (22), Feste (23), Dienste an Leuchter und Schaubrottisch (24,1–8), Gotteslästerung (24,10–23), Sabbatjahr und Jobeljahr (25), Segen und Fluch (26). – Weihegaben (27).
Volkszählung (Num 1). Lagerordnung (2). Gliederung und Aufgaben der Leviten (3 f.). *Weitere göttliche Anordnungen: Ausschluß Unreiner aus dem Lager (5,1–4), Wiedererstattung von veruntreutem Gut (5,5–10), Gottesurteil bei Ehebruchsverdacht (5,11–31), Nasiräer (6,1–21), »aaronit.« Segen (6,22–27).* Die Gaben der Stämmevertreter an das Heiligtum (7). *Weitere göttliche Anordnungen: Lampen am Leuchter (8,1–4), Nachträge zur Levitenordnung (8,5–26), Nachträge zur Paschaordnung (9,1–14).*
Aufbruch vom Sinai: die Wolke (9,15–23), *die beiden silbernen Trompeten (10,1–10),* Marschordnung und Aufbruch (10,11–28).
Die Kundschafter (Num 13,1–17 a.21.25 f.32 f.; 14,1–3.5–10.26–38). *Weitere Vorschriften: Speise- und Trankopfer zu tierischen Opfern (15,1–16), Abgaben (15,17–21), unbeabsichtigte Verfehlungen (15,22–31). Holzsammeln am Sabbat (15,32–36), Quasten an den Kleidern (15,37–41).* Die Rotte Korach: Aufruhr und Untergang der Rotte (16,1 a.2 aβ.11.16–*24.*27.35), *die Verwendung ihrer Räucherpfannen als Überzug für den Altar (17,1–5),* die Auflehnung der ganzen Gemeinde und ihre Bestrafung (17,6–15), *Aarons grünender Stab (17,16–26). Pflichten und Rechte der Priester und Leviten (17,27 f.; 18).*
Reinigungswasser (19). Wunderbares Wasser aus dem Felsen (20,2.3 b.4.6 f.8 aβbβ.10.11 b.12). Aarons Tod auf Berg Hor, Eleasar sein Nachfolger (20,22 b–29). Itinerarnotizen (21,4 aα; 22,1). Erneute Volkszählung (25,19; 26). *Das Erbrecht von Töchtern (27,1–11).* Ankündigung des Todes des Mose, Nachfolger Josua (27,12–23). *Opferkalender (28–30,1). Gültigkeit von Gelübden (30,2–17). Rachekrieg gegen die Midianiter und Verteilung der Beute (31).* Anweisungen für die Verteilung des Westjordanlandes (33,50–56; 34). *Leviten- und Asylstädte (35). Nachtrag zum Erbrecht von Töchtern (36).* Der Tod des Mose (Dtn 34,1 aα ... 7–9).
Größere Zusätze zum Grundbestand (Pg) sind in dieser Übersicht kursiv gesetzt; Einzelheiten sowie Schichtungen innerhalb der Zusätze (wie auch bereits innerhalb von Pg) werden dabei vernachlässigt; mehrfach dürfte es sich bereits nicht mehr um Zusätze zu P, sondern zum durch R hergestellten Gesamtwerke handeln (s. § 8,5).
Zur Frage, ob P über den Tod des Mose hinaus auch die Inbesitznahme des Westjordanlandes dargestellt hat, s. u. 7.

2. Die Eigenart von P tritt schon in der *Sprache* zutage. P hat ein charakteristisches Vokabular, das die Quellenscheidung, aber auch die zeitliche Bestimmung erleichtert.

Als Ausdrücke, die P ausschließlich oder ganz überwiegend gebraucht und die meist auch für sein Denken charakteristisch sind, seien genannt: *benê jiśrā'el* für das Volk Israel, *'æræṣ kena'an* für Palästina, *'aḥuzzāh* »Besitz«, *'anî* (statt *'ānokî*) »ich«, *br'* »schaffen«, *hôlîd* (statt des qal *jld*) »zeugen«, *meḡurîm* »Fremdlingschaft«, *maṭṭæh* (statt *šebæṭ*) »Stab, Stamm«, *'edāh* »Gemeinde«. *berît* »Verpflichtung, Bund«, wird mit *heqîm* »aufrichten« und *ntn* »geben« (statt *krt* »schneiden«) konstruiert. Die Monate werden mit Zahlen, nicht mit Namen bezeichnet. Beliebt sind Zusammensetzungen mit *'ôlām* »unabsehbare Zeit«: *berît 'ôlām* »ewige Verpflichtung, ewiger Bund«, *ḥoq 'ôlām* »ewige Anordnung« u. ä. Bei Aufzählungen steht gern *ledorotām* bzw. *lemišpeḥotām* »nach ihren Geschlechtern«, »nach ihren Sippen« u. dgl. Der Akkusativ wird weniger durch das einfache Verbalsuffix als durch die nota accusativi mit Suffix bezeichnet.

Der Stil ist monoton, umständlich, formelhaft. Er liebt Über- und Unterschriften und Wiederholungen. Die Erzählung droht durch die Aufzählung, die Poesie durch das Schema erdrückt zu werden. »Sogar der Zorn Gottes ergeht sich in wohlbedachten, wohlgesetzten und sich wiederholenden langweiligen Formeln« (HOLZINGER unter Hinweis auf Num 14,26–35). Vor allem durch die vielen Wiederholungen hat sich v. RAD (1934) verleiten lassen, P in zwei parallel laufende Rezensionen (P^A und P^B) zu zerlegen; durchgesetzt hat er sich damit nicht (vgl. W. RUDOLPH, ThLZ 60, 1935, 340–342; P. HUMBERT, ZAW 58, 1940/41, 30–57). Mag die Lektüre von P auch schwerfallen, sie lohnt sich doch um des Eindrucks willen, den sie auch bei dem in Fragen des Stils, und gar des at., nicht Geübten hinterläßt. Man überschlage dabei nicht, von den Gesetzen einmal abgesehen, die Anweisungen für die Einrichtung des Kultus (Ex 25–31) mitsamt ihrer Ausführung (Ex 35–39) oder die Zählungen in Num 1 f.; 26 mit dem, was da an scheinbar bis ins Letzte exakten Maßen, Namen und Personenzahlen aufgeboten wird. Für diese Dinge hat P eine große Vorliebe. »Nah verwandt mit dieser Vorliebe ist eine unbeschreibliche Pedanterie, die das innerste Wesen des Verfassers des Priesterkodex bildet. Für das Klassifizieren und Schematisieren hat er eine wahre Leidenschaft; wenn er einmal ein Genus in verschiedene Species zerlegt hat, so müssen wir uns jedesmal alle Species einzeln wieder vorführen lassen, so oft vom Genus die Rede ist; der subsumierende Gebrauch der Präpositionen Lamed und Bet ist für ihn bezeichnend. Wo er kann, bevorzugt er den weitläufigen Ausdruck, das Selbstverständliche zum hundertsten Male ausführlich zu wiederholen wird er nicht müde (Num 8), er haßt die Pronomina und alle abkürzenden Substitute. Das Interessante wird übergangen, das Gleichgültige genau beschrieben, vor lauter erschöpfender Deutlichkeit weiß man oft bei einer ohnehin deutlichen Sache mit den vielen Bestimmungen nicht aus noch ein« (WELLHAUSEN). Auf der anderen Seite kann auch diese Art von Literatur ihr Pathos haben und gerade in ihrem Ineinander von Beschränkung und Weitschweifigkeit »auch in ästhetischer Hinsicht den Eindruck von verhaltener Kraft und lapidarer Größe« vermitteln (v. RAD), so in der Schöpfungsgeschichte (Gen 1,1–2,4 a) oder der Gottesrede an Noach (Gen 9,8–17) oder dem Dialog zwischen Abraham und den Hetitern (Gen 23), möglicherweise sogar in Genealogien und Itineraren. Man pflegt die Sprache von P esoterisch zu finden und ihr allen Willen zur Popularität abzusprechen. Indessen dürfte sicher sein, daß P wie wenige sonst eine »Gemeinde« geprägt hat, und das wird kaum seinen Intentionen widersprochen haben.

3. Trotz allem ist P ein *Erzählungswerk*, das, in welcher Weise auch immer, eine

lange Folge von Ereignissen und Personen zum Gegenstand hat. Ihm liegt dabei sehr an exakter zeitlicher Fixierung jedes Gliedes innerhalb dieser Folge. Schon die Schöpfungswerke sind einschl. der Ruhe Gottes auf sieben Tage verteilt. Mit der Schöpfung beginnt eine genaue, oft nicht nur die Jahre, sondern auch die Tage nennende Chronologie, die uns freilich in vielem rätselhaft und zudem durch die Verschiedenheit der Textüberlieferung (MT, Samaritanus, LXX) unsicher ist.

Die Zahlen des hebr. Textes (Gen 5; 11,10–26; 21,5; 25,26; 47,9; Ex 12,40) ergeben für die Zeit von der Schöpfung bis zum Auszug aus Ägypten 2666 Jahre; man pflegt darin zwei Drittel einer Weltperiode von insgesamt 4000 Jahren zu sehen. Die Zahlen im Samaritanus ergeben für den gleichen Zeitraum 2967, die der LXX 3446 Jahre.

Als Gliederungsprinzip fällt in der Gen sogleich das Schema der Toledot auf, das die Ur- und die Vätergeschichte in eine Reihe von zehn Abschnitten teilt.

Der Satz '*ellæh tôl^edôt* »Dies sind die Toledot von...« steht Gen 2,4a; 5,1; 6,9; 10,1; 11,10.27; 25,12.19; 36,1.9; 37,2. Von den beiden Stellen in 36 wird nur eine ursprünglich sein, so daß man auf die Gesamtzahl 10 kommt (kaum statt dessen mit EISSFELDT durch Einbeziehung der wohl sekundären Stelle Num 3,1 auf 12). Der Satz ist in 2,4 a Unterschrift, sonst immer Überschrift. In 5,1 lautet er abweichend *zæh sepær tôl^edôt*... »Dies ist das Buch der Toledot...«. Das Wort, von *jld* abgeleitet, bedeutet »Zeugungen«, dann die Nachkommenschaft. Das paßt natürlich gut auf die Stammbäume, anderwärts (Gen 2,4 a; 6,9; 25,19; 37,2) aber nicht. Soll das Wort nicht nur als starre Überschriftsformel dorthin übertragen sein und also einen wirklichen Inhalt haben, muß es fast so etwas wie »Geschichte« bedeuten.

Wichtiger ist ein anderes Gliederungsprinzip. Schon beim flüchtigsten Blick auf die Gesamtanlage von P springt die überragende Rolle der mosaischen Zeit und der in ihr ergangenen Anordnungen in die Augen. Hierauf ist es abgesehen, das Vorangehende soll auf dieses große Ziel hinführen. WELLHAUSEN hat darin die Aufeinanderfolge von vier Bundesschlüssen sehen wollen und für die »Grundschrift« demgemäß zunächst die Bezeichnung Q = liber quatuor foederum »Vierbundesbuch« vorgeschlagen: dem Sinaibund seien als Vorstufen die drei Bünde mit Adam (Gen 1,28–2,4 a, Bundeszeichen der Sabbat; vegetarische Nahrung), Noah (Gen 9,1–17, Bundeszeichen der Regenbogen; Fleisch als Nahrung, aber ohne das Blut) und Abraham (Gen 17, Bundeszeichen die Beschneidung) vorangegangen. Dagegen wurde bald eingewandt, daß am Ende der Schöpfungsgeschichte von einem »Bund« (*b^erît*) keine Rede ist. Den Sabbat gibt es zwar als »Zeichen«, aber erst am Sinai (Ex 31,17). Dort wiederum spricht P nicht wie bei Noah und Abraham von der *b^erît*, die Gott »aufrichtet« bzw. »gibt« (die Verwendung des Begriffs *b^erît* in 31,16 und im weiteren Zusammenhang in Lev 26,44 f., vgl. v.25, macht sein Fehlen an der entscheidenden Stelle nur um so auffälliger). Offenbar vermeidet P den Ausdruck im Zusammenhang des Sinaigeschehens bewußt, und zwar wohl darum, weil er das Israel seiner Zeit im Zeichen des abrahamit. Gnadenbundes sehen möchte, der noch nicht das sinait. Gebot enthält, an dem Israel gescheitert ist (ZIMMERLI). So bleiben als die beiden durch eine *b^erît* im Vollsinn bezeichneten Zäsuren die Gottesreden an Noah und an Abraham. v. RAD hat die damit gegebene Periodisierung mit dem Bild von drei konzentrischen Kreisen beschrieben: Weltkreis, noachit. Kreis, abrahamit. Kreis, der letzte der innerste und der Standort des »sinait.« Israel. Man darf dabei aber ein etwas anderes, nicht weniger wichtiges, auch in den Wortlaut der Darstellung hineingreifendes Mittel der Periodisierung nicht übersehen: nachdem Gott für die Väter vor Abraham nur Elohim geheißen hat, offenbart er sich dem Abraham als '*el šadday* (Gen 17,1) und schließ-

lich dem Mose als Jahwe (Ex 6,2 f.). Damit beginnt dann eine ganze Reihe von Höhepunkten, eine »Höhenlinie«, die bis zur Bestätigung des ersten Opfers der Gemeinde (Lev 9) reicht (ELLIGER). Die Linie ist hier freilich in der gegenwärtigen Gestalt von P oft nur schwer zu erkennen, das Werk als ein Erzählungswerk droht aus den Fugen zu geraten.
4. Von den Büchern Ex-Num hat GOETHE in den Noten und Abhandlungen zum Westöstlichen Divan gesagt, sie würden »durch eine höchst traurige, unbegreifliche Redaktion ganz ungenießbar. Den Gang der Geschichte sehen wir überall gehemmt durch eingeschaltete zahllose Gesetze, von deren größtem Teil man die eigentliche Ursache und Absicht nicht einsehen kann, wenigstens nicht, warum sie in dem Augenblick gegeben worden, oder, wenn sie spätern Ursprungs sind, warum sie hier angeführt und eingeschaltet werden. Man sieht nicht ein, warum bei einem so ungeheuern Feldzuge, dem ohnehin so viel im Wege stand, man sich recht absichtlich und kleinlich bemüht, das religiose Zeremoniengepäck zu vervielfältigen, wodurch jedes Vorwärtskommen unendlich erschwert werden muß. Man begreift nicht, warum Gesetze für die Zukunft, die noch völlig im Ungewissen schwebt, zu einer Zeit ausgesprochen werden, wo es jeden Tag, jede Stunde an Rat und Tat gebricht, und der Heerführer, der auf seinen Füßen stehen sollte, sich wiederholt aufs Angesicht wirft, um Gnaden und Strafen von oben zu erflehen, die beide nur verzettelt gereicht werden, so daß man mit dem verirrten Volke den Hauptzweck völlig aus den Augen verliert«. Um sich »in diesem Labyrinthe zu finden«, versuchte GOETHE, »sorgfältig zu sondern, was eigentliche Erzählung ist«, von dem, »was gelehrt und geboten wird«.
GOETHES Eindruck ist auch für die Wissenschaft ein Problem, und ihre Lösung folgt im Grunde der seinen. Allerdings kommt sie mit der einen Redaktion nicht mehr aus. GOETHE wäre wohl entzückt gewesen, wenn man ihm den von P befreiten JE oder gar nur J vorgewiesen hätte. Aber das Problem bleibt innerhalb von P bestehen, wenngleich es hier weniger ein ästhetisches ist. Keinesfalls darf es einfach in einer groben Alternative gesehen werden: hier Erzählung, dort Gesetz. P will fraglos beides bieten, beides steht für ihn in einem engen und notwendigen Zusammenhang, beides färbt auch stark aufeinander ab. Aber es ist kein Zufall, daß es, wenn nicht sogleich, dann doch in der *weiteren Geschichte von P,* zu einer Verlagerung der Gewichte kam und daß diese Verlagerung in der Hauptsache zugunsten des gesetzl. Elements erfolgte. Die Literarkritik hat durch die Ausscheidung umfangreichen offenbar nachträglich hinzugefügten Materials aus dem jetzigen Gesamtbestand von P mit einiger Wahrscheinlichkeit eine »Grundschrift« ermittelt, die nicht nur erheblich kürzer, sondern auch leichter lesbar ist. Das Bemühen, eine große Anzahl recht verschiedener Gesetzestexte an passenden Stellen der mosaischen Geschichte zu verankern, hat der klaren und durchsichtigen Darstellung dieser Geschichte, wie P sie zunächst bot, weithin den Zusammenhang und die Proportionen zerstört.

Der sekundäre Charakter eines Großteils der gesetzl. Partien im Zusammenhang von P läßt sich ziemlich leicht erkennen. So spricht die Wiederaufnahme von Ex 12,41 b in v.51 dafür, daß 42—51 nachträglich eingeschoben sind; das Stück setzt in seinem rein gesetzl. Teil 43 aβ—49 auch in keiner Weise die Auszugssituation voraus, und zudem sind die eigentlichen Paschavorschriften bereits in 12,1—20 ergangen. In dem großen Komplex der Anweisungen für die Einrichtung des Kultus (Ex 25—31) sind jedenfalls die beiden Schlußkapitel spätere Hinzufügung: vom Räucheraltar (30,1—10) hätte bereits innerhalb von Ex 25—27 die Rede sein müssen, und zudem begegnet er auch sonst in P öfters nicht, wo man ihn unbedingt erwarten müßte; darauf folgen, ebenfalls durch inhaltliche Besonderheiten und zudem durch die Anschlußformel »Und Jahwe sprach zu Mose« (30,11.17.22.34; 31,1.12) kenntlich, weitere Ergänzungen. Sekundär ist sodann der lange Abschnitt Ex 35—39, der mit seinem miniziösen Bericht über die Ausführung der Anweisungen aus Ex 25—31 die Geduld des Lesers auf harte Proben stellt; durch die Einarbeitung des Räucheraltars an der richtigen Stelle (37,25—38) und anderes verrät er, daß er 25—31 bereits mit den Erweiterungen voraussetzt. Ex 40 ist großenteils sekundär (vgl. Räucheraltar v.5.26). Hieran hat sich sichtlich einmal der Bericht über den Beginn des Kultus (Lev 8—10) unmittelbar angeschlossen; den Zusammenhang unterbrechen jetzt die — natürlich mit Überlegung hier eingefügten — Opferanweisungen Lev 1—7. Entsprechendes gilt von den Reinheitsvorschriften Lev 11—15; das Ritual des großen Versöhnungstages Lev 16 knüpft in v.1 so an Kap. 10 an, als stünde nichts dazwischen. Als eine Größe für sich hebt sich sodann das »Heiligkeitsgesetz« Lev 17—26 heraus (s. § 10); Lev 27 ist ein etwas isolierter Nachtrag. Ein geeigneter Sammelort für sekundäres Material war das Ende der Sinaiperikope; um noch als sinait. zu gelten, wurde zwischen der großen Bestandsaufnahme Num 1—4 und den Nachrichten über den Aufbruch vom Sinai (9,15—10,28) ziemlich unsystematisch vielerlei eingeschoben, darunter manches mit ganz offenkundigem Nachtragscharakter. Ein Beispiel für sachliche Divergenz: das Dienstalter der Leviten beginnt Num 4,3.23 mit 30, Num 8,24 mit 25 Jahren. Auch im Fortgang wird der Erzählungszusammenhang noch durch eine Reihe mehr oder weniger ausführlicher Anweisungen unterbrochen, die sich offenbar früher nicht haben unterbringen lassen.

Auch durch anderes als gesetzliches Gut ist der Grundbestand von P erweitert worden. Vgl. die Liste der Nachkommen Jakobs Gen 46,8—27 (Ausführung von Ex 1,1—5; in 46,7 ist von Töchtern und Enkelinnen die Rede, die Liste kennt aber nur je eine, v.15.17), die hauptsächlich levit. Genealogie bei der Einführung Aarons Ex 6,13—30 (Wiederaufnahme des Vorangegangenen in v.28—30) und natürlich Ex 35—39.

WELLHAUSEN unterschied von dem ursprünglichen »Vierbundesbuch« Q die viel stärker gesetzlich erweiterte Form als den »Priesterkodex« P. Eingebürgert haben sich für den Grundbestand und das sekundäre Material die Bezeichnungen P^g und P^s. NOTH hat gegen die Bezeichnung P^s das Bedenken erhoben, daß man oft nicht sagen kann, ob der Zusatz zu dem noch selbständigen P oder nicht vielmehr schon zum zusammengesetzten Pentateuch gemacht ist (s. § 8,5). Auch was mit Recht P^s heißt, ist ein verschiedenartiges und vielschichtiges Material, das sich nicht durch eine einmalige Redaktion, sondern in einem längeren Prozeß an P^g und dessen jeweilige Erweiterungsformen ankristallisiert hat.

5. Die lit. Geschichte der Größe, die wir P nennen, beschränkt sich nicht auf den Prozeß, in dem P^g durch die P^s-Stücke ergänzt wurde. P^g hat nicht nur eine Nach-, sondern auch eine *Vorgeschichte* gehabt. Das Werk hatte *Vorlagen,* an denen es sich orientierte, die es gegebenenfalls auch einbezog. Nicht immer lassen sich die Vor- und die Nachgeschichte ganz sicher trennen. So gibt es etwa die Meinung, ein Großteil der Opferanweisungen in Lev 1-7, die zweifellos nicht nur älteren Brauch, sondern auch älteren Wortlaut bewahren (vgl. das Fehlen der Unterscheidung von Priestern und Leviten und die wohl erst nach dem Aufhören der Königssalbung mögliche, aber dann bald vom Titel des Hohenpriesters abgelöste Rede vom »gesalbten Priester« 4,3.5.16), sei bereits von P^g in sein Werk aufgenommen worden, also nicht als P^s zu bezeichnen.

Nach v. RAD hat P ein »Toledot-Buch« vorgelegen, das sich aus der Überschrift Gen 5,1 a erschließen läßt. Dieses Buch sei der Grundstock gewesen, aus dem allmählich durch Anreicherung vielerlei anderen Stoffes das Gesamtwerk von P entstand. Etwas anders NOTH: das Toledot-Buch war einfach eine der von P benutzten Vorlagen. Da P sich das Schema der Toledot jedenfalls zu eigen gemacht und es in einer bei allen Absonderlichkeiten doch durchdachten Weise verwendet hat, mag man darin aber auch eine Art ersten eigenen Entwurfes seiner Darstellung der Ur- und Vätergeschichte sehen (vgl. WEIMAR). Auch sonst legt sich bei den Listen öfters die Annahme nahe, daß P älteres Material verwendet hat (etwa in Num 26). Dasselbe gilt von seinem, freilich geringen, erzählerischen Sondergut (Hauptbeispiel Gen 23). Sichere Kriterien besitzen wir einstweilen in den meisten Fällen nicht. Ganz unsicher bleibt auch WEIMARs Hypothese von einer in P^g verwendeten Darstellung der Väter- und Auszugsgeschichte aus exil. Zeit.

Eine Vorlage steht, wie oft vermutet worden ist (vgl. bes. SCHMIDT, dort die ältere Literatur), hinter der Schöpfungsgeschichte Gen 1,1–2,4 a. Danach ist dem Schema von den acht Schöpfungswerken (1. Licht, 2. Feste, 3. Land–Meer, 4. Pflanzen, 5. Gestirne, 6. Wassertiere und Vögel, 7. Landtiere, 8. Mensch) nachträglich das von den sechs Schöpfungstagen übergestülpt worden, wobei sich das dritte und das vierte sowie das siebte und das achte Werk in je einen Tag teilen mußten. Das Tagesschema mit seinem Ziel, der Ruhe Gottes am siebten Tage, geht, mindestens in seiner jetzigen Gestalt, auf P zurück. P hat seiner Vorlage noch weitere Elemente hinzugefügt: die Spezifizierungen »nach seinen Arten« (v.11 f.20 f.24 f., vgl. 29 f.), »als Mann und Frau schuf er sie« (27 b); die »Billigungsformel«, nach der das jeweilige Schöpfungswerk und schließlich das Ganze »(sehr) gut« war; das Speisegebot (29 f.); jedenfalls an einem Teil der Stellen die Aussagen von der Schöpfung durch das Wort (»Und Gott sprach...«) und wohl auch die vom »Trennen« (*hibdîl*, Begriff der Priestersprache, 4 b.6 f.14.18; als Funktion der Gestirne wohl in Korrektur des stärker mytholog. »Herrschens« 18); endlich das dem göttlichen Schaffen vorbehaltene Verbum *brʾ* (im Unterschied zu dem stärker handwerklichen *ʿśh* »machen«). Möglicherweise erfolgte die priesterschriftl. Bearbeitung in mehreren Etappen; der Stoff hatte ja seinerseits auch eine in manchen Motiven in bab. Mythologie zurückreichende Geschichte hinter sich. Dieser Sicht der Schöpfungsgeschichte hat STECK mit einer umfassenden Analyse widersprochen, die die Perikope als eine, so wie sie vorliegt, planvoll gestaltete Einheit zu erweisen unternimmt.

Die wichtigste und umfassendste Vorlage von P ist das jehowist. Erzählungswerk (s. § 11) gewesen. Es war für P ganz unmöglich, dieses Werk, in dem die vorpalästin. Vergangenheit Israels eine nahezu schon kanon. Gestalt gewonnen hatte, nicht zu kennen. Den Gesamtaufriß hat er sich zumindest indirekt von dort geben lassen, und manche Berührung im einzelnen läßt sich kaum anders als aus unmittelbarer Benutzung erklären.

Beispiele: 1. Noach war »gerecht, untadelig in seinen Geschlechtern« (Gen 6,9 P) und »gerecht vor mir in diesem Geschlecht« (Gen 7,1 JE). 2. »...Isaak, den dir Sara gebären wird zu diesem Zeitpunkt im kommenden Jahr« (Gen 17,21 P) und: »Zu diesem Zeitpunkt will ich wieder zu dir kommen im nächsten Jahr, und dann hat Sara einen Sohn« (Gen 18,14 JE). 3. »Ich (Mose) bin unbeschnittener Lippen – ich (Jahwe) mache dich zum Gott für Pharao, und dein Bruder Aaron soll dein Prophet sein« (Ex 6,12; 7,1 P) und: »Ich (Mose) bin schweren Mundes und schwerer Zunge – er (Aaron) soll dir als Mund dienen und du sollst ihm für Gott sein« (Ex 4,10.16 JE). Im ersten und im dritten Beispiel läßt sich schon aus dem Wortlaut sehen, welches die ursprüngliche und welches die sekundäre Version ist. »Dieses Geschlecht« ist der gewöhnliche und natürliche Ausdruck, »seine Geschlechter« eine merkwürdige Abwandlung davon. Und »wenn Aaron der Prophet oder der Mund Moses ist, so ist, nach der ursprünglichen weil allein sachgemäßen Konzeption, Moses der Gott eben für Aaron und nicht der Gott für Pharao« (WELLHAUSEN).

P verfuhr mit jenem großen Werk anders als mit seinen übrigen, kleineren Vorlagen. Er verleibte es seinem eigenen Werk wohlweislich nicht ein, sondern ließ es bestehen, wie es war, aber kaum um es unverletzt in Geltung zu halten, sondern um es durch eine Alternative außer Kurs zu bringen. P will JE nicht ergänzen – obwohl man manchmal den Eindruck hat, P rechne auch bei seinen Lesern unwillkürlich mit der Kenntnis von JE –, sondern ersetzen. P ist ein neues, in

53

sich geschlossenes, der Konzeption nach sehr einheitliches Werk, das von Hause aus für sich betrachtet und gewürdigt sein will. Die Versuche, die P-Stücke als Ergänzung oder Redaktion von JE zu erklären (vgl. zuletzt F. M. CROSS, Canaanite Myth and Hebrew Epic, 1973, 293 ff.), sind fehlgeschlagen und lassen sich etwa an Gen 6–9 leicht widerlegen. Die Vereinigung von P mit JE war erst Sache des R, den man von P sauber trennen muß.

Ein ganz andersartiges, aber für P nicht weniger wichtiges Material ist der jerusalemische Kultus, der durch P lit. Gestalt gewonnen hat. Man mag vermuten, daß namentlich in Lev 1–7; 11–15 bereits früher formulierte Rituale zugrundeliegen (RENDTORFF, weitergehend KOCH); die beschriebenen Bräuche jedenfalls sind weithin alt, in einzelnen Elementen uralt. Die jetzige systematisierte Form dagegen, in der sie durch Mose am Sinai angeordnet werden, ist das Werk von P, dessen Schulcharakter hier bes. deutlich hervortritt.

Gelegentlich wird versucht, die kult. Tradition von P oder Teile daraus auf außerjerusalemische Heiligtümer zurückzuführen (HEMPEL: Hebron; HARAN: Schilo; vgl. auch KOCH). Gewiß bietet uns das Jerusalem jener Zeit Rätsel, z. B. durch das Nebeneinander der dt-dtr Tradition und der von P. Man löst solche Rätsel indessen nicht durch das Ausweichen aus nicht mehr voll durchschaubaren Bereichen in nahezu unbekannte.

6. Hinter der Darstellung, die P von Geschichte und Gesetz gibt, steht entschieden eine *theol. Konzeption,* die P zwar seiner Art nach nicht ausdrücklich entwickelt, die sich aber mit einiger Sicherheit erschließen läßt, nicht zuletzt durch den Vergleich mit den Vorlagen.

Dabei fällt immer wieder auf, wie sehr bei P das zurücktritt, was man das Menschlich-Allzumenschliche zu nennen pflegt, und zwar offenbar nicht nur, weil P überhaupt eher schematisch als lebendig denkt. In der Urgeschichte fehlen der Sündenfall, Kains Brudermord, die Engelehen, der trunkene Noah und der Turmbau zu Babel. Kommt man von der Feststellung am Ende der Schöpfungsgeschichte, daß alles, was Gott gemacht hatte, sehr gut war (Gen 1,31), dann überraschen die Sätze über die gänzliche Verderbtheit »allen Fleisches«, also der Menschen und der Tiere (Gen 6,11 f.). Aber daß des Menschen Dichten und Trachten böse ist von Jugend auf (JE vor und nach der Sintflut: Gen 6,5; 8,21), sagt P nicht, und die Sintflut, wiewohl noch umfassender vorgestellt als bei JE, führt am Ende in Gottes umfassendem Segen für die ganze Menschheit, die Bestätigung, Sicherung und Erweiterung des mit der Schöpfung Gegebenen und Gebotenen (vgl. bes. Gen 1,28–30). Die Zerstreuung der Völker erscheint nicht als das Ergebnis hybrider Selbstüberhebung, sondern als natürliche Ordnung, ja als Auswirkung des göttlichen Segens. Vor diesem universalen Hintergrund ist alles weitere zu sehen, auch wenn nun von den Völkern kaum noch die Rede ist und der Vordergrund ganz ausgefüllt wird von der großen Partikularbeziehung des Gottes Himmels und der Erden zu dem einen Volk.

Nachdem diese Beziehung dem Abraham für ihn selbst und seine Nachkommen zugesagt ist (Gen 17,7 f.), geht es auf den Umwegen, die die Tradition von JE vorschrieb, deren Darstellung P aber namentlich in der Vätergeschichte aufs äußerste reduziert, ihrer vollen und endgültigen Realisierung entgegen. Ihr den Rahmen zu schaffen, ist das Ziel der detaillierten Anweisungen für die Errichtung des Heiligtums, die auf dem Sinai gegeben werden. Im heiligen Zelt (*'ohæl mô'ed* »Zelt der Begegnung«, auch *miškān* »Wohnung«; Luther: »Stiftshütte«) oder genauer über dem Deckel *(kapporæt)* der Lade, zwischen den beiden Keruben wird Jahwe gegenwärtig sein und zu Mose sprechen (Ex 25,22). Das »Wohnen« Jahwes

»in der Mitte der Israeliten«, in dem er gemäß Gen 17,8 »ihr Gott sein wird« (Ex 29,45 f., wohl Ps), ist nach der bei P vorherrschenden Anschauung keine ständige, statische Gegenwart und Gebundenheit, sondern intermittierend, jeweils aus bestimmtem Anlaß sich ereignend. Äußeres Zeichen und zugleich Verhüllung der göttlichen Anwesenheit ist ziemlich regelmäßig die Wolke (vgl. etwa ihre Rolle beim Weiterzug vom Sinai Num 9,15–23), eigentliche Manifestation Jahwes dagegen die meist von der Wolke begleitete gewaltige Feuer- und Lichterscheinung der »Herrlichkeit *(kābôd)* Jahwes« (Ex 16,10; Num 14,10; 16,19; 17,7; 20,6). Auf dem Sinai geht Mose in die Wolke hinein, um die göttlichen Anweisungen zu empfangen, während die hier auf dem Berg »wohnende« »Herrlichkeit Jahwes« den Israeliten wie ein verzehrendes Feuer erscheint (Ex 24,15 b–18; vgl. dazu C. WESTERMANN, Die Herrlichkeit Gottes in der Priesterschrift [1971], Ges. St. II, 115–137). Den krönenden Abschluß des Zentrums der priesterschriftl. Erzählung bildet dann die Erscheinung der Herrlichkeit Jahwes vor allem Volk nach dem Vollzug der ersten Opfer (Lev 9,6.23; Vorwegnahme durch Ps oder R in Ex 40,34 f.?).

Der Aufrechterhaltung und dem Schutz der damit konstituierten Beziehung zwischen Gott und Volk dienen all die vielen Vorschriften, die P bietet, dient auch eine abschreckende Beispielerzählung wie Lev 10 und dient nicht zuletzt die in Num 1–3 enthaltene Lagerordnung, nach der um das Heiligtum herum konzentrisch zwei Ringe liegen, der innere – nach beiden Seiten hin eine Art Schutzwall – mit den Zelten der Leviten und der Priester (»Aaron und seine Söhne«) sowie des Mose, der äußere für das Volk, das keinen unmittelbaren Zugang zu Jahwe hat, sondern auf die priesterl. Vermittlung angewiesen ist, wie ja auch Jahwe durch Mose und Aaron zum Volke spricht.

7. Die Eigenart von P läßt sich nur von seinem *geschichtl.* Ort her begreifen.

Die Bestimmung dieses Ortes ist die wichtigste Leistung der at. Wissenschaft im 19. Jh. gewesen; mehr als irgendeine andere Einsicht hat sie es möglich gemacht, das alte Israel historisch zu sehen. Bis dahin stellte man sich das Israel der Zeit von Mose an naturgemäß ganz allgemein so vor, wie es im Pentateuch, und das heißt überwiegend in P, eingerichtet wird: eine wohlgegliederte, einheitlich agierende Gemeinde mit der bis in die letzten Einzelheiten geregelten Hauptbeschäftigung des Jahwekultus, an ihrer Spitze eine große, hierarchisch geordnete Priesterschaft mit einem Hohenpriester (Aaron), Priestern und Leviten, in ihrem Mittelpunkt das Heiligtum der »Stiftshütte« mit allem Zubehör. Zweifel an der Richtigkeit dieser Sicht wurden nach einigen Vorgängern umfassend zuerst von DE WETTE (s. § 1,2) ausgesprochen und begründet. Er wies nach, daß die Chr, die die Vergangenheit in der Tat so darstellt, keine histor. Glaubwürdigkeit beanspruchen kann und daß das Bild in den älteren Geschichtsbüchern ganz anders aussieht: keine Spur von dem »mosaischen« Kultus und seinem ganzen Apparat, vielmehr eine bunte Vielheit von hl. Orten und Bräuchen, auch von nichtpriesterl. Personen, die ohne weiteres opfern; die Gesetzgebung, die Gegenteiliges anordnet, muß in eine Zeit lange nach Mose gehören. Diese Grundeinsicht führte W. VATKE in der ersten kritischen Geschichte bzw. Religionsgeschichte des alten Israel aus, die wir besitzen (Die bibl. Theologie I, 1835). Er drang freilich jahrzehntelang nicht durch, weil er hegelisch und damit für das Publikum, auf das es ankam, unverständlich dachte und schrieb. Außerdem lief die These dem Gang der Quellenkritik innerhalb des Pentateuchs voraus und mußte dort erst verifiziert werden. Den entscheidenden Schritt dazu tat K. H. GRAF, seinerseits ein Schüler von E. REUSS, der 1834 in einer Straßburger Vorlesung die Formel geprägt hatte, das Gesetz sei jünger als die Propheten und die Psalmen jünger als beide. GRAF, ein Hörer jener Vorlesung, stellte ein Menschenalter später in seinem Buch »Die geschichtl. Bücher des AT« (1866) im wesentlichen die Untersuchung DE WETTES noch einmal an und erweiterte sie durch den detailliert geführten Nachweis, daß die Gesetze im Lev und die mit ihnen

zusammenhängenden in Ex und Num jünger sind als die im Dt und damit den jüngsten Bestandteil des Pentateuchs bilden; DE WETTE hatte umgekehrt noch das Dt, dessen Datierung ins 7. Jh. man ihm ja verdankte (s. § 12,5), für den jüngsten Bestandteil gehalten. Die »GRAFsche Hypothese« litt freilich in dieser Form noch an einer argen Inkonsequenz: GRAF, Anhänger der Ergänzungshypothese, hielt damals, wie es allgemein geschah, die »Grundschrift« noch für den ältesten Bestandteil des Pentateuchs und mußte, wenn er dabei bleiben wollte, deren erzählende Partien um viele Jh.e früher ansetzen als die gesetzlichen. KUENEN und andere machten ihn darauf aufmerksam, daß er damit Zusammengehöriges auseinanderriß. GRAF erkannte den Einwand an und erklärte nunmehr die gesamte »Grundschrift« für den jüngsten Bestandteil des Pentateuchs; dadurch wurde natürlich auch ihr bisheriger Name sinnlos (K. H. GRAF, Die sog. Grundschrift des Pentateuchs, AWEAT 1, 1867, 466—477). GRAFS Nachweis war am Gesetz geführt und von ihm einfach auf die Erzählung übertragen worden; es stellte sich alsbald heraus, daß er auch von der Erzählung her zu führen war, indem W. H. A. KOSTERS zeigte, daß im Dt nur die Erzählung der Quellen J und E, nicht aber die der »Grundschrift« vorausgesetzt ist (De historiebeschouwing van den Deuteronomist met de berichten in Gen-Num vergeleken, 1868). Die »GRAFsche Hypothese« setzte sich in den folgenden Jahrzehnten durch, teilweise gegen erbitterten Widerstand. Ihre bedeutendsten Vertreter waren KUENEN (vgl. außer seinem »Onderzoek«: De godsdienst van Israël, 1869 f.) und WELLHAUSEN, dessen »Prolegomena zur Geschichte Israels« beginnen: »Das Problem des vorliegenden Buches ist die geschichtliche Stellung des mosaischen Gesetzes (= P). Und zwar handelt es sich darum, ob dasselbe der Ausgangspunkt sei für die Geschichte *des alten Israel* oder für die Geschichte *des Judentums*, d. h. der Religionsgemeinde, welche das von Assyrern und Chaldäern (= Babyloniern) vernichtete Volk überlebte«. Es versteht sich, daß die Antwort im zweiten Sinn ein sehr verändertes Bild von der »israelitischen und jüdischen Geschichte« ergeben mußte.
Die Datierung von P in vorexil. Zeit ist seitdem nur noch selten unternommen worden, so namentlich von Y. KAUFMANN in seiner vielbändigen hebr. geschriebenen Geschichte der isr. Religion (gekürzte engl. Ausgabe von M. GREENBERG: The Religion of Israel, 1960). Einen etwas summarischen Sprachbeweis in dieser Richtung tritt HURVITZ an. — Vgl. im übrigen die eingehende wissenschaftsgeschichtl. Darstellung THOMPSONS.

Daß man P so lange für das älteste Erzählungswerk im Pentateuch hielt, hatte seine Gründe. Nicht nur den Anhängern der alten Ergänzungshypothese mußte die Art, in der P bei der redaktionellen Zusammenfügung mit JE weithin als Grundlage und Rahmen benutzt wurde, auch die zeitliche Priorität von P suggerieren. Bei der Lektüre der Schöpfungsgeschichte von P und der Paradiesgeschichte von JE in ihrem jetzigen Nacheinander kann man sich noch heute leicht ein Bild davon machen, wie schwer es sein mußte, die eingewurzelte Vorstellung aufzugeben, daß der Übergang von der ersten zur zweiten nicht in einen jüngeren, sondern in einen älteren Text hineinführt. Dahinter steht natürlich auch ein allg. Eindruck, den P leicht vermittelt: der von Einfachheit, Genauigkeit, Objektivität. Man glaubte gern, hier weithin untendenziöse, authentische Berichterstattung vor sich zu haben. Ist der Gedanke nicht verführerisch, daß die Geschichtsschreibung aus der Genealogie erwachsen ist und wir dann in den Toledot der Gen historiographisches Urgestein vor uns haben? Befindet man sich nicht dort auf dem festesten Boden, wo der Zusammenhang der einzelnen Stoffe und Gestalten obenan steht und nach ihm durchsichtig disponiert ist?
Das hat sich als Irrtum herausgestellt. <u>P repräsentiert ein Spätstadium in der Geschichte der isr. Erzählung.</u> Was wir aus deren Anfängen mit einiger Sicherheit greifen können, sind kurze, in sich geschlossene, volkstümliche Einzelgeschichten. Sie haben sich in JE oft noch recht gut erhalten, so sehr es dort bereits eine Disposition des Ganzen gibt, die ihre Stelle im Ensemble bestimmt und oft ihren

alten Skopos aufhebt oder doch relativiert. Bei P dagegen beherrscht die Disposition alles. Die Einzelgeschichten stehen völlig im Dienst des Ganzen, sie haben ihre Individualität fast überall eingebüßt, sind vielfach zu kurzen Notizen geworden oder ganz fortgefallen. So erscheint P als das Ergebnis einer großen Reduktion. Aber das ist nur die eine Seite der Sache. P hat die aus der älteren Tradition übernommene Grundstruktur nach seiner eigenen Konzeption seinerseits ausgearbeitet und angereichert durch genaue Periodisierung, Akzentuierung der Hauptetappen, zeitliche Fixierung, Schematisierung und theol. Reinigung der Vorgänge, namentliche Aufzählung von wohlgegliederten Menschenscharen und vor allem durch den großen Ausbau der Sinaiperikope, sein eigentliches Sondergut und Hauptanliegen. Die Tradition erschien P in ihrer alten Gestalt für seine Gegenwart nicht mehr brauchbar. Die große Zäsur des bab. Exils hatte die Notwendigkeit, aber auch die Möglichkeit gebracht, sie ganz neu zu formen. Je ferner die Vergangenheit entrückt war, um so freier ließ sie sich von der Gegenwart aus vorstellen und gestalten, fast wie eine tabula rasa; was die alte Tradition enthielt, leistete der eigenen Konzeption nur noch geringen Widerstand. Jetzt war es möglich, die Lebensjahre jedes der Ur- und Erzväter bei der Zeugung seines Erstgeborenen und bei seinem Tode, die Maße der Arche Noah (300 Ellen lang, 50 breit, 30 hoch, 3 Stockwerke, Tür an der Seite), die Namen der 70köpfigen Familie Jakobs und die Zahl der wehrfähigen Israeliten jedes einzelnen Stammes am Sinai (Gesamtzahl 603 550, dazu 22 000 Leviten) zu kennen. Was solchen Angaben außer der Phantasie zugrundeliegt, ist oft ganz dunkel; historischen Wert im unmittelbaren Sinn haben sie natürlich nicht. Aber man versteht, daß man P den »annalistischen Erzähler« hat nennen können (E. Schrader, s. § 1,2); nur handelt es sich eben um fiktive Annalistik, geschult an dem, was es mittlerweile in Israel an listenmäßigem, annalenartigem, chronolog. Material gab. Auch sonst sehen wir P an Formen und Inhalten manches aufnehmen und nicht ohne gewichtige Abwandlungen fortsetzen. Um es an drei theol. Hauptbegriffen zu erläutern: in seiner »Bundestheologie« setzt P die Arbeit der dt-dtr Schule voraus, den Begriff *br'* für das göttliche Schaffen hat er mit Dtjes gemeinsam – aus älterer Zeit gibt es keinen sicheren Beleg –, die Vorstellung von der »Herrlichkeit Jahwes« mit Ez. Die Gemeinsamkeit mit Ez ist die der priesterl. Tradition, in der beide stehen. Diese hat ihn mehr als alles andere geprägt, ja man kann sagen: sie ist zu einem großen Teil in P Literatur geworden.
Wir können den Vorgang, in dem das geschah, nicht auf das Jahr oder auch nur das Jahrzehnt datieren, schon darum nicht, weil es sich um eine umfangreiche, in mehreren Stadien verlaufene Arbeit handelt, der man ihre sukzessive Entstehung ja noch ansieht, ohne daß es doch gelingen will, die einzelnen Stadien genau zu trennen und zu fixieren. Die geschichtl. Konstellation, in die P gehört, ist die Umformung Jerusalem–Judas zur Kultusgemeinde unter der polit. Herrschaft der Perser, nachdem die Assyrer und dann die Babylonier die Staaten Israel und Juda beseitigt hatten – endgültig durch die Zerstörung Jerusalems 587 v. Chr. und das bab. Exil. P liefert dieser jüd. Gemeinde mit ihrem Tempel, ihrer Hierarchie, ihren Riten und Bräuchen, darunter den vom Exil an immer wichtigeren des Sabbats und der Beschneidung, und nicht zuletzt mit den aus der Gemeinde zu erhebenden Abgaben ihre Ätiologie: sie wurde vor mehr als einem halben Jahrtausend am Sinai durch die göttlichen Anweisungen gegründet, die durch Mose und Aaron ergingen und die alles im voraus regelten, so daß der gegenwärtige Zustand höchste und endgültige, nicht mehr in Frage zu stellende Legitimität besitzt. So stellt P eine gewaltige Rückprojektion dar, in der der jetzige Zustand in das

sinait. Gewand gehüllt wird – in manchem wohl auch ein gewünschter Zustand; P dürfte auch Zukunftsprogramm sein. Das erfordert natürlich mancherlei Verkleidung, die wichtigste darunter die Darstellung des Jerusalemer Tempels als transportables Wüstenheiligtum inmitten des gegliederten Lagers.

Ein Sonderproblem, von dem aus möglicherweise noch Licht auf den Ort von P fallen könnte, ist die Rolle, die das *Land* bei ihm spielt oder auch nicht spielt. Die »neuere Urkundenhypothese« und damit die Mehrzahl der kritischen Exegeten in der 2. Hälfte des 19. und der 1. Hälfte des 20. Jh.s verfolgte die Quellenschriften J, E und P durch den ganzen Hexateuch hindurch und schrieb so auch P eine Darstellung der Einnahme des Westjordanlandes zu, nämlich den Hauptteil der Landverteilungslisten Jos 13–21 (mit 22) und womöglich einige kurze Stücke im ersten Teil des Buches Jos, der von der eigentlichen Eroberung handelt; Mowinckel hat diese Auffassung erneuert. Aber schon Wellhausen war von ihr halb abgekommen: in der ersten Hälfte des Buches Jos sei Pg nicht nachzuweisen, und dann hingen die Listen in Jos 13–21 in der Luft; sie seien also spätere Erweiterung, Pg habe offenbar mit dem Tode des Mose geendet. Man hat die Schwierigkeit elegant mit der Annahme umgehen wollen, in P habe die Verlosung des Landes bereits vor dem Tode des Mose ihren Platz gehabt, erst bei der Zusammenarbeit mit dem dtr Geschichtswerk sei sie hinter dessen Eroberungsgeschichte versetzt worden (Hempel). Anders, und über Wellhausen noch hinausgehend, Noth: der listenmäßige Charakter von Jos 13–21 beweist nichts für P, erklärt sich vielmehr aus der besonderen Vorgeschichte des Abschnitts; in Jos findet sich keine selbständige P-Schicht, sondern nur »vereinzelte Zusätze im Stile und im Sinne von P«.
Der Tatbestand überrascht um so mehr, wenn man sich vor Augen hält, daß P das Thema des Landes keineswegs fremd ist. Er behält die Landverheißung an die Erzväter und an Mose bei (Gen 17,8; 28,4; 35,12; 48,4; Ex 6,4.8), sein einziges Sondergut in der Vätergeschichte betrifft den Besitz eines Stückes Land in Kanaan, des Begräbnisplatzes auf dem Felde von Makpela (Gen 23). Aber gerade an diesen Stellen meint man eine Dialektik des Verhältnisses zum Land zu sehen: »Land ihrer Fremdlingschaft« ist bei den Vätern der stehende Ausdruck (Gen 17,8; 28,4; 36,7; 37,1; Ex 6,4; vgl. Gen 47,9), und der Erwerb gerade nur jenes einen Platzes unterstreicht wirkungsvoll, daß das Land in der Hauptsache Gegenstand der Hoffnung ist, nicht mehr, aber auch nicht weniger. Die negative Seite der Sache tritt scharf hervor, als die Israeliten sich dem Lande nähern. Die Kundschafter, die das Land »verleumden« und das Volk damit zum Aufruhr gegen Jahwe verleiten, müssen sterben; nur Josua und Kaleb, die als einzige das Land gepriesen haben und dafür beinahe vom Volk gesteinigt worden wären, bleiben am Leben (Num 13,32 f.; 14,1–3.5–10.26–38). Auch Mose und Aaron dürfen nicht in das Land, weil sie sich angesichts eines neuerlichen Aufruhrs des Volkes falsch verhalten haben (Num 20,12, vgl. 20,24); dem Mose bleibt nur, das Land vor seinem Tode von draußen zu sehen.
Wahrscheinlich ist es keine Überinterpretation, wenn man in alledem die negativen Erfahrungen und die positiven Hoffnungen des Exils reflektiert findet. Diese Hoffnungen haben in dem verbliebenen Jerusalem-Juda ebenso ein Unterpfand wie die der Väter im Besitz ihres Erbbegräbnisses; zu einem sicheren und detaillierten Bild vom Besitz etwa gar des ganzen von den Israeliten einst innegehabten Landes versteigen sie sich offenbar nicht. Aufs Ganze gesehen steht das Thema in P am Rande, nicht in der Mitte; schon in Pg ist die Sinaiperikope der eigentliche Skopos (anders Elliger und noch entschiedener Brueggemann, der bereits die Schöpfungsgeschichte als Zeugnis der Hoffnung auf die Wiedergewinnung des Landes interpretiert). Vgl. auch E. L. Cortese, La terra di Canaan nella storia sacerdotale del Pentateuco, RivBib Suppl. 5, 1972.

Sollten in P die Erfahrungen des Exils reflektiert sein, dann ist es zumindest nicht ausgeschlossen, an Babylonien als Entstehungsort zu denken. Zugunsten dieser Möglichkeit lassen sich auch die Wirksamkeit des Ez in diesem Bereich und die später von dort ausgehende Mission des Esra anführen. Die erste Möglichkeit bleibt freilich Jerusalem; die Traditionen und die Ansprüche der dortigen Priesterschaft waren ja nicht insgesamt ins Exil gegangen. Die Zeitspanne, innerhalb derer sie in P Literatur wurden, ist durch die beiden eben genannten Namen begrenzt: P setzt die Wirksamkeit des Ezechiel bereits voraus (s. § 27,4), das Gesetz des Esra war P mindestens mit einem Teil der gesetzl. Erweiterungen, wenn nicht sogar schon als die »Grundschrift« des einigermaßen fertigen Pentateuchs.

§ 10 Das Heiligkeitsgesetz

B. BAENTSCH, Das Heiligkeits-Gesetz. Lev XVII–XXVI. Eine historisch-kritische Untersuchung, 1893; W. KORNFELD, Studien zum Heiligkeitsgesetz, 1952; H. GRAF REVENTLOW, Das Heiligkeitsgesetz formgeschichtl. untersucht, WMANT 5, 1961; R. KILIAN, Literarkritische und formgeschichtl. Untersuchung des Heiligkeitsgesetzes, BBB 19, 1963; CH. FEUCHT, Untersuchungen zum Heiligkeitsgesetz, ThA 20, 1964; W. THIEL, Erwägungen zum Alter des Heiligkeitsgesetzes, ZAW 81, 1969, 40–73; V. WAGNER, Zur Existenz des sog. »Heiligkeitsgesetzes«, ZAW 86, 1974, 307–316; A. CHOWELIŃSKI, Heiligkeitsgesetz und Deuteronomium, AnBib 68, 1976.

1. Aus dem Gesamtzusammenhang von P hebt sich in Lev 17–26 (Übersicht § 9,1) als ein verhältnismäßig *eigenständiger Komplex* eine Gruppe von Gesetzen heraus, die einen für P ungewöhnlich weiten Themenkreis umspannt und die KLOSTERMANN das Heiligkeitsgesetz genannt hat (Siglum: H), weil darin der Begriff der Heiligkeit eine wichtige Rolle spielt (vgl. 19,2; 20,7 f.26; 21,6–8.15.23; 22,9.16.32). Mit Sicherheit ist die umfangreiche Paränese Lev 26, die Heil für den Fall der Befolgung der göttlichen Gebote und, viel ausführlicher, Unheil für den Fall ihrer Nichtbefolgung ankündigt, als Abschluß einer Gesetzessammlung gedacht; vgl. den Abschluß des Codex Hammurapi (AOT 407–410; ANET 177–180) und den eng mit Lev 26 verwandten des dt Gesetzbuches Dtn 28, ferner den des Bundesbuches Ex 23,20–33. Wo beginnt der Zusammenhang, den Lev 26 abschließt? Man könnte sagen: mit dem Beginn der gesamten Sinaigesetzgebung von P, also in Ex 25. Das mag für das Gesamtgefüge von P gelten (wo freilich auf Lev 26 noch 27 folgt), von Hause aus aber dürfte sich Lev 26 auf einen kleineren Komplex beziehen, mit dem es durch allerlei Eigentümlichkeiten verbunden ist, namentlich durch einen, wie WELLHAUSEN etwas abschätzig sagt, »ziemlich manierierten religiös-paränetischen Ton, der nur wenig mit dem Priesterkodex stimmt«. Nachdem mehrere Gelehrte in einzelnen der vorangehenden Kapitel Elemente erkannt hatten, die sich aus P herausheben, postulierte GRAF (s. § 9,7) als Grundlage von Lev 18–26 eine ältere Gesetzessammlung. Diese dürfte, wie man seit WELLHAUSEN überwiegend annimmt, bereits in 17 einsetzen. Zwar liegt vor 17 kein formaler Einschnitt, vielmehr beginnt das Kapitel wie die umliegenden mit einer bei P üblichen Einleitungsformel, und innerhalb des Kapitels treten die formalen Eigentümlichkeiten von H nicht hervor. Aber seine Materie läßt an eine Analogie zu den wichtigsten anderen Gesetzessammlungen denken: in 17,1–9 geht es um das mit jedem Schlachten notwendig verbundene Opfer an dem Ort, dessen Einzigkeit am Beginn des dt Gesetzbuches in Dtn 12 geboten ist; entsprechend steht den Bestimmungen des Bundesbuches das Altargesetz Ex 20,24–26 voran; vgl. auch die Anordnungen über das Heiligtum am Anfang der sinait. P-Gesetzgebung Ex 25 ff. und die Schau des neuen Tempels in Ez 40–42 am Anfang der großen Vision 40–48.

2. WELLHAUSEN hat H »ein wahres Kompendium der Literaturgeschichte des Pen-

tateuchs« genannt. Das trifft auch insofern zu, als die Schwierigkeiten der *Analyse* hier gehäuft begegnen.

Der gegebene Ausgangspunkt ist die Aufnahme in P (und zwar schwerlich schon P^g, sondern erst P^s oder den durch R hergestellten Zusammenhang). Bei ihr wurden die geringfügig variierten Kapitelüberschriften (»Und Jahwe sprach zu Mose...« 17,1 f. usw.) eingesetzt und allerlei Angleichungen an die Sinaisituation nach P und andere Zusätze vorgenommen.

Das geschah gleich an dem jetzt überfüllt wirkenden Anfang von c.17; vgl. das Lager v.3, das Zeltheiligtum *'ohæl mô'ed* v.4 in Konkurrenz mit der »Wohnung Jahwes« (dies der ursprüngl. hier stehende Ausdruck? vgl. »das Heiligtum« 21,12) und weiter in v.5 f.9. Der *'ohæl mô'ed* taucht in 19,21 f. wieder auf, wo auch das »Schuldopfer« *'āšām* die Einfügung nach P angezeigt (vgl. 5,14–26). Für den *'ohæl mô'ed* sind sodann die kult. Anweisungen 24,1–9 gedacht, die sichtlich P voraussetzen und aus dem Rahmen von H herausfallen. Als Rahmen der folgenden H-Rechtssätze (24,15 b–22) wurde eine in und vor dem Lager spielende Beispielerzählung (v.10–15 a.23, ähnlich Num 15,32–36) gebildet. In dem schwierigen Kapitel über die Feste (23) heben sich von den Partien, wo relativ, nach dem Stand der Ernte, datiert wird (v.9–22.39–44), andere mit genauer Datierung nach Monat und Tag in der Art von P ab (v.23–38, von da her redaktionelle Zusätze in 39 u. ö.).

Die für H charakteristische Paränese ist nicht gleichmäßig über die Kapitel verteilt. In einigen fehlt sie ganz oder fast ganz (17; 21; 23; 24), in anderen begegnet sie sporadisch innerhalb der gesetzl. Bestimmungen (19; 22), mehrfach hat sie rahmenartige Funktion (18,2 b–5.24–30; 19,2 aβb.36 b.37; 20,7 f.22–26; 22,31–33; 25,18–22). Man hat immer wieder den Eindruck, man lese »ein Stück aus dem Dt, mit einer starken Beimischung aus Ez« (WELLHAUSEN). In wechselnden Kombinationen begegnen als Hauptmotive das Halten der Gebote, der Unterschied zu den Völkern, das Land, die Heiligkeit Jahwes und die Heiligung bzw. Reinigung Israels. Die eigentümlichste Unterstreichung der Gebote bildet der oft wiederholte Satz *'anî jhwh ('ælohêkæm)* »Ich bin Jahwe (euer Gott)«, auch mit Hinzufügungen ähnlich wie im Dekalog (19,36; 20,24; 22,3 f.; 25,38; 26,13). Das Ganze wird abgeschlossen durch die große paränet. Rede 26. Ihr liegt ein Schema von Segen und (breiter ausgeführtem) Fluch zugrunde, in das über die genannten Motive hinaus zahlreiche weitere eingearbeitet sind, namentlich eine schematische Aufzählung gottgesandter Plagen. Dem Inhalt nach steht das Kapitel näher beim Dt als bei P, wo die hier so breit vorgeführte Möglichkeit einer Verfehlung Israels am Sinaibund und des daraus folgenden Unterganges ja gerade umgangen zu sein scheinen (s. § 9,3 und N. LOHFINK, Die Abänderung der Theologie des priesterschriftl. Geschichtswerks im Segen des Heiligkeitsgesetzes, Fs. K. Elliger, 1973, 129–136).

Während das P-Element in H von vornherein ein literarisches ist, meint man aus der Paränese noch die (levit.?) Predigt heraushören zu können (vgl. bes. THIEL; dort Hinweis auf ein homiletisch anmutendes Verfahren in 25,20). Jetzt freilich handelt es sich, nach Form, Inhalt und Funktion ähnlich wie beim Dt, um lit. Ausgestaltung und Redaktion. Sie dürfte schon vor der Eingliederung in P Bestandteil von H gewesen sein.

Allerdings liegen hier Probleme. Nach ELLIGER hat es H vor der Eingliederung in P nicht als selbständiges Korpus gegeben; die Stücke sind in vier Phasen (Ph^1, Ph^2, Ph^3, Ph^4) eingefügt und bearbeitet worden. Gehört die Paränese etwa teilweise erst in die Zeit der »Diaskeue« (s. § 8,5), die in P-Zusammenhänge »dtr« Partien einfließen lassen konnte? Freilich: warum hätte sie das gerade an dieser Stelle so intensiv und so eindrucksvoll getan? Es liegt doch näher, die Paränese bereits in der Vorgeschichte des in P eingefügten H zu orten, nicht erst in seiner Nachgeschichte, auch wegen ihrer Berührungen mit Ez und Dt. Das paränet. Element fällt unter den Tisch in der mit der Gliederung des gesamten P-Gesetzesstoffes operierenden Bestreitung der Existenz von H durch WAGNER.

Inkonsequenzen in der Disposition und inhaltliche Überschneidungen (vgl. miteinander die durch 19 getrennten Kapitel 18 und 20) verbieten es, an ein von vornherein als solches konzipiertes einheitliches Gesetzbuch zu denken, und legen überdies eine Mehrzahl von Redaktionen nahe (KILIAN: »Urheiligkeitsgesetz« mit dem Redaktor Ru, dann Rh, dann Rp). Vermutlich hat es zunächst Teilsammlungen gegeben (BAENTSCH: H¹, H², H³; FEUCHT: H¹, H²). Auch ihnen hätte aber jedenfalls das ältere Einzelmaterial zugrundegelegen, das sich in H noch jetzt erkennen läßt. In den ersten Kapiteln heben sich ziemlich ebenmäßig gebaute Satzreihen heraus: in 17 Sätze mit dem Schema »Jedermann aus dem Hause Israel..., der..., soll ausgerottet werden«, in 18 apodikt. Verbote bestimmter geschlechtl. Beziehungen, in 19 eine oder zwei Reihen apodikt. Gebote und Verbote (formale und sachliche Verwandtschaft mit dem Dekalog), in 20 Sätze mit dem Ende *môṯ jûmāṯ* »der soll mit dem Tode bestraft werden«. Die kult. Vorschriften in 21 f. waren teils speziell für die Priester, teils für Priester und Laien bestimmt (vgl. noch die P-Überschriften 21,1.17; 22,2.18). Der Festkalender (23) enthält (s. o.) Bestandteile, die zumindest vorpriesterschriftlich sind. Eine bes. verwickelte Vorgeschichte muß das ungefüge Kapitel über Sabbat- und Jobeljahr (25) gehabt haben.

3. Die *Entstehungszeit* kann für die Teile und Schichten recht verschieden sein. Das verwendete Material wird öfters weit über das bab. Exil hinaus in alte Zeit zurückreichen; sichere Anhaltspunkte dafür haben wir freilich im einzelnen kaum, so daß das phantasievolle Unternehmen, unter Außerachtlassung der literarkrit. Gesichtspunkte aufgrund formgeschichtl. Argumentation eine Geschichte von H im Rahmen eines Bundesfestes von der sinait. Zeit an zu zeichnen (GRAF REVENTLOW), in der Luft hängt. Einen besseren Anhaltspunkt für die Datierung wenigstens des fertigen oder einigermaßen fertigen H gibt schon die Aufnahme in P, die auf eine bei allen Unterschieden doch bestehende gewisse sachliche und auch zeitliche Nähe deutet. Dem widerspricht nicht die Verwandtschaft mit der dt-dtr Gesetzespredigt, die in der Paränese zutage tritt. Auf die Entsprechung von Lev 26 und Dtn 28 wurde schon hingewiesen. In Lev 26 tritt aufs deutlichste die Situation des Exils hervor. Vor allem aber frappiert hier die Nähe zu Ez, vgl. nur v.4–13 mit Ez 34,25–31. Ihr entsprechen zahlreiche Berührungen mit Ez im übrigen H (vgl. etwa die Form in Lev 17; 20,2–6 und Ez 14,1–11, die göttliche »Selbstvorstellung« in Ez 20).

Der Tatbestand hat verschiedene Erklärungen gefunden. Für GRAF war Ez geradezu der Verfasser von H, für L. HORST (Leviticus XVII–XXVI und Hezekiel, 1881) immerhin der Sammler und Redaktor der dortigen Gesetze (und Verfasser von 26). Dagegen sah KLOSTERMANN Ez von dem öffentl. Rechtsvortrag, in den H hineingehört, abhängig. Umgekehrt WELLHAUSEN: zuerst kommt Ez, dann H, dann P. Nach FOHRER haben Ez und H eine gemeinsame Quelle bzw. dasselbe Material benutzt. Die Kompliziertheit der lit. Verhältnisse in Ez wie in H begünstigt heute kompliziertere Annahmen. So KILIAN: Ez setzt »Ur-H«, Rh (von dem Lev 26 stammt) setzt Ez voraus. ZIMMERLI (BK XIII/1, 70*–79*): »Es läßt sich nicht verkennen, daß Ez von einzelnen in H eingebauten oder ihm vorgegebenen Stoffen bestimmt ist. Diese Abhängigkeit trat gegenüber der Redeform von Lev 17, den Gebotsreihen von Lev 18 (und 20), weniger stark gegenüber denjenigen von Lev 19, aber in starkem Maße dann wieder bei den in Lev 26 verwendeten Vorlagen hervor. Daneben stehen andere Teile, wie Lev 21—25, in denen die Beziehungen zurücktreten. Auf der anderen Seite ist am deutlichsten bei Teilen von Lev 26 zu erkennen, daß die Prophetie Ezechiels auf die Ausgestaltung von H zurückgewirkt hat, wenn auch die theol. Grundrichtung des H von derjenigen des Ez klar zu unterscheiden ist. Die Kreise, die H seine (vorpriesterschriftliche) Gestalt gegeben haben, müssen nicht zu ferne vom Tradentenkreis des Buches Ez gesucht werden.«

Es sei noch auf zwei Einzelgesetze hingewiesen, die eine genauere Fixierung zu gestatten scheinen.

Die betont am Anfang stehende Anordnung, daß jede Schlachtung mit einem Opfer an dem einen Heiligtum verbunden sein muß (17,3 f.), setzt die Kultuszentralisation voraus, wie sie in Dtn 12 gefordert und in P vorausgesetzt wird. Sie weicht aber von den dortigen Regelungen ab, indem sie nicht die Möglichkeit der profanen Schlachtung weitab vom Heiligtum (vgl. Dtn 12,15 f.20—25; Gen 9,1–6) freigibt. Das dürfte, wenn es sich nicht nur um ein rigoros-utopisches Postulat handelt, auf eine histor. Situation hinweisen, in der es dieser Möglichkeit nicht bedurfte, weil das jüd. Territorium so beschränkt war, daß jeder leicht nach Jerusalem gelangen konnte. Eine solche Situation war am ersten nach dem Fall Jerusalems 587 v. Chr. gegeben.

In den Bestimmungen über die Priester Lev 21, die sich mehrfach mit Ez 44 berühren, betrifft ein Passus einen Priester mit der Bezeichnung *hakkohen haggādôl me'aḥājw* »der Priester, der der größte unter seinen Brüdern ist«; von diesem wird gesagt, daß »über sein Haupt das Salböl ausgegossen wird« (v.10). Die Salbung war bis 587 Vorrecht des Königs, in dessen Funktionen dann der oberste Priester einrückte, der später *hakkohen haggādôl* »der Hohepriester« hieß, eine Bezeichnung, die zuerst bei Hag (1,1.12.14; 2,2.4) und Sach (3,1.8; 6,11), also 520/519 v. Chr. als fester Begriff begegnet. Diesen festen Begriff sehen wir in dem umständlicheren Ausdruck Lev 21,10 im Entstehen. Wir kommen damit auf die Zeit zwischen 587 und 520 v. Chr., recht genau die Zeit des bab. Exils. Es verdient Beachtung, daß von der priesterl. Hierarchie, wie sie in P ausgeprägt ist, in H sonst nicht die Rede ist. Auch Aaron und seine Söhne treten erst in den Über- und Unterschriften der Redaktion auf, die H in P eingefügt hat (21,1.17.24; 22,1.18).

III. Die deuteronomische Schicht

§ 11 Die Redaktion des vorpriesterschriftlichen Tetrateuchs

CH. BREKELMANS, Die sog. dt Elemente in Gen bis Num. Ein Beitrag zur Vorgeschichte des Dt, Volume du Congrès Genève 1965, VTS 15, 1966, 90—96; W. Fuss, Die dtr Pentateuchredaktion in Ex 3—17, BZAW 126, 1972; A. REICHERT, Der Jehowist und die sog. dtr Erweiterungen im Buch Ex, Diss. ev. theol. Tübingen 1972; P. WEIMAR, Untersuchungen zur Redaktionsgeschichte des Pentateuch, BZAW 146, 1977.

1. Nimmt man P und die noch jüngeren Stücke aus dem Pentateuch heraus, dann bleibt ein von P bei aller Parallelität des Erzählungsganges schon in seiner *formalen Eigenart* charakteristisch abweichendes lit. Gebilde zurück: eine umfangreiche und oft unübersichtliche Komposition aus ganz verschiedenen Elementen, mit Rissen und Nähten, Niederschlag und Ergebnis einer bewegten Geschichte von Bewahrung, Umformung und Neubildung. Jedes Stadium dieser Geschichte

spiegelt sich in einzelnen Stücken und ganzen Schichten, aber sie sind meist so sehr ineinandergearbeitet, daß es nicht gelingen will, sie exakt gegeneinander zu isolieren. Läßt sich das fertige Werk, da es bei der Zusammenfügung mit P auf weite Strecken nur geringfügige Verletzungen erlitt, noch einigermaßen erkennen, so bleibt die Rekonstruktion seiner Bestandteile und Entwicklungsstadien weithin unsichere Hypothese. Es ist von vornherein zu erwarten, daß die Forscher hier in den Einzelheiten und oft auch im ganzen weit auseinandergehen.

Das Gesagte darf nicht dahin mißverstanden werden, dieses Literaturwerk sei ein ungeformtes Konglomerat ohne Plan und Linie gewesen. Gerade die gänzliche Neugestaltung seines Stoffes durch P erweist das Gegenteil. P konnte aus dem älteren Werk durchaus einen klaren Aufriß destillieren, um ihn dann einerseits sozusagen nackt als solchen herauszustellen und anderseits neue Akzente zu setzen und an bestimmten Stellen, vor allem in der Sinaiperikope, sein Sondergut zu bringen. Gerade hierin aber setzt P fort, was im älteren Werk bereits angelegt war, zumindest in dessen Endstufe, die auch schon die dann in P^g und vollends P^s mit gesteigerter Konsequenz und fortschreitender Verlagerung der Gewichte durchgeführte Integrierung von gesetzl. Material in die Erzählung bietet.

2. Diese Endstufe ist das Werk einer Redaktion, richtiger wohl mehrerer *Redaktionen*. Deren Arbeitsweise unterscheidet sich erheblich von der des Redaktors, der dann später das so entstandene Werk mit P verband und damit den Pentateuch herstellte (s. § 8). Ist er ein Kompilator, der seine beiden Vorlagen so unversehrt wie möglich zusammenfügt und nur selten selbst das Wort ergreift, so verfahren diese seine Vorgänger freier und produktiver. Sie formen aus ihrem Material viel stärker ein neues Ganzes, das die Analyse nur noch schwer wieder auflösen kann, und nicht ganz selten fügen sie Eigenes hinzu. Sie sind nicht nur Redaktoren, sondern bis zu einem gewissen Grade auch Schriftsteller. Charakteristisch ist für sie ein theol.-lehrhaftes Element, das sich bes. in allgemeinen Ausführungen, Reden und Gebeten niederschlägt.

Redaktoren dieser Art sind im AT besonders die sog. Deuteronomisten gewesen, die uns noch öfter beschäftigen werden (s. §§ 12; 19). Die eingebürgerte Bezeichnung rührt daher, daß der in Frage stehende Denk- und Redestil im Dt besonders konzentriert begegnet. Sehr glücklich ist sie nicht, vor allem weil sie leicht die durchaus nicht sichere Herkunft dieses Stils aus dem Dt suggeriert.

Durch deuteronomistische (dtr) Arbeit hat offenbar auch der Pentateuch seine vorpriesterschriftl. Endgestalt bekommen. Das ist auch von da her wahrscheinlich, daß dieser der Priesterschrift vorliegende »Pentateuch« bereits mit dem Dt verbunden gewesen sein dürfte, oder wohl richtiger mit dem großen Geschichtswerk, das die Bücher Dtn-Kön enthalten. Diese Bücher aber sind anerkanntermaßen dtr redigiert. So muß von vornherein damit gerechnet werden, daß spätestens bei seiner Zusammenfügung mit diesen Büchern auch der vorpriesterschriftl. Bestand von Gen-Num eine dtr Redaktion erfahren hat. Ob sie die einzige war oder ob nicht vielmehr noch eine oder mehrere vorangingen und vielleicht auch folgten, ist einstweilen eine offene Frage. Schon die Analogie der Bücher Dtn-Kön, wo sich mehrere aufeinanderfolgende Redaktionen beobachten lassen, spricht aber entschieden für die zweite Möglichkeit.

Daß sich in Gen, Ex und Num dtr Formulierungen finden, ist seit langem bekannt; J. W. COLENSO zählte in diesen Büchern 412 dtr Verse (The Pentateuch and Book of Joshua Critically Examined VII, 1879). Man sah darin, solange das Dt als jüngster Bestandteil des Pentateuchs galt, meist die Spuren der Schlußredaktion. Nachdem diese Voraussetzung gefallen war, beschrieb als erster WELLHAUSEN Eigenart und Bedeutung des hier in Wahrheit vorliegenden Literaturwerkes. Er bezeichnete es nach den beiden zugrundeliegenden Quellenschriften als JE und nannte seinen Autor den Jehowisten (s. § 8,2); bei diesem stellte er »Geistesverwandtschaft mit dem Dt« fest – »wenn nicht außer ihm noch ein Deuteronomist anzunehmen ist«. Aufgrund der Verschiedenheiten in der Behandlung der Quellen sowie der in den Berichten über die Gesetzgebung erkennbaren Bearbeitungsstadien nahm HOLZINGER »eine fortgesetzte redaktionelle Arbeit« an, »welche von Rje allmählich zu Rd (der das Dt einsetzte) weiterführt«. Diese Einsichten traten in der Folgezeit zurück, als man der Kompliziertheit des Materials im Gegensatz zu WELLHAUSEN mit einer immer mehr verfeinerten Quellenscheidung zu begegnen versuchte, und vollends als sich das Interesse ganz auf die ersten Anfänge der Überlieferung konzentrierte. Merkwürdigerweise sah NOTH, der Entdecker des dtr Geschichtswerkes, nicht, daß in Gen-Num, mutatis mutandis, recht sein muß, was in Dtn-Kön billig ist; er konstatierte zahlreiche »dtr stilisierte Zusätze« besonders zu J, ging aber ihrem möglichen Zusammenhang, geschweige denn ihrer redaktionellen Funktion nicht nach. VRIEZEN dagegen hatte in ihnen ein gutes Argument, das dtr Geschichtswerk von Gen 2,4 b bis 2 Kön 25 reichen zu lassen. Die neuerdings an ihnen wiederaufgenommene Arbeit bestätigt und verfeinert das zitierte Urteil HOLZINGERS (anders FUSS: nur ein dtr Redaktor). Indessen muß noch manches getan werden, namentlich in Koordination mit der Erforschung der dtr Redaktionen in Dtn-Kön. Nur von dort her wird sich eine relative und womöglich auch eine absolute Datierung der fraglichen Stücke (BREKELMANS u. a.: »protodeuteronomisch«, 7. Jh. oder noch früher) erreichen lassen.

3. Die Redaktionsarbeit ist in den *einzelnen Teilen* des Werkes verschieden verfahren.

Unsicher ist, ob sie an dem komplizierten Gebilde der vorpriesterschriftl. *Urgeschichte*, das keine elohist. Bestandteile enthält, nennenswerten Anteil hat (anders W. Fuss, Die sog. Paradieserzählung, 1968).

Dagegen hat sie in der *Vätergeschichte* deutliche Spuren hinterlassen. Hier war die genuine Redaktionsarbeit der Zusammenfügung von J und E zu leisten. Ein geschickter »Harmonist« (KUENEN) bewältigte diese Aufgabe, indem er J als Grundlage benutzte und E-Stücke an passenden Stellen einschob; er kam dabei mit einer ganz kleinen Anzahl von Retouchen aus (z. B. Gen 16,9, in J eingesetzt, bereitet 21,8–21 E vor, wo Hagar wieder im Hause ist). Darüber hinaus ließen sich durch Erweiterung oder Neuformulierung theol. wichtiger Passagen Akzente setzen. Namentlich erweisen sich mehrere Verheißungstexte, die nicht fest im Zusammenhang verankert sind und dtr Vokabular enthalten, als redaktionell (vgl. die Fortsetzung des eben genannten Beispiels, Gen 16,10; die wiederholte Einführung der Engelrede legt Zweistufigkeit der Redaktion nahe).

Die klassische Pentateuchkritik sucht den Einsatz von E in dem sehr inhomogenen, teilweise durchaus archaisch wirkenden Verheißungs- und Bundestext Gen 15 (s. § 13,2). Sicher ist an dem schwierigen Kapitel sein weithin redaktioneller Charakter, vgl. die Wortereignisformel v.1.4, die Begriffe des Glaubens *(hæ'ᵃmîn)* v.6 (dazu R. SMEND, VTS 16, 1967, 284–290) und des »Bundes« *(bᵉrît)* Jahwes mit Abraham v.18, sowie die Völkerliste v.19–21. In diesem Sinne O. KAISER, Traditionsgeschichtl. Untersuchung von Gen 15, ZAW 70, 1958, 107–126; vgl. aber auch N. LOHFINK, Die Landverheißung als Eid. Eine Studie zu Gn 15, SBS 28, 1967.

Das göttliche Selbstgespräch vor der Zerstörung Sodoms über Abrahams Sonderstellung und künftige Aufgaben Gen 18,17–19 ist redaktionell. In v.20 f. will Jahwe erst feststellen, was in Sodom und Gomorra los ist, während er in 17 schon weiß, was er tun will; auch die doppelte Einführung der Gottesrede in 17 und 20 zeigt, daß 17–19 Einschub ist. Zum Motiv der vorherigen Mitteilung der göttlichen Aktion v.17 vgl. Am 3,7, zu dem der Erwählung *(jdᵉ)* eines einzelnen v.19 Jer 1,5. Redaktionell ist die Verbindung der allg.-theol Wendungen, spezifisch dtr der Gehorsam (der durch Abraham belehrten Nachkommen!) als Voraussetzung für das Eintreffen der göttlichen Zusage; auffällig auch, daß Jahwe v.19 von sich in 3. Person spricht. Ein ähnlicher Zusatz, diesmal nicht in J, sondern in E, ist Gen 22,15–18, wo der Engel am Schluß der Geschichte von Isaaks Opferung noch »ein zweites Mal« das Wort nimmt und den Abraham unter Bekräftigung durch einen göttlichen Schwur (in sicher alten Texten nicht belegt) und die prophet. Formel *ne'um jhwh* (s. u. § 24,3) den Lohn für seinen Gehorsam mit geläufigen Formeln ankündigt. Hieran knüpft dann die Rede Jahwes an Isaak Gen 26,2–5 an, von der nur der Anfang (2 aα.3a) vorredaktionell ist; zur »Aufrichtung des Schwurs« v.3 bβ vgl. Jer 11,5; in v.5 b wird dem Abraham ausdrücklich die Gesetzeserfüllung nach dtr Art zugeschrieben. Diese redaktionellen Verheißungstexte (vgl. auch Gen 13,14–17; 26,24; 32,10–13) variieren das zumindest einem früheren Stadium der Zusammenfassung der Einzelüberlieferungen angehören (vgl. 12,7; 28,13.15); ihre sorgfältige Differenzierung, entgegen allerlei etwas pauschalen Früh- und Spätdatierungen, ist für die Erfassung nicht nur der Redaktion(en), sondern auch ihrer Vorlagen erforderlich.

Das Interesse der Redaktoren steigert sich – wie dann das von P (s. §§ 8,3; 9,6) – bei der *mosaischen Geschichte*. Hier geht ihre Tätigkeit oft weit über die Kompilation der Vorlagen hinaus.

Schon die *Berufungsgeschichte* des Mose Ex 3 f. ist zu großen Teilen jünger als J und E. Das gilt auch für die jetzige Form des berühmten Passus über die Mitteilung des Jahwenamens (3,13 ff.). Auch wenn dahinter eine E-Vorlage steht (s. § 13,2), ist die dort im Ansatz vorliegende geschichtstheol. Periodisierung von der hiesigen Redaktion noch einmal kräftig akzentuiert worden; P konnte in Ex 6 daran anknüpfen.

Erst der Redaktionsschicht gehört hier und weiter *Aaron* als Levit und Mosebruder in seiner – später bei P noch so viel weiter ausgebauten – besonderen Rolle neben Mose an (ältere Erwähnungen bes. Ex 15,20; 17,10.12; 18,12). So wird dem Mose Ex 4,14–16 (27–31) mangelnde Redefähigkeit zugeschrieben und Aaron zu seinem »Mund« gemacht. J weiß von dieser Eigenschaft des Mose offensichtlich noch nichts und läßt die göttliche Anweisung, zum Pharao zu sprechen, jeweils allein an ihn ergehen (7,14–16.26; 8,16; 9,1.13; 10,1). Nur einmal wird in der Erzählung der Ausführung davon abgewichen: in 10,3.8 kommt auch Aaron mit; das ist leicht als Zusatz zu erkennen. Abgesehen davon erscheint Aaron noch viermal in der Plagenerzählung, »nämlich immer in dem Falle, wenn Pharao in der Not Mose und Aaron holen läßt, um ihre Fürbitte in Anspruch zu nehmen (8,4.21; 9,27; 10,16). Merkwürdigerweise aber wird hinterher wieder Aaron völlig ignoriert, Mose antwortet allein, redet nur in seinem, nicht zugleich in Aarons Namen (8,5.22.25; 9,29), und obwohl er selbander gekommen, geht er doch im Singular wieder fort und bittet im Singular (8,8.26; 9,33; 10,18): der Wechsel des Numerus in 10,17 ist unter diesen Umständen verdächtig genug. Es scheint, als ob der jehowist. Bearbeiter gerade bei der Fürbitte die Assistenz Aarons für angemessen gehalten habe« (WELLHAUSEN). Wie hier, so ist Aaron auch anderwärts in die älteren Erzählungen eingefügt worden. Wo er eine Hauptrolle spielt, bei der Herstellung des goldenen Kalbes (Ex 32), dürfte eine ältere Erzählung überhaupt fehlen.

Auch sonst weisen die vorpriesterschriftl. Partien über die Verhandlungen mit dem Pharao und die Plagen Redaktionsspuren auf (vgl. z. B. Ex 10,1 b.2). Zwei größere dtr Stücke finden sich sodann in den Bestimmungen über das *Pascha*: Ex 12,24–27 a; 13,1–16. Beide sind voll von dtr Motiven: »wenn ihr in das Land kommt, das Jahwe euch gibt« u. ä. (12,25; 13,5.11) ist im Dt ständige Einleitungsformel; das Stilmittel der Kinderfrage (12,26; 13,14) begegnet auch Dtn 6,20; Jos 4,6.21, ebenso die Zeichen an der Hand und zwischen den Augen (Ex 13,9.16) Dtn 6,8; 11,18; endlich sei noch die stereotype Rede von Jahwe, der Israel mit starker Hand aus Ägypten (dem Sklavenhaus) geführt hat, genannt

(Ex 13,3.9.14.16). Die Mazzenverordnung 13,6 ist dieselbe wie Dtn 16,8. Mose hält 13,3–16 gewissermaßen eine dtr Predigt im Blick auf den bevorstehenden Auszug aus Ägypten. Dafür aber läßt sich eine »unschicklichere Stelle ... nicht denken, zumal wenn der Auszug wirklich in der Verwirrung und Eile vor sich gegangen ist, wie vorher und nachher berichtet wird; den ursprüngl. Erzählern, denen die Sache doch einigermaßen in der Vorstellung lebendig und gegenwärtig gewesen sein muß, kann man ein so völliges Herausfallen aus der Situation nicht zutrauen«. Die Stufe der Religiosität »ist ungefähr die deuteronomische, auf der jedenfalls die Autoren, welche uns von den Patriarchen erzählen, wie sie Steine und Altäre aufrichten, heilige Bäume pflanzen und Brunnen graben, nicht stehn« (WELLHAUSEN). In sich einheitlich sind diese dtr Stücke übrigens nicht; vgl. nur die plural. Anrede in 13,3 f. gegenüber der singularischen in der Umgebung.

Die *Auszugsgeschichte* schließt in Ex 14,31 mit einem redaktionellen Resümee, das in den Anfangsworten »Israel sah« den J-Schlußsatz v.30 b aufnimmt und in den Motiven von der göttlichen »Hand«, die man sieht (vgl. Dtn 3,24; 11,2), und von Mose als dem Knecht Jahwes (vgl. CH. BARTH, Fs. K. Barth, 1966, 68–81) dtr Sprachgut verwendet; die Rede vom Glauben knüpft an Ex 4,1.5.8.9.31 an (vgl. auch Gen 15,6).

Eine theol. Bearbeitung haben auch die Geschichten von der *Wüstenwanderung* in Ex 15–17 erfahren, unter den Gesichtspunkten des göttlichen Gesetzes (15,25 b.26; 16,4 bβ.28) und, damit zusammenhängend, der Versuchung (15,25; 16,4; 17,2.7). Die Erzählung von Massa und Meriba 17,1–7 scheint geradezu eine aus Elementen von J und E neugeformte Lehrerzählung zu sein (REICHERT).

Ein Hauptproblem der Pentateuchkritik ist die vorpriesterschriftl. *Sinaierzählung* in Ex 19–24; 32–34. Sie berichtet von der Theophanie und ihren Begleitumständen, der Mitteilung des Dekalogs und des Bundesbuches, dem Abfall des Volkes während der Abwesenheit des Mose auf dem Berg, der Zerstörung der Gesetzestafeln durch den erzürnten Mose, der Errichtung des heiligen Zeltes, dem erneuten Aufenthalt des Mose auf dem Berg mit der Erneuerung der Gesetzestafeln. Noch in unseren Tagen hat O. EISSFELDT unverdrossen die älteren Versuche erneuert, der Perikope fast ausschließlich mit der Urkundenhypothese, also durch Quellenscheidung beizukommen (Kl. Schr. IV, 12–27). Dabei war längst gerade anhand dieses Textes einer der eindrucksvollsten Angriffe gegen die Urkundenhypothese geführt worden mit der These, die Sinaierzählung sei eigentlich gar keine Erzählung, sondern »Tora, d. h. Lehre«, – »eine Zusammenfassung, mit allerlei targumischen Erweiterungen, Erklärungen und Änderungen versehen, von verschiedenen selbständigen Gesetzen und Gesetzessammlungen (auch die Vorschriften über die Stiftshütte, Ex 25–31, rechne ich darunter), die je ihren eigenen Charakter haben, aus verschiedener Zeit stammen, auch ihre eigene Geschichte haben, aber jetzt nach einem bestimmten Plan, in Verbindung mit verschiedenen Erzählungen, zu konstitutiven Bestandteilen einer zusammengefaßten Sinaierzählung gemacht sind« (J. J. P. VALETON, Karakter en literarische opzet van het Sinaïverhaal, VMAW IV, 9, 1909, 67–113; Zitat 112). Der zugrundeliegende Sachverhalt ist freilich von unbefangenen Vertretern der Urkundenhypothese auch gesehen worden. WELLHAUSEN schrieb dem jehowist. Redaktor hier mehr als eine Redaktorentätigkeit zu: »er kann als der eigentliche Verfasser des Abschnittes von der Gesetzgebung auf Sinai gelten. Während er sonst ganz hinter seinen Quellen zurücktritt, teilt er sie zwar auch hier großenteils wörtlich mit, aber doch so, daß er sie nur als Material zu dem eigenen Bau benutzt«. Beides tritt in der Tat in dieser Perikope stark hervor: die redaktionelle(n) Schicht(en) und die älteren

Vorlagen, auf die man, wenngleich in noch so sehr zerstückelter Form, auch und gerade bei der wohl mehrfachen Neugestaltung nicht verzichten wollte.
Ist die Sinaiperikope Höhepunkt und Hauptstück von P, so steht sie doch auch schon in JE wie ein großer erratischer Block im Zusammenhang der Erzählungen von der Wüstenwanderung – Ausdruck der grundlegenden Bedeutung, die das spätere Israel dem dort Vorgefallenen zuschrieb. Man kann tatsächlich auf den Gedanken verfallen, hier sei sozusagen eine Welt für sich, ohne Verbindung nach vorn und hinten. Aber wie das für P fraglos nicht zutrifft, so trifft es bei näherem Zusehen auch für JE nicht zu. Die Zufügungen, die gerade dieser zentrale, an Wichtigkeit immer mehr zunehmende Text erfuhr, sind nicht nur Targum und Midrasch, sondern auch lit. Redaktion im Blick auf den Zusammenhang. Diese Redaktion hatte es mit disparatem älterem Material zu tun, über das sie sich gerade hier nicht hinwegsetzen konnte; das ist der Lesbarkeit nicht zugute gekommen.
Je mehr man ins einzelne geht, um so undurchsichtiger wird der Erzählungsgang: immer wieder steigt Mose auf den Berg, steigt er herunter, spricht Jahwe zu ihm, spricht er zum Volk; manchmal läßt sich kaum sagen, wo er sich befindet. Und was hat es zu bedeuten, daß auf den wiederhergestellten Gesetzestafeln in Ex 34 etwas anderes steht als der Dekalog von Ex 20,2–17?

Dieses Problem hat schon den jungen GOETHE beschäftigt, in der ersten der »Zwo wichtigen bisher unerörterten bibl. Fragen, zum erstenmal gründlich beantwortet von einem Landgeistlichen in Schwaben, 1773«: was auf den ersten, von Mose zerschmetterten Tafeln (Ex 24,12; 31,18; 32,19) gestanden hat, wird dort nirgends gesagt, und so auch nicht, daß es der Dekalog von Ex 20,2–17 war; nach Ex 34,1 (27 f.) müssen es die überwiegend kult. Gebote gewesen sein, die dann in Ex 34,10–26 stehen; erst das Dt (5,22), von dem GOETHE »irgendwo einmal gelesen zu haben« glaubt, »daß dieses Buch in der babylonischen Gefangenschaft aus der Tradition zusammengestoppelt worden sei«, ist in den seitdem herrschenden Irrtum verfallen, der Dekalog, der »Universalverbindlichkeiten« enthalte, sei die Grundlage für den partikularen Bund mit Israel gewesen.

Sogleich nach der allerersten Exposition aus den Vorlagen, Israels Lagern vor dem Berg und den Aufstieg des Mose feststellend (Ex 19,2 b.3 a), greift ein wohldisponierter, präludienartiger Passus der Redaktionsschicht (19,3 b–9) auf Jahwes Tat an den Ägyptern zurück und, die folgenden Vorbereitungen der Theophanie sozusagen überspringend, auf die Gebotsmitteilung voraus. Der Text enthält zentrale Theologumena wie $b^e rî\underline{t}$ (v.5, im Sinne von Verpflichtung) und Glauben (v.9, bezogen auf Mose, wie zuletzt 14,31). Kern ist die Verheißung, die unter die Bedingung des Gehorsams gestellt wird (v.5.6 a). Das Volk verspricht den Gehorsam (v.8). Dieses Versprechen wiederholt sich, von Riten und Opfern gefolgt, in der Fortsetzung noch zweimal, nunmehr auf die Mitteilung »aller Worte Jahwes« und »aller Rechtssätze« $(mišpāṭîm)$ (24,3 vgl. 4) und sodann auf die des »Buches des Bundes = der Verpflichtung« $(sep\ae r\ habb^e rî\underline{t})$ hin (24,7).
Dieser letzte Ausdruck gehört in die dtr Sphäre; er wird 2 Kön 23,2.21 gleichsinnig mit dem dtr geläufigen $sep\ae r\ hattôrāh$ (2 Kön 22,8.11) für das unter Joschija gefundene Gesetzbuch gebraucht. Im vorliegenden Fall bezieht er sich offenbar auf das vorangehende Gesetzeskorpus 20,24–23,33, das von da her den Namen Bundesbuch bekommen hat. Auch die »Rechtssätze« lassen an dieses Korpus denken (vgl. 21,1). Bei den »Worten« liegt der Gedanke an den Dekalog nahe (vgl. 20,1; Dtn 5,22). Aber man hat nach 20,18 f. im jetzigen Zusammenhang den Eindruck, als habe das Volk den Dekalog noch selbst aus Gottes Mund angehört und daraufhin den Schrecken vor der göttlichen Erscheinung bekommen, der es bitten ließ, daß nur Mose mit ihm reden möchte; 24,3 wäre dann die – auf dem

Berge etwas ungünstig placierte, anders v.7 nach 4 – Mitteilung dessen, was Mose nach 20,22 von Jahwe erfahren hat, um es den Israeliten mitzuteilen, also eben des Bundesbuches. Völlige Deutlichkeit der Situationen und Vorgänge darf man von dieser »nomistischen« Redaktionsschicht nicht erwarten. Um so deutlicher ist deren Interesse an der Verankerung der Gesetze im Geschehen und an der Orientierung des Geschehens auf die Gesetze hin. Daß das legislative Material nicht in einem einzigen Arbeitsgang in den Erzählungszusammenhang eingefügt wurde, geht schon aus der nicht ganz klar motivierten verschiedenen Placierung von Dekalog und Bundesbuch hervor.

Dazu kommt ja auch noch, von dem großen Gesetzesnachtrag Dtn 12–26 einmal ganz abgesehen, die ebenso wie Dekalog, Bundesbuch und Heiligkeitsgesetz paränetisch angereicherte Gebotsreihe in Ex 34,10–26, *dibrê habb^{e}rît* »Bundesworte« genannt (v.28), weil Jahwe »aufgrund dieser Worte« mit Mose und Israel »einen Bund schließt«, d. h. ihnen Verheißung und Verpflichtung verbindlich mitteilt (v.10.27). Mose schreibt diese Worte auf »zwei Steintafeln wie die ersten«, die er zerbrochen hat (Ex 34,1.4.27 f.; in v.1 wie 31,18 b; 32,16 die spätere Vorstellung, daß Jahwe selbst sie geschrieben hat). Damit ist auf die Erzählung vom goldenen Kalb Ex 32 zurückgegriffen, die es ermöglichen, ja erfordern soll, nach den göttlichen Willenskundgaben in dem Erzählungskomplex Ex 19–24 nun noch eine weitere folgen zu lassen. WELLHAUSEN hat – das Problem, das schon GOETHE beschäftigt hatte, quellenkritisch angehend – gemeint, dies sei ein redaktioneller Kunstgriff, um zwei parallele Erzählungen von der Verkündung des Dekalogs bringen zu können, die von E (mit dem Dekalog Ex 20,2–17) und die von J (mit dem Dekalog Ex 34,14–26). Aber dagegen erheben sich Einwände. Schon die Zuweisung des Dekalogs in Ex 20 an E ist, trotz der Einleitung »Elohim redete alle diese Worte« (v.1), bei der Brüchigkeit der alten Texte in Ex 19–24 nicht über alle Zweifel erhaben. Zudem läßt sich aus 34,14–26 nur mit fragwürdigen Streichungen der Dekalog machen, der hier doch laut v.28 stehen soll. Vor allem aber ist die Geschichte vom goldenen Kalb kein alter Text und hat auch, durchaus nicht nur in den noch jüngeren dtr Zusätzen wie 32,9–14, schwerlich eine alte Grundlage; sie setzt nachweislich den Bericht über die »goldenen Kälber« Jerobeams I. in Bet-El und Dan 1 Kön 12,28 f. voraus, bis hin zu dem nur dort motivierten Plural »Dies sind deine Götter, Israel, die dich aus dem Land Ägypten heraufgeführt haben« (Ex 32,4 b.8 b). Und mit Ex 32 steht offenkundig die Erzählung von Ex 34, in der sich ältere Elemente nicht recht aussondern lassen wollen, literarisch auf einer Stufe. Da man das schwierige Zwischenkapitel Ex 33 kaum anders sehen kann, spricht einiges für die These L. PERLITTS (Bundestheologie im AT, WMANT 36, 1969, 203–232, Zitat 228), »daß der ganze Zusammenhang Ex 32–34 ein vielseitiges und theologisch kunstvoll angereichertes Lehrstück bietet, das im Umkreis der dt Bewegung und spätestens in der Zeit Josias seine Heimat hat«; ob mit Sicherheit »spätestens«, wird man wohl noch diskutieren.

Die Redaktionsarbeit geht natürlich in *Num* weiter, wenngleich ihr spezifisch dtr Element hier verständlicherweise nicht so hervortritt wie am Sinai. Sie hat namentlich die vorpriesterschriftl. Erzählung von den Kundschaftern (dtr Num 14,11–25, vgl. Ex 32,10–14; 34,6 f.) und die von Bileam (Num 22–24) in ihrer Endgestalt hergestellt; vgl. auch Num 20,14–21 (und dazu S. MITTMANN, Num 20,14–21 – eine redaktionelle Kompilation, Fs. K. Elliger, 1973, 143–149).

Im *Dtn* stellt sich das Problem der Redaktion(en) so anders, daß davon gesondert zu reden ist (§ 12,2.3).

4. »Seit ASTRUC ist die irrigste und gefährlichste aller Pentateuchhypothesen: Die

›mechanische Mosaikhypothese‹.« So schrieb in Übereinstimmung mit WELLHAUSEN ein entschiedener Vertreter der Urkundenhypothese (A. JÜLICHER, JPTh 8, 1882, 106). Es ist gut, sich diese Worte vor Augen zu halten, wenn man sich an der Rekonstruktion der *Vorlagen* versucht, die in JE verarbeitet sind. Die nicht geringen, seitens der Urkundenhypothese oft unterschätzten Wahrheitsmomente der Fragmenten- und der Ergänzungshypothese kommen hier ständig ins Spiel. Unstimmigkeiten, ja sogar Dubletten müssen durchaus nicht immer auf verschiedene durchlaufende Quellen führen, sondern können sich auch daher erklären, daß von diesen aufgenommene Einzelstücke der älteren Tradition einander nicht völlig angeglichen sind. Die Verfasser der ersten Literaturwerke waren zum guten Teil Sammler; insoweit ist es eine nutzlose Arbeit, Vokabulare zum Zweck der Quellenscheidung aufzustellen, weil man damit die aufgenommenen Einzeltraditionen, nicht aber die schriftl. Quellen erfaßt. Und was diese angeht, so ist mit ihrer Vollständigkeit und Unversehrtheit in der Regel nicht zu rechnen, wohl aber mit Lücken, Änderungen, Überarbeitungen und Erweiterungen, die sich den eigentlichen Redaktionsvorgängen durchaus nicht immer koordinieren lassen.

Bei manchen deutlich hervortretenden Einzelstücken, bes. gesetzlicher (Dekalog, Bundesbuch) und poetischer Art (Jakob- und Mosesegen, Mirjam-, Meer- und Moselied u. a.), läßt sich nur schwer entscheiden, ob sie schon in älterem erzählerischem Zusammenhang gestanden haben; jedenfalls empfiehlt sich ihre gesonderte Behandlung (vgl. A. J. SOGGIN, VTS 18, 1975, 185–195). Zu den »Novellen« Gen 24 und 37; 39–50 s. § 14,2.

§ *12 Das Deuteronomium*

E. RIEHM, Die Gesetzgebung Mosis im Lande Moab, 1854; P. KLEINERT, Untersuchungen zur at. Rechts- und Literaturgeschichte I. Das Dt und der Deuteronomiker, 1872; W. STAERK, Das Dt. Sein Inhalt und seine lit. Form, 1894; F. PUUKKO, Das Dt. Eine literarkritische Untersuchung, BWAT 5, 1910; J. HEMPEL, Die Schichten des Dt, 1914; G. HÖLSCHER, Komposition und Ursprung des Dt, ZAW 40, 1922, 161–255; A. C. WELCH, The Code of Deuteronomy, 1924; A. BENTZEN, Die josian. Reform und ihre Voraussetzungen, 1926; G. v. RAD, Das Gottesvolk im Dt (1929), Ges. St. II, 9–108; F. HORST, Das Privilegrecht Jahwes. Rechtsgeschichtl. Untersuchungen zum Dt (1930), Ges. St. 17–154; H. BREIT, Die Predigt des Deuteronomisten, 1933; J. H. HOSPERS, De numeruswisseling in het boek Dt, 1947; G. v. RAD, Dt-St. (1947), Ges. St. II, 109–153; A. ALT, Die Heimat des Dt.s (1953), Kl. Schr. II, 250–275; N. LOHFINK S. J.; Darstellung und Theologie in Dtn 1,6–3,9, Bib. 41, 1960, 105–134; O. BÄCHLI, Israel und die Völker. Eine Studie zum Dt, AThANT 41, 1962; G. MINETTE DE TILLESSE, Sections »Tu« et sections »Vous« dans le Deutéronome, VT 12, 1962, 29–87; N. LOHFINK S. J., Das Hauptgebot. Eine Untersuchung lit. Einleitungsfragen zu Dtn 5–11, AnBib 20, 1963; S. LOERSCH, Das Dt und seine Deutungen, SBS 22, 1967; E. W. NICHOLSON, Deuteronomy and Tradition, 1967; J. G. PLÖGER, Literarkritische, formgeschichtl. und stilkritische Untersuchungen zum Dt, BBB 26, 1967; R. P. MERENDINO OSB, Das dt Gesetz. Eine literarkritische, gattungs- und überlieferungsgeschichtl. Untersuchung zu Dt 12–26, BBB 31, 1969; G. NEBELING, Die Schichten des dt Gesetzeskorpus. Eine traditions- und redaktionsgeschichtl. Analyse von Dtn 12–26. Diss. ev. theol. Münster 1970; G. SEITZ, Redaktionsgeschichtl. Studien zum Dt, BWANT 93, 1971; M. WEINFELD, Deuteronomy and the Deuteronomic School, 1972; S. MITTMANN, Dtn 1,1–6,3 literarkritisch und traditionsgeschichtl. untersucht, BZAW 139, 1975.

Siglen: Dtn = das Buch Deuteronomium; Dt = das Gesetz innerhalb des Buches, gegebenenfalls mitsamt seinen Rahmenstücken; Dtr = Deuteronomist, außerhalb des Buches Dtn in ähnlichem Stil schreibender Autor; in der älteren Wissenschaft üblich das Siglum D = deuteronomische Pentateuchquelle.

1. Wenn im Falle des Dtn hier ein ganzes *Buch* des Pentateuchs gesondert behandelt wird, dann darum, weil dieses Buch in mehrfacher Hinsicht eine Sonderstellung einnimmt. Es weist auf die vorangehenden Bücher zurück, aber auch auf die folgenden voraus. Nach der Einteilung des Kanons zum Pentateuch gehörig, ist es doch lit. noch enger mit den »früheren Propheten« verbunden. v. Rad hat das Dtn »in jeder Hinsicht die Mitte des AT« genannt (vgl. auch S. Herrmann, Die konstruktive Restauration. Das Dt als Mitte bibl. Theologie, Fs. G. v. Rad, 1971, 155–170). In ihm überschneiden sich nicht nur ein Kanonsteil und ein großer lit. Zusammenhang, es hat darüber hinaus in der at. Überlieferungsgeschichte überhaupt eine Art Schlüsselstellung, die etwa in der wissenschaftl. Benennung zahlreicher Texte im Oktateuch, aber auch anderswo (bes. Jer) als »dtr« zum Ausdruck kommt.

Über den *Inhalt* des Buches ist der Überblick nicht ganz leicht zu gewinnen. Der Schauplatz liegt östl. des Jordans, »im Lande Moab«, wo die Israeliten am Ende der Wüstenwanderung unter Mose angekommen sind, bevor sie dann unter Josua den Jordan überschreiten und das verheißene Land einnehmen werden. Das Buch ist ganz überwiegend als Abschiedsrede des Mose an Israel stilisiert; davon sind außer den Überschriften nur ganz wenige Partien auszunehmen, die Vorgänge erzählen: die Aussonderung von drei Asylstädten im Ostjordanland (4,41–43, vgl. dazu und zu einigen verwandten Stücken oben § 8,3), einige Anweisungen des Mose, der Ältesten Israels und der levit. Priester (27, deutlich den Zusammenhang unterbrechend, aus mehreren voneinander unabhängigen sekundären Stücken bestehend), die letzten Handlungen des Mose (31–33, darin aber die beiden großen poet. Stücke: Moselied 32,1–43, Mosesegen 33, vgl. dazu § 17,4) und seinen Tod (34). So stehen sich grob gesehen 1–30 und 31–34 gegenüber.

Die große *Rede* 1–30 ist ein kompliziertes Gebilde. In 1–3 rekapituliert Mose die Ereignisse auf der Wüstenwanderung seit dem Aufbruch vom Horeb (dt-dtr Bezeichnung des Sinai). Es folgen lange Kapitel, in denen dieses rekapitulierende Element nicht fehlt, aber im Dienste der nun vorherrschenden Paränese steht, die vor allem im Blick auf die immer wieder angekündigten (4,1.44f.; 5,1; 6,1) Gesetzesbestimmungen ergeht. Diese finden sich – »vorher will zwar Mose immer zur Sache kommen, kommt aber nicht dazu« (Wellhausen) – erst in 12–26, dem schon von Hobbes (s. § 7,2) erkannten – und von ihm dem Mose zugeschriebenen – gesetzl. Kern des Buches. Was vorangeht und folgt, ist ein umfangreiches Rahmenwerk, das zwar sprachlich und sachlich durchlaufend ein sehr bestimmtes Gepräge trägt, aber, wortreich, unübersichtlich und in sich unstimmig wie es ist, zweifellos nicht von vornherein in seiner jetzigen Form als lit. Einheit konzipiert war (vgl. den häufigen Wechsel zwischen Singular und Plural in der Anrede oder die Wiederholung von 6,6–9 in 11,18–20, dazu nach dem großen Segen- und Fluchkapitel 28 die durch die Über- oder Unterschrift 28,69 mit dem Stichwort des »Moabbundes« weiter angeschlossenen Schlußreden 29 f.). Dem Rahmen Entsprechendes findet sich auch in den Gesetzesbestimmungen 12–26; diese wurden also offenbar nicht nur gerahmt, sondern auch selbst mehr oder weniger stark überarbeitet.

Man hat das *lit. Problem* eine Zeitlang mit einer Urkundenhypothese lösen wollen: ein Urdeuteronomium (Hauptbestand von 12–26) habe zwei verschiedene, voneinander unabhängige Ausgaben (1–4; 12–26; 27 einerseits, 5–11; 12–26; 28–30 anderseits) erfahren, diese seien dann vereinigt worden (Wellhausen). Durch eine so einfache Lösung bleibt indessen allzuviel unerklärt; zudem ist die Vorstellung von den beiden Ausgaben von vornherein wenig plausibel. Der zweite Einwand gilt auch gegen die differenzierten

Variationen der These durch STEUERNAGEL (Urdeuteronomium D¹, parallele Einzelausgaben D²a, D²b, D²c). Seit HÖLSCHER hat sich erwiesen, daß eine Ergänzungshypothese die – namentlich bei STEUERNAGEL oft genau beobachteten – Tatbestände am besten erklärt. Ihre bis ins letzte Detail genaue Durchführung ist freilich eine bisher ungelöste, vielleicht überhaupt unlösbare Aufgabe.

Einen von vielen begangenen Seitenweg eröffnete der Dt-Forschung die These des im übrigen um die Erklärung dieses biblischen Buches hoch verdienten G. v. RAD, das Dt spiegele den Ablauf eines regelmäßig gefeierten kult. Festes. Als Parallelen für die hier vermeintlich vorliegende »Bundesurkunde« (N. LOHFINK, Bib. 44, 1963, 261–288.461–498) bzw. das »Bundesformular« (K. BALTZER, ²1964) wurden altorient. Vasallenverträge herangezogen, die in der Tat für die wissenschaftl. Arbeit am Dt, das aus dem ja zunächst unter ass. Oberherrschaft stehenden Juda des 7. Jh.s stammen dürfte, von hohem Interesse sind. Jene These freilich, von vornherein um ihre literarkritische und hist. Absicherung recht unbekümmert und später fortschreitend beinahe wahllos an bibl. Texten der verschiedensten Herkunft durchgeführt, hat sich vernichtende Kritik zugezogen (vgl. L. PERLITT, Bundestheologie im AT, WMANT 36, 1969).

2. Der *geschichtl. Rahmen*, in den die große Abschiedsrede des Mose gestellt ist, umfaßt nicht nur die Schlußkapitel, wo in der 3. Person erzählt wird, sondern auch die Rückblicke des Mose in den *Anfangskapiteln*, einsetzend mit dem großen Block Dtn 1–3. Diese Kapitel haben »offenbar nicht den Zweck, an die vorhergehende Erzählung anzuknüpfen, vielmehr sie ausführlich zu rekapitulieren, d. h. zu ersetzen« (WELLHAUSEN). Sie enthalten allerlei itinerarisches und anderes Sondergut, vor allem aber dienen direkt oder indirekt – nach LOHFINK rechnet der Verfasser bei seinen Lesern geradezu mit Kenntnis der Texte, J. G. PLÖGER hält »selbständige Formulierung aus einer mündlich tradierten Überlieferung« für ebenso wahrscheinlich wie lit. Abhängigkeit – die entsprechenden Partien der vorpriesterschriftl. Erzählung im Tetrateuch als Vorbild, vgl. die Kombination von Ex 18,13–26 und Num 11,11–15 in dem Abschnitt über die Einsetzung richterlicher Beamter Dtn 1,9–18 und bes. die Nachgestaltung der Kundschaftergeschichte aus Num 13 f. in Dtn 1,19–46. Freilich rekapituliert der hiesige Mose mit einer deutlichen, fast schematisch durchgeführten theol. Tendenz: Jahwe hat das Volk durch seine Anweisungen auf dem Weg geführt, ja ist ihm selbst vorangegangen, doch es war ängstlich und ungehorsam, hat ihm nicht geglaubt (1,32f.). Darauf entbrannte Jahwes Zorn, und er schwor, aus dieser Generation sollten nur Kaleb und Josua ins Land kommen, nicht einmal Mose (1,34–39). Und in der Tat sind alle jene Israeliten gestorben, bevor das moabit. Gebiet erreicht war (2,14–16). Nach der Eroberung und Verteilung des Ostjordanlandes hat Mose die Kriegsleute der dort angesiedelten Stämme verpflichtet, bei der Eroberung des Westjordanlandes mitzuwirken und danach in ihre neue Heimat zurückzukehren, und ist er von Jahwe auf seinen bevorstehenden Tod vorbereitet und mit der Einsetzung seines Nachfolgers Josua beauftragt worden (3,18–28).

Die hier gesponnenen Fäden werden in allen Einzelheiten am *Ende des Buches* und in Jos wieder aufgenommen: Einsetzung des Josua Dtn 31,1f.7f. (vgl. auch Jos 1,1–9), Tod des Mose Dtn 34, Verpflichtung der ostjordan. Stämme durch Josua Jos 1,12–18, ihre Entlassung 22,1–6. Die Geschichtsrekapitulation in Dtn 1–3 ist also nicht nur Prolog der dt Gesetzgebung (KUENEN: Dtn 1–4 = D², nachträglich dem Hauptteil Dtn 5–26 = D¹ vorangestellt); das ließe sich allenfalls für eine durch rigorose Reduktion hergestellte »Grundschicht« sagen (so MITTMANN unter Hinzunahme von Dtn 5). Vielmehr handelt es sich um die Einleitung eines erheblich weiteren Erzählungszusammenhanges, des sog. dtr Geschichtswerkes (s. § 19), und damit eher um einen dtr als einen im engeren Sinne dt Text.

Beachtung verdient, daß Mose die Israeliten hier überwiegend im Plural anredet. Der *Numeruswechsel* in der Anrede hat sich seit den Arbeiten von STAERK und STEUERNAGEL als ein wichtiges Mittel der literarkritischen Analyse erwiesen, das natürlich nicht mechanisch und nur im Verein mit anderen Kriterien angewendet werden darf. Nach HOSPERS' zusammenfassender Analyse gebraucht das ursprüngl. Dt den Singular; eine spätere Hand hat die plural. Abschnitte hinzugefügt, und in diesen wiederum finden sich singular. Zusätze. MINETTE DE TILLESSE verband dieses Schema mit NOTHS These vom dtr Geschichtswerk: die plural. Abschnitte sind dtr. Das dürfte im groben zutreffen; allerdings stellen sich die dtr wie auch die dt Partien als differenzierter heraus, als MINETTE DE TILLESSE und vorher NOTH angenommen haben.

Bereits in Dtn 1–3 findet sich mancherlei, nur teilweise am Singular erkennbare *nachträgliche Ergänzung*. Es mag hier genügen, auf 1,5 hinzuweisen, wo überraschenderweise das Folgende unter den Begriff des Gesetzes *(tôrāh)* gestellt wird, während Dtn 1–3 sonst keineswegs schon offen auf das Gesetz hinleiten; der Zusatz soll offenbar die Erzählung mit dem Gesetz verzahnen. In Dtn 4,1–40 ist dann, noch vor der eigentlichen großen Gesetzesüberschrift 4,44–49 und also noch anhangsweise und in Fortführung von 1–3 das Gesetz fast unversehens auf dem Plan, obwohl auf die Überschrift 4,1(f.) noch längst keine gesetzl. Bestimmungen folgen, sondern eine ausführliche, in sich nicht einheitliche (Numeruswechsel!) Paränese, die außer dem Gesetzesgehorsam unter Bezugnahme auf die Theophanie am Horeb die bildlose Verehrung Jahwes und seine Einzigkeit zum Gegenstand hat; dabei wird wie der eine Gott von den Göttern so Israel von den Völkern scharf abgehoben.

NOTH hat gemeint, das dt Gesetz sei »im wesentlichen bereits in der Form, in der es uns heute in Dtn 4,44–30,20 vorliegt«, in das dtr Geschichtswerk aufgenommen worden. Das ist unwahrscheinlich. Vielmehr lassen sich auch in diesem *Hauptteil* des Buches dtr Partien nachweisen; nicht zuletzt scheint hier die Redaktion teilweise dtr Arbeit zu sein.

In der großen paränet. Einleitung Dtn 5–11 kommen besonders die drei umfangreichen pluralisch formulierten Stücke, von denen die beiden ersten wiederum Geschehenes rekapitulieren wollen, als dtr in Betracht: Dtn 5, durch Überschriften von 1–4, aber auch von 6ff. deutlich getrennt, begründet die hiesige Gesetzgebung damit, daß die Israeliten am Horeb nach der Mitteilung des Dekalogs Angst hatten, noch mehr aus dem Munde Jahwes zu hören, und Jahwe daraufhin die weiteren Bestimmungen allein dem Mose mitgeteilt hat, die dieser nunmehr an das Volk weitergibt (v.2f. Widerspruch dazu, daß die Horebgeneration wegen ihres Ungehorsams inzwischen gestorben ist); das Dt kommt damit im jetzigen Pentateuchzusammenhang in ein eigentümliches Konkurrenzverhältnis zum Bundesbuch zu stehen – nach EISSFELDT soll es dieses »neutralisieren«, also in Wahrheit ersetzen. Ebenfalls ein Geschehen am Horeb, nämlich der dortige Ungehorsam der Israeliten, ist Gegenstand der nächsten längeren plural. Passage Dtn 9,7b–10,5, die 9,7a ausführt und den Zusammenhang von dort nach 10,10 unterbricht. Das dritte Stück ist die mehrteilige Paränese 11,2–32.

Von den eigentlichen Gesetzen fassen wir unter unserem Gesichtspunkt sogleich das grundlegende erste über die Einheit des Kultus Dtn 12 ins Auge. Dort lassen sich drei einander einigermaßen parallele Schichten beobachten. Dreimal wird das Opfern allein an dem von Jahwe erwählten Ort befohlen (v.5 f.11.14). Jedesmal geht eine negative Aussage voran: man soll die Kultstätten der zu vertreibenden Völker für ihre Götter und damit deren Namen beseitigen, aber mit Jahwe nicht so verfahren (2–4), nicht so verfahren, wie es jetzt, vor der Erlangung des Landbesitzes und der Ruhe vor den Feinden, geschieht (8–10), und, am einfachsten, nicht an jedem Ort opfern (13). Jedesmal schließlich folgt das Gebot der Freude (7.12.18 b). Den Kern und Grundbestand des Ganzen enthält offenbar der in den Anweisungen konkreteste, auch bereits durch allerlei Ausführungsbestimmungen angereicherte Passus 13–28; er hebt sich auch durch die singular. Anrede heraus; die Situation der mosaischen Zeit ist durch nichts angedeutet (Schicht I). Zwei Variationen mit plural. Anrede sind vorangestellt, eine, die das Gebot im Zusammenhang der mosaischen Geschichte verankert (8–12, Schicht II), und eine, die diesen Zusammenhang bereits voraussetzt und nun ihrerseits besonderes Gewicht auf den Gegensatz zu den anderen Völkern und ihren Göttern legt; da dieses Motiv in v.29–31 wiederkehrt, wird man diesen Passus hinzunehmen dürfen und ebenfalls die Überschrift 12,1, vielleicht auch die Schlußmahnung 13,1, so daß Schicht III in 12,1–7.29–31 (13,1?) vorliegt. Die singular. Anrede in 29–31 spricht nicht dagegen; der Verfasser schließt ja hier an Schicht I an, die ihm, gewiß bereits durch Schicht II erweitert, vorgegeben ist und die er vorn und hinten rahmend ergänzt. Bereits der Horizont von Schicht II reicht, indem sie auf die bevorstehende Einnahme des Westjordanlandes und den dann eintretenden Zustand der Ruhe vor den Feinden hinweist, nicht nur über das hiesige Einzelgesetz und das ganze dt Gesetzbuch, sondern auch über das Buch Dtn hinaus; so wird denn auch in Jos 21,43f. (vgl. 1 Kön 5,18) das Eintreten des hier ins Auge gefaßten Zustandes konstatiert, vgl. auch die verwandten Stellen Dtn 3,20 und Jos 1,13.15. Wir befinden uns damit in dem lit. Zusammenhang, der von Dtn bis Kön reicht, also im dtr Geschichtswerk. Die Schichten II und III sind dtr.

In der Art dieser Schichten durchzieht dtr Bearbeitung das weitere Gesetzeskorpus und seine Annexe, bis in Dtn 31 über 4–30 hinweg der Faden von 1–3 und damit die eigentliche dtr Erzählung aufgenommen wird.

Man kann den Eindruck haben, 31–34 sei einmal die unmittelbare Fortsetzung von 1–3 gewesen, die gesamte Gesetzesverkündigung also nachträglich in die bereits bestehende erste Gestalt des dtr Geschichtswerks eingeschoben worden (vgl. v. RAD zu Dtn 3,18–29). Das würde voraussetzen (und den Nachweis erfordern), daß in 4–30 die älteste dtr Schicht nicht vorkommt, also auch Dtn 12,8–12 ihr nicht angehört. Zweifellos wurde durch nachträgliche »nomistische« Bearbeitung das Gesetz auch innerhalb des »geschichtlichen Rahmens« verankert und dieser auf das Gesetz hin neu akzentuiert. Doch fragt sich, ob damit etwas völlig Neues in ein bis dahin gesetzloses Ganzes hineinkam und nicht vielmehr die bereits bestehende Verbindung von Geschichte und Gesetz enger geknüpft wurde.

Über das dtr Geschichtswerk wird noch ausführlicher zu handeln sein (§ 19). Wir können uns hier auf zwei Hinweise beschränken. Einmal: die Grundschicht des Werkes setzt die Begnadigung des jud. Königs Jojachin am bab. Hof 562 v. Chr. voraus (2 Kön 25,27–30); sie ist also nicht vor der Mitte des 6. Jh.s entstanden; mit den weiteren Schichten kommen wir in noch spätere Zeit. Sodann: es handelt sich um lit. Arbeit, die in den Bereich der Redaktionsgeschichte fällt; daß andere Gattungen und Überlieferungsvorgänge im Hintergrund stehen, ist damit nicht bestritten.

3. Im Rahmen des Dt wird nicht nur Geschichte erzählt. Eine ebenso große Rolle spielt ein anderes Element, das der *Paränese*. Es wirkt sich direkt und indirekt auch in der Erzählung aus, so wie umgekehrt die eigentlich paränet. Stücke immer wieder das vergangene Geschehen in die Erinnerung rufen. Die Paränese findet sich nicht nur in einer einzigen Schicht. Sie war allem Anschein nach bereits da, als das Dt dem dtr Geschichtswerk einverleibt wurde, und das Geschichtswerk

wiederum erfuhr, wie wir schon sahen, nachträglich paränetische Erweiterungen. Es handelt sich um eine Schultradition, nicht weniger ausgeprägt als die historiographische; das Zusammentreffen beider in einer Schule gibt dem Dt sein Gepräge.
Das paränet. Element beschränkt sich noch weniger auf den Rahmen als das erzählende. Es durchsetzt vielmehr die Gesetzgebung in einem Ausmaß, daß man sich manchmal gefragt hat, ob der Begriff der Gesetzgebung überhaupt noch angemessen ist. Einzelne gesetzl. Bestimmungen sind mit einer um ein Vielfaches längeren Erläuterung versehen worden, vgl. etwa die Perikope über das Erlaßjahr Dtn 15,1 (ursprünglicher Rechtssatz). 2 (ältere »Legalinterpretation«, HORST). 3–11 (paränet. Ausführung, darin 4–6, wo im Unterschied zu 7 und bes. 11 für den Fall des Gesetzesgehorsams ein Ende aller Armut in Aussicht gestellt wird, wiederum sekundär hinzugefügt). Es gibt auch von vornherein »paränetische ›Gesetze‹«, »die in breiter thematischer Ausführung einen Gegenstand behandeln, ohne daß dabei ein alter zugrunde liegender Rechtssatz erkennbar wäre« (v. RAD), so die das Prophetentum betreffenden Abschnitte Dtn 13,1–6 und 18,9–22 oder das Königsgesetz 17,14–20.

Das Phänomen ist verschieden eingeordnet und beurteilt worden. DE WETTE sprach abschätzig von »moralischen Tiraden«, KLEINERT exakter von einer »homiletischen Paraphrase in der Weise einer verdeutlichenden und genauer einschärfenden Interlinear- und Randglosse«. Durchgesetzt haben sich die Begriffe Predigt und Paränese. Treffend M. ROSE, Der Ausschließlichkeitsanspruch Jahwes, BWANT 106, 1975, 143–146: »homiletische Aktualisierung«.

Um den *Sitz im Leben* hat sich in früherer Zeit besonders KLOSTERMANN bemüht. Er postulierte unter Heranziehung altisländischer Parallelen einen Brauch des Gesetzesvortrages in der Volksversammlung und nannte das Dt »eine Materialiensammlung, erwachsen aus öffentlichen Reden über das Gesetz Moses – bestimmt für die öffentliche Gesetzespredigt zu dienen, und darum auch in seiner formellen Fassung für den Mund des Gesetzesredners zugerichtet«. Stärker ins Kultische ging, nicht ohne Anregung durch MOWINCKEL, BENTZEN, indem er im Dt den Niederschlag agitierender Volksbelehrung durch die Leviten (mit poet.-liturg. Vorbildern in Psalmen wie 78; 81; 95) erblickte. Auf dieser Linie arbeitete v. RAD weiter; er betonte, daß es für ein »so souveränes Verfügen über alle Gebiete der sakralen Überlieferung« der Ermächtigung durch ein Amt bedurft habe, und das müsse das der Leviten gewesen sein (Theologie des AT I[6] 85). Als Beleg wird die chronist. Angabe über die Erklärung des von Esra mitgebrachten und verlesenen Gesetzbuches durch mehrere Leviten angeführt (Neh 8,7 f.; vgl. auch 2 Chr 17,7–9; 35,3). Das ist freilich ein recht später Beleg. Die Rolle der Leviten im Dt selbst ist eine andere, die von besonders schutzbefohlenen Menschen (Dtn 12,12.18 f.; 18,1–8 usw.). Eine Etappe auf dem Wege zu späterer Predigttätigkeit scheint die Anordnung über die siebenjährliche Verlesung des Gesetzes durch die levit. Priester Dtn 31,9–13 zu sein, ein spätes Stück, das das Dt (wie 17,18 f., vgl. auch 28,58.61; 29,19 f.) als geschriebenes Gesetzbuch voraussetzt. Ohne auf die Leviten einzugehen, suchte L. KÖHLER die Väter der dt Predigt in der prophet. beeinflußten Jerusalemer Priesterschaft des 7. Jh.s (Die hebr. Rechtsgemeinde, 1931, jetzt in: Der hebr. Mensch, 1953, 163–165). Demgegenüber hält WEINFELD die dt »Reden« für lit. Arbeiten eines weisheitl. orientierten Schreiberstandes am Jerusalemer Hof seit König Hiskija (vgl. Jer 8,8; Spr 25,1 und die Rolle des »Schreibers« Schafan bei der Auffindung des Gesetzbuches unter Joschija).

Der *Stil* der dt Paränese ist ähnlich charakteristisch wie der johanneische im NT. Man lese, um ihn sich einzuprägen und dann auch anderwärts wiederzuerkennen, die Einleitungs- und Schlußkapitel Dtn 5–11; 28–30, dazu etwa die Listen des dt Vokabulars bei DRIVER, HOLZINGER oder WEINFELD. Über das Phraseologische hinaus hat die schematisch-rhetorische Struktur der dt Rede, freilich in Abhängigkeit von der Hypothese vom Bundesformular, am eindringendsten LOHFINK untersucht.

Ebenso eindrucksvoll wie bei kontinuierlicher Lektüre ermüdend ist die schier unerschöpfliche Plerophorie, in der bestimmte Grundelemente wie die Erinnerung an die Zusagen und die großen Gaben und Taten des einen Gottes Jahwe für sein Volk, die Ermahnung zum Halten der Gebote und die Ankündigung kommenden Segens, namentlich in Gestalt des Landes und seiner Güter, in immer neuen Variationen miteinander verknüpft sind. Es erscheint als Sisyphusarbeit, überall feste Perikopen abzugrenzen, überlieferungsgeschichtliche Schichten oder auch nur eine Gliederung des jetzigen Textes zu ermitteln. Doch manches läßt sich sicher sagen, so etwa was die Gliederung angeht, daß der Doppelsatz über die Einheit Jahwes und die ihm gebührende ungeteilte Liebe (6,4 f.) nicht zufällig am Anfang des »singularischen« Hauptteils des Buches, und daß die (sekundär erweiterte) »Bundesformel«, in der Israel Jahwe zu seinem Gott und Jahwe Israel zu seinem Volk erklärt (26,16–19), ebensowenig zufällig am Ende des gesetzl. Teils steht. Auch was die Schichtung angeht, sind wir nicht ohne Anhaltspunkte. Es mag hier genügen, an das zu 4,1–40 Gesagte zu erinnern (s. o. 2). Die sich verstärkenden Akzente auf dem Gesetzesgehorsam (auch als Bedingung für göttliche Segnung), auf der Einzigkeit Jahwes und auf dem Unterschied Israels zu den Völkern sind wichtigste inhaltliche Kennzeichen jüngerer Schichten, in Korrespondenz zur Lage und dem Denken der exil.-nachexil. Gemeinde (Anspielungen auf das Exil: 4,25–30; 28,62–68; 29 f.).

Von den dt Predigern hat v. RAD (Theologie des AT I⁶ 86) gesagt, mit ihnen beginne in Israel »die Ära der *Interpretation*«. Die Überlieferung wird Text, Buch, Gesetz, Gesetzbuch des Mose, durch Historisierung in die mosaische Zeit gemeinsam mit der Predigt älter, gerade dadurch aber, weil normativ, aktuell gültig gemacht. Der Wortbestand ist trotz Dtn 4,2; 13,1 noch nicht sakrosankt, die Interpretation durchdringt und verändert ihn mannigfach. Der Abstand von der Überlieferung ist noch nicht derart, daß der Stoff ganz neu gestaltet wird wie dann in der Priesterschrift. Die Interpretation bedeutet zugleich eine *Theologisierung*. Auf die Begrifflichkeit hat dabei öfters die Prophetie eingewirkt, von deren Theologie sich freilich die dt durchaus abhebt; sie will, pointiert ausgedrückt, über das göttliche Nein hinausführen, dessen Ansage in erster Linie das Amt der älteren Propheten war.

Vgl. zu den Hauptbegriffen des »Bundes« (*berît*) und der Erwählung (Verbum *bḥr*) L. PERLITT, Bundestheologie im AT, WMANT 36, 1969; TH. C. VRIEZEN, Die Erwählung Israels nach dem AT, AThANT 24, 1953 (erweiterte holländ. Neuausgabe: De verkiezing van Israël volgens het Oude Testament, 1974), zu den dt Ausprägungen des Ausschließlichkeitsanspruchs Jahwes das genannte Buch von M. ROSE, zur »Bundesformel« R. SMEND, Die Bundesformel, ThSt(B) 68, 1963, zur Theologie des Landes P. DIEPOLD, Israels Land. Ein Vergleich der territorialen und theol. Vorstellungen von Israels Land bei Jeremia, im Dtn, im dtr Geschichtswerk und in den dtr Partien des Buches Jeremia, BWANT 95, 1972. Eine Gesamtdarstellung der dt Theologie unter dem Leitgedanken des Gottesvolkes gab v. RAD 1929, ergänzend dazu: BREIT, BÄCHLI.

Eine Spielart der dt Paränese verdient noch besondere Erwähnung, nämlich die wie die »Kriegsgesetze« an die alte, möglicherweise in der Zeit des Königs Joschija wiederbelebte Tradition vom »Kriege Jahwes« anknüpfenden, von v. RAD so genannten *»Kriegsansprachen«*; vgl. Dtn 7,16–26; 9,1–6; 31,3–8 sowie den zunächst (v.1) singularisch, dann pluralisch (v.2 f.) formulierten Eingang der Kriegsgesetze Dtn 20. Das Phänomen begegnet nicht nur in einer einzigen lit. Schicht; zum Zuspruch des Vertrauens tritt fortschreitend die, in der Theorie wenigstens, unversöhnlich militante Haltung gegenüber den anderen Völkern. Ob und wie weit noch eine Realität kriegerischer, gar siegreicher, Erfahrung dahintersteht, ist fraglich.

4. Wir kommen zum Kern des Buches, dem *Gesetzeskorpus Dtn 12–26*.
Die behandelten Materien sind folgende:

Einzigkeit der Opferstätte 12; Verführung zum Fremdkult 13; Trauerbrauch, Speisen, Zehnt 14; Erlaßjahr, Sklavenfreilassung, Erstgeburt 15; Feste 16,1–17;
Richter und Gericht 16,18–17,13 (verbotene Kultbräuche, Fremdkult 16,21–17,7); König 17,14–20; Priester 18,1–8; Propheten 18,9–22;
Asylstädte 19,1–13; Grenzverrückung 19,14; Zeugen 19,15–21; Krieg 20; Mord von unbekannter Hand 21,1–9;
Heirat mit einer Kriegsgefangenen 21,10–14; Erbrecht Erstgeborener 21,15–17; widerspenstiger Sohn 21,18–21; Bestattung Gehängter 21,22 f.; Hilfeleistungen für den Bruder 22,1–4; Transvestie, Vogelmutter, Dachgeländer, Vermengungen, Mantelquasten 22,5–12; Beweis der Jungfrauschaft, Ehebruch, Beischlaf mit einer verlobten und einer nicht verlobten Jungfrau, mit der Stiefmutter 22,13–23,1; Zugehörigkeit zur Gemeinde Jahwes 23,2–8; Reinheit des Kriegslagers 23,10–15; entlaufener Sklave, Tempelprostituierte, Zins, Gelübde, Mundraub 23,16–26; Wiederverheiratung nach Ehescheidung 24,1–4; Vorrecht Jungverheirateter, Mühlenpfändung, Menschendiebstahl, Aussatz, Pfändung, Entlohnung des Tagelöhners, Todesstrafe nur am Schuldigen, Behandlung von Fremdling, Waise und Witwe (Gericht, Pfändung, Nachlese), Prügelstrafe, dreschender Ochse 24,5–25,4; Leviratsehe 25,5–10; schamlose Frau, Maß und Gewicht 25,11–16;
Ausrottung der Amalekiter 25,17–19; liturg. Anhang: Gebete bei Darbringung der Erstlinge und des dreijährlichen Zehnten 26,1–15.

Das Ganze hat offensichtlich keine konsequente Gliederung, gegen Ende noch weniger als am Anfang. Man versucht es gern mit einer Dreiteilung in I Kultus (12,1–16,17), II Ämter (16,18–18,22), III übriges öffentliches und privates Recht (19–25) oder einer Zweiteilung in *ḥuqqîm* (= I oder I und II) und *mišpāṭîm* (= III oder II und III) gemäß der Überschrift 12,1 (HORST: »Privilegrecht Jahwes« 12–18, Zivilrecht 19–25). Ohne größere und kleinere Umstellungen und Hypothesen über Vorformen der jetzigen Komposition geht es schon dabei nicht ab; fraglos spiegelt der Zustand der Sammlung eine komplizierte Entstehungsgeschichte.

Diese war vor der Eingliederung in das dtr Geschichtswerk zu einem vorläufigen Abschluß gekommen. Die damals erreichte Form ging auf eine dt Redaktion (MERENDINO; SEITZ: dt Überarbeitung; NEBELING: D2) zurück. Vermutlich enthielt sie bereits Teile des Rahmens, beginnend etwa mit Dtn 6,4 f. Die große Masse des gesetzl. Stoffes dürfte dieser Redaktion bereits vorgelegen haben, doch hat sie gewiß geordnet, auch verändert, ausgeführt und nach Leitgedanken, von denen einige schon anklangen, erläutert. Hervorzuheben ist noch der soziale Zug, der als besonderes Charakteristikum des Dt gilt (»Humanitätsgesetze« 22,1–4; 23,16 f.20 f.; 24,5–25,4). Das Hauptgewicht hat für diese Redaktion offenbar auf dem Anfang gelegen, bei den Bestimmungen gegen die Verführung zum Kultus fremder Götter (13) und noch mehr bei denen über die Einheit der Kultusstätte (12), denen dann eine Reihe weiterer dieser Einheit voraussetzender Bestimmungen entspricht (»Zentralisationsgesetze«: 14,22–29; 15,19–23; 16,1–17; 17,8–13; 18,1–8).

5. Die Bestimmungen über die Einheit der Kultusstätte sind der Hauptanhaltspunkt für die *Beziehung zur Reform des Joschija,* die in der Dt-Forschung und darüber hinaus in der Pentateuchkritik eine wichtige, aber auch umstrittene Rolle spielt.

In 2 Kön 22 f. wird erzählt, König Joschija von Juda habe in seinem 18. Regierungsjahr (622 v. Chr.) den »Schreiber« Schafan in Angelegenheiten der Tempelreparatur zum Oberpriester Hilkija geschickt. Hilkija habe bei dieser Gelegenheit dem Schafan »das Gesetzbuch« *(sepær hattôrāh)* übergeben, das er im Tempel gefunden habe. Schafan habe es sogleich gelesen und dann dem König berichtet und auch ihm das Buch vorgelesen. Der König habe daraufhin seine Kleider zerrissen und wegen des Zorns Jahwes aufgrund des Ungehorsams der Väter gegen die Worte dieses Buches die Befragung Jahwes durch eine Abordnung angeordnet, der dann die Prophetin Hulda die göttliche Antwort erteilt habe. Joschija habe sodann in einer Versammlung das aufgefundene »Bundesbuch« *(sepær habb^{e}rīṯ)* öffentlich verlesen lassen und sich durch eine b^{e}rīṯ zum Gehorsam gegen die göttlichen Gebote verpflichtet; das ganze Volk habe sich dem angeschlossen. Darauf sei Schlag auf Schlag eine Reihe von Maßnahmen erfolgt: Reinigung des Tempels von Fremdkulten und Prostitution, Beseitigung allen Kultus außerhalb Jerusalems, Verbringung der jud. Priester nach Jerusalem (wo sie aber nicht opfern durften), Hinrichtung der Priester »in den Städten Samarias«. Schließlich habe Joschija in Jerusalem ein Pascha gemäß dem »Bundesbuch« feiern lassen, wie es seit den Tagen der Richter nicht gefeiert worden sei.

Wenn die Wissenschaft nach dem hier gemeinten Gesetzbuch fragt, kann auch ihr härtester Kritiker nicht behaupten, sie suche gegen die Intention des Textes nach einer hinter diesem stehenden imaginären Größe. Zweifellos ist in 2 Kön 22 f. an ein bestimmtes Buch gedacht, und mit großer Wahrscheinlichkeit ist dieses Buch irgendwie in das AT eingegangen. Schon, oder noch, einzelne Kirchenväter konstatieren wie selbstverständlich, es handle sich um das Dt (HIERONYMUS comment. in Ez ad 1,1, CHRYSOSTOMUS hom. in Mt 9, PROKOP ad 22,8); in der Neuzeit taucht diese Identifikation wieder bei HOBBES (s. § 7,2) auf, und G. E. LESSING wagt, seiner Zeit vorauseilend, sogar den Satz, es seien nur »unnötige Bedenklichkeiten, warum hie und da ein Gelehrter dieser Meinung noch nicht so recht beitreten will« (»Hilkias«, zwischen 1771 und 1774). In der Wissenschaft kam sie durch DE WETTE (1806) zur Geltung. In der Tat besitzt sie eine größere Wahrscheinlichkeit als alle sonst geäußerten Vermutungen, etwa die, es sei, späterem Sprachgebrauch vom »Gesetzbuch« gemäß, der ganze Pentateuch gemeint (dieser ist doch wohl zu umfangreich, liegt zudem dem dtr Geschichtswerk noch nicht als solcher vor), oder der Dekalog oder das Bundesbuch (beidemale fehlen entscheidende inhaltliche Berührungen) oder das Heiligkeitsgesetz (es gehört in einen anderen überlieferungsgeschichtl. Bereich). Den Schrecken des Joschija (2 Kön 22,11.13), so hat man immer wieder gesagt, lösen die Fluchandrohungen in Dtn 28 aus, und an sie knüpft auch das Orakel der Hulda über das ungehorsame Volk (2 Kön 22,16 f.) an. Wichtiger ist die Entsprechung zwischen den Hauptmaßnahmen des Königs und Bestimmungen des Dt: Beseitigung der Ascheren 2 Kön 23,4.6 f.14 (Dtn 12,3; 16,21), des Gestirndienstes 23,4 f.11 (17,3), der Tempelprostitution 23,7 (23,18), der auswärtigen Heiligtümer (»Höhen«) und der Fremdkulte 23,8.13.15.19 f. (12 f.), des Kinderopfers 23,10 (12,31; 18,10), der Mazzeben 23,14 (12,3; 16,22), der Totenbeschwörung 23,24 (18,11) sowie die Paschafeier in Jerusalem 23,21–23 (16,1–8). Dazu kommt als allg. Argument von hohem Gewicht der normative Charakter, den gerade das dt Gesetz im dtr Geschichtswerk, in das 2 Kön 22 f. gehört, direkt und indirekt besitzt.

DE WETTE bestand nicht darauf, »daß das gefundene Buch unser Deuteronomium in seinem ganzen Umfange und seiner gegenwärtigen Gestalt gewesen« ist. Seit WELLHAUSEN sprach man gern von einem »Urdeuteronomium«, bestimmte freilich dessen Umfang recht verschieden. Dabei konnte die Beziehung zur josian. Reform recht rigoros als Maßstab benutzt werden: BERTHOLET rechnete dem »Urdt« alles zu, »was nicht durch ganz bestimmten Gründen von der josianischen Zeit ausgeschlossen wird«; umgekehrt strich PUUKKO das Dt mehr oder weniger auf die »Zentralisationsgesetze« zusammen. Im folgenden ist, wenn vom »Dt« die Rede ist, meist das »Urdt« im genannten Sinne gemeint.

Der Erzählung von 2 Kön 22 f. gilt das Gesetzbuch als alt und nun nach langer Zeit des Unbekanntseins und der Wirkungslosigkeit aufgefunden. Dies bestritt DE WETTE, und darin unterschied sich seine berühmte »Hypothese« grundlegend von den früheren Identifizierungen des josian. Gesetzbuches mit dem Dt. Für DE WETTE hatte es das Dt vor Joschija überhaupt nicht gegeben, er sah in ihm den jüngsten Bestandteil des Pentateuchs. Mit dieser Datierung des Dt in die josian. Zeit gewann die Pentateuchkritik, nachdem sie auf den Schriftsteller Mose hatte verzichten müssen, »den archimedischen Punkt, an den sie sich halten konnte« (EISSFELDT). Hier setzte, auch und gerade gegen DE WETTE, 1866 K. H. GRAF den Hebel an; indem sich das priesterschriftl. Gesetz als jünger denn das Dt erwies, verwandelte sich der bisherige Schlußpunkt in eine freilich äußerst wichtige Epoche innerhalb der Geschichte des Pentateuchs, ja, wie dann WELLHAUSEN zeigte, der isr. Religion überhaupt: im Jahre 622 stellte die josian. Reform namentlich durch die Zentralisierung des Kultus in Jerusalem – bis dahin hatte es zahlreiche in ihrer Legitimität nicht angefochtene Heiligtümer gegeben – aufgrund der Forderungen des Dt den Zustand her, der, was DE WETTE nicht gesehen hatte, bereits die selbstverständliche Voraussetzung der priesterschriftl. Gesetzgebung und Erzählung ist.

Allerdings hatte die Wissenschaft damit diese Akte noch nicht geschlossen, und sie hat das bis heute nicht getan. Immer wieder regen sich Zweifel an DE WETTES Hypothese, und zwar weniger an der Identifizierung des Gesetzbuches von 2 Kön 22 f. mit dem Dt als daran, daß das Dt tatsächlich aus der josian. Zeit stammt. Dabei wird in zwei ganz verschiedenen Hauptrichtungen gedacht und argumentiert. Auf der einen Seite folgt man 2 Kön 22 f. darin, daß unter Joschija das Gesetzbuch und zwar das Dt gefunden wurde, wendet sich aber gegen die These, es sei erst in dieser Zeit entstanden — und zumindest eine Vorgeschichte hat es ja gewiß gehabt (s. u. 6). Auf der anderen Seite versetzt man, in kritischer Sicht von 2 Kön 22 f., das Dt in nachjosian., exil. oder sogar nachexil. Zeit. Darin ist immerhin kein anderer als DE WETTE vorangegangen, indem er eine Zeitlang (Einleitung 2. und 3. Aufl., 1822/1829) aufgrund sprachlicher Beobachtungen von W. GESENIUS eine exil. Datierung vertrat. Nachdem sich im 19. Jh. nur eine Reihe von Außenseitern in dieser Richtung geäußert hatten (Aufzählung bei NICHOLSON 1[4]; besonders beachtlich L. HORST, Études sur le Deutéronome, RHR 16, 1887, 28–65; 17, 1888, 1–22; 18, 1888, 320–334; 23, 1891, 184–200; 27, 1893, 119–176), entbrannte in den zwanziger Jahren unseres Jh.s ein richtiger »Kampf um das Dt« (so der Titel des Berichts von W. BAUMGARTNER, ThR NF 1, 1929, 7–25). Unter den Angreifern ragte HÖLSCHER hervor, Hauptverteidiger der überkommenen Auffassung waren H. GRESSMANN (Josia und das Dt, ZAW 42, 1924, 313–337) und K. BUDDE (Das Dt und die Reform Josias, ZAW 44, 1926, 177–224). Neuerdings ist die Frage wieder auf der Tagesordnung (vgl. E. WÜRTHWEIN, Die Josian. Reform und das Dt, ZThK 73, 1976, 395–423, sowie die Lehrbücher von KAISER und GUNNEWEG). Die Diskussion hat drei literarische Hauptgegenstände: a) das Dt selbst. Niemand bestreitet, daß es mancherlei sekundäres Gut enthält, das exil. oder jünger ist. HÖLSCHER aber behauptet für den Kern, das Ur-Dt einschl. der Zentralisationsgesetze, die Unmöglichkeit vorexilischer Entstehung; es handle sich um ein utopisch-ideologisches Programm, das nie, auch in nachexil. Zeit nicht, wirklich durchgeführt worden sei. b) Die Propheten Jer und Ez, Zeugen für die Jahrzehnte nach der josian. Reform, erwähnen das Dt nicht und haben es mit Zuständen zu tun, denen das Dt gerade entgegenwirken will (vgl. Jer 13,27; 17,1–4; 44,15–19; Ez 8). Die Forderungen des Gesetzes hatten also damals zumindest größte Mühe, sich durchzusetzen; gab es sie überhaupt schon? c) Die Perikope über Joschija 2 Kön 22 f. enthält lit. Probleme, die sichere Schlüsse auf den geschichtl. Vorgang erschweren. Seit TH. OESTREICHER (Das Deuteronomische Grundgesetz, BFChTh 27,4, 1923) pflegt man eine Erzählung von der Auffindung des

78

Gesetzbuches 22,1—23,3, einen Reformbericht 23,4—14 und einen »gemischten« Schlußteil 23,15—24 zu unterscheiden, woraus sich für den Historiker das Recht zur Abweichung von der Reihenfolge des Textes (verbreitet eine Anordnung: polit. inspirierte antiass. Maßnahmen, Auffindung des Buches, Kultzentralisation; dabei öfters eine unsachgemäße Verwendung der theol., nicht histor. begründeten Doppeldatierung in 2 Chr 34,3.8) und die Pflicht zu differenzierter Untersuchung und Verwendung der Teile ergibt. Die Teile sind in sich wiederum geschichtet, die Erzählung von der Auffindung des Gesetzbuches gehört zumindest im jetzigen Wortlaut in den dtr Bereich. Ob die Auffindung des Buches damit schon eine dtr Erfindung sein muß, die das Dt legitimieren soll, indem sie es von Joschija eingeführt sein läßt, bedarf weiterer Erörterung (vgl. einerseits Würthwein, andererseits W. Dietrich, Josia und das Gesetzbuch, VT 27, 1977, 13—35). Auch wenn diese Ansicht im Recht wäre, würde sich dadurch an der Bestimmung des überlieferungs- und literaturgeschichtl. Ortes des Dt nicht viel ändern.

6. Sollte es zutreffen, daß das Dt unter Joschija aufgefunden wurde, dann ist das Jahr 622 v. Chr., was die Entstehung des Buches angeht, zunächst nur der terminus ante quem; theoretisch scheinen zwischen Joschija und dem angeblichen Sprecher Mose viele Möglichkeiten offen zu sein. So bleibt die Frage nach *Herkunft und Vorgeschichte;* sie stellt sich natürlich mutatis mutandis auch dann, wenn man 2 Kön 22 f. keinen Glauben schenkt.

De Wette hat diese Frage einst sehr kurz damit beantwortet, »daß wir nicht wissen können, wann und wie dieses Buch in den Tempel gekommen«; so deutete er seine Vermutung eines »angelegten Handels« nur mit Vorbehalt an. Und vollends: »Woher das Buch gekommen sei, darüber zieht die Geschichte ihren Vorhang, und es würde vermessen sein, ihn wegziehen zu wollen.« Seitdem hat man viel an dem Vorhang gezogen, ohne daß sich dahinter ein klares Bild gezeigt hätte.

Die sicherste Verbindungslinie, die sich zwischen dem Dt und der uns einigermaßen erkennbaren geschichtl. Realität ziehen läßt, ist die zwischen den »Zentralisationsgesetzen« und der nicht vor Joschija bestehenden Einzigkeit des Jerusalemer Tempels als Kultstätte. Hier liegt der gegebene Ansatzpunkt für die geschichtl. Analyse. Die Forderung nach der Einzigkeit der Kultstätte ist schwerlich anderswo als in Jerusalem zugunsten des dortigen Tempels aufgekommen, und schwerlich sehr früh; das zentrale Heiligtum des vorstaatl. Stämmebundes Israel Jahrhunderte früher kommt schon darum nicht in Betracht, weil es die Existenz anderer Heiligtümer keineswegs ausschloß. So kann das ursprüngl. Dt kaum lange vor Joschija und kaum anderswo als in Jerusalem entstanden sein; erheblich ältere bzw. außerjerusalem. Herkunft wird man nur für Bestandteile und Vorformen vermuten dürfen.

Allerdings ist die naheliegende Möglichkeit, es habe sich dann um ein von der Jerusalemer Priesterschaft zur Durchsetzung ihres Machtanspruchs hergestelltes und womöglich – vgl. die von anderen erneuerte Vermutung De Wettes – auf eine für unsere Begriffe fragwürdige Weise ans Licht gebrachtes Dokument gehandelt, nicht unbedenklich. Es gibt im Verfahren mit der durch die Kultzentralisation entwurzelten außerjerusalem. Priesterschaft bei der josian. Reform deutliche Abweichungen von den dt Vorschriften: die außerjerusalem. Priester wurden, was im Dt nicht vorgesehen ist, nach Jerusalem gebracht (2 Kön 23,8), durften dort aber nicht opfern (v.9, gegen Dtn 18,6 f.). Zudem haben wir den Niederschlag der offiziellen Jerusalemer Priestertradition doch wohl eher in P vor uns, und davon unterscheidet sich die Denk- und Redeweise der dt-dtr »Schule« bei allen Berührungen deutlich. So verfällt man auf andere Möglichkeiten wie die nur schwer zu belegende und gerade nicht jerusalem. Reformbewegung des »Volkes des Landes« (*ʿam hāʾāræṣ*) mit den Landleviten als ihren Sprechern (v. Rad) oder die »Schreiber« am Königshof (WEINFELD). Es wäre gut, zu wissen, ob und wieweit das Dt, nach Form und Inhalt ja kein eigentliches Staatsgesetz, doch auf die Durchführung durch königl. Gewalt berechnet war. Die Kultzentralisation war schwerlich anders möglich, wenngleich der König damit über seine normale Kompetenz als Herr des Tempels in Jerusalem hinausgriff (ALT). Daß er in »unklarer Verquickung zwischen sakraler Ordnung und Staatsordnung« als »membrum praecipuum des $q^ehal\ jhwh$« gehandelt habe (NOTH), trifft zwar, was die institutionelle Voraussetzung eines Fortbestandes der altisr. Amphiktyonie bis in diese Zeit angeht, nicht zu, bezeichnet aber vielleicht richtig die Rolle der jud.-jerusalem. Monarchie wenige Jahrzehnte vor der Katastrophe von 587 – und damit gleichzeitig eine wichtige Voraussetzung für den Neuaufbau des Judentums nach dieser Katastrophe. Wieweit das Königtum an Intention und Entstehung des Dt beteiligt war (vgl. bes. BÄCHLI), läßt sich von daher freilich kaum ermessen; das Königsgesetz Dtn 17,14–20, das hauptsächlich im Rahmen des dtr Geschichtswerks gewürdigt sein will, gibt dafür nicht viel her. Endlich muß auf eine Bewegung hingewiesen werden, ohne die weder das Dt noch die josian. Reform denkbar sind: die Prophetie mit ihrem schneidenden Nein zum Israel ihrer Gegenwart und ihren eher vagen Anweisungen und Verheißungen, ein künftiges Israel betreffend. Hier erscheint das Dt als eine Reaktion und eine Ergänzung. »Das Deuteronomium krönt die Arbeit der Propheten« (WELLHAUSEN). Allerdings gilt das in mancher Hinsicht mehr indirekt als direkt, eine Abfassung des Dt durch Propheten, jedenfalls der hier gemeinten Art, legt sich nicht nahe.

Eine *Datierung* des Dt in die frühstaatl. oder gar die vorstaatl. Zeit Israels gibt es in ernsthafter kritischer Wissenschaft so gut wie nicht mehr (vgl. früher etwa KLEINERT, KLOSTERMANN, OESTREICHER, letzterer mit Wegdisputation des Zentralisationsgebots). Überwiegend wird, mit Recht, an das Jh. gedacht, das der josian. Reform vorangeht, also die Regierungszeiten der drei Könige, die in diesem Jh. länger geherrscht haben: Hiskija (Zusammenhang mit der 2 Kön 18,4 berichteten, freilich histor. kaum greifbaren Reform? SELLIN; SEITZ: »dt Sammlung« zur Zeit Jesajas), Manasse (das Werk jahwetreuer Oppositioneller, in der Hoffnung auf bessere Zeiten im Tempel deponiert und dann unter Joschija aufgefunden? H. EWALD, Geschichte des Volkes Israel³ III, 1866, 734–742, RIEHM, DRIVER, STEUERNAGEL) oder schließlich Joschija (KUENEN, DILLMANN, HOLZINGER).

Großer Beliebtheit erfreut sich seit einigen Jahrzehnten die These, das Dt sei im *Nordreich* abgefaßt und von dort vor oder nach dem Untergang dieses Reiches 722 v. Chr. nach Jerusalem gebracht worden. So zuerst ausführlich mit früher Datierung WELCH und später besonders wirkungsvoll ALT. Argumentiert wird dabei (außer mit dem unzulässigen Hinweis auf die sicher nicht in das ursprüngliche Dt gehörige Anordnung von Segen und Fluch in Sichem Dtn 27,12 f.) mit einer Reihe von Berührungen zwischen dem Dt und uns erhaltenen Traditionen aus dem Nordreich (Elija-Elischa, Elohist, Hos) im Unterschied zur jud.-jerusalem. Tradition (Zionstheologie, Jes): Rückbezug auf die Mosezeit, Exklusivität des Verhältnisses zwischen Jahwe und Israel (»Liebe« Hos 1–3; Dtn 6,5 u. ö.), Kampf gegen die fremden Götter, Fehlen des »Universalismus«, kritische Einstellung gegenüber dem Königtum. Zwingend ist die These nicht. Selbst wenn die genannten Berührungen spezifischer und auch lit. greifbarer wären, als sie es tatsächlich sind, brauchten sie nicht mit nordisr. Herkunft des Dt erklärt zu werden. Nach 722 trat das jud.-jerusalem. Südreich das Erbe Israels an, und dort wuchs allmählich die dt-dtr Bewegung heran, die die altisr. Tradition in umfassender Sammlung und Neuinterpretation über das bab. Exil hinaus zur Wirkung brachte. Sie integrierte theol. Motive wie die genannten nicht auf einmal, sondern in mehreren Stufen: am wenigsten noch in dem, was die theol. Aussage angeht, eher spröden ursprünglichen dt Rechtsbuch, dann fortschreitend in dessen paränetischem und erzählendem Zuwachs. Hier hatte das Dt seine Geschichte, in die fraglos von vornherein ein kräftiger Jerusalemer Einschlag gehört hat (vgl. NICHOLSON in modifizierendem Anschluß an R. E. CLEMENTS, Deuteronomy and the Jerusalem Cult Tradition, VT 15, 1965, 300–312); im Nordreich können wir allenfalls einen guten Teil seiner Vorgeschichte vermuten.

Was die *Vorgeschichte* angeht, so ist unbestritten, daß die dt Gesetzgebung »größtenteils auf einer Modifizierung alter Weistümer beruht« (WELLHAUSEN). Über deren Gestalt gehen die Meinungen weit auseinander, doch ist für alle weitere Arbeit nach STEUERNAGELS gründlichen Analysen jetzt durch MERENDINO und SEITZ eine gute Grundlage geschaffen worden. Man versucht anhand inhaltlicher und formaler Merkmale (kasuist. und apodikt. Stil, Anrede, Stichworte $tô'ebāh$ »Greuel« und $bi'artā$ »du sollst ausrotten«, vgl. dazu J. L'HOUR, Les interdits to'eba dans le Deutéronome, RB 71, 1964, 481–503, DERS., Une législation criminelle dans le Deutéronome, Bib. 44, 1963, 1–28) ehemals selbständige Satzreihen und auch kleinere Teilsammlungen herauszulösen, hat dabei aber meist die Schwierigkeit, daß die älteren sprachlichen Mittel auf den jüngeren Überlieferungsstufen weiterverwendet worden sind. Nicht von ungefähr hat die neuere Dt-Forschung die Urkundenhypothese durch ein immer größeres Quantum Ergänzungshypothese ergänzt, gelegentlich beinahe sogar ganz ersetzt, mögen die erzielten Ergebnisse auch noch sehr korrekturbedürftig sein (HEMPEL: eine Jerusalemer Tempelregel Q1, spätestens salomonisch, im Laufe der Zeit umgestaltet und erweitert, unter und gegen Manasse um die auch ihrerseits bereits erweiterte $tô'ebāh$-Quelle Q2 vermehrt; F. HORST: in Dtn 12–18 ein altes, wohl im Nordreich beheimatetes dekalog. »Privilegrecht Jahwes« zugrundeliegend; NEBELING: amphiktyon. Schicht A, vielleicht vom Zentralheiligtum in Gilgal, überarbeitet und erweitert durch die Schichten B im Nordreich um 900 im Sinne der Kultzentralisation, C im 8. Jh. mit sozialem Interesse, D_1 um 700, historisierend, und D_2 vor dem Ende des Reiches Juda).

Der relativ sicherste Orientierungspunkt, um das Verhältnis des Dt zur älteren Tradition zu bestimmen, ist das *Bundesbuch*, in dem sich eine ganze Reihe von Parallelen zu dt Vorschriften findet. Man vergleiche das Sklavengesetz in Dtn 15,12–18 mit Ex 21,2–6. In der dt Fassung handelt es sich nicht mehr allg. um Sklavenkauf, sondern um Selbstverkauf in Schuldsklaverei; dabei ist die unterschiedliche Behandlung von Sklave und Sklavin (Ex 21,7) aufgehoben, der sakrale Teil der Handlung (Ex 21,6) wegen der Kultzentralisation fortgefallen und die Paränese erweitert (und zwar nicht nur durch allg. Motivierungen, sondern auch durch die Sachbestimmung Dtn 15,13 f.); man beachte auch, daß die dt Fassung den (in Ex 21 nur ganz am Anfang in v.2 sekundär eingedrungenen) Du-Stil nach Art des ganzen Dt konsequent durchführt. Die dt Fassung ist nach Form und Inhalt zweifellos die jüngere, abgeleitete. Ob das Bundesbuch hier und sonst für Dtn unmittelbare Vorlage war, ist schon angesichts der Verschiedenheit in Auswahl und Reihenfolge der Bestimmungen fraglich; jedenfalls aber hat eine Vorlage oder auch Vorform des Dt dem Bundesbuch nahegestanden.

IV. Die alten Literaturwerke

§ 13 Die elohistischen Fragmente

O. Procksch, Das nordhebr. Sagenbuch. Die Elohimquelle, 1906; P. Volz – W. Rudolph, Der Elohist als Erzähler – ein Irrweg der Pentateuchkritik?, BZAW 63, 1933; W. Rudolph, Der »Elohist« von Ex bis Jos, BZAW 68, 1938; H. W. Wolff, Zur Thematik der elohist. Fragmente im Pentateuch (1969), Ges. St. 402–417; K. Jaroš, Die Stellung des Elohisten zur kan. Religion, Orbis biblicus et orientalis 4, 1974; J. Schüpphaus, Volk Gottes und Gesetz beim Elohisten, ThZ 31, 1975, 193–210; H. Klein, Ort und Zeit des Elohisten, EvTh 37, 1977, 247–260.

1. Unter den *Kriterien* für die Herauslösung der elohist. Texte (= E) aus dem älteren Erzählungsgut des Pentateuchs steht der Gottesname Elohim (auch appellativ mit Artikel: ha-Elohim), der sehr auffällig neben Jahwe verwendet wird, obenan. Das ist nur scheinbar eine Banalität. Denn man hat von diesem Kriterium einerseits zu viel, andererseits zu wenig Gebrauch gemacht. Für sich allein reicht der Gottesname zur Quellenscheidung noch nicht aus, weil hier in Einzelfällen durchaus – wie an ihrem Teil die Textkritik zeigt – mit späteren Verwechslungen und Vereinheitlichungen zu rechnen ist und weil es sachliche Gründe dafür geben kann, daß nicht Jahwe, sondern Elohim gesagt wird: im appellativen Gebrauch, in bestimmten Redewendungen oder wenn im Ausland gesprochen wird (Josefsgeschichte). Es müssen also andere Kriterien hinzukommen, die oft die primären sind und dann vom Gebrauch der Gottesbezeichnung bestätigt werden: Dubletten und Widersprüche, sprachliche und sachliche Gemeinsamkeiten zwischen den herausgestellten Stücken. Anderseits darf man auch nicht aufgrund der fragwürdigen Annahme, elohist. Texte müßten sich in Parallele zu den jahwistischen und in vergleichbarem Umfang durch die gesamte mosaische Geschichte hindurch nachweisen lassen, Dubletten leichthin für elohistisch erklären, wenn das Kriterium des Gottesnamens fehlt.

Man glaubt sich dazu vor allem aufgrund der Offenbarung des Namens Jahwe an Mose in Ex 3,13 ff. berechtigt: bis hierher spreche E von Elohim, von hier an, wie P von Ex 6,2 f. an, von Jahwe; dahinter stehe »ein Nachdenken über die histor. Entwicklung der Religion« (Kuenen). Aber auch in der Fortsetzung ist innerhalb von JE und also wohl in elohist. Texten der Gottesname wiederholt Elohim. Es ist nicht sehr wahrscheinlich, daß E beide Namen durcheinander gebraucht hat. Um hier trotzdem Texte mit dem Gottesnamen Jahwe für E reklamieren zu können, greift man zu Hilfsannahmen: man führt den Namen Jahwe auf eine – freilich inkonsequent verfahrene – redaktionelle Bearbeitung zurück (so Wellhausen), oder man postuliert – wofür es auch andere Motive gibt – mehrere Schichten innerhalb von E, deren erste (E^1) durchgehend von Elohim und deren zweite (E^2, evtl. auch noch E^3) nach Ex 3,14 von Jahwe spricht (so Steuernagel, beides bei Procksch).

Auch sonst ist bei den Zuweisungen an E Vorsicht geboten. An der Abrahamgeschichte, wo sich E sicherer ermitteln läßt als irgendwo sonst, hat Wellhausen beobachtet, es sei »J zu Grunde gelegt und aus E das mitgeteilt, was sich in J entweder überhaupt nicht oder nicht so fand«, und Noth hat überhaupt J als »die literarische Grundlage des alten Pentateuchgutes« betrachtet. Die E-Stücke sind in der Regel in den J-Zusammenhang eingefügt worden, ähnlich wie dann später JE in P. Bei der Herstellung von JE wurde offenbar weniger auf die vollständige Erhaltung der Vorlagen abgezielt als auf die jeweilige Ergänzung der einen Gesamterzählung aus der anderen. Daraus folgt für die literarkritische Analyse grundsätzlich, daß »nicht mit dem Erhaltensein je einer durchlaufenden Erzählung von J und E gerechnet werden darf und daher an die einzelnen Erzählungseinheiten keinesfalls von vornherein mit der Frage nach ihrer Aufteilung in J- und E-Elemente heranzutreten ist, daß vielmehr stärker, als es gemeinhin geschieht, mit einheitlichen Erzählungsstücken und dem Erhaltensein entweder nur der J- oder nur der E-Variante zu rechnen ist und literarkritische Zergliederungen nur dann angezeigt sind, wenn der Befund der betreffenden Erzählungseinheit aus sich selbst und ohne Rücksicht auf das anderweitig festzustellende Nebeneinander von J und E dazu zwingt, daß im Zweifelsfalle eher für J als für E zu entscheiden ist und daß für die J-Erzählung im allgemeinen ein geschlossener Zusammenhang ohne wesentliche Lücken erwartet werden darf, da der Redaktor J als lit. Grundlage gewählt hat, daß vor allem diejenigen Stücke für J in Anspruch zu nehmen sind, in denen der Gottesname Jahwe vorkommt« (NOTH) – und man darf ergänzen: für E diejenigen, in denen Elohim vorkommt.

2. *Texte*, die nach diesen Kriterien mit großer Wahrscheinlichkeit E zugeschrieben werden können, sind folgende:

Ein größerer Block in der Abrahamgeschichte: Gefährdung der Sara bei Abimelech in Gerar Gen 20 (Elohim v.3.6.11.13.17; v.18 schon durch »Jahwe« als Zusatz kenntlich; Variante zu Gen 12,10–20 J, vgl. auch 26,7–11 J; in 18,11 f. ist Sara eine alte Frau, wonach es hier nicht aussieht).

Verstoßung der Hagar und des Ismael Gen 21,(6.)8–21 (Elohim v.6.12.17.19.20; Variante zu Gen 16 J; Offenbarung Gottes in der Nacht v.12 f. wie im Traum 20,3.6; Bezeichnung für die Magd ʾāmāh v.10.12.13, wie 20,17 gegenüber šiphāh bei J 16,1 b.5.6. u. ö.).

Vertrag zwischen Abraham und Abimelech Gen 21,22–34 (mit einzelnen Zusätzen; Elohim v.22.23; Fortsetzung von Gen 20; Variante zu Gen 26,12–31 J).

Isaaks Opferung Gen 22 (Zusatz v.15–18, s. § 11,3, von da her Jahwe in v.11 und wohl auch 14, wenn dort nicht wegen des Ortsnamens; im übrigen Elohim: v.1.3.8.9.12; Offenbarung Gottes in der Nacht v.1 f., vgl. 3; Engel vom Himmel rufend v.11 wie 21,17; Beerscheba v.19 wie 21,31–33).

Fragmente in der Jakobsgeschichte: Jakobs Traum in Bet-El Gen 28,11–22 (vgl. Elohim v.12.17.20.22, Traum v.12 – freilich auch bei J, vgl. v.16 –; kombiniert mit J: Jahwe v.13 Dublette zu den Engeln v.12; Jahwe wieder v.16).

Geburt und Namengebung der Kinder Jakobs Gen 29,31–30,24: häufiger, inhaltlich unmotivierter Wechsel zwischen Jahwe und Elohim (30,23 und 24!); offenbar ein Mosaik aus den hier sehr ähnlichen Versionen von J und E.

Flucht vor Laban und Vertrag mit ihm Gen 31: einleitend ein größeres Stück aus E v.2.4–16 (Elohim v.7.9.11.16 gegenüber Jahwe v.3, Offenbarung im Traum v.10 f., in v.13 Bezugnahme auf 28,20), dazu Teile der Fortsetzung (vgl. Elohim im Traum v.24, ferner 42), vermutlich eine der beiden Versionen der Vertragsschließung (vgl. z. B. das zweimalige Essen v.46 und 54).

Mahanajim Gen 32,2 f. E (Elohim v.2.3).

Vorbereitung auf die Begegnung mit Esau Gen 32,4–22: zwei geschickt hintereinander gestellte Versionen: v.4–14 a (Boten an Esau, die mit beängstigender Nachricht zurückkommen, daraufhin Zweiteilung des Lagers; Gebet zu Jahwe – dies redaktionell?) und 14 b–22 (Boten mit Geschenken, keine Kenntnis von der Zweiteilung, vgl. den Singular maḥᵃnæh Lager v.22 gegenüber 8 f.), beide mit einer Übernachtung schließend; die zweite wohl E.

Begegnung mit Esau Gen 33: in der J-Erzählung Bruchstücke aus E v.5 (Elohim). 10 (Elohim, Anknüpfung an 32,21).11 (Elohim).

Erneuter Aufenthalt in Bet-El Gen 35,1–5.7 f. (Elohim v.1.5.7, El Bet-El v.7 wie 31,13, in v.3 Bezugnahme auf 28,20).

Josefsgeschichte (Gen 37–50, mit Einschüben): Zerlegung ihrer jetzigen Gestalt in die Quellen J und E trotz vieler Versuche fraglich, die zahlreichen Dubletten erklären sich meist leichter als Kunstmittel, der Gottesname Elohim aus der Situation im ägypt. Aus-

land, und auch anderswo als in E kann geträumt werden (s. § 14,2); so stammt auch der berühmte Zielsatz 50,20 nicht sicher aus E.
Nächtliche Offenbarung an Jakob in Beerscheba Gen 46,1—5 a (Fremdkörper in der jetzigen Josefsgeschichte, an das vorangehende Bet-El-Stück erinnernd, vgl. auch v.2 mit 22,1.11; 31,11, v.3 a mit 31,13 aα, v.3 bβ mit 21,13 a.18 b).
Fragmente in der Mosegeschichte:
Die Hebammen Ex 1,15—21 (Elohim v.17.20.21).
Berufung des Mose Ex 3 f.: E 3,(1 bβ?)4 b.6.11—15 (überarbeitet)... (Elohim).
Durchzug durch das Meer Ex 13,17—14,31: E 13,17—19 (Elohim 17.19), einzelnes in 14 (vgl. die Dublette v.19 a/b, die erste Variante E).
Begegnung mit dem midianit. Schwiegervater des Mose, Einsetzung von Richtern Ex 18 (v.1—12 E überarbeitet, 13—27 reiner E-Text; Elohim v.1.12.15.16.19.21.23).
Sinaigeschichte Ex 19—24: E 19,3 a ... 16 aβb.17.19; 20,18—21; 24,9—11 (Elohim 19,3 a. 17.19; 20,19—21; 24,11). Charakteristisch der Schrecken des Volkes angesichts der Zeichen der göttlichen Gegenwart und die Bitte an Mose, allein mit Gott zu reden; dagegen bei J 19,10—13 a.14—16 aα.18.20—25 (mit Zusätzen) Vorbereitungen auf Jahwes Erscheinung auf dem Berg am dritten Tag, Abschirmung des Berges gegen das Volk, Mose steigt hinauf. Der Dekalog 20,2—17, in v.1 durch einen Elohim-Satz eingeleitet, paßt nicht in den E-Zusammenhang, da in v.18—21 ein erfolgtes Reden Gottes noch nicht vorausgesetzt ist. Will man wegen v.1 den Dekalog für E reklamieren, muß man entweder Überarbeitung von E (E^2) oder (bzw. und) Versetzung von einem späteren Ort hierher (zugunsten des dort eingerückten Bundesbuchs?) annehmen.
Bileamgeschichte Num 22—24: E-Stücke in der Einleitung 22,1—20 (Elohim v.9.10.12.20), die Eselinepisode 22,21—35 ist J, die Verteilung der gut aneinandergefügten beiden Varianten in der Haupterzählung mit je zwei Bileamssprüchen 22,41—23,26 und 23,28—24,19 auf J und E bleibt unsicher (Elohim 22,38; 23,4.27).
Eine Reihe weiterer Texte sind ohne den oben genannten Kriterien entsprechende Anhaltspunkte ganz oder teilweise E zugeschrieben worden, so z. B. die Geschichten von der Offenbarung an Abraham Gen 15 (bes. v.13—16), vom goldenen Kalb Ex 32, vom Offenbarungszelt Ex 33,5—11, von der Eroberung des Westjordanlandes Jos 1—11 (als Parallele zu der vermuteten J-Version Ri 1,1—2,5) und vom Landtag zu Sichem Jos 24 (Elohim v.1.26). In dem Rückblick Jos 24,2—13 glaubt man einen Leitfaden zur — wesentlich umfassenderen — Rekonstruktion von E zu haben; doch Jos 24 gehört, so sehr darin auf JE Bezug genommen wird, eher in einen anderen lit. Zusammenhang (so bes. NOTH, der bei den Elohim-Stellen an appellativen Gebrauch denkt).
Ganz vereinzelt ist auch ein E-Anteil an der Urgeschichte behauptet worden (S. MOWINCKEL, The two Sources of the Predeuteronomic Primeval History (JE) in Gen. 1—11, ANVAO. HF 1937, 2, später widerrufen; HÖLSCHER).

3. Betrachtet man diese Liste von Texten, dann fällt sogleich ihr *fragmentarischer Charakter* ins Auge. Er resultiert bis zu einem gewissen Grade aus methodischer Vorsicht. Mit leichtsinnigen Zuweisungen an E ist viel gesündigt worden. Bereits WELLHAUSEN ließ sich in der Diskussion mit KUENEN überzeugen, daß Elemente, die er zu E gerechnet hatte, in Wahrheit redaktionell sind, und die spätere Reduktion des E-Stoffes zugunsten von J durch NOTH dürfte sich nicht so leicht wieder rückgängig machen lassen. Gewiß steht zu erwarten, daß die im Gange befindliche Aufarbeitung der Redaktionen und wohl auch die des jahwist. Erzählungswerkes genauere Abgrenzungen und dabei auch wieder die eine oder andere Erweiterung des uns jetzt einigermaßen sicher erkennbaren Minimums an E-Texten erbringen wird. Das Gesamtbild dürfte sich aber nicht mehr verändern: von E liegt viel weniger vor als von J, geschweige denn von P.
Ist der Grund dafür nur im Verfahren der jehowist. Redaktion zu suchen, oder auch in der Beschaffenheit von E selbst? Eine extreme Antwort auf diese Frage haben im zweiten Sinne VOLZ und RUDOLPH gegeben, indem sie die Existenz von

E rundweg bestritten, und zwar im Sinne einer Ergänzungshypothese, die Volz so weit trieb, daß er sogar P nicht als selbständigen Erzähler, sondern lediglich als Bearbeiter von J betrachtete. Demgegenüber erkannte Rudolph P als eigene große Quellenschrift an. Vor ihr aber habe es nur das Werk des J gegeben, dessen Unausgeglichenheiten sich dadurch erklärten, daß es sich nicht um freie Erzählung, sondern zugleich um ein Sammelwerk handle; dieses Werk sei durch zahlreiche Zusätze sekundär erweitert worden. Gegenüber der »mechanischen Mosaikhypothese« und dem Widerspruch, der sich alsbald von ihrer Seite erhob (Eissfeldt), hatte Rudolph weithin recht. Gleichwohl dürfte er die Gemeinsamkeit zwischen den E-Texten, angefangen beim Gottesnamen, unterschätzt haben. Und bei ihnen handelt es sich schwerlich nur um Indizien für die Herkunft unzusammenhängender Texte aus derselben Sphäre. Vielmehr sprechen sowohl das Vorhandensein von Texten aus allen großen Erzählungsbereichen des Pentateuchs – mit Ausnahme der Urgeschichte – als auch mehrere Querverweise (vgl. Gen 20,13, wo der Bezugstext nicht erhalten ist; Gen 31,13; hierhin gehörig auch die Rückkehr nach Beerscheba Gen 22,19) dafür, daß E einmal eine im Aufriß mit J vergleichbare Gesamtdarstellung der Väter- und der mosaischen Zeit gewesen ist. Die Fragmente sind doch wohl Fragmente eines ehemaligen Ganzen.

4. Über dessen *Eigenart* können wir, da wir nur die Fragmente haben, nicht sehr viel Sicheres sagen. Immerhin treten einige Charakteristika deutlich hervor. So die in der obigen Übersicht notierte Vorliebe für den Traum als Offenbarungsmittel. Ähnlich hat man eine Vorliebe für die Engel und eine Vermeidung des göttlichen Anthropomorphismus feststellen wollen und dem E auf dieser Linie einen Zug zu einem transzendenteren Gottesbild als dem des J zugeschrieben; aber es fragt sich, ob dafür das Vergleichsmaterial ausreicht. Naheliegend, wenngleich unbeweisbar, ist ein ähnlicher Schluß vom Gebrauch des Namens Elohim her. Wie aber verhält sich dazu das Fehlen des universalen Vorbaus, den die Urgeschichte bei J darstellt? Als ein Grundmotiv hat Wolff die Gottesfurcht herausgearbeitet, die vor allem den Gehorsam meint (vgl. schon J. Becker, Gottesfurcht im AT, AnBib 25, 1965; Hauptstellen: Gen 20,11; 22,12; Ex 1,17.21; 18,21; 20,20). Ein hoher Grad der Reflexion zeigt sich in der Erzählung von Abraham und Sara bei Abimelech (Gen 20 E) im Vergleich mit der Parallele bei J am Hof des Pharao (Gen 12,10–20): dort eine Sage alten Stils, die den befremdlichen Vorgang kurz, drastisch und unbefangen erzählt, offenbar mit Freude an Abrahams Klugheit und wohl auch an der Schädigung des Pharao, mit zweimaligem ausdrücklichem Hinweis auf die Schönheit der Sara – hier nicht nur das Fehlen dieses Hinweises, sondern insgesamt eine geschickte Neugestaltung des Vorgangs durch mehrere Umdispositionen und inhaltliche Korrekturen sowie die Ausführung in längeren Reden: Abimelech hat, von Gott rechtzeitig aufgeklärt, Sara gar nicht berührt, und Abraham hat nicht gelogen, da Sara immerhin seine Stiefschwester ist; so sind beide Männer moralisch entlastet, und Abimelech läßt auf Gottes Rat den Abraham, der sich als ein Prophet entpuppt, für sich bitten: hier werden Probleme gelöst, die der alten Sage noch nicht bewußt waren, der Vorgang ist vergeistlicht, aus der Sage beinahe eine Legende geworden (Gunkel; vgl. auch die ganz profane dritte Variante in der Geschichte von Isaak und Rebekka bei Abimelech Gen 26,7–11, wo es noch nicht zur wirklichen Gefahr für die Frau und damit zur Notwendigkeit des göttlichen Eingreifens kommt). Auch Jakob steht besser da als bei J, wenn er seinen Reichtum nicht wie dort durch eigene schlaue Machenschaften (Gen 30,37–43), sondern durch Gottes Hilfe angesichts der Unanständigkeit Labans gewinnt (Gen 31,2.4–16). Aus Ex 18,13–27 darf man auf ein besonderes Interesse des E am Recht

schließen; wer den Dekalog und etwa auch noch das Bundesbuch als Bestandteil von E betrachtet (zuletzt SCHÜPPHAUS), kann von da her das Bild einer theol. Konzeption entwerfen, in der bereits Entscheidendes der Gesetzestheologie sichtbar wird. Angesichts der Quellenlage bleibt das aber ebenso unsicher wie die These, E sei in besonderem Maße eine Auseinandersetzung mit der kan. Religion (JAROŠ, mit Behandlung der Träume und einer Reihe von Requisiten, die in wirklichen oder vermeintlichen E-Texten begegnen, wie Terafim, Masseben, hl. Bäume, Menschenopfer, Stierbild und eherne Schlange).

5. Über den *Ort* von E in Traditionsgeschichte und Geschichte sind heute nur Vermutungen möglich. Die Reflexion scheint weiter zu sein als bei J und den Erzählungsstoff stärker durchzogen zu haben. Das gilt allgemein als Argument für eine spätere Zeit als J bzw. als der Grundstock von J, von dem E doch wohl Kenntnis hatte, auch wenn die Annahme eines regelrechten Abhängigkeits- oder gar Ergänzungsverhältnisses (MOWINCKEL u. a.) unangebracht ist. Das Fehlen der Urgeschichte muß nicht dagegen sprechen, da diese vielleicht erst später dem ursprüngl J vorangestellt wurde. Daß Abraham Prophet heißt und auch Mose prophet. Züge trägt (vgl. zuletzt die zurückhaltenden Ausführungen von L. PERLITT, EvTh 31, 1971, 588–608), setzt Bekanntschaft mit der Prophetie frühestens der Mitte des 9. Jh.s voraus. Wahrscheinlich muß man aber noch um einige Zeit heruntergehen; E ist in manchem nicht mehr weit von den Leitgedanken der dtr Redaktionsarbeit entfernt – die klaren Trennungs- und Verbindungslinien müssen hier noch gezogen werden. Herkömmlich gilt E als nordisraelitisch im Unterschied zum judäischen J. Doch die Argumente dafür – Verwendung von Heiligtumstraditionen des Nordreichs, Berührungen mit Hosea und mit dem Dt, für das Herkunft aus dem Norden postuliert wird – sind vage, und damit verliert auch der Hauptgrund an Gewicht, E in die Zeit vor dem Untergang des Nordreichs, 722, zu datieren. Eine spätere Entstehung in Juda ist ebensogut denkbar.

§ 14 Das jahwistische Erzählungswerk

B. LUTHER, Die Persönlichkeit des Jahwisten, in: ED. MEYER, Die Israeliten und ihre Nachbarstämme, 1906 (1967) 105–173; M.-L. HENRY, Jahwist und Priesterschrift, AzTh 3, 1960; H. W. WOLFF, Das Kerygma des Jahwisten (1964), Ges. St. 345–373; H. SCHULTE, ... bis auf diesen Tag. Der Text des Jahwisten, des ältesten Geschichtsschreibers der Bibel, 1967 (Rekonstruktion aufgrund der Hypothese, daß J bis 1 Kön 12 reicht, s. § 18,3); H. H. SCHMID, Der sog. Jahwist. Beobachtungen und Fragen zur Pentateuchforschung, 1976; L. SCHMIDT, Überlegungen zum Jahwisten, EvTh 37, 1977, 230–247; ferner die Lit. zu § 16.

1. Die *Definition* der lit. Größe J und damit natürlich die exakte Bestimmung der zu ihr gehörigen Texte ist nicht leicht. Am sichersten sagt man zunächst negativ: J ist in der vorpriesterschriftl. Pentateucherzählung ungefähr das, was nicht redaktionell und was nicht elohistisch ist. Um J zu gewinnen, muß man also zunächst diese beiden Größen subtrahieren; fortschreitende Kenntnis der Redaktionsarbeit wird dabei in Zukunft größere Exaktheit ermöglichen. Was dieses Subtraktionsverfahren übrigläßt, hat ungefähr den anderthalbfachen Umfang des Grundbestandes von P. Den Einsatz bildet die Paradieserzählung Gen 2,4 b–3,24, am Ende ist wahrscheinlich die Eroberung des verheißenen Landes berichtet worden; ob wir diesen Bericht von J noch besitzen (seit ED. MEYER, ZAW 1, 1881, 117–146, beliebte Hypothese: in Ri 1,1–2,5), ist strittig. Im ganzen kann freilich nach dem, was wir über das Verfahren der Redaktion wissen, damit gerechnet werden, daß der

Bestand von J überwiegend erhalten geblieben ist. Um ein einheitliches Werk von der Hand eines Schriftstellers mit einer gleichmäßig durchgeführten Konzeption hat es sich dabei aber kaum gehandelt, vielmehr um ein ziemlich kompliziertes Gebilde, das zur Zeit der Entstehung von JE bereits eine längere Geschichte hinter sich hatte: die Sammlung der zunächst mündlichen Erzählungstradition, ihre Kombination und lit. Gestaltung in mehreren Arbeitsgängen mit dem Ergebnis der, soviel wir annehmen und wissen können, ersten Gesamtdarstellung der Vorgeschichte und Geschichte der Ahnen Israels bis zur endgültigen Einwanderung in Palästina. Als eine sehr vorläufige Charakteristik mag hier die früher öfters gebrauchte Wendung vom »israelitischen Nationalepos« (so etwa REUSS) stehen.

Von den »Sammlern«, die die umlaufende Erzähltradition aufgeschrieben haben, und unter ihnen zuvörderst von »J«, worin er wie in »E« keinen Einzelschriftsteller, sondern eine Erzählerschule sah, hat GUNKEL gesagt, sie seien »nicht Herren, sondern Diener ihrer Stoffe«; »Treue ist ihre erste Eigenschaft gewesen«. Trifft das zu, dann hat es für die lit. Erfassung von J wichtige Konsequenzen. Einmal ist bei der Zusammenstellung und Verwendung sprachlicher und sachlicher Merkmale von J (vgl. etwa die lange Liste bei HOLZINGER) äußerste Zurückhaltung geboten; denn zu einem sehr großen Teil handelt es sich um Merkmale der aufgenommenen Erzähltradition, die auch die richtigere Adresse für manches überschwängliche Lob ist, das man der künstlerischen Meisterschaft von J gespendet hat. Sodann darf nicht vorschnell aus kleineren Unstimmigkeiten und Widersprüchen innerhalb von J auf lit. Nichtzusammengehörigkeit geschlossen werden; die Divergenzen beruhen vielmehr oft auf der Vielfalt und Verschiedenheit der aufgenommenen Stoffe, sind also nicht literarkritisch, sondern überlieferungsgeschichtlich zu erklären. Die Behandlung dieser Stoffe als solcher hat sachgemäß nicht hier, im Rahmen der Behandlung von J, sondern erst im folgenden ihren Platz (§ 16; dort Lit. zu den Einzelstoffen, auch wenn sie mehr das lit. Stadium behandeln).

2. Außer der stofflichen ist auch die *lit. Einheitlichkeit* von J problematisch. Zwar mag es berechtigt sein, in der Entstehung des Werkes eine große individuelle Konzeption wirksam zu sehen und deren Urheber »den Jahwisten« zu nennen (so in neuerer Zeit bes. v. RAD). Aber die einst in diesem Sinne von B. LUTHER unternommene Zeichnung der »Persönlichkeit des Jahwisten« gilt in Wahrheit nur einem J¹, dessen Werk erst nachträglich zu der Gesamtgröße J erweitert wurde. Die Erzählerschule, als die GUNKEL nach dem Vorgang von K. BUDDE und B. STADE J begriff, hat durch Jh.e gearbeitet, mit fließenden Übergängen vom mündl. zum schriftl. Stadium und mit dem Ergebnis beachtlicher, aber keineswegs völliger Harmonie innerhalb des umfangreichen Stoffes. Die bestehenden Disharmonien erfordern um so mehr eine literarkritische Erklärung, je mehr sie nicht Einzelgeschichten, sondern größere Zusammenhänge betreffen und je früher man die erste lit. Gesamtgestaltung (»J¹«) ansetzt.

Es gibt zwei breit ausgeführte *Novellen*, die einen jüngeren Eindruck machen als die Masse des Stoffes von J und die im ursprünglichen jahwist. Werk nur dann gestanden haben können, wenn man dieses relativ spät datiert; möglicherweise sind sie auch erst von RJE an ihre Stelle gesetzt. Die eine ist die Erzählung von Rebekkas Brautwerbung (Gen 24), die Personen, Themen und Motive der übrigen Vätergeschichten voraussetzt, keine genaueren Lokalitäten angibt und Jahwes Einwirken (der v.7 Gott des Himmels, v.3 Gott des Himmels und der Erde heißt) als eine verborgene Führung ohne äußere Wunder darstellt. Ähnliches gilt von der anderen, bedeutenderen Novelle, der großen Josefserzählung (Gen 37–50, mit Einschüben), die an die Stelle einer älteren, kürzeren Darstellung bei J und E getreten sein könnte (H. DONNER, Die lit. Gestalt der at. Josephsgeschichte, SHAW.PH 1976, 2). Ihr Umfang und ihr Inhalt machen sie zu einem höchst besonderen, von der alten erzählenden Überlieferung weit entfernten Bestandteil des Pentateuchs.

Nach der grundlegenden Analyse durch H. GUNKEL (Die Komposition der Joseph-Geschichten, ZDMG 76, 1922, 55–71) hat G. v. RAD sie als eine didaktische Erzählung aus dem Bereich der Weisheit erklärt (Josephsgeschichte und ältere Chokma [1953], Ges. St. I, 272–280). A. MEINHOLD postuliert für sie und das Buch Est die Gattung der Diasporanovelle (Die Gattung der Josephsgeschichte und des Estherbuches: Diasporanovelle I, ZAW 87, 1975, 306–324). Vgl. außerdem D. B. REDFORD, A Study of the Biblical Story of Joseph, VT.S 20, 1970, 106–186; H. SEEBASS, Geschichtliche Zeit und theonome Tradition in der Joseph-Erzählung, 1978; I. WILLI-PLEIN, Historiographisches Aspekte der Josefsgeschichte, Henoch 1, 1979, 305–331; H.-C. SCHMITT, Die nichtpriesterliche Josephsgeschichte, BZAW 154, 1980.

Besondere Probleme bietet die jahwist. *Urgeschichte*. Sie enthält einzigartig tiefe Reflexionen über den Menschen schlechthin, ihr Horizont sind die Völker weit über Israel hinaus, und in ihr ist in besonderem Maße ausländisches Wissens- und Erzählungsgut verarbeitet; dazu kommt, daß es eine Pentateucherzählung auch ohne Urgeschichte gegeben zu haben scheint (E) und daß die Urgeschichte in der übrigen at. Literatur kaum nachwirkt. Auf solche allg. Gründe stützt sich die These, sie sei dem übrigen J-Bestand nachträglich vorangesetzt (HEMPEL: ein J^3, über dem »die Vorahnung, wenn nicht der Schatten des Zusammenbruchs« lagert; zögernd VRIEZEN: ass. Zeit, um 700).

Einiges Gewicht haben aber auch Differenzierungen innerhalb der jahwist. Urgeschichte selbst, wie viele Forscher sie für notwendig halten. Den Hauptanstoß bildet die Sintfluterzählung in Gen 6–9 mitsamt ihrer Fortsetzung, der Völkertafel in Gen 10. Die gegenwärtige Menschheit ist danach in ihrer Gliederung nach Völkern die Nachkommenschaft von Sem, Ham und Jafet, den drei Söhnen Noachs, der in der Sintflut gerettet wurde. Das verträgt sich schlecht mit der folgenden Erzählung vom Turmbau zu Babel Gen 11,1–9, an deren Anfang die ganze Menschheit auf einmal wieder zusammen (aber doch kaum als Familie!) und an deren Ende sie nicht durch genealog. Differenzierung, sondern durch Jahwes verwirrenden Eingriff nach der Erbauung Babels (das nach 10,10 bereits Nimrod erbaut hatte!) über alle Welt zerstreut ist. Es verträgt sich ebensowenig mit der voraufgehenden Genealogie von Kain auf Lamech und dessen drei Söhne Jabal, Jubal und Tubal-Kajin, die Stammväter der Zeltbewohner, der Musikanten und der Schmiede (Gen 4,1.17–24) — was sie nur sein können, wenn nicht noch die Sintflut folgt. Aber durch eine Herausnahme von Sintflut- und Turmbauerzählung wären noch längst nicht alle Unstimmigkeiten innerhalb der jahwist. Urgeschichte beseitigt. Genannt seien aus der Paradieserzählung die doppelte Einsetzung des Menschen in den Garten Gen 2,8 b ∥ 15, der eine Baum (der Erkenntnis von Gut und Böse) mitten im Garten 2,17; 3,3.11 und die beiden Bäume (der genannte und der Baum des Lebens) 2,9; 3,22.24 bβ, die doppelte Austreibung 3,22.24 ∥ 23, der zusammengesetzte Gottesname Jahwe Elohim 2,4 b.5.7.8.9.15.16.18.21.22; 3,1 a.8.9.13.14.21.22.23 neben Elohim 3,1 b.3.5, sodann die Konkurrenz zwischen Kainiten- und Setitenstammbaum 4,1.17–24 und 25 f. (Set hier ursprüngl. als erster und einziger Sohn Adams gedacht, vgl. 5,3 P) und die zwischen dem Noach der Sintflut mit den Söhnen Sem, Ham und Jafet Gen 6–8 (J); 9,18 f. und dem Weinbauern Noach mit den Söhnen Sem, Jafet und Kanaan 9,20–27 (harmonisiert durch Einfügung von »Ham war der Vater Kanaans« 9,18 b und »Ham Vater des« 22); Dubletten hat man sowohl in der Erzählung von Kain und Abel (4,2–16) als auch in der vom Turmbau zu Babel (11,1–9) gefunden; die erstere steht ebenso wie die von den Engelehen 6,1–6 nur locker im Zusammenhang.

Man hat immer wieder gemeint, daß diese Schwierigkeiten nur literarkritisch gelöst werden könnten. WELLHAUSEN rechnete mit einem Kern, bestehend aus Paradieserzählung, Kainitenstammbaum, Turmbau, womit ein Bearbeiter die wohl schon schriftlich, aber nicht sicher bereits im Zusammenhang eines größeren Geschichtswerks existierende Sintflutperikope mitsamt der Völkertafel sowie kleinere Einzelstücke verbunden hätte; dazu wären weitere Ergänzungen gekommen. Diese Vorschläge arbeitete BUDDE im Sinne einer verfeinerten Urkundenhypothese weiter aus: zwei Darstellungen der Urgeschichte, J^1 und J^2, von denen die zweite die erste kennt und bearbeitet, Zusammenfügung beider durch einen Redaktor J^3. GUNKEL sprach in der Urgeschichte von den beiden Rezensionen J^e

(Name Jahwe erst ab Gen 4,26, bis dahin Elohim) und Jj und dehnte die Differenzierung in subtiler Analyse auf die gesamte Vätergeschichte aus (J^a, J^b, J^r). Am ganzen Hexateuch, ja darüber hinaus wurde die Hypothese bereits 1885 von CH. BRUSTON (Les deux Jéhovistes, RThPh 1885) und dann 1912 erneut von SMEND durchgeführt. Die Erzählung des Hexateuch erscheint hier fast gänzlich auf die vier Quellen J^1, J^2, E und P verteilt. EISSFELDT bezeichnete diese konsequenteste Gestalt der Urkundenhypothese als die »*neueste Urkundenhypothese*« und machte sie in seiner Hexateuchsynopse anschaulich. Dabei änderte er die Bezeichnungen der beiden von SMEND als ehemals selbständig existierend betrachteten jahwist. Quellen: J^2, das zentrale unter den älteren Werken, nannte er J, die älteste Quelle (SMENDs J^1) L = Laienquelle; diese enthält die eigentlich archaischen Stücke, steht im Sinne eines nomadischen Ideals dem Kulturland zurückhaltend gegenüber und bildet somit zeitlich wie sachlich den Gegenpol zur priesterl. Quelle P. Eine beachtliche Variation lieferte C. A. SIMPSON, The Early Traditions of Israel, 1948 (J^2 Bearbeitung von J^1). Zuletzt hat FOHRER die Hypothese erneuert, dabei aber EISSFELDTs L gegen ein N = Nomadenquelle ausgewechselt und die Quelle zeitlich nicht vor, sondern nach J angesetzt, als eine Reaktion konservativ-nomadischer Kreise auf dessen »Kulturlandbegeisterung«.

Der Versuch, die lit. Disharmonien innerhalb von J durch eine nochmalige volle Anwendung der Urkundenhypothese, also durch Annahme und Rekonstruktion zweier voneinander unabhängiger durchlaufender Erzählungsfäden zu lösen, ist künstlich und hat wenig innere und äußere Wahrscheinlichkeit für sich. Ungezwungener wird eine elastisch angewendete Ergänzungshypothese dem Tatbestand gerecht.

3. Eine mindestens ebenso große Leistung wie die Sammlung der Erzähltradition war deren *Komposition* zu dem Zusammenhang, der von der Schöpfung bis zur Einwanderung in Palästina reicht. Das Ergebnis liegt uns in J vor; der genauere Hergang läßt sich nur noch schwer ermitteln.

NOTH hat die These aufgestellt, die Komposition sei nicht erst in J (bzw. E) erfolgt, sondern dort bereits vorausgesetzt; J und E hätten eine gemeinsame Grundlage (G), aus deren Benutzung sich ihre weitgehende Übereinstimmung erkläre. FOHRER hat diese These weiter ausgebaut und eine ältere, wohl mündliche Form G^1 und eine jüngere, wahrscheinlich schriftliche G^2 unterschieden. Sehr evident ist die These indessen nicht. Es läßt sich nicht ganz leicht vorstellen, daß mehrere Gesamtgestaltungen des umfangreichen Stoffes einander ablösten und die älteste von ihnen verlorengegangen sein sollte; müßte J dann nicht noch stärker aus einem Guß sein, ohne so viele Spuren von Wachstum? Daß sich, wie NOTH wohl mit Recht gegen eine von vielen vertretene Meinung feststellt, eine unmittelbare Benutzung von J durch E (oder auch E durch J) nicht nachweisen läßt, zwingt noch nicht zur Annahme von G; die Berührungen lassen sich auch aus einem loseren, indirekten Zusammenhang und Einfluß erklären. Man vergleiche den Umfang und die Detailliertheit des Materials, auf das sich demgegenüber die Hypothese von der im Mt- und im Lk-Evangelium benutzten Spruchquelle Q stützen kann!

v. RAD meinte, der lit. Zusammenfassung des großen Stoffes sei eine ältere in kurzen formelhaften Bekenntnissen vorangegangen, an der Spitze das »kleine geschichtliche Credo« Dtn 26,5–9, das der Israelit bei der Ablieferung der Erstlingsfrüchte im Heiligtum zu sprechen hatte. Es redet von einem »umherirrenden Aramäer, meinem Vater« (^{a}rammî ^{o}b̲ed̲ ,āb̲î$;$ gemeint wohl Jakob), von dessen Herabzug nach Ägypten, der Volkwerdung dort, der Unterdrückung durch die Ägypter, der wunderbaren Rettung durch Jahwe und der Führung in »dieses Land, ein Land, das von Milch und Honig fließt«. Verwandte Texte sind Dtn 6,20–24 und Jos 24,2b–13, freiere Abwandlungen finden sich namentlich in der Kultlyrik, so Ps 78; 105; 136 oder Jdt 5,5–21. v. RAD glaubte von diesen Texten her den ganzen Pentateuch bzw. Hexateuch als die aufs äußerste ausgebaute und zerdehnte Endform einer Gattung verstehen zu können, die zuerst in jenem »Credo« begegne; seine »Theologie des AT« nahm hier ihren Ausgangspunkt (vgl. das Vorwort von 1957). Nähere Nachprüfung hat ergeben, daß schon Dtn 26,5—9 kein alter, sondern ein verhältnismäßig junger Text ist, in dem es von dt-dtr Ausdrücken wimmelt (vgl. zunächst L. ROST, Das kleine Credo, 1965, 11—25: v.6—9 vom Verfasser des Rahmens des Dt oder später in eine ältere »Darbringungsformel«v.5.10 eingefügt; sodann umfassender W. RICHTER, Beobachtungen zur theol. Systembildung in der at. Literatur anhand des »kleinen geschichtlichen Credo«, Fs. M. Schmaus, 1967, I, 175—212). Es handelt sich hier wie in den verwandten Stücken um Summarien, die J und wohl auch JE bereits voraussetzen und den Inhalt des großen Werkes kurz, formelhaft, unter Herausstellung des theol. Aspekts, eben in typisch dt-dtr Manier rekapitulieren.

Das Material für die Gesamtkomposition bestand überwiegend nicht mehr in den alten unverbundenen Einzelerzählungen, sondern in kleineren und größeren Zyklen, die bestimmte Personen oder Personengruppen oder Perioden der Vergangenheit betrafen und die jeweils einen, für uns meist nicht mehr bestimmbaren, Sitz im Leben hatten, von dem sie nun gelöst wurden, so wie es auch mit den Einzelerzählungen geschah, wenn sie in die Zyklen oder in die Gesamtkomposition eingingen. Die letztere hat ihr festes Rückgrat in den Zyklen, die von der Mosezeit handeln; unentbehrlich und gewiß der Ausgangspunkt und Grundbestand der Zusammenfügung sind dabei die Erzählungen vom Auszug aus Ägypten und vom Einzug in Palästina, zwischen denen mancherlei, was in der Wüste spielt, einschl. der Ereignisse am Sinai, seinen Platz bekam. Diesem Zusammenhang wurden die Vätergeschichten vorangesetzt, die von Hause aus eine andere Darstellung des Einzuges in Palästina waren, in anderen Teilen Israels überliefert und mit einer anderen Erinnerung an die Vorgänge: nicht als Eroberung des Landes im geschlossenen Verband, sondern als allmähliches, mehr oder weniger friedliches Platzgreifen kleinerer Gruppen. Beide Darstellungen sind jetzt auf sehr geschickte Weise so verbunden, daß die Einwanderung zweimal stattfindet: der endgültigen Eroberung durch das ganze Volk Israel ist ein vorläufiger Aufenthalt seiner Stammväter im Lande vorangegangen, der durch eine Hungersnot, die Jakob nach Ägypten trieb, sein Ende fand; in Ägypten wurde Jakobs Familie zum Volk Israel, und dieses vollzog dann die endgültige Eroberung. Dem so geschaffenen großen Erzählungszusammenhang wurde schließlich als höchst gewichtige Einleitung die Urgeschichte vorangesetzt, deren thematische Sonderstellung ohne weiteres deutlich ist und sich auch in ihrem Fehlen in E oder dem »Credo« von Dtn 26, 5—9 zeigt (vgl. übrigens auch das Fehlen der Ur- und Vätergeschichte in Ps 78, der Vätergeschichte in Ps 136).

Es geht schwerlich an, dieses Kompositionswerk auf einen einzigen Autor zurückzuführen.

Das hat in neuerer Zeit bes. v. RAD getan, freilich unter der Voraussetzung, daß J bereits an jenes alte Credo anknüpfen konnte, über das hinaus sein Werk namentlich der Einbau der (im Credo nicht erwähnten) Sinaitradition, der Ausbau der Vätertradition und der Vorbau der Urgeschichte gewesen wären. NOTH hat dem widersprochen: das Werden des Pentateuch sei »nicht so ruckweise erfolgt«, sondern »ein Schritt für Schritt erfolgtes Wachstum« gewesen; auf J sei in der Tat der Vorbau der Urgeschichte zurückzuführen, das übrige aber habe ihm im wesentlichen schon vorgelegen. Folgt man nicht der Hypothese NOTHS von der uns nicht mehr erhaltenen »Grunderzählung« (G) und definiert statt dessen den Begriff J in dem weiteren Sinne, in dem es oben geschehen ist, dann ist nicht erst das allerletzte Stadium des »Wachsens« zur Gesamtkomposition als J zu bezeichnen. Für die Bestimmung der vorausliegenden Stadien hat NOTH die wichtigsten Vorarbeiten geleistet. Die exaktere Erfassung des Übergangs von der im wesentlichen mündl. Überlieferungsgeschichte der Teile zur, vermutlich schriftlichen, ersten größeren Komposition und also die Rekonstruktion der Größe, die man J¹ zu nennen hätte, ist überaus schwierig. Auf die hier liegende Aufgabe macht R. RENDTORFF, Das überlieferungsgeschichtl. Problem des Pentateuch, BZAW 147, 1977, aufmerksam.

4. Kommt man von den Gestaltungen des Erzählungsstoffes durch P oder auch durch die dtr Schule zu J, dann fällt auf, wie wenig sich hier an explizit formulierter *Theologie* findet. Verwunderlich ist das aber nicht. In J herrschen ganz überwiegend noch die alten Stoffe, wie sie einmal waren. Ihre hier erfolgte Komposition wurde, nach der ja durchaus auch theol. geprägten Variation durch E, erst auf einer nächsten überlieferungs- und geistesgeschichtl. Stufe durch die jehowist.-dtr Redaktionsarbeit einigermaßen planmäßig mit geschichtstheol. Reflexionen durchzogen und dann schließlich durch P in einem von vornherein geschichtstheol. Gesamtentwurf noch einmal neu gestaltet. Dabei wirkte sich der große Anstoß zur Theologie aus, den die Prophetie gegeben hatte. Dies alles ist bei J noch nicht vorauszusetzen. Wohl aber bildet J schon durch die Bereitstellung und Ordnung des grundlegenden Erzählungsmaterials für alles Folgende eine kaum weniger wichtige Voraussetzung als die Prophetie. Doch darüber hinaus ist einst J seinerseits nicht ohne Gründe »der prophetische Erzähler« genannt worden (E. SCHRADER – s. § 1,2 – unter Berufung auf H. EWALD) und hat NOTH behaupten können, in der »Theologie von J« sei »das theologisch Belangreichste enthalten, das in der Pentateucherzählung überhaupt ausgesagt wird«.

Zunächst ist schon die Komposition als solche ein Vorgang von kaum zu überschätzendem geistesgeschichtlichem Rang gewesen. Mit der Lösung aus ihrer jeweiligen, namentlich lokalen Bindung gewannen die Erzählungen und Erzählungszyklen ein neues Gesicht und eine neue Bestimmung. Ihre einzelnen Skopoi traten zurück hinter den umfassenderen Skopoi, ja dem großen Skopos des Ganzen. Daß das Ganze einen Skopos hat und daß dieser das entscheidende Motiv des Wachstums bis zur Endgestalt von J gewesen ist, wird sich kaum leugnen lassen. Die Rede vom »israelitischen Nationalepos« trifft ihn zu einem Teil, aber noch nicht voll. Richtiger hat G. WILDEBOER (s. § 1,2) »religiöse Unterweisung« den »Hauptzweck« und »die Erwählung Israels zum Volk Jahwes« das »Hauptthema« von J genannt. Die Beziehung der Vorgänge auf Jahwe einerseits, Israel anderseits ist noch nicht derart penetrant und in theologischer Formulierung durchgeführt wie in Dtr und P (Begriffe wie Bund und Erwählung fehlen noch); aber in aller Indirektheit tritt sie nicht weniger, ja womöglich nur um so wirkungsvoller hervor als dort. Die Bezeichnung als »jahwistisches« Werk ist von keiner gleichgültigen Äußerlichkeit hergenommen.

Doch es findet sich auch die direkte Formulierung. So bes. in der Urgeschichte, die als der zuletzt zum Ganzen hinzugetretene Teil auch am deutlichsten von J (bzw. J²) durchgestaltet ist. Sie beschreibt die conditio humana in dieser Welt, indem sie sie auf ihre Gründe zurückführt, meisterhaft indirekt und andeutungsweise, aber doch auch mit Sätzen wie dem, daß das Trachten des menschlichen Herzens böse ist von Jugend auf – was Jahwe bereuen läßt, den Menschen gemacht zu haben (Gen 6,5 f.), was ihm aber nach dem Ende der daraufhin verhängten Sintflut Motiv ist, fortan das Leben auf der Erde in sicherer Ordnung zu erhalten (8,21 f.). Der Aufeinanderfolge von Verfehlungen in Gen 3; 4,1–14.23 f.; 6,1–4; 9,18–27; 11,1–9 – v. RAD spricht von einem »lawinenartigen Anwachsen der Sünde«, ZIMMERLI von der »raschen Verzweigung des Bösen, das sich wie ein Ölfleck auf dem Wasser ausbreitet« – stehen auf seiten Jahwes das strafende, begrenzende Eingreifen und dann immer wieder die gnädige Bewahrung gegenüber. Als Jahwe schließlich nach dem Turmbau zu Babel die Menschen über die ganze Erde zerstreut hat, beginnt er einen neuen Weg mit der Menschheit, nunmehr, mindestens zunächst, nicht in der Universalität, sondern partikular, buchstäblich im Wege eines einzelnen Menschen, des Abraham, des ersten der Erzväter Israels. Die Überleitung von der Urgeschichte zur Vätergeschichte – aus Abrahams Genealogie ist bei J nur das Bruchstück Gen 11,28–30 erhalten – gibt der gewiß von dem, der die Urgeschichte vorangestellt hat, also J (bzw. J²), formulierte Gottesbefehl an Abraham 12,1–3. Dem Abraham wird der Weg geboten »in das Land, das ich dir zeigen werde«; er soll zu einem großen Volk *(gôj)*, gesegnet und von großem Namen werden, und das wird auch für die anderen Völker (»alle Sippen der Erde«) Bedeutung haben. v. RAD hat diesen Passus geradezu noch zur Urgeschichte gerechnet, als deren eigentlichen Abschluß, ja Schlüssel.

Dagegen hat R. RENDTORFF (Gen 8,21 und die Urgeschichte des Jahwisten, KuD 7, 1961, 69–78) das Ende der Urgeschichte bereits in dem Wort nach der Sintflut Gen 8,21 sehen wollen, wo Jahwe den Fluch vom Ende der Paradieserzählung 3,17 außer Kraft setze und die bisherige Zeit der Sünde und des Fluches durch eine solche des Segens abgelöst werde. Ausgiebige Widerlegung bei O. H. STECK, Gen 12,1–3 und die Urgeschichte des Jahwisten, Fs. G. v. RAD, 1971, 525–554.
Nach WOLFF ist 12,3 b in dem Sinne Leitwort des ganzen Werkes von J, daß alle Völker, von denen in der Urgeschichte die Rede war, in und durch Israel »Lebenshilfe« gewinnen sollen. Dazu L. SCHMIDT, Israel ein Segen für die Völker? ThViat 12, 1975, 135–151: an eine aktive Rolle Israels bei diesem Segen für die Völker ist nicht gedacht, vielmehr werden diese, je nachdem wie sie sich zu Israel verhalten, ob sie also die von Jahwe bewirkte einzigartige Stellung Israels anerkennen oder nicht, gesegnet oder verflucht werden.
Für NOTH liegt, entsprechend seinem Bild von der Entstehung von J, »das ganze Gewicht der Theologie von J auf dem Anfang seiner Erzählung. Im folgenden hat er sich dann fast ausschließlich an das überkommene Gut der Pentateucherzählung gehalten, ohne ändernd oder erweiternd in dessen Substanz einzugreifen. Es genügte ihm, im Eingang eindeutig gesagt zu haben, wie er alles Weitere verstanden wissen wollte«. Einen selbständigen Beitrag von J findet NOTH im folgenden nur noch in dem Zwiegespräch zwischen Abraham und Jahwe über die göttliche Gerechtigkeit Gen 18,22 b–33 a, einem Stück, das allerdings schon WELLHAUSEN als spätere Einlage aus der Zeit von Jer, Ez und Ijob (vgl. Jer 5,1) beurteilt hat (ebenso dann GUNKEL u. a.).

Auch in der Vätergeschichte macht sich die jahwist. Theologie nicht nur indirekt durch die Komposition als solche, sondern auch in ausdrücklicher Formulierung geltend. Besonders kommen, die Linie von Gen 12,1–3 fortführend, einige der Verheißungstexte in Betracht, so 12,7; 26,2 aα.3 a; 28,13.15. Sie wurden durch die spätere Redaktionsarbeit kräftig akzentuiert und vermehrt (s. § 11,3), aber nicht durchweg neu geschaffen; eine genaue Differenzierung (auch nach der anderen Seite, nämlich gegenüber einzelnen derartigen Verheißungen, die etwa die alten Erzählungen schon enthielten) ist schwierig.
Einen Kontrast zum Vorangegangenen bildet die Wüstenzeit, wie J sie darstellt. Die ältere Überlieferung, nach FRITZ bereits durch einen »Protojahwisten« (J¹?) gesammelt, erscheint umgearbeitet zu einer Folge von Szenen, in denen Israel gegen seinen Gott aufsässig ist, »murrt« und dafür auch mehrmals bestraft wird, bis dahin, daß es erst auf einem Umweg in das verheißene Land kommen kann.
5. Es liegt in der Natur der Sache, daß sich die *Entstehungszeit* von J nur im Groben bestimmen läßt. Terminus ante quem ist die jehowist.-dtr Redaktionsarbeit um die Exilszeit, terminus post quem theoretisch der Abschluß der erzählten Ereignisse, also die Landnahme, in Wahrheit aber ein bereits konsolidiertes Israel,

wie es erst von David an existierte. Man kommt also auf den nicht gerade kleinen Zeitraum vom 10. bis zum 7. Jh.
Die genauere Datierung begegnet großen Schwierigkeiten. In J sind Vorgänge einer längst abgeschlossenen Vergangenheit dargestellt, Verbindungslinien zu einigermaßen datierbarer, namentlich schriftprophetischer Literatur lassen sich kaum ziehen, einzelne erkennbare Bezugnahmen auf Späteres ergeben meist nicht viel, weil sie sich innerhalb von J oder innerhalb der Geschichte oder in beiden nicht sicher fixieren lassen.

Man pflegt etwa anzuführen Gen 27,40 b (Anspielung auf die edomit. Sezession von 1 Kön 11,14–22 oder die von 2 Kön 8,20? Prosazusatz?); 36,31 (Königtum in Israel vorausgesetzt; dies ohnehin nicht überraschend; J?); 49,10 (David? Jakobsegen Bestandteil von J?); Num 24,7–9.17–19 (wohl Saul, vgl. 1 Sam 15, und David; Bileamsprüche aber von der Erzählung bereits übernommen).

Es gibt gute Argumente für eine Frühdatierung, die sich denn auch großer Beliebtheit erfreut. Es wäre verwunderlich, wenn in der Blütezeit des davidisch-salomonischen Reiches keine Sammlung der Erzähltradition ins Werk gesetzt worden wäre. Daß man sich auf die Gestaltung eines größeren Zusammenhanges verstand, zeigt eindrucksvoll die Geschichte von der Thronnachfolge Davids (s. § 21,3). Ist sie und damit die Zeitgeschichtsschreibung unter dem Eindruck des neuen und neuartigen polit. Erlebnisses die Vorstufe, vielleicht auch das Vorbild für J gewesen? So wird öfters angenommen, ohne Gewähr, aber nicht ohne Wahrscheinlichkeit. Man glaubt (vgl. Wolff, L. Schmidt) aus J auch Hinweise auf diese Zeit ablesen zu können, die gewichtiger sind als die unsicheren Einzelheiten der oben belegten Art. Danach zielt der göttliche Befehl an Abraham Gen 12,1–3 auf nichts anderes als das davidisch-salomonische Großreich: in ihm hat Israel den »großen Namen« bekommen (vgl. 2 Sam 7,9) und die internationale Geltung, die jene Segensverheißung ankündigt. Das Großreich Davids (vgl. 2 Sam 8) umfaßt in verschiedener Abstufung und Vollständigkeit die Völker, die bei J eine Rolle spielen: Philister (Gen 26), Moabiter und Ammoniter (Gen 19,30–38; Num 22–24), Aramäer (Gen 24; 29–31), Edomiter (Gen 25,21–34; 27; 32 f.), Amalekiter (Ex 17,8–16) und nicht zu vergessen die Kanaanäer (Gen 9,18–27); die mesopotam. und die ägypt. Großmacht sind in dieser Periode schwach (vgl. Gen 11,1–9; Ex 14,13). So liegt es nahe, J als eine große Verheißung, genauer ein vaticinium ex eventu auf das Israel dieser Zeit zu sehen und zu interpretieren, etwa auch in dem Sinne, daß hier auf dem Hintergrunde und mit Hilfe des pessimistischen Menschenbildes der Urgeschichte ein »Hybris bannendes Regulativ im Zeitalter der Reichsgründung« gegeben werde (Henry; vgl. auch W. v. Soden, Verschlüsselte Kritik an Salomo in der Urgeschichte des Jahwisten? WO 7, 1974, 228–240).

Ganz problemlos ist diese Datierung und Deutung freilich nicht. Sie legt ja das einigermaßen fertige, jedenfalls auch schon die Urgeschichte enthaltende Werk von J zugrunde und muß beinahe notwendig annehmen, daß »die eigentliche Bildung der Pentateuchüberlieferung im wesentlichen in die Zeit des vorstaatlichen Stämmelebens zu setzen ist« (Noth). Es fragt sich aber, ob man dieser Periode dergleichen schon in solchem Ausmaß zutrauen darf. Und das Werk müßte dann auch einigermaßen in einem Zuge konzipiert und niedergeschrieben worden sein, für eine lit. Vorgeschichte bliebe nicht viel Zeit. Ist das aber angesichts der Probleme der Komposition und der lit. Einheitlichkeit wahrscheinlich?

So gibt es Gründe, in der Zeit weiter herunterzugehen. Das würde eine Beziehung auf das davidisch-salomonische Reich nicht ausschließen, vielleicht sogar in dem

Sinne, daß J in den Zusammenhang von Versuchen gehörte, dieses Reich wieder zu errichten (so Mowinckel). Mit sicheren Hinweisen auf spätere Ereignisse und Zustände wie die Reichstrennung nach dem Tode Salomos oder die Aramäerkriege (Gen 31 gibt nicht viel her) oder die Konfrontation mit den Assyrern sollte man in einem Werk wie J nicht rechnen und daher auf ihr Fehlen nicht allzu fest eine jeweilige Früherdatierung aufbauen. Anderseits ist aber auch der Schluß gewagt, die »universalhistorische Betrachtungsweise« der Urgeschichte setze »die Einfügung Israels in den Verband eines Weltreiches (des assyrischen) und seiner Kultur voraus« (B. Stade, Bibl. Theologie des AT, I, 1905, 26). Immerhin: die Urgeschichte ist als letzter der großen Erzählungszyklen in das Ganze aufgenommen worden, und es ließe sich durchaus eine Geschichte von J denken, die mit dem Grundstock des Werkes nicht lange nach der Staatenbildung begonnen und mit dem Vorbau der Urgeschichte und der Einsetzung einiger novellenartiger Stücke nicht sehr lange vor dem Ende der Staatlichkeit aufgehört hätte. Zwingende Gründe, dieser Möglichkeit vor einer Frühdatierung auch schon unter Einschluß der Urgeschichte den Vorzug zu geben, gibt es freilich nicht. So verwundert es nicht, daß für J vielerlei Ansetzungen im Schwange sind, auf deren Aufzählung hier verzichtet werden kann.

Den wichtigsten neueren Beitrag zum Problem hat Schmid geliefert. Er sucht den »sogenannten Jahwisten« in der Nähe der dt-dtr Arbeit. In der Diskussion über seine These wird es vor allem darum gehen müssen, wieweit die von ihm zugrundegelegten Texte noch als J und nicht bereits als redaktionell zu gelten haben.
Es gibt auch schon Datierungen unterhalb des oben genannten Zeitraums. Vgl. J. van Seters, Confessional Reformulations in the Exilic Period, VT 22, 1972, 448–459; B. Diebner und H. Schult, Dielheimer Blätter zum AT 7 ff., 1974 ff.

6. Auch über den *Entstehungsort* läßt sich nicht viel sagen. Man pflegt auf Juda oder genauer Jerusalem zu raten, und das wird wohl zutreffen. Stoffe judäischer Herkunft, die in J enthalten sind, besagen dafür zwar nicht viel, da ihnen nordisraelitische gegenüberstehen. Eher ließe sich schon ein Einzelzug wie die Rolle Judas in der Josefsgeschichte (Gen 37,26 f.; 43,3.8; 44,14.16.18 statt Ruben 37,21 f.29 f.; 42,37) in diesem Sinne ausdeuten – wenn man hier J und E finden und diese Erzählungsfiguren stammesgeschichtlich verstehen dürfte; beides ist zweifelhaft. Vor allem aber würde natürlich eine Beziehung auf das davidisch-salomonische Reich entscheidend für eine jerusalem. Herkunft ins Gewicht fallen. Mowinckel denkt geradezu an einen Hofhistoriographen, einen »Weisen«, der »gewiß auch mit der Schreiberschule des Tempels und des Hofes in Verbindung gestanden« habe. In solchen Kreisen läßt sich natürlich auch die Tradierung und weitere Ausgestaltung des Werkes, bis hin zu den Novellen von Rebekkas Brautwerbung und von Josef unschwer vorstellen.

§ 15 Das Bundesbuch

A. Jepsen, Untersuchungen zum Bundesbuch, BWANT 41, 1927; H. Cazelles, Études sur le Code de l'Alliance, 1946; L. Rost, Das Bundesbuch, ZAW 77, 1965, 255–259.

1. Das Hauptstück der Gesetzgebung in JE ist das in Ex 20,22–23,33 enthaltene Rechtsbuch, das man nach 24,7 das »Bundesbuch« (B) nennt. Wahrscheinlich hat erst die Redaktion es dem Zusammenhang eingefügt; eine Zugehörigkeit bereits zu E ist oft behauptet worden, läßt sich aber kaum beweisen. Die dt Theorie, am Sinai habe zunächst das Volk den Dekalog und hernach Mose weitere Gesetze mitgeteilt bekommen, die dann im Lande Moab allgemein bekanntgegeben werden (Dtn 5),

scheint das Bundesbuch an seiner jetzigen Stelle auszuschließen. Entweder kennt diese Theorie es dort noch nicht, oder sie will es, ohne an seinem dortigen Vorhandensein etwas ändern zu können, durch das dt Rechtsbuch »neutralisieren« (EISSFELDT). Dem Bundesbuch einen anderen Platz im Hexateuch zu suchen, wo es einmal gestanden habe (KUENEN: an der Stelle des Dt; SELLIN: vor Dtn 27; HOLZINGER, PROCKSCH, WEISER: Jos 24), ist müßig.

2. Die *Analyse* ergibt sogleich die Uneinheitlichkeit nach Form und Inhalt, ganz wie bei H und Dt. Diese Korpora sind eben nicht Gesetze im gewöhnlichen Sinn, sondern »Rechtsbücher«, in denen gesetzliches Material ohne Vollständigkeit für bestimmte, oft nicht mehr erkennbare Zwecke und wohl auch in teilweise eher zufälliger Auswahl zusammengestellt ist.

Auch hier begegnet Paränese in dtr und anderem Stil, namentlich am Schluß (23,20–33, uneinheitlich), vereinzelt auch innerhalb des Korpus (22,20 b.22 f.26; 23,9 b.13). Kommt man von jenen anderen Rechtsbüchern her, dann fällt die Kargheit in dieser Beziehung auf; das Bundesbuch bietet die Rechtssätze großenteils rein in ursprünglicher Gestalt.

Den Anfang machen, vielleicht sekundär vorangestellt, ein Verbot von Götterbildern (20,23, motivierende Einleitung v.22 b) und das Altargesetz (20,24–26). Dann folgt in 21,1–22,16 der große Block der *mišpāṭîm* »Rechtssatzungen« in kasuist. Formulierung (»wenn..., dann...«; 3. Person) mit den Hauptmaterien Sklave und Sklavin (21,2–11), Körperverletzungen mit oder ohne Todesfolge (21,18–36, v.23–25 Talionsformel), Eigentumsvergehen (21,37–22,16). Eingeschoben ist in 21,12–17 eine (in v.13 f. durch die Asylbestimmung erweiterte) Viererreihe von Sätzen, deren partizipiales Subjekt jeweils den Täter bestimmter schwerer Vergehen (Totschlag, Tätlichkeiten bzw. Fluch gegen die Eltern, Menschendiebstahl) und deren stets gleichlautendes Prädikat *môt jûmāt* »der muß hingerichtet werden« die auf diesen Vergehen stehende Todesstrafe bezeichnet. Eine vergleichbare Dreierreihe folgt unmittelbar auf die *mišpāṭîm* (22,17–19: Zauberei, Tierschande, Götzenopfer). Die weiteren Vorschriften ergehen in 2. Person, selten Plural (22,30; 23,13; vgl. schon 20,23), meist Singular, oft ganz apodikt. formuliert, aber auch breiter ausgeführt. Die Materie ist verschiedenartig, sozial und religiös: Schutz der Schwachen (22,20–26), Fluch gegen Gott und hochgestellte Personen (22,27), kult. Abgaben (22,28 f.), Fleisch zerrissener Tiere (22,30), Verhalten vor Gericht (23,1–9, in v.4 f. eingeschoben die Hilfeleistung für einen Feind). Den Schluß machen die sakralen Bestimmungen: Sabbatjahr und Sabbat (23,10–13), Feste (23,14–17), Opfer (23,18 f.).

3. Die *Entstehungszeit* ist gewiß nicht für alle Teile des Bundesbuchs dieselbe gewesen; hier sind Elemente verschiedener Herkunft vereinigt worden. Das jetzige Ganze setzt zweifellos die Verhältnisse des Kulturlandes voraus (Äcker und Weinberge 22,4 f.; 23,10 f.16.19; Häuser 22,6 f.; Geldwirtschaft 21,30.32.35; 22,16.24). Dorthin gehört nach Form und Inhalt auch das kasuist. Recht, das die Israeliten erst nach ihrer Einwanderung in Palästina kennengelernt haben dürften (s. § 17,5). Das Bundesbuch kann also nicht, wie noch in der neueren Wissenschaft gelegentlich angenommen wurde (z. B. SELLIN, CAZELLES), mosaisch sein. Für eine Herkunft aus vorstaatl. Zeit pflegt man anzuführen, daß in 22,27 nicht der König genannt ist (vgl. dagegen 1 Kön 21,10); mag das für diese Stelle gelten, muß es doch für das Ganze noch nichts besagen. So ist man oft in die staatl. Zeit hinuntergegangen und hat dort mit einiger Phantasie sogar recht präzise Ansetzungen gewagt. Sicherer ist es, sich auf die Bestimmung des Verhältnisses zu den älteren und den jüngeren Fixierungen des isr. Rechtsgutes zu beschränken. Das Bundesbuch ist eine erste, jedenfalls die erste uns bekannte Zusammenfassung von Rechtssätzen »israelitischer« und »kanaanäischer« Herkunft und so ein wichtiges Dokument des Zusammenwachsens dieser beiden Kulturen in Palästina. Es geht fraglos dem Dt voran,

wie sich an der archaischeren Gesamtform und an manchen Einzelheiten zeigt (s. §
12,6). Deutlich tritt der Unterschied gleich zu Anfang beider Rechtsbücher in der
Frage der Kultstätten hervor. B kennt anders als Dt noch deren von Jahwe sanktionierte Vielheit, wie sie in der gesamten vor-dt Tradition bezeugt ist (Ex 20,24 b
gegenüber Dtn 12).

V. Die vorliterarische Überlieferung

§ 16 Die Erzählungszyklen

K. Budde, Die Bibl. Urgeschichte, 1883; O. H. Steck, Die Paradieserzählung, BSt60, 1970.
H. Gressmann, Sage und Geschichte in den Patriarchenerzählungen, ZAW 30, 1910, 1–34;
A. Jepsen, Zur Überlieferungsgeschichte der Vätergestalten, WZ Leipzig 3, 1953/54, 265–281; R. de Vaux, Die Patriarchenerzählungen und die Geschichte, SBS 3, 1965; H.
Weidmann, Die Patriarchen und ihre Religion im Licht der Forschung seit Julius Wellhausen, FRLANT 94, 1968; T. L. Thompson, The Historicity of the Patriarchal Narratives. The Quest for the Historical Abraham, BZAW 133, 1974; J. van Seters, Abraham in History and Tradition, 1975; C. Westermann, Die Verheißungen an die Väter.
Studien zur Vätergeschichte. FRLANT 116, 1976; H. Seebass. Landverheißungen an die
Väter, EvTh 37, 1977, 210–229; W. McKane, Studies in the Patriarchal Narratives, 1979.
J. Pedersen, Passahfest und Passahlegende, ZAW 52, 1934, 161–175; W. Beyerlin, Herkunft und Geschichte der ältesten Sinaitraditionen, 1961; A. S. van der Woude, Uittocht
en Sinai, 1961; G. Fohrer, Überlieferung und Geschichte des Exodus. Eine Analyse von
Ex 1–15, BZAW 91, 1964; A. H. J. Gunneweg, Mose in Midian, ZThK 61, 1964, 1–9;
H. Gese, Bemerkungen zur Sinaitradition (1967), Vom Sinai zum Zion, 1974, 31–48;
V. Fritz, Israel in der Wüste. Traditionsgeschichtl. Untersuchung der Wüstenüberlieferung des Jahwisten, MThSt 7, 1970; G. v. Rad, Beobachtungen an der Moseerzählung
Ex 1–14 (1971), Ges. St. II, 189–198; E. Zenger, Die Sinaitheophanie. Untersuchungen
zum jahwist. und elohist. Geschichtswerk, Forschung zur Bibel 3, 1971; E. W. Nicholson,
Exodus and Sinai in History and Tradition, 1973; R. Schmitt, Exodus und Passah. Ihr
Zusammenhang im AT, Orbis biblicus et orientalis 7, 1975; P. Weimar – E. Zenger,
Exodus. Geschichten und Geschichte der Befreiung Israels, SBS 75, 1975.

1. Läßt sich schon von den alten Literaturwerken, die dem Pentateuch zugrundeliegen, nur hypothetisch und fragmentarisch reden, so gilt das naturgemäß noch
mehr von der Überlieferung, die ihnen vorangegangen ist. Nachdem die Forschung
in den letzten Generationen den Mund hier oft reichlich voll genommen hat, bahnt
sich heute, auch unter dem neuen Eindruck des Gewichts der literar- und redaktionsgeschichtl. Probleme, eine Rückkehr zu besonnener Vorsicht an.
Mit großer Wahrscheinlichkeit gab es zwischen den in der Regel als ursprünglich
anzunehmenden kurzen Einzelstücken (§ 17) und dem jahwist. Werk Zwischenglieder, die in ihrer Endgestalt die Basis für die Komposition von J gebildet haben
(§ 14,3). Ihr Inhalt, ihre Gestalt und vollends ihr Sitz im Leben lassen sich freilich
nur noch vermutungsweise angeben. Es bleibt auch unsicher, ob sie bereits niedergeschrieben wurden; wenn sie hier in die »vorliterarische Überlieferung« eingereiht sind, dann in dem Sinne, daß sie der endgültigen und für alles Weitere
grundlegenden Literaturwerdung in J vorangehen. Ein Versuch zu ihrer Rekonstruktion wird im folgenden nicht unternommen; es soll in erster Linie darum
gehen, einen Überblick über den Stoff zu geben, den die in J (und E) Literatur
gewordene Überlieferung enthalten hat.
2. Eine Sonderstellung nimmt die *Urgeschichte* (Gen 1–11) ein. Unter den großen
Erzählungszyklen des Pentateuchs hat sie den geringsten Umfang und die größte
thematische Geschlossenheit. In der Gesamtkomposition ist sie der jüngste Bestandteil, sie fehlt in E und hat in J vielleicht erst relativ spät Eingang gefunden. Im
übigen AT wirkt sie wenig nach; man halte sich vor Augen, wie anders dort oft

die Schöpfung gedacht ist. Dagegen ist in der Urgeschichte der altoriental. Einfluß am stärksten; kein Wunder, wenn man ihr Thema bedenkt. Nicht nur haben einzelne Motive und ganze Erzählungen Parallelen außerhalb Israels; den Gesamtaufriß von »Schöpfung, Urzeit, Sintflut und Neubegründung der Weltgeschichte« gibt es bereits in der sum. Geschichtsschreibung (vgl. H. Gese, Vom Sinai zum Zion, 1974, 96). Ob er »durch irgendwelche mündliche Traditionen« (Gese) oder in lit. Form nach Israel gelangt ist, wissen wir nicht. Zumindest in den Listen dürfte sich über das Volkstümliche hinaus eine Art gelehrter Arbeit niedergeschlagen haben. Die Divergenzen innerhalb der jetzigen Urgeschichte des J sprechen für einen nicht unkomplizierten Weg der Vermittlung von außerhalb oder für mehrere Phasen der lit. Gestaltwerdung in Israel, wahrscheinlich für beides. Und sicher ist ja hier der eigene Anteil von J (bzw. J²) besonders groß und wichtig.

3. Die *Vätergeschichte* gliedert sich nach ihren Hauptfiguren wiederum in mehrere kleinere Erzählungszyklen. Überlieferungsgeschichtlich am jüngsten ist die große Josefsnovelle, das breit ausgeführte Verbindungsstück zwischen der Vätergeschichte und der mosaischen Geschichte. In sie mündet der Erzählungszyklus von Jakob, in dem wir den eigentlichen Grundstock der Vätergeschichte suchen dürfen. Jakob ist der Erzvater par excellence, »mein Vater«, der »umherirrende Aramäer«, der »nach Ägypten hinabzog« (Dtn 26,5). Auf seine zwölf Söhne führen sich die zwölf Stämme Israels zurück, er selbst bekommt auch den Namen Israel (sekundäre Gleichsetzung zweier Personen? vgl. H. Seebass, Der Erzvater Israel, BZAW 98, 1966). Hauptstück des jetzigen Erzählungszyklus ist der »Jakob-Esau-Laban-Sagenkranz« (Gunkel), in dem die Erzählungen von Jakob und seinem Bruder Esau den Rahmen bilden, dem durch das Doppelmotiv der anfänglichen Flucht Jakobs vor Esau und seiner späteren Flucht vor Laban die Erzählungen von Jakob und Laban eingefügt worden sind. Daran schlossen sich Einzelerzählungen wie die Kultsagen von Bet-El (Gen 28,10–22) und Penuel (32,23–33) an.

Der mittlere der drei Erzväter, Isaak, tritt auffällig hinter den beiden anderen zurück. Ihm ist eigentlich nur ein Kap. (Gen 26) gewidmet, und dabei handelt es sich großenteils noch um Varianten zu Erzählungen von Abraham (vgl. 26,1–11 mit 12,10–20; 20,1–18 und 26,15–33 mit 21,22–34). Allerdings dürfte die Priorität eher auf seiten Isaaks liegen: die Erzählung von der »Gefährdung der Ahnfrau« wirkt in der Isaak-Fassung am urtümlichsten, und allg. liegt die Vermutung nahe, daß »Abraham als die später beliebte Erzählungsgestalt ihr ursprünglich fremde Erzählungselemente an sich gezogen hat« (Noth). Abraham ist, wenngleich jetzt der erste der Reihe, »wohl die jüngste Figur in dieser Gesellschaft und wahrscheinlich erst verhältnismäßig spät seinem Sohne Isaak vorangesetzt« (Wellhausen). Außer durch die Genealogie ist seine Geschichte namentlich durch das Motiv der Verheißung mit der Fortsetzung verbunden. Wiederum bildet ein »Sagenkranz« das Hauptstück (Gunkel): die Erzählungen von Abraham und Lot, ihrer Einwanderung, ihrer Ansiedlung in Hebron und Sodom, dem Geschick von Sodom und der Nachkommenschaft beider (Gen 12,1–8; 13; 18 f.); dem haben sich die übrigen Erzählungen eingefügt und angeschlossen.

Daß die Vätergeschichte viel weniger homogen ist, als ihre jetzige Einheit als Familiengeschichte es suggeriert, zeigt auch ein Blick auf ihre Schauplätze. Sie sind ja nicht nur Orte der Handlung, sondern erlauben auch Rückschlüsse darauf, wo und bei wem die Erzählungen entstanden. Jakob gehört nach Mittelpalästina. Die Überlieferung von ihm mag ursprüngl. in Sichem (vgl. Gen 33,18–20) oder Bet-El (Gen 28,11–22; 35,7) zu Hause sein (Noth: Bet-El gegenüber Sichem sekundär, aufgrund einer aus Gen 35,1–5 zu erschließenden Verlegung von Kultakten aus

Sichem nach Bet-El). Da der Jakob-Esau-Laban-Sagenkranz überwiegend im Ostjordanland spielt, kommt auch dortige, genauer gileadit. Herkunft in Frage (JEPSEN). Isaak und Abraham gehören in den Süden, Isaak wohl nach Beerscheba (Gen 26,23.33, anders NOTH: Beer-Lahai-Roi Gen 24,26; 25,11 b), Abraham nach Mamre bei Hebron (Gen 18,1). Die Zusammenfügung der Erzväter zu einer Reihe setzt wahrscheinlich das Zusammenwachsen der Menschengruppen, die sich von ihnen erzählten, innerhalb eines Gesamtisrael voraus. Rechnet man mit einem alten Zwölfstämmebund Israel, dem der jud. Süden mit Sicherheit angehört hätte, dann liegt der terminus post quem für die Vätergeschichte in vorstaatl. Zeit. Er rückt herunter, wenn man eine Verbindung zwischen Juda und den mittelpalästin. Stämmen erst im Reiche Davids vollzogen sieht – freilich um den Preis, daß in der Vätergeschichte keineswegs der von da an bestehende staatl. Dualismus zwischen Israel und Juda, sondern nur die ganz andere Gliederung des einen Israel nach zwölf Stämmen in Erscheinung tritt.

Das histor. Verständnis der Vätergeschichte ist kontrovers. WELLHAUSEN urteilte über sie im Unterschied zur Urgeschichte: »Der Stoff ist hier nicht mythisch, sondern national; darum durchsichtiger und in gewissem Sinne historischer. Freilich über die Patriarchen ist hier kein historisches Wissen zu gewinnen, sondern nur über die Zeit, in welcher die Erzählungen über sie im israelitischen Volke entstanden; diese spätere Zeit wird hier, nach ihren inneren und äußeren Grundzügen, absichtslos ins graue Altertum projiziert und spiegelt sich darin wie ein verklärtes Luftbild ab.« Die »spätere Zeit« ist die der Könige, als J und E schrieben; vor allem die damaligen ethn. Verhältnisse spiegeln sich in dem, was von den Vätern (Jakob/Israel–Esau/Edom–Laban/Aram–Moab–Ammon) erzählt wird. Weiter zurück gingen GUNKEL und GRESSMANN: die Masse der Erzählungen stammt aus der Zeit von 1300–1100 v. Chr., in der Königszeit bekommt sie nur ihre letzte Gestalt; die Väter sind Märchengestalten, ihre stammesgeschichtl. Rolle ist ihnen erst nachträglich zugewachsen. In gewissem Sinne historische Figuren wurden sie demgegenüber für A. ALT (Der Gott der Väter [1929], Kl. Schr. I, 1–78), der sie als Kultgründer im Rahmen eines bestimmten Religionstypus in der Situation des Übertritts in das Kulturland verstand. Unabhängig davon benutzte man frühe außerisr. Belege für die bei den Patriarchen verwendeten Namenstypen und Namen einerseits, für gewisse in den Patriarchenerzählungen begegnende Rechtsbräuche anderseits, um mit der Datierung weit ins 2. Jt. zurückzugehen (DE VAUX: 19./18. Jh., in Korrespondenz zur bibl. Chronologie Gen 15,13 Dtr; Ex 12,40 P). Doch die Parallelen besagen noch keine histor. Gleichzeitigkeit, und so verwundert es nicht, daß das Pendel heute wieder nach der anderen Seite ausschlägt, zu WELLHAUSENS Ansatz und darüber hinaus: THOMPSON möchte unbeschadet der, auch von WELLHAUSEN nicht geleugneten, Tatsache älterer Überlieferungen, im wesentlichen nicht hinter J zurückgehen; VAN SETERS, der auf mündl. Tradition wenig gibt und dessen J in die Exilszeit gehört, kann der Abrahamgeschichte nichts mehr über Israels Vorzeit entnehmen.

4. Die *mosaische Geschichte* füllt jetzt vier Bücher des Pentateuchs; bei J war sie kaum so lang wie die Vätergeschichte. Sie stellt Israels normative Gründungsperiode dar. Israel ist nur so denkbar, daß es Jahwes Volk und daß Jahwe sein Gott ist. Diese Beziehung hatte für Israels späteres Bewußtsein damals ihren Anfang genommen: Jahwe war Israels Gott »vom Lande Ägypten her« (Hos 12,10; 13,4). Für histor. Betrachtung liegt darin insofern ein Anachronismus, als Gesamtisrael sich erst im palästin. Kulturland, nicht schon in der Wüste konstituiert haben dürfte. An den Ereignissen, die die mosaische Geschichte schildert, waren nur kleinere Verbände beteiligt, deren Erfahrung und Bekenntnis sich dann ganz Israel zu eigen machte. Nach verbreiteter Annahme kommen dafür am ehesten die Rahelstämme Josef und Benjamin oder Teile von ihnen in Betracht. Sie scheinen später als die Leastämme ins

Kulturland eingewandert zu sein, zu einer Zeit, die zur wahrscheinlichsten Datierung des Auszugs aus Ägypten gegen Ende des 13. Jh.s v. Chr. (vgl. Ramses Ex 1,11) nicht schlecht paßt. In der Folgezeit sehen wir den Jahweglauben und seine wichtigsten Erscheinungsformen, voran die Kriege Jahwes, besonders bei ihnen beheimatet. Wenig Gewicht hat das Argument, die Josefsgeschichte besage, speziell der Stamm Josef sei in Ägypten gewesen; der Mann Josef ist in diesem Zusammenhang, mag sein Name auch aus der Genealogie der personifizierten Stämme herrühren, eine erzählerische Figur, deren Geschicke man nicht ohne weiteres stammesgeschichtlich ausdeuten darf. Kein Zufall wird es sein, daß die Erzählungsreihe über die Eroberung des Westjordanlandes, die in Jos 2–9 auf die mosaische Geschichte folgt, von Hause aus nach Benjamin gehört. Schwerlich hat man vom Auszug aus Ägypten erzählt, ohne dabei schon den Abschluß der damit begonnenen Bewegung, den Einzug ins Kulturland, im Auge zu haben; beides hatten, wie wir annehmen dürfen, dieselben Menschen in nicht allzu großem zeitlichem Abstand erlebt, in beidem glaubten sie die Hand Jahwes, des Gottes vom Sinai, am Werk – so daß es in ihrem Sinne richtiger ist, statt von Auszug und Einzug von Herausführung und Hineinführung zu reden. Aber es gab auch den menschlichen Führer oder besser Mittler Mose, mit ägypt. Namen und also wohl auch in der histor. Wirklichkeit an den ägypt. Ereignissen beteiligt, und mit dem unbekannten Grab vor der Schwelle des Westjordanlandes. Unter seinem Namen läßt sich der Grundstock der Ereignisfolge von der Herausführung bis zur Hineinführung zusammenfassen, sicher in der jetzigen Erzählung, aber doch wohl auch in der ihr voraufgehenden Überlieferungsgeschichte und mit einem nicht ganz geringen Wahrscheinlichkeitsgrad in den histor. Vorgängen selbst.

Die überlieferungsgeschichtl. Arbeit an der mosaischen Geschichte hat in erster Linie einzelne Teile daraus gegeneinander zu isolieren versucht. Nach WELLHAUSEN scheint in JE »noch eine Form der Überlieferung durch, in welcher die Israeliten sofort nach dem Durchgange durchs Schilfmeer auf Kades zogen und nicht erst den Abstecher zum Sinai machten«; vor und nach der »Digression zum Sinai« werden Richter und Älteste eingesetzt (Ex 18; Num 11), wird in (Massa und) Meriba (anderwärts Meribat-Kadesch: Dtn 32,51; 33,2?; Angaben über einen Aufenthalt in Kadesch Ri 11,16f. u. ö.) Wasser aus dem Felsen geschlagen (Ex 17,1–7; Num 20,2–13). Die These wurde weiter ausgebaut von GRESSMANN, der eine ganze Reihe alter, später von dort wegverlegter Kultsagen aus Kadesch postulierte, und namentlich ED. MEYER (Die Israeliten und ihre Nachbarstämme, 1906), der in der mosaischen Geschichte drei ursprüngl. selbständige Überlieferungen unterschied: die vom Auszug, die von Kadesch – nur hierher gehört Mose, Ahnherr der dortigen levit. Priesterschaft, auf den Dtn 33,8 angespielt ist – und die von der Einwanderung; ähnlich HÖLSCHER. Eine Zweiteilung des Stoffes nahm v. RAD (Das formgeschichtl. Problem des Hexateuch) vor: einerseits die (Auszugs- und) Landnahmetradition, andererseits die (in den »Credo«-Texten fehlende) Sinaitradition, beide im Kult überliefert, die eine in Gilgal, ihrem Zielpunkt (Jos 3–5; 9,6; 10,6.9.15; 14,6; Ri 2,1), und mit dem Ernte- oder Wochenfest verbunden (an dies gehört das »Credo« Dtn 26,5–9, da die *rēšît* v.2 den nach Ex 23,16; 34,22; Lev 23,17 an diesem Fest darzubringenden *bikkûrîm* entspricht), die andere als Festlegende der regelmäßig in Sichem (vgl. Jos 24) am Laubhüttenfest (vgl. Dtn 31,10) begangenen Bundeserneuerungsfeier. Im Postulat dieser Feier war bereits, sie allerdings in Jerusalem lokalisierend, S. MOWINCKEL (Le Décalogue, 1927) v. RAD vorangegangen; ihm folgten, wiederum mit mancherlei Modifizierungen und neuen Kombinationen, WEISER, BEYERLIN und andere. An die Vorgänger, bes. v. RAD, anknüpfend, sie aber durch Scharfsinn der Analyse und Kraft der Synthese überbietend, führte NOTH diese Arbeitsweise auf den Höhepunkt. Er nahm innerhalb der mosaischen Geschichte vier ursprüngl. selbständige »Themen« an: Herausführung aus Ägypten (auf das gesamtisr. »Urbekenntnis« zurückgehend, auf keine spezielle Gruppe mehr zurückzuführen), Hineinführung in das Kulturland (Beitrag der Rahelstämme), Führung in der Wüste (etwa der von NOTH als solche nicht akzeptierten Kadesch-Überlieferung MEYERS und GRESSMANNS entsprechend; Südstämme), Offenbarung am Sinai (nach v. RAD; Südstämme?). Der mit diesen Themen gegebene »Rahmen« wurde mit »Erzählungsstoffen« »aufgefüllt«, die Themen wuchsen mit dem Thema »Verheißung an die Erzväter« und untereinander mit Hilfe verschiedener »Verklammerungen« zusammen, wobei die nur im Thema der Hineinführung ins Kulturland (Grabtradition Dtn 34,6) beheimatete Figur des Mose eine besondere Rolle spielte. Schon die spezielle Zuordnung des Mose mußte in der Kritik Bedenken erregen: er läßt sich aus den anderen Themen doch nur mit großer Kunst herausdividieren und liefert damit ein Argument gegen eine auch aus schon angedeuteten allgemeineren Gründen nicht recht wahrscheinliche allzu scharfe Definition und Isolierung der »Themen«. Es kommt hinzu, daß die kult. Verwurzelung der großen Überlieferungsteile sich kaum beweisen läßt; bereits NOTH ist in dieser Sache v. RAD teils mit erheblichen Vorbehalten, teils überhaupt nicht gefolgt.

Die *Herausführung aus Ägypten*, Gegenstand von Israels »Urbekenntnis« (vgl. Ex 20,2 b usw.), wird Ex 1–14 in eigentümlich straffem, planvoll verzahntem Erzählungszusammenhang (v. RAD) geschildert. Gewiß ist manches nachträgliche Ausgestaltung, und man hat versucht, eine ganz kurze Urform zu rekonstruieren (WEIMAR und ZENGER, mit Datierung in die Zeit Davids). Zielpunkt war zweifellos von vornherein die wunderbare Rettung am Meer (selbständiges Zeugnis das Mirjamlied Ex 15,21 b). Auch die Figur des Mose läßt sich (gegen NOTH) kaum wegdenken. Ein besonderer Gegenstand ist die Einsetzung des Pascha vor dem Auszug, aufgrund deren man sogar schon die ganze Auszugsgeschichte als Legende dieses Festes verstanden hat (PEDERSEN); indessen fragt sich, ob sich auch nur das vervielfachte Motiv der ägypt. Plagen darauf zurückführen läßt (NOTH), so gewiß erzählerische Verbindungen zwischen beidem vorliegen (SCHMITT, negativer FOHRER).

Mit Ex 13 f. war kaum je ein wirkliches Ende erreicht. Die Erzählung strebt weiter, in das nun freilich unübersichtlichere Gelände, das NOTH *Führung in der Wüste* überschreibt. Hier gibt es, anders als in der Auszugsgeschichte, eine ganze Reihe von Einzelerzählungen, auch solchen, in denen wir Lokaltraditionen aus dem äußersten Süden Palästinas (Kadesch u. a.) und damit einen Beitrag der isr. Südstämme zum Ganzen der mosaischen Geschichte vermuten dürfen (vgl. nach NOTH bes. FRITZ). Mit großer Wahrscheinlichkeit gehört hierhin die Erzählung von den Kundschaftern Num 13 f., die einmal die Inbesitznahme Hebrons durch Kaleb berichtet hat und jetzt auf die gesamtisr. Eroberung des Westjordanlandes von Osten her umgestellt ist. Nicht gegen die Auszugsgeschichte isolierbar scheinen dagegen, wie jetzt immer mehr angenommen wird (vgl. die verschieden argumentierenden Arbeiten von VAN DER WOUDE, FOHRER, GESE, NICHOLSON), einige Texte, die für unsere Kenntnis der Herkunft der Jahwereligion und ihrer Übernahme durch die Israeliten das größte Gewicht haben; auch Mose, dessen Flucht nach Midian und dortige Verheiratung schwerlich erst späteres Verbindungselement zwischen verschiedenen Traditionen (GUNNEWEG) ist, läßt sich aus ihnen kaum eliminieren. Unter ihnen steht die Sinaiperikope voran, bei J ein keineswegs überdurchschnittlich langes Einzelstück über die Theophanie Jahwes vor dem Volk, das an seinen Berg gekommen ist; eine auch nur kurze Gebotsmitteilung läßt sich für diese Gestalt der später dann so gewaltig ausgeweiteten und der Wissenschaft auf mehreren Ebenen rätselvollen Perikope noch nicht erweisen.

§ 17 Die Grundformen der Überlieferung

E. NIELSEN, Oral Tradition. A Modern Problem in OT Introduction, 1954, ²1956; R. C. CULLEY, An Approach to the Problem of Oral Tradition, VT 13, 1963, 113–125; DERS., Oral Formulaic Language in the Psalms, NMES 4, 1967.
K. BUDDE, Das hebr. Klagelied, ZAW 2, 1882, 1–52; G. HÖLSCHER, Elemente arab., syr. und hebr. Metrik, BZAW 34, 1920, 93–101; J. BEGRICH, Zur hebr. Metrik, ThR NF 4, 1932, 67–89; F. HORST, Die Kennzeichen der hebr. Poesie, ThR NF 21, 1953, 97–121; S. MOWINCKEL, Zum Problem der hebr. Metrik, Fs. A. BERTHOLET, 1950, 379–394; S. SEGERT, Vorarbeiten zur hebr. Metrik, ArOr 21, 1953, 481–542; 25, 1957, 190–200; DERS., Problems of Hebrew Prosody, VTS 7, 1960, 283–291; R. C. CULLEY, Metrical Analysis of Classical Hebrew Poetry, in: Essays on the Ancient Semitic World, ed. J. W. Wevers a. o., 1970, 12–28.
H. GUNKEL, Das Märchen im AT, RV II, 23–26, 1921; O. EISSFELDT, Die kleinste lit. Einheit in den Erzählungsbüchern des AT (1927), Kl. Schr. I, 143–149; I. L. SEELIGMANN, Hebr. Erzählung und bibl. Geschichtsschreibung, ThZ 18, 1962, 305–325; C. WESTERMANN, Arten der Erzählung in der Gen (1964), Ges. St. I, 9–91; K. KOCH, Was ist Formgeschichte? Neue Wege der Bibelexegese, 1964, ³1974; R. SMEND, Elemente at. Geschichtsdenkens, ThSt (B) 95, 1968; B. O. LONG, The Problem of Etiological Narrative in the OT, BZAW 108, 1968; B. S. CHILDS, The Etiological Tale Re-Examined, VT 24, 1974, 387–397; R. C. CULLEY, Studies in the Structure of Hebrew Narrative, 1976.
J. HEMPEL, Die isr. Anschauungen von Segen und Fluch (1925), Apoxysmata, 1961, 30–113; H.-J. ZOBEL, Stammesspruch und Geschichte, BZAW 95, 1965.
A. ALT, Die Ursprünge des isr. Rechts (1934), Kl. Schr. I, 278–332; J. BEGRICH, Die priesterl. Tora (1936), Ges. St. 232–260; H. GESE, Beobachtungen zum Stil at. Rechtssätze, ThLZ 85, 1960, 147–150; H. GRAF REVENTLOW, Kultisches Recht im AT, ZThK 60, 1963, 267–304; G. FOHRER, Das sog. apodikt. formulierte Recht und der Dekalog (1965), St. zur at. Theologie und Geschichte, 1969, 120–148; E. GERSTENBERGER, Wesen und Herkunft des »apodiktischen Rechts«, WMANT 20, 1965; R. HENTSCHKE, Erwägungen zur isr. Rechtsgeschichte, ThViat 10, 1966, 108–133; W. RICHTER, Recht und Ethos. Versuch einer Ortung des weisheitl. Mahnspruches, StANT 15, 1966; H. SCHULZ, Das Todesrecht im AT. St. zur Rechtsform der Mot-Jumat-Sätze, BZAW 114, 1969; G. LIEDKE, Gestalt und Bezeichnung at. Rechtssätze, WMANT 39, 1971; H. J. BOECKER, Recht und Gesetz im AT und im Alten Orient, NStB 10, 1977; W. SCHOTTROFF, Zum at. Recht, VF 22, 1977, 3–29.

1. Es hat *mündliche und schriftliche Überlieferung* gegeben. Wir kennen die erste nur durch Vermittlung der zweiten und können sie uns nur noch ungefähr vorstellen. Die Grenze zwischen beiden war fließend und darf nicht allzu prinzipiell genommen werden. Im ganzen ging die Mündlichkeit voran. Das bedeutet aber weder, daß es nicht schon früh Schriftliches gegeben haben wird, noch, daß dieses allmählich die Alleinherrschaft gewonnen hätte.

Für eine frühe Verbreitung der Schreibkunst auch außerhalb berufsmäßigen Schreibertums pflegt man den jungen Mann anzuführen, der nach Ri 8,14 dem Gideon die Stadthäupter von Sukkot aufschrieb. Kurze Texte konnten in Felswände, auf Tafeln aus Stein oder auch Holz oder auf Tonscherben (Ostraka) eingegraben bzw. geschrieben werden (vgl. die Schiloach-Inschrift um 700 v. Chr.; Ex 34,1; Hab 2,2; die Ostraka von Samaria aus dem 8., die von Lachisch aus dem Anfang des 6. Jh. v. Chr.), längere, also auch die bibl. Bücher, auf Rollen von Papyrus, Leder oder in späterer Zeit Pergament (vgl. Jer 36; Ez 2,9–3,3). Man schrieb dabei mit Tinte (Jer 36,18) und einem Schreibrohr. Die Schrift war zunächst die von den Kanaanäern übernommene »althebr.«, in nachexil. Zeit fortschreitend die »jüd.-aram.« »Quadratschrift«, die für die kanon. Texte alleinige Geltung gewann. Für die Aufbewahrung der Dokumente verwendete man Tonkrüge (vgl. Jer 32,14). Der Aristeasbrief kennt um 100 v. Chr. mit goldener Schrift beschriebene Tora-Rollen, bei denen das Pergament »für das Auge nicht wahrnehmbar aneinandergefügt« ist (176). Das eindrucksvollste Beispiel aus alter Zeit besitzen wir in der ledernen Jesajarolle aus Qumran (1QIsᵃ), die 26 cm hoch und 7,34 m lang ist, aus 17 aneinandergenähten Blättern mit insgesamt 54 Kolumnen besteht und in einem Tonkrug aufbewahrt wurde.

Je umfangreicher eine Komposition ist, um so sicherer haben wir mit der Schriftlichkeit zu rechnen. Vollends gilt das natürlich für ein von vornherein als Einheit konzipiertes größeres Werk wie die Erzählung von der Thronfolge Davids 2 Sam 9–20; 1 Kön 1f., die in der frühen Königszeit abgefaßt wurde. Daß danach noch mündliche Überlieferung entstehen konnte, zeigt ein Blick auf die prophet. Literatur und die Psalmen, nicht weniger aber auch auf das Erzählungsgut der späteren Jh.e.

Eine übergroße Rolle spielt die mündl. Tradition in der Sicht einer Reihe skandinav. Forscher, zu der auf dem Boden einer dort bereits länger verbreiteten Skepsis gegenüber der Literarkritik deutscher Provenienz H. S. Nyberg (Studien zum Hoseabuche, 1935) den Anstoß gab, die dann I. Engnell in seinem unvollendeten Einleitungswerk (Gamla Testamentet. En traditionshistorisk inledning, I, 1945) besonders konsequent vertrat und für die Nielsen den Beweis zu führen suchte. Danach ist das AT ganz überwiegend lediglich der späte, hauptsächlich nachexil., schriftl. Niederschlag einer lebendigen und nun in sich fertigen, sehr zuverlässigen mündl. Tradition, die auch nach der Schriftwerdung ihre Bedeutung nicht verlor. Vgl. im einzelnen das Referat bei D. A. Knight, Rediscovering the Traditions of Israel. The Development of the Traditio-Historical Research of the OT, with Special Consideration of Scandinavian Contributions, 1973.

2. Das AT enthält wie die meisten Literaturen *Poesie und Prosa*. In den beiden ersten Kanonteilen überwiegt die prosaische Erzählung, in den beiden letzten die Poesie. Meist gilt die poet. Form als die ältere; klassisch, wenngleich nur mit Vorsicht als ganz grobe Regel zu gebrauchen, ist die Entwicklungsreihe: gesungene Dichtung (Lieder) – rezitierte Dichtung (Sprüche, Ijob, Prophetie) – Erzählung (Gunkel).

Das wichtigste Kennzeichen der Poesie ist der sog. Parallelismus membrorum, der auch bei Israels Nachbarn begegnet. Es handelt sich um die enge Zusammengehörigkeit von jeweils zwei Halbzeilen, wobei die zweite die erste variiert, kontrastiert oder vervollständigt. R. Lowth unterschied danach in seinen klassischen Praelectiones academicae de sacra poesi Hebraeorum (1753) drei Typen: 1. den synonymen (»Wie soll ich verwünschen, den Gott nicht verwünscht? / Wie soll ich verfluchen, den Jahwe nicht verflucht?« Num 23,8), 2. den (in der Regel erst in späterer Literatur begegnenden) antithetischen (»Eine tüchtige Frau ist ihres Mannes Krone, / aber eine schandbare ist wie Wurmfraß in seinen Gebeinen« Spr 12,4) und 3. den synthetischen Parallelismus (»Besser eine Gemüsemahlzeit mit Liebe / als ein gemästeter Ochse mit Haß« Spr 15,17). Man hat noch 4. den klimaktischen Parallelismus hinzugefügt, bei dem die zweite Hälfte Worte der ersten wiederholt und die Aussage ergänzt (»Während durchzieht dein Volk, Jahwe / während durchzieht das Volk, das du erworben hast« Ex 15,16b).

Strittig ist die Frage der *Metrik*. Eine alte Überlieferung darüber gibt es nicht, und Josephus ist sicher im Unrecht, wenn er Mose das Meerlied (Ex 15,1–18) und das Moselied (Dtn 32,1–43) in Hexametern, also nach griech.-röm. quantitierender Art gedichtet haben läßt (Jos. Ant. II 16,4 § 346; IV 8,44 § 303). In der Wissenschaft stehen zwei Grundauffassungen einander gegenüber. Die eine (G. W. H. Bickell, Dichtungen der Hebräer, 1882/83; Hölscher, Mowinckel, Horst) nimmt ein alternierendes, die andere (J. Ley, Grundzüge des Rhythmus, des Vers- und Strophenbaues in der hebr. Poesie, 1875; Budde, B. Duhm, E. Sievers, Begrich) ein akzentuierendes System an. Nach dem einen, das aus der syr. Poesie genommen ist, wechseln ziemlich regelmäßig »jambisch« eine unbetonte und eine betonte Silbe, nach dem anderen »anapästisch« mit mehr oder weniger großer Variabilität eine, zwei oder drei unbetonte und eine betonte Silbe. Das zweite System hat schon wegen seiner größeren Elastizität mehr Anhänger. Sicherheit ist schon darum nicht zu gewinnen, weil wir die Aussprache des vormas. Hebräisch nur sehr unvollkommen kennen. Zudem hat man freie Hand, mit SEGERT einen Wechsel der Systeme zu vermuten.

Die häufigsten Metra in den meist durch eine Zäsur und den Parallelismus membrorum halbierten, gelegentlich auch ein- oder dreigliedrigen Zeilen sind 3+3 und 3+2, das von BUDDE beschriebene Metrum des Klageliedes. In Psalmen und Propheten begegnen auch Strophen. Neben den »Langversen« nimmt FOHRER in der Nachfolge E. BALLAS »Kurzverse« an, die er auch in Texten findet, die andere der Prosa zurechnen. Man darf das immerhin als Hinweis darauf nehmen, daß nicht nur zwischen mündlicher und schriftlicher Überlieferung, sondern auch zwischen Poesie und Prosa die Grenzen fließend sind.

3. Das Grundelement des Pentateuchs ist die *Erzählung*, und zwar die Einzelerzählung. Namentlich für die Genesis gilt: »die Individualität der einzelnen Erzählung ist das Wesentliche und das Ursprüngliche, der Zusammenhang ist Nebensache und erst durch die Sammlung und schriftliche Aufzeichnung hineingebracht« (WELLHAUSEN). »Je selbständiger eine Erzählung ist, je sicherer ist sie in alter Form erhalten«, formuliert entsprechend GUNKEL, der die Gattung in der Einleitung seines Genesiskommentars, auf die hier mit Nachdruck hingewiesen sei, klassisch beschrieben hat. Als »Beispiel einer uralten Sage, die fast gar keine Voraussetzungen hat«, nennt er die Erzählung von Hagars Flucht (Gen 16), »für die wir nur wissen müssen, daß es einen Mann Abraham und eine Frau Sara gibt; alles übrige sagt die Sage selber.«

Freilich geht wie in diesem Falle durch die Personen so in der großen Mehrzahl der Erzählungen durch eine ganze Reihe von Motiven der Horizont mehr oder weniger weit über den engeren Rahmen hinaus. Von da her hat EISSFELDT gegen die Priorität der Einzelerzählung Einspruch erhoben und als die »kleinste literarische Einheit« den »jeweiligen größeren Zusammenhang« postuliert, »dessen Ausdehnung durch Untersuchung des Horizontes der einzelnen Erzählungen festgestellt werden muß«; man kommt dann mindestens auf die Sagenkränze, wenn nicht auf die größeren Erzählungszyklen. In der Tat hat man, und zwar in der mosaischen Geschichte mehr als in der Genesis, auch mit von vornherein konzipierten Zusammenhängen zu rechnen, die nachträglich durch Einzelszenen ausgestaltet wurden; dies kann natürlich auch noch durch die Verfasser der großen Quellenwerke, ja durch die späten Redaktoren geschehen sein. Eine Generalregel für die Priorität hier oder dort gibt es nicht. Zugunsten der Erzählungen bleibt zu bedenken, daß sie uns kaum irgendwo noch in ihrer ursprüngl. Form vorliegen und daß zudem die Annahme nicht unberechtigt ist, sie seien großenteils in gleicher Umgebung und »aus gleichem Vorstellungskreise erwachsen« (WELLHAUSEN).

Viele der Erzählungen sind nur ungefähr zehn mas. Verse lang (gewesen) (Gen 9,20–27; 11,1–9; 12,10–20; 16; 28,10–22; 32,23–33). Daneben gibt es »ausgeführtere« (GUNKEL) etwa vom Umfang eines Kapitels (Gen 2f.; 4; 18; 27). Die Erzählungen haben Anfang und Ende, einen klaren, straffen Aufbau mit wenigen Szenen und Personen, die weniger durch Beschreibungen als durch ihre Handlungsweise charakterisiert werden. Der hebr. Erzählstil läßt die Vorgänge gern rasch und folgerichtig auseinander hervorgehen, indem er die finiten Verben im Erzähltempus durch »und« miteinander verbindet. Für Abwechslung sorgen Neueinführungen durch *wajᵉhî* »und es geschah«, durch Voranstellung eines Nomens, Wiederholungen oder auch Nachholungen und vor allem ein reicher Gebrauch der direkten Rede. Die erzählerischen Mittel lassen sich besonders gut im Vergleich von Paralleltexten wie Gen 12,10–20; 20; 26,1–11 studieren (vgl. KOCH; CULLEY, Studies).

Es ist üblich, nach Motiven und namentlich nach dem — den alten Erzählern freilich nicht in unserem Sinne bewußten und wesentlichen — Grade des Realitätsbezuges verschiedene erzählende Gattungen zu unterscheiden. Dabei ergibt sich zunächst eine große Zweiteilung in poet. und hist. Erzählungen (EISSFELDT) oder in erzählende und berichtende Gattungen (FOHRER). Im Pentateuch hat man es dann verständlicherweise fast nur mit der jeweils ersten Kategorie zu tun. Von ihren Untergruppen tritt der in Israels Umwelt so wichtige Mythos im Sinne von Göttergeschichte im AT ganz in den Hintergrund (vgl. Gen 6,1–4); myth. Denkformen sind freilich in Teilhabe und Überwindung allenthalben spürbar (vgl. etwa H.-P. MÜLLER, Myth. Elemente in der jahwist. Schöpfungserzählung, ZThK 69, 1972, 259–289). Auch Märchen als solche begegnen nicht, wenngleich manche Märchenmotive verwendet sind. Ausgeführte Erzählungen wie die Josefsgeschichte oder das Buch Rut werden gern Novellen genannt. Auf den Großteil der Erzählungen, namentlich im Pentateuch, paßt der Begriff der Sage, den bes. GUNKEL verwendete (»Die Genesis ist eine Sammlung von Sagen«). Er überschneidet sich mit einem bestimmten Sprachgebrauch von »Legende« (»Kultlegende«). — Eine Einteilung nach dem Inhalt schlägt WESTERMANN vor: Erzählungen von Schuld und Strafe, Verheißungserzählungen usw. Vgl. auch schon GUNKEL: Ursagen, Vätersagen, Sagen von einzelnen Volkshelden.

Viele Erzählungen sind Ätiologien oder enthalten, häufig als Nachträge, ätiologische Motive. Eine Ätiologie gibt für einen Tatbestand die αἰτία oder das αἴτιον an; sie leitet ihn von einem Ereignis der Vergangenheit her, das ihn, wie es oft geradezu formelhaft heißt, »bis auf diesen Tag« hervorgerufen hat. So zeugt der betrunkene Lot mit seinen Töchtern den Moab (Anklang an me'āḇ »vom Vater«) und den bæn-'ammî »Sohn meines Verwandten«, den »Vater der Ammoniter bis auf diesen Tag« (Gen 19,30–38) – eine ethnolog. Ätiologie (EISSFELDT: Stammes- und Volkssage) und gleichzeitig eine etymologische, die das Vorhandensein und die Namen der beiden ostjordan. Nachbarvölker erklärt. Von beiden Typen der Ätiologie ist die Genesis voll. GUNKEL nennt daneben die geolog. Ätiologie (EISSFELDT: Orts- oder Natursage; Gen 19 als Erklärung für den schaurigen Zustand der Gegend um das Tote Meer) und vor allem die wichtige Gruppe der Kultussagen bzw. Kultlegenden (ἱεροὶ λόγοι), die kultische Einrichtungen und Gebräuche, vor allem aber die Heiligkeit der hl. Stätten erklären – dies damit, daß dort eine göttliche Erscheinung stattgefunden hat, vgl. Gen 28,10–22 (Bet-El); 32,23–33 (Penuel). Da die Israeliten die heiligen Stätten in der Regel von den älteren Landesbewohnern übernahmen, wird nicht selten schon ein kan. ἱερὸς λόγος im Hintergrund stehen, der dann auf Jahwe und Israel übertragen wurde. Die Ätiologie geht in diesen Fällen besonders deutlich über eine bloße Erklärung hinaus, sie liefert den Nachweis der Legitimität. In einem weiteren Sinne ist auch die Schöpfungsgeschichte, die ganze Urgeschichte und schließlich der Pentateuch selbst Ätiologie: für die conditio humana in dieser Welt und für Israels Existenz und Besonderheit unter den Völkern, dafür, daß es Jahwes Volk und daß Jahwe sein Gott ist. Hierhin gehört auch, uns krampfhaft anmutend, aber für die Legitimität im wörtlichsten Sinne offenbar unerläßlich, die Zurückführung aller in Israel geltenden Gesetze auf Mose.

Hatten etwa die lokalen Kultsagen ihren Sitz im Leben zunächst je an ihrem Ort, so gingen sie doch im Laufe der Zeit, spätestens bei der Eingliederung in Sagenkränze und Erzählungszyklen in die allgemeine volkstümliche Überlieferung ein. Dabei verloren sie ihre ursprüngl. Pointe, oder diese wurde doch zur Nebensache zugunsten dessen, was die Erzählung nun in einem größeren Zusammenhang und einem weiteren Kreise sagen sollte. Ihr Sinn wurde noch mehr, als er das schon von vornherein gewesen war, und dann fortschreitend bei fortschreitender Theo-

logisierung, ein paradigmatischer, der von Beispielen und Anschauungsmaterial dafür, wie es zwischen Gott und den Menschen und zwischen den Menschen zugegangen ist und zugeht.
Über solcher Funktionsbestimmung darf aber zweierlei nicht vergessen werden. Einmal daß die Erzählungen wirklich geschehene Geschichte geben wollen, und zwar in ihrer Weise gültige, normative, verpflichtende Geschichte. Sodann daß unter alledem die Erzählfreude nicht gelitten hat, im Gegenteil. Der Zauber dieser kleinen und großen Werke in ihren lapidaren Grundformen und den breiten novellistischen Ausführungen ist bis heute nicht vergangen. In ihnen verrät sich hohe Kunst, bei aller Volkstümlichkeit weithin wohl die Kunst eines besonderen Standes von Geschichtenerzählern (GUNKEL).
4. Die große Masse der *Sprüche und Lieder* innerhalb des AT findet sich in den späteren Kanonsteilen: die Sprüche der Propheten und die der Weisen, die Psalmendichtung und die Liebeslyrik. Aber einige wichtige Texte aus diesem Bereich enthält auch der Pentateuch, ebenso wie die auf ihn folgenden Geschichtsbücher. Wenn die Personen in den Erzählungen dieser Schriften in poetischer Form sprechen, dann ist das oft mehr als ein bloßes Stilmittel, zumindest ist es in den von ihnen verwendeten Gattungen von Hause aus mehr gewesen: fest geformte, besonders intonierte, rhythmische Rede hat mehr Gewicht, größere Macht als andere, zumal wenn bestimmte befugte Menschen die Sprecher sind.
Die Anlässe für solches Reden oder auch Singen sind mannigfach. Es gibt das Arbeitslied (Num 21,17 f., »Brunnenlied«), das Liebes- und Hochzeitslied (Hld), das Abschiedslied (vgl. Gen 31,27, dort auch Instrumente genannt), den Prahlspruch (Gen 4,23 f.), die Leichenklage (vgl. Gen 50,10; 1 Sam 25,1; Beispiele 2 Sam 1,19–27; 3,33 f.). Ein wichtiger Anlaß für Sprüche und Lieder ist der Krieg, vgl. die Losung gegen die Amalekiter Ex 17,16, die »Ladesprüche« Num 10,35 f., den (beschwörenden?) Spruch über den Stillstand von Sonne und Mond in Gibeon und im Tale Ajalon Jos 10,12, vor allem aber die Siegeslieder, die besonders von den Frauen mit Tänzen und Instrumenten gesungen wurden (Ex 15,20; Ri 11,34; 1 Sam 18,6): den »Spruch« über das zerstörte Heschbon Num 21,27–30, das Siegeslied der Philister über Simson Ri 16,23 f. (mit Endreim -enû?) und die beiden Hauptbeispiele, das Mirjamlied Ex 15,21 und sein großes Gegenstück, das Deboralied Ri 5; beide gehören, wie auch das »Meerlied« Ex 15,1–18 und das »Moselied« Dtn 32,1–43, in den Bereich der religiösen Lyrik (s. § 40).
Eine alte Sammlung solcher Stücke war offenbar das »Buch der Kriege Jahwes« (Num 21,14), eine andere das »Buch des Aufrechten« (Jos 10,13; 2 Sam 1,18), eine dritte möglicherweise das »Buch des Liedes« (1 Kön 8,13 LXX; nach manchen mit dem »Buch des Aufrechten« identisch, da das von LXX vorausgesetzte *haššîr* leicht durch Konsonantenvertauschung aus *hajjāšār* entstanden sein kann).
Eine der wichtigsten Quellen für unsere Kenntnis des ältesten Israel sind die sog. Stammessprüche, die in den beiden Sammlungen des Jakobsegens (Gen 49) und des Mosesegens (Dtn 33, mit psalmenartigem Anfang und Schluß) zusammengestellt und von denen einige weitere im Deboralied (Ri 5,14–18) verwendet sind. Es handelt sich um epigrammartige, lobende, tadelnde, auch spottende Charakteristiken der Stämme in verschiedener Form und aus verschiedener Zeit. Die Gattung und die Mehrzahl der erhaltenen Sprüche setzen das Leben der Einzelstämme voraus, wie es nach der Staatenbildung allmählich abstarb. Die ältesten Sprüche sind kurz und profan; sie sprechen vom Stamm, nicht von seiner Per-

sonifikation, dem Stammvater. Neben einfachen Aussagen (Gen 49,20) stehen Bildworte, die überwiegend auf nomadische Verhältnisse bzw. deren Tradition führen (Gen 49,9.14.17.21.22.27; Dtn 33,22), und Wortspiele mit dem Stammesnamen (Gen 49,13[?].16.19). Die Sprüche des Mosesegens sind fast durchweg religiös, haben oft die Form des Gebets. Einige Male wird der Stammvater als Person angeredet und verflucht (Gen 49,3 f.) oder gesegnet (Gen 49,8.25 f.).
Zu Segen und Fluch, Redeweisen magischen Ursprungs, die Heil oder Unheil zusprechen, ist der Stammvater vor seinem Tode besonders befähigt (vgl. Gen 27,27–29.39 f.; 48,20; aber auch 9,25–27). Doch wird in vielen Situationen und von vielen Menschen gesegnet und geflucht, vgl. bes. den Abschiedssegen (Gen 24,60 u. ö.). Die Redegattung ist vor allem in den Kultus eingegangen, mit den Priestern als Sprechern (Hauptbeispiel der dreigliedrige »aaronitische Segen« Num 6,24–26). Als eine mit der Macht wirksamen Segens und Fluchs besonders begabte Person (vgl. Num 22,6 b) erscheint der Nichtisraelit Bileam, der Israel verfluchen soll, es aber segnet. Die ihm zugeschriebenen Sprüche (Num 24,3–9.15–19, ohne Bezug auf die Bileamerzählung, danach im Zusammenhang mit der Erzählung sekundär gebildet 23,7–10.18–24) gehören in dieselbe Kategorie wie die Stammessprüche; sie scheinen bereits das Königtum vorauszusetzen (24,7 Saul, vgl. 1 Sam 15; Num 24,17–19 David).
5. Unter den *Rechtssätzen* hat ALT zwei Gattungen zu unterscheiden gelehrt, die kasuistisch und die apodiktisch formulierten Sätze.
Ein kasuist. Satz ist Ex 21,18 f.: »Gesetzt *(kî)* Männer streiten und einer schlägt den anderen mit einem Stein oder mit der Faust, und der stirbt nicht, wird aber bettlägerig – wenn *('im)* er wieder aufkommt und auf seinen Stock gestützt draußen umhergeht, dann bleibt der, der ihn schlug, straffrei; nur sein Daheimbleiben und seine Heilung muß er bezahlen.« Ein ausführlicher Vordersatz, in dem *kî* die weitere und *'im* die engere Bedingung einführt (vgl. deren Auffächerung in 21,8–11), beschreibt genau den Rechtsfall, der anschließende mehrgliedrige Hauptsatz die Rechtsfolge. Es wird nur in der 3. Person gesprochen. Diese Art von Sätzen, die unter der Überschrift *mišpāṭîm* (Ex 21,1) die erste Hälfte des Bundesbuches ausmacht, sich aber auch anderwärts findet, liefert die Maßstäbe für die schlichtende Rechtsprechung der normalen Laiengerichtsbarkeit, deren wichtigster Ort das »Tor« war. Die Gattung ist nicht spezifisch israelitisch, sondern Grundbestandteil der altorientalen. Rechtskultur überhaupt. Man kann sich das leicht veranschaulichen durch die Lektüre einiger Proben aus den in ANET 159–198 (vgl. auch AOT 380–431) zusammengestellten mesopotam. und hetit. Gesetzessammlungen des 2. und 1. Jt.s v. Chr., darunter dem berühmten Kodex des bab. Königs Hammurapi (1728–1686). Daß das kasuist. Recht Israels unmittelbar aus jenen Regionen entlehnt wäre, ist nicht erweisbar und auch nicht wahrscheinlich. Es wurde den Israeliten wohl durch die kan. Vorbewohner Palästinas, von denen uns keine Rechtsbücher erhalten sind, vermittelt (ALT). Neue Rechtsfälle und Entscheidungen führten gewiß zu Weiterbildung und Ergänzung (vgl. LIEDKE).
Unter dem Begriff des apodikt. Rechts faßte ALT drei in Reihen auftretende Typen kurzer, wohl rhythmisch geformter Sätze zusammen, die der Sache nach »kategorische Prohibitive« sind. Bei den beiden ersten Typen ist das Prädikat, das dem die Rechtsfolge umschreibenden Nachsatz der kasuist. Sätze entspricht, immer gleich; es heißt im einen Fall, nachgestellt, *môt jûmāt* »der ist hinzurichten« (durch Steinigung: Lev 20,2; vgl. auch Ex 21,17 mit Dtn 21,18–21), im anderen, vorangestellt, *'ārûr*. Die Subjekte, die die hinzurichtenden bzw. verfluchten Menschen bezeichnen, haben die Form eines Partizips mit Objekt oder

adverbialer Bestimmung. Die Reihe der todeswürdigen Verbrechen ist nur verstreut und mit vielen Erweichungen des Stils erhalten (Ex 21,12.15–17; 22,18.19[?]; 31,15 b; Lev 20,2.9–13.15 f.27; 24,16 f.; 27,29), die der fluchwürdigen steht geschlossen zwölfgliedrig in Dtn 27,15–26. Anders der dritte Typus. Hier handelt es sich um direkte Verbote in der scharfen Form der mit lo' verneinten 2. Person Singular Impf. Vier Reihen sind erkennbar. Die erste betrifft das Verhalten gegenüber bestimmten Personen (Ex 22,27 a.b.20.21.17), die zweite dasjenige in der Gerichtsbarkeit (Ex 23,1–3.6–9), die dritte den unerlaubten Geschlechtsverkehr mit Verwandten (Lev 18,7–17), die vierte, der Dekalog, in vielseitigerer Formulierung, darunter auch der des positiven Gebots, das Ganze des Lebens (Ex 20,2–17; Dtn 5,6–21). Die Sphäre, die die apodikt. Sätze schützen sollen, ist im allg. eine andere als die, auf die sich die Regelungen des kasuist. Rechts beziehen. So geht es in der Reihe der todeswürdigen Verbrechen um Sakrales und damit Zusammenhängendes, in der Reihe der fluchwürdigen Verbrechen um geheime Taten, die der normalen Gerichtsbarkeit in der Regel entzogen sind. Nur die schwersten Vergehen werden aufgeführt, leichtere Formen und Einzelheiten vernachlässigt, die Verbote nennen keine Strafen. Hinter der Anrede an das isr. Du steht das Ich Jahwes selbst. Das apodikt. Recht ist »volksgebunden israelitisch und gottgebunden jahwistisch«, es stammt nicht aus der Umwelt, sondern aus Israel. Sein Sitz im Leben ist nicht die normale Gerichtsbarkeit, sondern der sakrale Bereich: die Satzreihen wurden alle sieben Jahre beim Laubhüttenfest vor der Volksgemeinde verlesen (vgl. Dtn 27,11–26 und 31,9–13, wo der Brauch auf das Dt ausgeweitet ist).

Der heutigen Forschung kommt Alts Bild vom apodikt. Recht zu einfach vor. Die aufgeführten Typen von Sätzen – bei denen, gegen Alt, öfters der Einzelsatz die Priorität vor der Reihe haben dürfte – sind unter sich doch recht verschieden, nur das Gegenüber zu den kasuist. Sätzen motiviert ihre Zusammenfassung. Aber auch dieses Gegenüber hat Unterschiede. Vom kasuist. Recht am weitesten entfernt sind die in 2. Person formulierten Verbote, die Prohibitive im eigentlichen Sinn. Dagegen haben die Satzreihen über todes- und fluchwürdige Verbrechen durchaus gleiche Struktur wie die kasuist. Sätze; auch sie geben, wenngleich in kürzerer Form und mit monotoner Wiederholung des einen Gliedes, jeweils ein Vergehen und dessen Bestrafung an. Haben wir prinzipiell die gleiche Art von Recht vor uns (Fohrer: »kasuistisches Recht in apodiktischer Formulierung«), nur daß die »apodiktische« Partizipialwendung eine Verkürzung der »kasuistischen« Konditionalsatzperiode (Gese) oder umgekehrt die Konditionalsatzperiode eine Erweiterung der Partizipialwendung (Gerstenberger) wäre? Doch nimmt mindestens die Fluchreihe eine Sonderstellung schon darum ein, »da eine Verfluchung normalerweise die Rechtsfolge nicht darstellen, sondern nur begleiten kann« (Gese). Auch das »Todesrecht« der Reihe todeswürdiger Verbrechen scheint nicht einfach Bestandteil des normalen Verfahrens der Rechtsgemeinde zu sein (Schulz). Zudem erwecken die »apodiktischen« Sätze in stärkerem Maße den Eindruck einer hinter ihnen stehenden gebietenden Autorität als die kasuistischen, die auf überlieferte Urteile der Rechtsgemeinde zurückzugehen scheinen (Liedke); dementsprechend einmal eine Gattungsbezeichnung ḥoq (von ḥqq »einritzen, festsetzen, bestimmen«)? Freilich fragt sich, ob diese Autorität von vornherein Jahwe gewesen ist (Liedke: zunächst wohl der pater familias), und das fragt sich ebenso bei den Verboten (und Geboten) in Anredeform, deren Unterschiedenheit vom kasuist. Recht nicht demonstriert zu werden braucht. Eigentliches Recht liegt hier offenbar nicht vor, eher »Lebens- und Verhaltensregeln in apodiktischer Formulierung« (FOHRER) mit nächsten Analogien im weisheitl. Mahnspruch, so daß man als ihre Heimat ein »Sippenethos« mit dem Sippenvater als lehrendem Sprecher (GERSTENBERGER) oder weniger eng ein »Gruppenethos« (RICHTER) angenommen hat. Auch was den genuin isr. Charakter der »apodiktischen« Redeformen angeht, ist Zurückhaltung geboten. Die Umwelt liefert immer wieder Analogien, was nicht verwundern kann, da es sich um Grundformen menschlicher Rede handelt; die Herkunft aus nicht- und vorkan., nomadischem Milieu liegt hier immerhin in vielen Fällen besonders nahe. Was dagegen verwundert und was nun doch spezifisch isr. ist, sind die Kraft und die Konsequenz, mit der das alles – unter Einschluß endlich auch des kasuist. Rechts – auf Jahwe und Israel bezogen, der Willensoffenbarung Jahwes an Israel eingeordnet wurde. Für Israels Anfänge läßt sich über ein »kultisches Recht« (REVENTLOW) wenig Sicheres sagen; im fertigen Pentateuch gibt es kein Recht, das nun nicht in einem weiteren Sinne kultisch genannt werden könnte.

Die Schwierigkeiten, die der Gegenstand für den Historiker bereithält, zeigen sich konzentriert in der uferlosen Diskussion über den für die jüd.-christl. Tradition gewichtigsten Einzeltext, den *Dekalog*. Vgl. die Forschungsberichte von L. KÖHLER, ThR NF 1, 1929, 161–184, und J. J. STAMM, ebd. 27, 1961, 189–239. 280–305, seitdem bes. E. NIELSEN, Die zehn Gebote, AThD 8, 1965; W. H. SCHMIDT, Überlieferungsgeschichtliche Erwägungen zur Komposition des Dekalogs, VT.S 22, 1972, 201–220. Der Text liegt in Ex 20,2–17 und Dtn 5,6–21 in zwei Fassungen vor, die allerlei kleinere Unterschiede aufweisen (Einfügungen in der Dtn-Fassung: »wie Jahwe, dein Gott, dir geboten hat« im Sabbat- und Elterngebot, Ruhe von Rind und Esel sowie Wohlergehen von Sklave und Sklavin im Sabbatgebot, »und damit es dir gut gehe« im Elterngebot; Begründung des Sabbatgebots mit dem Hinweis auf Gottes Ruhe nach der Schöpfung gemäß P in Ex, auf die Errettung aus der ägypt. Sklaverei in Dtn; u. a.). Die Gebote sind z. T. in dt-dtr Stil erweitert, so bereits die beiden ersten gemeinsam durch Ex 20,5 f. (Dtn 5,9 f.). Man hat oft versucht, durch Streichung solcher Zusätze und etwa auch durch formale Vereinheitlichung (ALT: durchweg Prohibitive) einen »Urdekalog« herzustellen, der sich leichter als die jetzige(n) Fassung(en) in alte Zeit, womöglich gar auf Mose zurückführen ließe. Doch das ist ein heikles Unternehmen. Selbst eine derart gereinigte Fassung konnte ALT (freilich von seiner Voraussetzung formaler und inhaltlicher Gleichartigkeit der apodikt. Satzreihen her) nur einem Spätstadium innerhalb der Geschichte der Gattung zuordnen. Darüber hinaus fragt sich aber, ob jene Zusätze bereits sicher den fertigen Dekalog voraussetzen, dessen 1. Gebot immerhin in seiner Formulierung auffällig mit der dt-dtr Theologie übereinstimmt; und ist die Präambel sicher alt? Besonders frühe Zeugnisse für die Existenz des Dekalogs besitzen wir nicht; daß in Hos 4,2 auf ihn angespielt würde, ist ganz fraglich (anders dann Ps 81,10 f.). Er hat auch kaum in die älteste Sinaierzählung hineingehört, und die Vermutungen, die man seit S. MOWINCKEL (Le Décalogue, 1927) über seine Rolle im Kultus des alten Israel angestellt hat, sind ohne Beweis geblieben. Der Inhalt der Einzelgebote sperrt sich gegen eine genauere Datierung. WELLHAUSEN gab der bis in seine Zeit aus begreiflichen Gründen kaum angefochtenen Zuschreibung an Mose den Abschied mit der Erklärung, der Dekalog von Ex 20 verhalte sich zu dem »kultischen Dekalog« in Ex 34,10–26 »wie Amos zu seinen Zeitgenossen«; er neigte zu einer Herleitung aus dem 7. Jh., als ein Zeugnis des prophet. Geistes. Es fragt sich freilich, ob man in Ex 34,10–26 einen genuinen Dekalog und nicht vielmehr mit ALT ein »sekundäres Mischgebilde« zu sehen hat, das sich hier schon darum nicht heranziehen läßt. Zu diesem Text und den mit ihm zusammenhängenden weiteren Fragen vgl. jetzt die umfassende Monographie von J. HALBE, Das Privilegrecht Jahwes Ex 34,10–26, FRLANT 114, 1975.

Den einzelnen Formen des Rechts und ihren Bezeichnungen wurde in späterer Zeit der Begriff der *tôrāh* übergeordnet (vgl. die Voranstellung von Dtn 4,44 vor v.45, ferner dort v.8), der dann schließlich den ganzen Pentateuch umfaßte

(s. § 6,2). Sein Sinn war von Hause aus erheblich enger und vom normalen Recht noch weiter entfernt als die apodikt. Sätze. Die Erteilung von *tôrāh* war eine Hauptaufgabe der Priester (vgl. Dtn 33,10; Jer 18,18) und bestand in der Belehrung der Laien über kult. Fragen wie rein und unrein (Ez 44,23; Hag 2,10–14). Viel *tôrāh* in diesem Sinne, gemischt mit internem Berufswissen der Priester, findet sich in Lev 1–7; 11–15. Doch wird man auch schon die sakralrechtlichen Bestimmungen am Anfang und am Ende des Bundesbuches (Ex 20,24–26; 23,10–19) hierher rechnen dürfen. Auch der Form nach ist die *tôrāh* bzw. sind die einzelnen *tôrôṭ* (Lev 26,46) vielgestaltig. Der Priester spricht mit der höchsten Autorität, im Namen Jahwes; das »Ich bin Jahwe...« am Anfang des Dekalogs (Ex 20,2) stammt aus dem priesterl. Bereich (H, Ez, P; vgl. W. ZIMMERLI, Ich bin Jahwe [1953], Gottes Offenbarung, 1963, 11–40). Die Subsumierung des gesamten Gesetzesstoffes unter die *tôrāh* kam kaum von ungefähr. Sie entsprach gewiß auch der Rolle des Priestertums bei der Herstellung der Rechtsbücher und ihrer Interpretation. Und nicht zum wenigsten daran wird es liegen, daß alles Recht im Pentateuch nun so unzweideutig Jahwes Recht ist.

C. Die Früheren Propheten

Kommentare: Jos-Kön: H. GRESSMANN (SAT) 1910, ²1922/23; Jos-Sam: H. W. HERTZBERG (ATD) 1954/56 (⁵1973/74); Jos: C. STEUERNAGEL (HK) 1899, ²1923; M. NOTH (HAT) 1938, ²1953 (³1971); J. A. SOGGIN (CAT) 1970. (OTL) 1972; Ri: K. BUDDE (KHC) 1897; G. F. MOORE (ICC) 1895, ²1898 (⁸1966); Sam: K. BUDDE (KHC) 1902; H. J. STOEBE (KAT) I 1973; Kön: R. KITTEL (HK) 1900; J. A. MONTGOMERY – H. S. GEHMAN (ICC) 1951; M. NOTH (BK) I 1968; J. GRAY (OTL) 1964, ³1977; E. WÜRTHWEIN (ATD) I 1977. J. WELLHAUSEN (s. § 1,2); M. NOTH, Überlieferungsgeschichtl. Studien. SKG.G 18,2, 1943 (⁴1973).

I. Die Redaktionen

§ 18 Die Bücher Josua, Richter, Samuel, Könige

1. Der *Inhalt* dieser Reihe von Büchern ist die Geschichte von der Einsetzung des Josua als Nachfolger des Mose bis zum bab. Exil, also der Zeitraum eines guten halben Jt.s. Die Masse des Stoffes verteilt sich folgendermaßen auf die Bücher:
Jos: Eroberung des Westjordanlandes (1–12), Verteilung des Landes (13–21), letzte Ermahnungen und Tod Josuas (22–24, darin 22,9–34 Altarbau der ostjordan. Stämme am Jordan).
Ri: Inbesitznahme des Landes (1,1–2,5), Richtergeschichten (2,6–16,31), das danit. Heiligtum und die Schandtat von Gibea (17 f.; 19–21).
Sam: Samuel (I 1–7), Sauls Königtum (I 8–15), Saul und David (I 16–31), Davids Königtum (II 1–24).
Kön: Salomos Königtum (I 1–11), die getrennten Reiche Israel und Juda bis zur Einnahme Samarias durch die Assyrer 722 (I 12–II 17), Juda bis zum bab. Exil (II 18–25).
2. Die Einteilung in *Bücher* geht wie beim Pentateuch auf nachträgliche Redaktion zurück, wie das Fortlaufen der Erzählung über die Buchgrenzen hinweg und zahlreiche Verbindungen zwischen den Büchern zeigen.

Am jüngsten ist die Unterteilung der Bücher Sam und Kön in je zwei Bücher; sie stammt aus der LXX (und 𝔙) und ist von dort erst im 15./16. Jh. in die hebr. Handschriften und Drucke übernommen worden, die für Sam und Kön nur je eine Schlußmasora haben. Die vier Bücher heißen in LXX »Bücher der Königtümer« (βασιλειῶν Α′–Δ′), in 𝔙 »Bücher der Könige« (Regum I–IV).
Ein Anhaltspunkt für relativ hohes Alter der grundlegenden Einteilung in Bücher wäre gegeben, wenn, wie meist angenommen, gewisse Kapitel am Ende einzelner Bücher als später hinzugefügte Nachträge erweislich wären: Ri 17–21 und 2 Sam 21–24; doch dürfte es sich beide Male um ursprüngliche bzw. frühe Bestandteile des dtr Geschichtswerkes handeln. Sollte Ri 1,1–2,5 als Einleitung für das selbständige Richterbuch konzipiert sein, ließe sich an dieser Stelle die Einteilung in Bücher möglicherweise mit der Geschichte der dtr Redaktionen koordinieren (s. § 19,3 c). Für die Einteilung liefert die Chronik, die das dtr Geschichtswerk insgesamt benutzt, keinen Anhaltspunkt.

3. Die Einsicht in den Zusammenhang der Prophetae priores untereinander, aber auch mit dem Pentateuch erfordert für die *Entstehung des Ganzen* von vornherein eine andere Erklärung, als die jüd. Tradition (s. § 2,3) sie bietet. Eine solche Erklärung wurde von SPINOZA gegeben (s. § 7,2); die seitherige Wissenschaft steht, mag sich inzwischen für sie noch so viel geändert haben, auch hier in seiner Nachfolge.

Im 19. Jh. stand die Forschung an den Prophetae priores weithin im Schatten – und im Dienst – der Pentateuchkritik. Es ist kein Zufall, daß man nach und nach versuchte, das Problem auch hier mit Hilfe derjenigen Methode zu lösen, die sich dort am besten bewährt hatte, nämlich mit der Urkundenhypothese, ja daß man in den Prophetae priores auch über Jos hinaus, öfters sogar bis in Kön hinein die Pentateuchquellen J und E (bzw. auch ihre Unterquellen) wiederfand (CORNILL, BUDDE, SMEND, EISSFELDT, HÖLSCHER, SCHULTE). Die Beobachtungen, die dabei zugrundelagen (Widersprüche, Dubletten, Gottesname Elohim), bleiben wertvoll; aber die Zusammenfügung der aus ihrer jetzigen Umgebung gelösten Einzelstücke zu durchlaufenden Erzählungsfäden und erst recht deren Gleichsetzung mit J und E ist ein gewaltsames Unternehmen gewesen, das vor allem auf der unbewiesenen Voraussetzung beruhte, die Pentateuchquellen müßten auch den Stoff dieser Bücher umfaßt haben. So wurde alsbald Kritik laut (KITTEL), und je länger desto mehr erwies sich (vgl. besonders die Kommentare von GRESSMANN zu Jos-Kön, von NOTH zu Jos), daß, in der Terminologie der Pentateuchkritik gesprochen, eine Fragmenthypothese (sehr oft in Kombination mit Ergänzungshypothesen) dem Tatbestand ungezwungener gerecht wird. Den Prophetae priores liegen nicht zwei oder drei durchlaufende Quellenschriften zugrunde, sondern eine größere Anzahl kleinerer Stücke und Sammlungen. Von dieser Einsicht her, die übrigens in mancher Hinsicht auch auf die Pentateuchforschung zurückwirkt, stellt sich um so dringender die Frage nach dem Band, das die Teile einigt.

§ 19 Das deuteronomistische Geschichtswerk

G. v. RAD, Die dtr Geschichtstheologie in den Königsbüchern (1947), Ges. St. I, 189–204; H.-J. KRAUS, Gesetz und Geschichte. Zum Geschichtsbild des Deuteronomisten (1952), Bibl.-theol. Aufsätze, 1972, 50–65; A. JEPSEN, Die Quellen des Königsbuches, 1953 (²1956); E. JENNI, Zwei Jahrzehnte Forschung an den Büchern Josua bis Könige, ThR NF 27, 1961, 1–32.98–146; H. W. WOLFF, Das Kerygma des dtr Geschichtswerks (1961), Ges. St. 308–324; W. RICHTER, Die Bearbeitungen des »Retterbuches« in der dt Epoche, BBB 21, 1964; M. WEINFELD, The Period of the Conquest and of the Judges as seen by the Earlier and the Later Sources, VT 17, 1967, 93–113; J. DEBUS, Die Sünde Jerobeams. St. zur Darstellung Jerobeams und der Geschichte des Nordreichs in der dtr Geschichtsschreibung, FRLANT 93, 1967; H. J. BOECKER, Die Beurteilung der Anfänge des Königtums in den dtr Abschnitten des 1. Samuelbuches, WMANT 31, 1969; R. SMEND, Das Gesetz und die Völker. Ein Beitrag zur dtr Redaktionsgeschichte, Fs. G. v. Rad, 1971, 494–509; W. DIETRICH, Prophetie und Geschichte. Eine redaktionsgeschichtl. Untersuchung zum dtr Geschichtswerk, FRLANT 108, 1972; H. WEIPPERT, Die »dtr« Beurteilungen der Könige von Israel und Juda und das Problem der Redaktion der Königsbücher, Bib. 53, 1972, 301–339; E. CORTESE, Lo schema deuteronomistico per i re di Giuda e d'Israele, Bib. 56, 1975, 37–52; DERS., Problemi attuali circa l'opera deuteronomistica, RivBib 26, 1978, 341–352; J. A. SOGGIN, Der Entstehungsort des dtr Geschichtswerkes, ThLZ 100, 1975, 3–8; T. VEIJOLA, Die ewige Dynastie. David und die Entstehung seiner Dynastie nach der dtr Darstellung, STAT 193, 1975; DERS., Das Königtum in der Beurteilung der dtr Historiographie, STAT 198, 1977.

1. Der *Zusammenhang* zwischen den Büchern Jos-Kön ist zunächst einfach der der fortlaufenden Erzählung.

Dieser Zusammenhang enthält eine *Chronologie*. Für die Königszeit nach Salomo handelt es sich dabei um die Regierungsjahre der Könige von Israel und Juda, die aus deren Annalen entnommen und bis Hiskija in synchronistische Beziehung zueinander gesetzt sind (1 Kön 15,1 f. usw.). Die davorliegende Zeit vom Auszug aus Ägypten bis zum Tempelbau unter Salomo wird in 1 Kön 6,1 mit 480 Jahren angegeben. Das soll offenbar eine Folge von 12 Perioden zu 40 Jahren bedeuten, wie denn in 1 Chr 5,29—34 von Aaron bis zu Ahimaaz, dem Zeitgenossen Davids, 12 aufeinanderfolgende Hohepriester aufgezählt werden (E. BERTHEAU im KeH zu Ri, 1845, ²1883; danach WELLHAUSEN u. a.; anders NOTH: die Zahl 480 ergab sich zufällig). Wie die 480 aus den in den vorhergehenden Büchern genannten Jahreszahlen addiert ist, läßt sich nicht mehr sicher ermitteln. Die Summe dieser Zahlen liegt erheblich höher als 480, so daß einige von ihnen nicht mitgezählt sein können. Welche das sind, darüber gehen die Meinungen auseinander. So lassen — um nur zwei Haupttypen zu nennen — manche Forscher im Gefolge von TH. NÖLDEKE (Die Chronologie der Richterzeit: Untersuchungen zur Kritik des AT, 1869, 173—198) die Fremdherrschaften aus, andere nach WELLHAUSEN die »kleinen Richter«, ohne damit alle Schwierigkeiten zu beheben. WELLHAUSEN erklärte nach verschiedenen Versuchen, man werde »die Hoffnung aufgeben müssen, den Schlüssel zu allen Details der künstlichen Rechnung zu finden«. Vgl. auch RICHTER 132—140 und G. SAUER, Die chronolog. Angaben in den Büchern Deut. bis 2.Kön., ThZ 24, 1968, 1—14.

Über den Erzählungszusammenhang hinaus gibt es auch mancherlei deutliche Querverbindungen. Ein Beispiel: nach der Zerstörung Jerichos spricht Josua einen Fluch über denjenigen aus, der die Stadt wieder aufbauen würde: er müsse das mit dem Leben seines ältesten und seines jüngsten Sohnes bezahlen (Jos 6,26). In 1 Kön 16,34 wird eben dies von Hiel aus Bet-El berichtet und dazu gesagt, es sei geschehen »nach dem Wort Jahwes, das er gesprochen hatte durch Josua, den Sohn des Nun«. Die Stelle ließ bereits DE WETTE daran denken, »daß beide Bücher, wo nicht Einen Verf. gehabt haben, so doch (wenn ich den Ausdruck brauchen darf) aus Einer Fabrik hervorgegangen sind«.

Die Querverbindungen erstrecken sich auf ganz zentrale Aussagen. Die Richterzeit ist nach einem Schema dargestellt, das damit zu beginnen pflegt, daß die Israeliten »das Böse in den Augen Jahwes« *(hāraʿ beʿênê jhwh)* tun (Ri 2,11; 3,7.12; 4,1; 6,1; 10,6; 13,1), woraufhin Jahwe sie in die Hand von Feinden gibt, aus der er sie, nachdem sie ihn um Hilfe gerufen haben, wieder errettet. »Das Böse in den Augen Jahwes« tun, so heißt es dann in Kön geradezu monoton, auch die meisten Könige der Reiche Israel und Juda, beginnend mit Salomo (1 Kön 11,6), endend mit Jojachin (2 Kön 24,19); nur von einigen wenigen wird gesagt, sie hätten »das Rechte *(hajjāšār)* in den Augen Jahwes« getan (1 Kön 15,5 usw.). Die Bücher Ri und Kön durchzieht also eine lange Reihe von Qualifikationen des menschlichen Handelns nach dem Maßstab des göttlichen Urteils, in Ri durchgehend, in Kön überwiegend mit dem immer durch dieselbe Formel ausgedrückten negativen Ergebnis. Eine derart fundamentale Übereinstimmung macht die Annahme eines lit. Zusammenhangs unausweichlich.

Dieser Zusammenhang liegt nicht auf der Ebene der eigentlichen Erzählung. Um diese handelt es sich ja weder bei der Doppelnotiz vom Fluch über den Wiedererbauer Jerichos noch bei jenen stereotypen Qualifikationen, die vielmehr in ein Schema gehören, das den Erzählungen erst hinzugefügt wurde. Wir haben also *nachträgliche Bearbeitung* vor uns.

2. Die Wissenschaft des 19. Jh.s erkannte und beschrieb diese Bearbeitung als *deuteronomistisch* (dtr). In der Tat liegt die Nähe zum Stil der dt Paränese und Geschichtsbetrachtung auf der Hand, ebenso wie bei der Redaktion des vorpriesterschriftl. Pentateuchs (s. § 11), ja noch auffälliger als dort. Lag dort eine ältere

Zusammenfassung der Tradition bereits in Gestalt von J (und E) vor, so mußte hier diese grundlegende Arbeit erst geleistet werden. Damit ging die Aufgabe der Bearbeitung über die bloße Redaktion erheblich hinaus. So hat sich NOTH gegen die Rede von der »dtr Redaktion« gewendet und einen Deuteronomisten »Dtr« postuliert, der »der Verfasser eines umfassenden Traditionswerkes gewesen ist, der die vorhandene Überlieferung zwar gewissenhaft aufgenommen und selbst zu Worte hat kommen lassen, aber doch auch von sich aus das Ganze geordnet und gegliedert und durch rück- und vorausblickende Zusammenfassungen systematisiert und gedeutet hat«.

Das dtr Geschichtswerk beginnt nach NOTHs These mit Dtn 1-3; Dtr hat den Rückblick des Mose auf die Wüstenwanderung dem ganzen Werk vorangesetzt als die erste jener »rück- und vorausblickenden Zusammenfassungen«, die meist in Form von Reden der führend handelnden Personen erfolgen. Die wichtigsten weiteren Texte dieser Art nach dem Dt, das dem ganzen Werk als Maßstab dient, sind nach NOTH Josuas Rede an die Ostjordanier (mit deren Antwort) Jos 1,12-18, die Aufzählung der Ergebnisse der Landnahme Jos 12, die Abschiedsrede Josuas an ganz Israel Jos 23, der Überblick über die Richterzeit Ri 2,11-19, die Rede Samuels an das Volk 1 Sam 12, die Rede und das Gebet Salomos nach der Vollendung des Tempelbaus 1 Kön 8,14-53 und schließlich der Rückblick nach dem Ende des Nordreichs Israel 2 Kön 17,7-23.

Das Werk von Dtr ist nach NOTH unbeschadet späterer Zusätze in diesem seinem Umfang als eine Einheit konzipiert und geschrieben worden.

Hiergegen hat sich Widerspruch erhoben. v. RAD und FOHRER konstatieren eine Verschiedenheit der dtr Geschichtstheologie in Ri (»zyklisch«) und Kön (»linear«) und ein weitgehendes Fehlen der dtr Bearbeitung zwischen 1 Sam 12 und 1 Kön 3; das lasse auf verschiedene dtr Hände in Ri und Kön schließen. Doch jene Verschiedenheit liegt nicht in der theol. Konzeption, sondern in dem Material, das sie zu bewältigen hatte. Was die Lücke in den Samuelbüchern angeht, so brauchte sie insofern nur wenig zu verwundern, als hier bereits größere Kompositionen vorlagen, für die dtr Arbeit also weniger zu tun war als in Kön, aber auch in Ri; zudem hat sich herausgestellt, daß hier der dtr Anteil bisher unterschätzt wurde (s. u. 3 e).

Die Uneinheitlichkeit der dtr Bearbeitung ist schon längst (nach H. EWALDS Vorgang von KUENEN, WELLHAUSEN u. a., vgl. neuerdings F. M. CROSS, Canaanite Myth and Hebrew Epic, 1973, 274-289) in der Weise vertreten worden, daß man mit einer vorexil. und einer exil. bzw. nachexil. Stufe rechnete. Das ganze Werk setzt ja die Begnadigung Jojachins i. J. 560 v. Chr. voraus (2 Kön 25,27-30). Anderseits scheinen gewisse Stellen auf den ersten Blick älter zu sein: meint, die Formel »bis auf diesen Tag« 1 Kön 9,21; 2 Kön 8,22; 16,6 oder die Worte über die Dauer der davidischen Dynastie 2 Sam 7,16.29; 1 Kön 11,36; 2 Kön 8,19 kennten noch nicht den Untergang des Reiches Juda 587 v. Chr., die Voraussage in 2 Kön 22,20, Joschija werde *bešālôm* »in Frieden« in sein Grab kommen, könne nur in Unkenntnis der Art seines Todes (23,29), also vor 609 geschrieben sein. Es habe also zunächst ein dtr Werk gegeben, das bis in die Zeit Joschijas reichte, und dieses sei dann später um die beiden Schlußkap. erweitert worden, habe aber auch sonst Erweiterungen erfahren, die man besonders an den Anspielungen auf das Exil erkenne. Diese Kriterien wären in der Tat ein praktisches Mittel zur Scheidung zwischen den Schichten des dtr Geschichtswerkes, doch sie sind alles andere als verläßlich und ausreichend. Weder läßt sich für die genannten Stellen die nachexil. Situation ausschließen — wäre z. B. das *bešālôm* in 2 Kön 22,20 mit dem Ende des Joschija unvereinbar, hätte es leicht von späterer Redaktion abgeändert werden können —, noch weicht die Art der dtr Arbeit in 2 Kön 24 f. von der in den vorangehenden Partien ab.

Im folgenden wird sich ein anderes Bild von der Uneinheitlichkeit des dtr Geschichtswerkes ergeben.

In das dtr Geschichtswerk reicht übrigens auch die Arbeit der Redaktion bzw. der »Diaskeue« des Pentateuchs im Stile von P (s. § 8,5) hinein. Sie hat in Jos bei der Verteilung des Landes neben Josua den Priester Eleasar und die »Familienhäupter der Stämme« (14,1 b u. ö.), die Stiftshütte in Schilo (18,1 u. ö.) und die Erzählung vom Altarbau der ostjordanischen Stämme am Jordan (22,9–34) eingetragen. Eine zusammenhängende Quelle P — man hat ihr gern die geograph. Listen in Jos 13–21 zugeschrieben — liegt hier offenbar nicht mehr vor (Noth).

3. Wir suchen die dtr Arbeit durch einen Überblick über die *einzelnen Teile des Geschichtswerks* näher zu erfassen.

a) Der erste Teil entspricht dem *Dtn;* zum dtr Anteil vgl. bes. § 12,2.

b) Der zweite Teil behandelt die *Landnahme im Westjordanland.* Ihr Führer ist Josua, der eingangs den göttlichen Beistand zugesprochen bekommt (Jos 1,1–9) und am Ende zwei Abschiedsreden an die nunmehr im Lande ansässigen Israeliten hält (23; 24). Das Land wird von allen zwölf Stämmen gemeinsam erobert, unter Einschluß der zweieinhalb ostjordan. Stämme, die ihr Gebiet bereits besitzen, aber auf den Befehl Josuas am westjordan. Kriegszug mitwirken (1,12–18, vgl. Dtn 3,12–20) und nach dessen Abschluß wieder in ihre Heimat entlassen werden (22, 1–6). Dieser Abschluß wird unmittelbar vorher festgestellt: das ganze Land ist eingenommen, alle Feinde besiegt, die Verheißung an die Väter voll erfüllt (21, 43–45); im gleichen Sinne bereits der dtr Schlußsatz nach der Eroberungsgeschichte (11,23) vor der Liste der besiegten Könige, die die Totalität der Landnahme auch ihrerseits bezeugen soll (12). In 13–21 wird denn auch das Land ohne Rest an die Stämme verteilt. Das ist der übergreifende Gesichtspunkt der dtr Josuageschichte. Die älteren Erzählungen sind auch im einzelnen dtr überarbeitet. Eine dtr Neubildung im Zusammenhang mit Dtn 27 ist der Passus über den Altarbau auf dem Berg bei Sichem Jos 8,30–35.

Bei näherem Zusehen zeigt sich, daß die dtr Bearbeitung nicht auf einmal erfolgte; ihre ursprüngl. Konzeption erfuhr dabei Weiterführung und Korrektur. In der Ansprache an Josua nach dem Tod des Mose wird das auf die Zusage des göttlichen Beistandes bei der bevorstehenden Eroberung des Landes gegründete Gebot h^azaq $wæ^{,ae}mas$ »sei stark und fest« (1,6) in einem Zusatz wiederholt und über die Situation des Josua hinaus mit einem anderen, allgemeineren Inhalt versehen, nämlich dem des völligen Gesetzesgehorsams, der das Gelingen des ganzen Lebensweges zur Folge hat (1,7–9). Auch die göttliche Ansprache an Josua, die von der Eroberung zur Verteilung des Landes überleiten soll, ist erweitert worden. Ursprünglich folgte in ihr auf die Angabe der Situation (13,1a, vgl. 1,1a) und die Feststellung dieser Situation durch Jahwe (13,1bα, vgl. 1,1b.2a) unmittelbar, mit $w^e{}^c$attāh »und jetzt« eingeleitet, der Befehl an Josua, was er nun zu tun habe (vgl. 1,2b). Dieser Befehl steht im vorliegenden Text erst in 13,7. Der Nachtragscharakter des Zwischenstückes ergibt sich nicht nur aus der formalen Analogie zu 1,1 f., sondern vor allem aus dem Inhalt. In v.7 handelt es sich um die Verteilung des ganzen Westjordanlandes an die neuneinhalb Stämme, wie sie dann im folgenden durchgeführt wird, in 2–6 dagegen um die Verteilung einiger im Gegensatz zur dtr Grundaussage noch unerobert gebliebener Gebiete und auch der dort wohnenden, von Jahwe noch zu vertreibenden Völker an Israel; der Befehl dazu in 6 b stößt hart mit dem der Grundschicht in 7 zusammen. Wir haben also in jeder der beiden göttlichen Ansprachen an Josua zu Beginn der Eroberung und der Verteilung des Landes einen gewichtigen Zusatz vor uns; das Thema des einen ist der Gesetzesgehorsam, das Thema des zweiten die bisherige Unvollständigkeit des Landbesitzes. Beide Themen sind vereinigt in der Abschiedsrede Josuas Jos 23. Sie stellt die künftige Vertreibung der noch übriggebliebenen Völker (vgl. 23,4 f. mit

13,6) unter die Bedingung des Gesetzesgehorsams, der mit Worten aus der ersten göttlichen Ansprache an Josua gefordert (vgl. 23,6 mit 1,7f.) und näher als Liebe zu Jahwe und Distanz zu jenen Völkern und ihren Göttern beschrieben wird. Für den Fall des Ungehorsams kündigt Josua seinen Hörern ihre Beseitigung »aus diesem guten Lande« an (23,13.15.16). Die Versammlung, auf der Josua diese Rede hält, ist eine jüngere Variante des in Jos 24 folgenden »Landtages zu Sichem«. Die wiederholte Einberufung (23,2 vor 24,1) hat dem Verfasser offenbar keine Schwierigkeit gemacht, so wie er auch seine Situationsangabe 23,1 aus zwei Sätzen des ihm bereits vorliegenden dtr Geschichtswerks kombiniert hat (21,44 und 13,1a; umgekehrt NOTH, der unter Hinweis auf 11,23 den ganzen Abschnitt Jos 13–22 für sekundär hält). Wir nennen diesen jüngeren Deuteronomisten, der das Geschichtswerk des ersten dtr »Historikers« (DtrG oder besser DtrH, vgl. VF 22, 1977, 48[11]) ergänzt hat, wegen seines Interesses am Gesetz den nomistischen Deuteronomisten (DtrN). Es gibt Anzeichen dafür, daß diese Ergänzung in mehreren Stadien erfolgte, die man konsequent mit DtrN^1 usw. bezeichnen müßte (vgl. bereits die Aufeinanderfolge von Jos 1,7 und 8).

Auf dem Landtag zu Sichem entscheidet sich das Volk nach Josuas Rede über Jahwes bisherige Taten in mehrfacher feierlicher und fester Erklärung für den Dienst dieses Gottes und gegen den Dienst anderer Götter; Josua fixiert diese Erklärung und entläßt die Versammlung (24,1–28). Darauf wird sein Tod und Begräbnis berichtet (v.29f.) und über seine Generation, auch soweit sie ihn überlebte, allgemein gesagt, während ihrer Dauer habe Israel Jahwe gedient (v.31).

c) Dies bereitet schon die dtr Darstellung der *Richterzeit* vor. An ihrem Anfang erscheinen noch einmal die Sätze Jos 24,28.31.29f. = Ri 2,6–9, nunmehr damit fortgeführt, daß auch die ganze Generation Josuas stirbt und eine neue auf den Plan tritt, die Jahwes Taten an Israel nicht mehr erlebt hat (v.10). Die Wiederholung zeigt klar den Zusammenhang zwischen den dtr Büchern Jos und Ri; ursprünglich haben die wiederholten Sätze natürlich nur einmal dagestanden.

Jetzt ist der Zusammenhang nicht nur durch die Buchgrenze unterbrochen, sondern auch – wir sehen von den Begräbnisnotizen Jos 24,32f. ab – durch den schwierigen und umstrittenen Passus Ri 1,1–2,5. Er behandelt, als gäbe es das Buch Jos nicht, die Eroberung des Landes noch einmal in einer bruchstückhaften Reihe eher anekdotischer Einzelnotizen, bietet aber auch das für den Historiker wichtige »negative Besitzverzeichnis«, in dem die von den Stämmen nicht eroberten Orte aufgezählt werden (1,19.21.27–35). Das paßt sachlich zu DtrN, wo ja der unvollständige Besitz des Landes und das Verbleiben eines Teils der Vorbewohner eine wichtige Rolle spielt. An DtrN erinnert dann besonders die Engelrede in der anschließenden Szene in Bochim Ri 2,1–5 (vgl. nur 3b mit Jos 23,13b). Beziehungen bestehen auch weit rückwärts in den Pentateuch hinein (vgl. Ex 23,20–33; 34,11–16; Num 33,50–55; Dtn 7,1–5). Trotz energischer Bemühung um den traditionsgeschichtl. Hintergrund (vgl. bes. J. HALBE, Das Privilegrecht Jahwes, FRLANT 114, 1975) ist das redaktionsgeschichtl. Problem noch nicht gelöst. Es liegt nahe, in Ri 1,1–2,5 (6–9) einen bei der Einteilung in Einzelbücher geschaffenen Anfang des Buches Ri (vgl. 1,1 mit Jos 1,1) zu sehen (vgl. A. G. AULD, Judges I and History: a Reconsideration, VT 25, 1975, 261–285).

In Ri 2,11–16.18f. gibt DtrH »eine Art Leitartikel« (WELLHAUSEN) für die Richterzeit: die Israeliten tun das Böse in den Augen Jahwes, verlassen ihn, dienen fremden Göttern (11b–13 mit Zusätzen), erzürnen damit Jahwe, dieser gibt sie in die Hand von Feinden, denen sie dienen müssen, sie schreien zu ihm um Hilfe (hier fehlend, in 3,9 usw. immer gesagt), er läßt ihnen Richter erstehen, die sie befreien, indem sie die Feinde besiegen, und zu deren Lebzeiten dann Ruhe herrscht. Doch nach ihrem Tode beginnt das Volk sein böses Spiel von neuem.

Das Schema wird durchbrochen durch die Zusätze 2,17 (schon formal kenntlich durch die Wiederaufnahme von 16 in 18) und 2,20–3,6, letzterer in sich nicht einheitlich. 2,17 läßt den Ungehorsam der Israeliten im Unterschied zu 19 bereits zu Lebzeiten der Richter einsetzen, die ihrerseits fast wie Gesetzesprediger erscheinen. Hier spricht DtrN, und das gilt ebenso von dem Passus, der mit v.20 beginnt. Dem Zorn Jahwes folgt dort nicht sogleich wie in 14 die Strafmaßnahme, sondern zunächst eine längere Erklärung Jahwes, in der er den »Bundesbruch« (ʿbr bᵉrît) der Israeliten gemäß Jos 23,16 konstatiert (20b) und sich daraufhin gemäß Jos 23,13 weigert, die noch im Lande wohnenden Völker zu vertreiben (21); erst dann berichtet v.23, daß so geschah. Diese Vorstellung von den gôjîm im Lande (vgl. weiter 3,1–6) ist eine durchaus andere als die das DtrH von den »Völkern (ʿammîm) ringsum« bzw. den »Feinden ringsum« (2,12.14 gemäß Jos 21,44).

Es folgen die Erzählungen. An ihrer Spitze steht das »Beispielstück« (RICHTER) über Otniel (3,7–11). Es bietet lediglich das Schema, natürlich mit Eintragung von Namen – mindestens der des feindlichen Königs ist ganz phantastisch – und Jahreszahlen. DtrH, der alleinige Autor, wollte die Reihe der Richter offenbar mit einem Judäer eröffnen. Dann folgen die alten Einzelerzählungen, für die das Schema des DtrH mit Variationen den Rahmen abgibt: Ehud 3,12.14.15 aα.30; Debora-Barak 4,1 a.2 a.3 a.23 f.; 5,31 b; Gideon 6,1.6 b; 8,28; Jiftach 10,6 f.10 a; 11,33 b; Simson 13,1; 15,20; 16,31 b. Während die Jahreszahlen für die Fremdherrschaften differieren, ist die Zeit der »Ruhe« jedesmal mit 40 Jahren angegeben; die 80 Jahre in 3,30 sollen wohl für Ehud und den in der Notiz 3,31 erscheinenden Schamgar gelten.

Ein paarmal ist das Rahmenschema nachträglich noch weiter ausgearbeitet worden. So tritt nach dem Hilfeschrei der Israeliten angesichts der Midianiternot 6,6 b ähnlich wie der Engel in 2,1–4 und Jahwe selbst in 3,20–22 unversehens ein Prophet auf und hält eine stilgerecht mit dem Botenspruch eingeleitete Ansprache, die auch inhaltlich an die genannten Texte erinnert (6,7–10 DtrN). Noch zu Gideons Lebzeiten und vollends nach seinem Tode wird Götzendienst der Israeliten moniert (8,27 b, vgl. 2,3.17 DtrN, daran anknüpfend 8,33–35). Auf diese Linie gehört offenbar auch ein Teil der auffallend breiten Einleitung zur Jiftachgeschichte 10,6–16, namentlich der auf den Hilfeschrei folgende Dialog zwischen Gott und Volk, an dessen Ende die Israeliten die fremden Götter abschaffen und zum Dienst Jahwes zurückkehren (10,10–16, mit v.10 vgl. 1 Sam 12,10 DtrN).

Problematischer als die Aussonderung derartiger Ausführungen sind Differenzierungen innerhalb des redaktionellen Grundbestandes, zu denen z. B. das Fehlen des Hilfeschreis im »Leitartikel« und der Wechsel zwischen »Retten« und »Richten« verlocken. RICHTER unterscheidet zwei »dt« Bearbeitungen (Rdt₁: Rahmen, Rdt₂: Beispielstück), auf die dann erst die dtr (Zahlen, Einleitungen, »Richter«) gefolgt wäre. Hinter den redaktionell-lit. Charakter der Texte zurückgreifende Vermutungen finden sich bei W. BEYERLIN, Gattung und Herkunft des Rahmens im Richterbuch, Fs. A. Weiser, 1963, 1–29.

Warum heißen die in diesen Kapiteln auftretenden Heerführer und Retter Israels šōpᵉṭîm »Richter«? Sie erscheinen ja fast durchweg nicht als Inhaber eines dauernden Amtes, sondern als Charismatiker (vgl. die Begabung mit dem Geist Jahwes 3,10; 6,34; 11,29; 14,6.19; 15,14), die entscheidende Einzeltaten vollbringen. Dem entspräche eher der Begriff môšîᵃʿ »Retter« (3,9.15, vgl. 2 Kön 13,5). Nach der wahrscheinlichsten Vermutung, die von NOTH stammt, ist der Richtertitel auf diese »großen Richter« von den »kleinen Richtern« her übertragen worden, die in Ri 10,1–5; 12,7–15 aufgezählt sind (vgl. § 23,1). Die beiden so verschiedenen Kategorien von Männern überschneiden sich in Jiftach: die Schlußnotiz über ihn (12,7) mit der bestimmten Angabe über die Zeit seines richterlichen Wirkens und seinen Begräbnisort entspricht nicht dem uns bekannten dtr Schema, sondern dem der »kleinen Richter«. In deren Reihe hat Jiftach offenbar gestanden, ihre Aufzählung wird jetzt durch die von ihm handelnden Erzählungen unterbrochen. War bei ihm die Identität von »Retter« und »(kleinem) Richter« in der Überlieferung gegeben, so übertrug nun DtrH ohne eine solche Basis den Richtertitel auch auf die übrigen kriegerischen Gestalten. Er wollte ihnen damit gewiß ebenfalls eine gesamtisr. Leitungsfunktion zuschreiben, die über die kriegerische Einzeltat hinausging, sich aber auch gerade in ihr manifestierte.

Für die letzte Fremdherrschaft, die der Philister, gibt DtrH den bei weitem längsten Zeitraum an, 40 Jahre (Ri 13,1). Das ist gewiß ebenso wie die 20 Jahre, in denen nun Simson Israel »gerichtet« haben soll (15,20; 16,31), eine runde Zahl. Simsons wunderliches Tun läßt sich mit dem seiner Vorgänger nicht auf einen Nenner bringen. Über ihn kann auch nicht mehr gesagt werden, als daß er »anfing, Israel aus der Hand der Philister zu befreien« (13,5b, in der Rekapitulation v.7 offenbar noch nicht vorausgesetzt, dtr). Die Fortsetzung und gar die Vollendung dieses Anfangs lassen noch lange auf sich warten.

Den Simsongeschichten folgt zunächst der Komplex Ri 17–21, den man seit BUDDE als einen außerhalb des Rahmens stehenden Anhang zum Richterbuch bzw. Einsatz in das dtr Geschichtswerk zu betrachten pflegt. Das dtr Schema tritt hier sehr auffallend zurück, ja es scheint ganz zu fehlen. M. BUBER hat in diesen Kapiteln geradezu ein zweites, monarchistisches Richterbuch neben dem ersten, nach seiner Meinung theokratisch-antimonarchistischen von Ri 1–12 sehen wollen (Königtum Gottes, ³1956, 13–35). Ri 1–12 ist damit wohl mißverstanden bzw. einseitig von der Auffassung des DtrN her (s. u. d) interpretiert. Doch daß die skandalösen Zustände, wie sie in 17–21 geschildert werden, nach der ordnenden Macht des Königtums geradezu schreien, leuchtet ein und ist zumindest auch die Meinung der Redaktion, die viermal den Satz eingefügt hat: »In jenen Tagen gab es noch keinen König in Israel« (18,1a; 19,1a), und zweimal noch hinzugefügt: »Ein jeder tat, was in seinen Augen recht war *(hajjāšār bᵉʿênājw)*« (17,6; 21,25). Bei dieser Sentenz aber besteht dringender Verdacht auf dtr Autorschaft. Das »Rechte in den Augen eines jeden« ist eine Variante des »Bösen in den Augen Jahwes« aus dem Richterschema, von DtrH an prominenter Stelle bereits in Dtn 12,8 auf die unordentlichen Zustände vor der Konsolidierung im Lande angewendet; vgl. auch die Formel vom »Tun des Guten *(hajjāšār)* in den Augen Jahwes« in den Zensuren über die Könige von Israel und Juda (1 Kön 15,11 usw.). Der ganze Komplex Ri 17–21 soll offenbar im Zusammenhang der dtr Darstellung der Richterzeit die Schwere der Versündigung in Israel illustrieren, der die Dauer und Schwere der philistäischen Fremdherrschaft entspricht; eine solche Versündigung hat es nach 19,30 seit dem Auszug aus Ägypten nicht gegeben. Die Fremdherrschaft erreicht ihren Höhepunkt in den kriegerischen Ereignissen, die die Ladeerzählung 1 Sam 4,1b–7,1 beschreibt. Dazwischen steht die Erzählungsreihe über die Anfänge Samuels, des Mannes, der die Philisterherrschaft brechen wird (1 Sam 1–3). Ein späterer, gewiß dtr Einsatz ist das Orakel, durch das ein anonymer Gottesmann dem Priestergeschlecht des Eli den Untergang und die Ablösung durch ein anderes Geschlecht, nämlich das des Zadok in Jerusalem, ankündigt (2,27–36, aufgenommen in 1 Kön 2,27.35b; zu 1 Sam 2,36 vgl. 2 Kön 23,9). Die Wende der Philisternot bringt, wie 1 Sam 7,2–14 behauptet, ein wunderbarer Sieg, der den Israeliten aufgrund einer Bußversammlung in Mizpa und der dortigen Fürbitte Samuels zufällt – im gänzlichen Widerspruch zur hist. Wirklichkeit, in der die fortdauernde Bedrohung durch die Philister ja die Konzentration der isr. Macht im Königtum hervorrief und dessen Kräfte anfangs ganz überwiegend beanspruchte. 1 Sam 7,2–

14 mitsamt den Notizen über Samuels Richten v.15–17 ist ein dtr Text, der sozusagen als letztes Beispielstück noch einmal den Schlußteil des Richterschemas ausführt.

d) Indem die dtr Historiographie die *Entstehung des Königtums* darstellt, gibt sie ein Urteil über das Königtum überhaupt ab: der Anfang charakterisiert alles Weitere. Die Darstellung und das Urteil sind allerdings nicht auf den ersten Blick durchsichtig.

Ohne größere Schwierigkeit läßt sich zunächst der dtr Anteil an den grundlegenden Samuel-Saul-Kapiteln 1 Sam 8–12 aussondern: die drei Volksversammlungen in Rama 8, Mizpa 10,17–27 und Gilgal (?) 12, dazu die kurze Szene zwischen dem Volk, Samuel und Saul 11,12–14. In diesen neuen Rahmen, der nicht mit BUDDE, HÖLSCHER, EISSFELDT als selbständige Quelle, sondern mit WELLHAUSEN und NOTH als dtr-redaktionell anzusehen ist, wurden die beiden ganz andersartigen alten Erzählungen von Sauls Salbung durch Samuel 9,1–10,16 und von Sauls Sieg über die Ammoniter 11,1–11.15 hineingestellt. So erfolgt nun die Salbung zwischen der ersten Versammlung in Rama, auf der das Volk Samuel um einen König gebeten hat, und der zweiten Versammlung in Mizpa, wo Saul vor allem Volk ausgelost wird und das Volk ihm akklamiert; sein Königwerden aufgrund des Ammonitersieges wird als »Erneuerung« des Königtums dargestellt, bei der wiederum Samuel, der von Hause aus in Kap. 11 nicht vorkommt, die Initiative hat; Samuel legt abschließend der dritten Versammlung in dtr Sprache seine Sicht der nun erreichten Geschichtsepoche dar.

Hier wird sehr kritisch über das Königtum geurteilt: die Bitte um den König ist schlechtweg böse (12,17 b.19 b), sie bedeutet Verwerfung der Königsherrschaft Jahwes (8,7b; 12,12) und Nachahmung der anderen Völker (8,20a); zudem bringt das Königtum, wie Samuel dem Volk im »Königsrecht« vorhält, drückende Lasten mit sich (8,9–18). Das alles legt nahe, das hiesige Urteil über das Königtum mit WELLHAUSEN und NOTH negativ zu nennen. Auf der anderen Seite sind aber die beiden alten Erzählungen von Sauls Salbung und Ammonitersieg, denen ein derart kritisches Element völlig fehlt, in den Zusammenhang aufgenommen worden, und auch die dtr Darstellung selbst trägt deutlich positive Züge: Jahwe weist Samuel ausdrücklich an, der Bitte des Volkes um einen König zu entsprechen (8,22), und der König wird dann nicht nur, gemäß der alten Erzählung, durch den Seher und Gottesmann Samuel gesalbt, sondern auch noch, geradezu zum Überfluß, in einer dtr formulierten Szene durch das Los ermittelt und daraufhin ausdrücklich als der Erwählte Jahwes bezeichnet (10,24). Wie verhält sich das zu den negativen dtr Urteilen (vgl. mit 10,24 die entgegengesetzte, zweifellos kritische Aussage vom König als Erwähltem des Volkes 8,18)? Der Versuch eines Ausgleichs nach der positiven Seite hin bleibt bemüht und unklar (vgl. BOECKER). Doch es gibt eine literarkritische bzw. redaktionsgeschichtl. Lösung (VEIJOLA, Königtum). Die ursprüngliche dtr Darstellung (DtrH) ist auch hier durch umfangreiche Zusätze erweitert worden, nämlich einen Hauptteil von 8 (VEIJOLA: v.6–22 a, mit dem wohl übernommenen, profan argumentierenden Traditionsstück des »Königsrechts«), einen kurzen Einschub in 10 (v.18 aβγ.19) und die ganze Rede Samuels 12. Diese Rede ist eine Parallele zur Rede Josuas in Jos 23, die wir als Werk des jüngeren DtrN erkannt haben (vgl. den einleitenden Hinweis auf das Lebensalter des Redners, den Rekurs auf die Vergangenheit, die bedingte Drohung am Schluß). So dürfte auch hier und also überhaupt in den königtumskritischen Zusätzen dieser Autor sprechen. Er korrigiert damit die Darstellung von DtrH, die ohne eine derartige Wertung erzählt hatte, wie es zum Königtum Sauls gekommen war.

Sie hatte bereits ein Begehren des Volkes an den Anfang gestellt, aber da war es nicht aus dem Ungehorsam gegen Jahwes Königsherrschaft hervorgegangen, sondern stützte sich auf den Amtsmißbrauch der Söhne Samuels (1 Sam 8,1–5, vielleicht ohne die beiden letzten Worte »wie alle *gôjim*«). Die überlieferte und hist. Nötigung zum Königtum, die Philisternot (vgl. 9,16), stand bereits für DtrH eher im Hintergrund. Samuel hatte ja die Philister besiegt, und zu seinen, nicht Sauls Lebzeiten »lastete Jahwes Hand schwer auf ihnen« (7,13). Saul lag im ständigen Kampf (vgl. die alte Überlieferung 13 f. sowie das dtr Summarium 14,47–51.52) und unterlag den Philistern alsbald nach Samuels Tod (28; 31, vgl. bes. 28,3 f.); der endgültige Sieg war Davids Sache (2 Sam 3,18, vgl. 8,14 b).

Übrigens hat DtrN seine theol. Kritik am Königtum wahrscheinlich noch an einer anderen Stelle des Gesamtwerkes eingetragen: nicht erst zu Samuel kamen die Israeliten mit ihrem Begehren nach einem monarchischen Herrscher, sondern schon zu Gideon, der sie aber im Blick auf Jahwes Herrschaft abwies (Ri 8,22 f.).

e) Die Geschichte Sauls steht in der zweiten Hälfte von 1 Sam bereits im Zeichen des glücklicheren *David*. Das war schon in der alten Überlieferung so, deren Grundstock für die Davidsgeschichte die Erzählungswerke von Davids Aufstieg und Thronfolge gebildet haben. Diese Erzählungswerke und auch die alte Saulsüberlieferung waren nach verbreiteter Ansicht schon längst vor DtrH zusammengewachsen, so daß DtrH die Arbeit der Komposition für den umfangreichen Komplex 1 Sam (13–16,13)16,14 – 1 Kön 2 nicht mehr zu leisten brauchte (so auch NOTH). Dem hat VEIJOLA (Die ewige Dynastie) widersprochen und auch hier eine in mehreren Stufen erfolgte dtr Arbeit nachzuweisen unternommen.

Zentraler Text ist die durch Natan ergangene göttliche Verheißung der ewigen Dauer des davidischen Königtums 2 Sam 7. Diesem Text unter Hinweis auf die königtumskritischen Passagen in 1 Sam 8–12 die dtr Herkunft abzusprechen (NOTH), geht nicht an, wenn in jenen Passagen nur DtrN, nicht aber DtrH spricht. 2 Sam 7 mag einen alten Kern enthalten, aber der jetzige Text, der auf die spätere Messianologie so stark eingewirkt hat, ist dtr, und zwar in mehreren, nicht leicht abgrenzbaren Schichten. Nun steht die Natansverheißung nicht allein. Aus dem Munde ganz verschiedener Menschen ergeht in wechselnder Nuancierung immer wieder die Rede von dem legitimen und dauernden Königtum Davids, des »Knechtes Jahwes«, des *nāgîd* über Israel, den Jahwe anstelle Sauls erwählt hat, u. ä. So sprechen Samuel 1 Sam 13,13 f.; 28,17 f., Jonatan 23,17, Saul 24,21, Abigajil 25,28.30, Abner 2 Sam 3,9 f.18, die Stämme Israels 5,1 f., David selbst 6,21 aβ. Nicht nur der Inhalt, sondern auch die lockere Stellung im Zusammenhang legt es nahe, diese Aussagen und öfters auch ihre nähere Umgebung als eine Redaktionsarbeit zu betrachten, die die Vorgeschichte von Davids Königtum mit kräftigen theol. Akzenten versehen hat; ob und wieweit dabei in Gedankengut und Formulierung Älteres verwendet ist, bleibt ähnlich wie bei den Väterverheißungen zu untersuchen.

Weiter sieht es so aus, als sollten einige innerhalb der Aufstiegsgeschichte an David gerichtete Worte Jonatans und Sauls (1 Sam 20,12–17.42 b; 23,16–18; 24,18–23 a) einen Akt vorbereiten, den dann die Thronfolgegeschichte erzählt, nämlich Davids Gnadenerweis gegen Merib-Baal (Mefiboschet), den überlebenden Sohn Jonatans und Enkel Sauls (2 Sam 9). Trifft das zu und sind auch diese Worte dtr formuliert (vgl. die Nachweise bei VEIJOLA), dann könnte das ein Indiz dafür sein, daß die großen Erzählungsblöcke der Davidgeschichte von dtr Hand zusammengefügt worden sind. Die genauere Untersuchung der Nahtstellen zwischen Aufstiegs- und Thronfolgegeschichte in 2 Sam 5–8 macht dies in der Tat wahrscheinlich (vgl. 5,1 f.4 f.11 f.17 aα; 7; 8,1 a.14 b.15 Dtr).

Auch in die alte Thronfolgegeschichte hat die dtr Bearbeitung eingegriffen. Sie hat dem David eine Abschiedsrede an Salomo in den Mund gelegt, in der Salomos meist grausame erste Maßnahmen als Ausführung väterlicher Befehle hingestellt werden, die ihrerseits mit dem Verschulden der betroffenen Personen argumentieren, wodurch David wie Salomo entlastet sind (1 Kön 2,1–9, darin 3.4 aß DtrN, vgl. Jos 1,1–9). Von hier aus lassen sich Verbindungslinien in die vorangehenden und die folgenden Partien ziehen. Auf DtrH scheinen auch einige besonders solenne Aussagen über Salomos göttlich legitimierte Königsherrschaft zurückzugehen, die im Zusammenhang der Erzählung von den dramatischen Umständen des Thronwechsels nicht allzu fest verankert sind (1,35–37.46–48).

Ein redaktionsgeschichtl. Problem für sich bilden die nach Herkunft und Charakter ganz verschiedenen »Anhänge«, die in 2 Sam 21–24 vor dem Schlußakt der Thronfolgegeschichte eingeschoben sind. Sie gehören paarweise zusammen: die beiden Erzählungen von Plagen am Anfang und am Ende 21,1–14 und 24, die ihnen benachbarten Aufzählungen von Helden und ihren Taten 21,15–22 und 23,8–39, schließlich in der Mitte die beiden Gedichte 22 und 23,1–7. Vermutlich sind diese Paare in der genannten Reihenfolge in den Zusammenhang eingesetzt worden. In 24,1 scheint an 21,1–14 angeknüpft zu sein (»wiederum«); beide Texte sind gut in die Geschichtsdarstellung von DtrH eingepaßt (Bezugnahme auf Jos 9 in 21,2 auf 1 Sam 20,14–17 in 21,7, Anklang an Ri 2,14 usw. in der Wendung vom Entbrennen des Zornes Jahwes 24,1). So darf wohl mit ihrer Zufügung durch DtrH gerechnet werden. Er setzte diesem »Anhang« die Beamtenliste 20,23–26 voran, wie er bereits der alten Thronfolgegeschichte die ähnliche Liste 8,16–18 vorangesetzt hatte; derartiges Material war ihm ja offenbar zugänglich. So mag er auch noch die Aufzählungen 21,15–22 und 23,8–39 beigesteuert haben. Das Lied in 22 steht näher bei DtrN (vgl. v.22–25, außerdem mit der Überschrift diejenige des ähnlichen Mosesliedes Dtn 31,30). Auch in diesen Kapiteln scheinen sich also die Stadien der dtr Redaktionsgeschichte abzuzeichnen (Näheres hierzu und zu allem Vorstehenden bei VEIJOLA).

f) Für die *Geschichte Salomos* lag DtrH keine ältere Erzählungskomposition vor, sondern ein ganz andersartiges »Buch der Geschichte Salomos« (1 Kön 11,41, s. u. § 23,1), dessen Materialien er für seine Zwecke ausgewählt und disponiert hat. Die Zwiespältigkeit des späteren Urteils über Salomo bewirkte, daß seine Arbeit später noch ergänzt und korrigiert wurde.

Im Zentrum steht für DtrH, angesichts der Rolle des einen Kultorts in der dt-dtr Theologie nicht überraschend, der Tempelbau mitsamt seinen Vorbereitungen und der anschließenden Tempelweihe (5,15–8,66). Hier haben wir weithin dtr Formulierung vor uns, so bereits bei den Verhandlungen zwischen Salomo und Hiram von Tyrus 5,15–26. Ein klassisches Stück der dtr Theologie, freilich überwiegend erst ihrer späteren Stadien, sind die von Salomo bei der Tempelweihe gesprochenen Worte 8,14–61, von denen sich der alte Spruch 8,12 f. wirkungsvoll abhebt. In dem großen Gebet v.22–53, das von den künftigen Gebeten an diesem Ort handelt, hat die exil-nachexil. Zeit einen eindrucksvollen Vorausblick auf sich selber und ihre vielfältigen Lebensumstände sub specie Dei in die Gründungsstunde des Kultus am ersten Tempel zurückprojiziert.

Die jetzige Salomogeschichte ist durch zwei Gotteserscheinungen gegliedert. Die erste (3,4–15), in Gibeon, führt auf den Anfang von Salomos Regierung und auf sein Gebet zurück, was sein größter Nachruhm war: Weisheit und – worum er nicht gebeten hatte, was ihm aber doch gegeben wurde – Herrlichkeit. Für beides werden im folgenden die Beispiele geliefert. Die zweite Gotteserscheinung (9,1–9), unlokalisiert, folgt auf die Tempelweihe wie Josuas Abschiedsrede (Jos 23) auf die Verteilung des Landes und Samuels Abschiedsrede (1 Sam 12) auf die Einrichtung des Königtums. Wie diese beiden Reden ist sie das Werk von DtrN, der im gleichen Sinne schon vorher in der Salomogeschichte das Wort genommen hat (3,14; 6,11 f.): der Segen, der diesem König und seinem Hause gilt, wird unter die Bedingung des Gehorsams gegen das göttliche Gebot gestellt; im anderen Fall droht der Untergang. Dieser Fall tritt bereits bei Salomo ein, indem er fremden Göttern dient (11,1–8). Doch wird um Davids willen die Strafe in Gestalt der Wegnahme des Königtums auf die Generation nach Salomo verschoben (11,9–13); der Untergang des Volkes steht erst in fernerer Zukunft bevor, die freilich für den Schriftsteller Gegenwart ist.

In 11,14–40 wird ausgeführt, wie sich die Loslösung der nordisr. Stämme vom davidisch-salomonischen Reich vorbereitet. Das jetzige Kernstück, die Rede des Propheten Ahija von Schilo an den künftigen König Jerobeam (v.29–39), ist eine dtr Komposition, die sie einleitende Zeichenhandlung, in der Ahija seinen Mantel in zwölf Stücke zerreißt und zehn dem Jerobeam gibt (29 f.), eine etwas künstliche Abwandlung der älteren Szene zwischen Samuel und Saul: Samuel wendet sich zum Gehen, Saul hält seinen Mantel fest, so daß er abreißt, woraufhin Samuel ihm erklärt, so reiße Jahwe das Königtum von ihm und gebe es einem anderen (1 Sam 15,27 f.).

g) Die *Geschichte der Könige von Israel und Juda* umfaßt mehrere Jahrhunderte und ein vielgeschichtiges Quellenmaterial. DtrH hat ihr ein festes Gerüst gegeben durch Angaben über jeden einzelnen König nach folgendem Schema: »(1) Im Jahre x des A, Königs von Juda (Israel), wurde B, Sohn des C, König von Israel (Juda); (y Jahre war er alt, als er König wurde, und) er regierte z Jahre. (2) Er tat das Böse *hāraʿ* (Rechte *hajjāšār*) in den Augen Jahwes. (3) Was sonst von B zu sagen ist, alles was er getan hat, steht geschrieben im Tagebuch der Könige von Israel (Juda). (4) Und B legte sich zu seinen Vätern (und wurde begraben zu Samaria [in der Stadt Davids]), und sein Sohn D wurde König an seiner Statt.« Die Glieder des Schemas erfahren mancherlei Variationen (Versuch einer Konstruktion von Typen, die in verschiedene Zeit gehören, bei H. WEIPPERT; kritisch dazu CORTESE).

(1) Die Basis des Ganzen ist die chronolog. Koordinierung der beiden Reiche; vielleicht konnte sich DtrH hier schon auf eine vorhandene »synchronistische Chronik« stützen (s. § 23,1). Dem modernen Historiker machen die angegebenen Zahlen mehrfach Schwierigkeiten.

(2) Die Urteile über die einzelnen Könige entsprechen denen, die im Schema der Richterperiode über das Volk gefällt werden. Sie lauten bei den Königen des Nordreichs durchweg negativ (das Fehlen der Formel bei Jerobeam I. und Jehu stellt keine wirklichen Ausnahmen dar). »Das Böse in den Augen Jahwes« ist einerseits wie in der Richterzeit die Abgötterei, nun aber außerdem die »Sünde Jerobeams«, der Kultus außerhalb des von der dt-dtr Theologie rückwirkend zur einzigen legitimen Kultstätte gemachten Jerusalemer Tempels, also auf den »Höhen« und in den Reichsheiligtümern des Nordreiches, Bet-El und Dan. Unter diesem Gesichtspunkt ist es für einen isr. König schlechterdings unmöglich, der Verurteilung durch DtrH zu entgehen, selbst wenn er wie Jehu den Baalsdienst ausrottet. Die jud. Könige, in Jerusalem am richtigen Ort, haben es etwas besser. Ungefähr die Hälfte von ihnen bekommt die gute Zensur, freilich meist mit der Einschränkung, daß leider die Höhen blieben (1 Kön 15,14 usw.). Gänzlich gut ist das Urteil nur bei Hiskija (2 Kön 18,3–6) und Joschija (22,2; 23,25).

Beide werden mit dem gleichen Superlativ bedacht und mit ihrem Ahnherrn David verglichen, der sozusagen außer Konkurrenz steht.
(3) Der stereotype Hinweis auf die Quellen, die DtrH benutzt hat, macht wiederum dem Historiker schmerzlich bewußt, wieviel er nicht erfährt. Geschichte wird hier eben mit einer sehr bestimmten religiösen Fragestellung geschrieben, die alles andere, auch und gerade die der älteren Historiographie meist so wichtige kriegerische Leistung ($g^eb\hat{u}r\bar{a}h$, 1 Kön 15,23 usw.), in den Hintergrund treten läßt. Der Hinweis auf die Quellen, in denen man solche Dinge finden kann, zeigt, daß DtrH gewußt hat, was er wollte und was nicht.

Neben dem Schema der Könige gibt es ein zweites, in dem *Propheten* auftreten und reden. Sie kündigen in wiederum variationsfähiger Stereotypie Königen und ihren Häusern den Untergang an. Die Reden beginnen mit der Botenformel (»So spricht Jahwe, der Gott Israels«), es folgen die Begründung (eingeleitet mit $ja^can\ {}^{,a}šær$ »weil« u. ä.) und die Drohung (eingeleitet mit $hin^en\hat{i}$ »siehe ich«), beide mit charakteristischen Wendungen (»weil du Israel sündigen machst« – »bringe ich Unheil über ...«, »rotte ich aus von NN alles, was männlich ist«, »wer von NN in der Stadt stirbt, den sollen die Hunde fressen, und wer von ihm auf dem Feld stirbt, den sollen die Vögel des Himmels fressen«). Wenn dann die jeweilige Katastrophe eintritt, wird ausdrücklich festgestellt, daß das gemäß dem Wort Jahwes geschieht, das er durch den Propheten NN gesprochen hat. Solche Worte ergehen gegen Jerobeam I. durch Ahija von Schilo (1 Kön 14,7–11; »Erfüllungsvermerk« 15,29f.), an Bascha durch Jehu ben Hanani (16,1–4.11f.), an Ahab durch Elija (21,20 bβ–24; 22,38; 2 Kön 9,36; 10,17), das Haus Ahabs betreffend an Jehu durch einen Jünger des Elischa (2 Kön 9,6–10), über Jerusalem und Juda aufgrund der Sünden Manasses durch »Jahwes Knechte, die Propheten« (21,10–16; 24,2). Wenn ein König Buße tut, kann das Unheil auch aufgeschoben werden (Ahab 1 Kön 21,27–29; Joschija 2 Kön 22,15–20, angeredet von der Prophetin Hulda). Ohne Frage gehören alle diese Texte lit. zusammen. DIETRICH hat sie untersucht, mit dem Ergebnis, daß sie auf einen von DtrH und DtrN zu unterscheidenden »prophetischen« Deuteronomisten (DtrP) zurückzuführen sind, der auch schon in früheren Partien des Geschichtswerks gelegentlich zu Wort kommt (dazu auch VEIJOLA; vgl. etwa 2 Sam 11,27 b–12,15 a). Wahrscheinlich war DtrP über die Abfassung der genannten schematischen Texte hinaus – hinter denen in der Regel keine ältere Tradition sichtbar wird – als Redaktor tätig. Seine Hand läßt sich in bestimmten Wendungen innerhalb der Prophetenerzählungen vermuten, so in der Worteignisformel »Das Wort Jahwes erging an ...« (1 Kön 17,2.8; 18,1 usw.). Einige dieser Erzählungen dürfte er überhaupt erst in das Geschichtswerk eingefügt haben. Er steht nicht weit von DtrH entfernt, seine Texte sind mitsamt denen von DtrH durch DtrN erweitert worden (1 Kön 14,8 b usw.). Sein Sprachgebrauch hat die meisten Parallelen im Buch Jer. Dort sind die allgemeinen Wendungen zu Hause, deren sich DtrH bedient: die Botenformel in der Fassung »So spricht Jahwe, der Gott Israels« (Jer 11,3 usw.), die Wortereignisformel (1,4 usw.), das »Bringen des Unheils« (6,4 usw.).

Die großen Reden und Zusammenfassungen treten in der Darstellung der nachsalomonischen Zeit zurück. Die Ausnahme bildet die Betrachtung nach dem Ende des Nordreichs 2 Kön 17,7–23, an der die dtr Hauptschichten beteiligt scheinen. Einen volltönenden Schluß hat das Werk nicht. Doch die Szene von der Rehabilitierung des exilierten Königs Jojachin in Babylon (25,27–30) steht sicherlich nicht nur darum an seinem Ende, »weil dieses – für die Geschichte an sich belanglose – Ereignis nun einmal noch mit zur Darstellung des Geschickes der judäischen

Könige gehörte« (Noth). Vielmehr soll hier doch wohl, wie verhalten auch immer, ein Anhaltspunkt für neue Hoffnung nach der großen Katastrophe gegeben werden (vgl. E. Zenger, Die dtr Interpretation der Rehabilitierung Jojachins, BZ NF 12, 1968, 16–30).

4. Die Ermittlung der redaktionellen *Schichten* innerhalb des dtr Geschichtswerks ist noch nicht abgeschlossen. Einzelne Bücher, voran das Dt, sind unter diesem Gesichtspunkt noch kaum untersucht, geschweige denn, daß die dringend notwendige Koordination mit den dtr Texten im Tetrateuch, im Buch Jer und anderwärts, die ihrerseits die genaue Untersuchung dieser Texte voraussetzt, schon ernsthaft in Angriff genommen wäre. Feststehen dürfte immerhin: Es hat, wie Noth annahm, ein dtr Geschichtswerk gegeben, das bereits in seiner ersten Gestalt bis zum bab. Exil gereicht hat. Dieses Werk wurde, anders als Noth meinte, später mehrfach von dtr Händen planmäßig überarbeitet, wobei sein Umfang erheblich wuchs; die Sicht Jepsens, der eine erste, »priesterliche«, und eine zweite, »nebiistische« Redaktion (R^I und R^{II}, daneben noch eine »levitische« Redaktion R^{III}) annahm, hat sich in modifizierter Weise bestätigt. Über *Aussage und Ort* des ganzen Werkes kann nun nicht mehr unter Absehung von diesen Schichten gesprochen werden. Nach Lage der Dinge müssen hier einige vorläufige Bemerkungen genügen.

Wir haben drei Schichten unterschieden: die grundlegende Konzeption des Geschichtswerks (DtrH), eine Bearbeitung, die prophetische Texte einträgt (DtrP), und eine weitere, deren Hauptinteresse dem Gesetz gilt (DtrN). Als eigene lit. Größen sind DtrH und DtrN mit Sicherheit, DtrP, bei dem die Textbasis am schmalsten ist, mit hinlänglicher Wahrscheinlichkeit greifbar. Die jüngste Schicht, DtrN, scheint nicht einheitlich zu sein; mindestens wurden in ihrem »nomistischen« Stil noch weiter Zusätze gemacht.

Daß wir erst die jüngste Schicht nomistisch nennen, bedeutet nicht, daß DtrH und DtrP nicht deuteronomistisch heißen dürften. Schon DtrH geht von dem aus, was die josian. Reform und das dt Gesetz gebracht haben; die Verbote der Verehrung fremder Götter und des Kultus an Orten außerhalb Jerusalems sind die entscheidenden Normen für seine Urteile über das Verhalten Israels und seiner Könige. DtrN hat dann an vielen Stellen den ausdrücklichen Hinweis auf die Bestimmungen des mosaischen Gesetzbuches nachgetragen und geradezu eine Theologie des Gesetzes und des ihm gemäßen Verhaltens und der Folgen von Gehorsam und Ungehorsam entwickelt.

Als Folge des Ungehorsams erscheint den dtr Historiographen der Zustand Israels, den sie als ihre eigene Gegenwart vor Augen haben. Das Verhalten des Volkes hat in viele kleine Unglücke und schließlich in das große Unglück geführt, dessen Zeugen sie sind. Für Dtr(H) war »die auch schon von Dt als Strafe für den Ungehorsam in das Auge gefaßte Möglichkeit eines Untergangs des Volkes nunmehr als geschichtlich vollzogene Wirklichkeit gegeben, und damit hatte für ihn die von Dt vorausgesetzte Ordnung der Dinge ein abschließendes Ende gefunden, das als göttliches Gericht verstehen zu lehren das eigentliche Anliegen seiner ganzen Geschichtsdarstellung war« (Noth). So schreibt DtrH »eine Ätiologie des Nullpunkts, an dem er und seine Zeitgenossen stehen« (Dietrich), »eine große, aus dem Kultischen ins Literarische transponierte ›Gerichtsdoxologie‹«, die erweist: »Jahwes Urteil in der Geschichte war gerecht« (v. Rad).

Geht der Blick außer in die Vergangenheit auch in eine möglicherweise bessere Zukunft? Noth hat das bestritten, aber Wolff hat auf einige Texte hingewiesen, in denen von der Möglichkeit der Umkehr zu Jahwe, auch und gerade nach dem

Gericht durch das Exil, die Rede ist (Dtn 4,29–31; 30,1–10; 1 Kön 8,46–53). Man kann diese Stellen, wie NOTH mit Recht geltend macht, nicht für DtrH beanspruchen. Die ausdrückliche Eröffnung der positiven Möglichkeit ist Sache der nomist. Schicht und gehört in die mit ihr anhebende Gesetzestheologie. Aber bedeutet sie einen prinzipiellen Gegensatz zu DtrH? Auch dort (und bei DtrP) findet sich an mehreren Stellen des Geschichtsablaufs Hinkehr zu Jahwe und ihr antwortend gnädige Hilfe und Aufschub von Gericht. Es ist nicht ausgemacht, daß damit nur eine Möglichkeit der Vergangenheit beschrieben werden soll. »Rückhaltlose Anerkennung der Unwiderruflichkeit und der Gerechtigkeit des Gerichts und zugleich damit, ja dadurch (und deswegen bei weitem nicht so deutlich ausgesprochen): rückhaltlose Hinwendung zu Jahwe – dies beides will DtrH mit seinem Werk bewirken« (DIETRICH). Und ob man sagen darf, die beiden großen Themen des Landes und des Königs seien für DtrH erledigte Vergangenheit? Hätte DtrH das Königtum Davids – vielleicht von Joschija her – so positiv beschreiben können – und selbst der königtumskritische DtrN ist ihm darin, anders als wohl DtrP (VEIJOLA), im wesentlichen gefolgt –, wenn ihm nicht auch Hoffnung die Feder geführt hätte? In diesem Sinne – mag man es messianisch nennen oder nicht – will doch wohl die Natansverheißung, aber auch die Rehabilitierung Jojachins verstanden sein.

Die dtr Historiographen stehen in den Hauptsachen eng beisammen. Die Späteren fügen, was sie zu sagen haben, dem vorhandenen Wortlaut ein. Jeder zeigt sich bis in Einzelheiten des Wortlauts hinein als Schüler seiner Vorgänger – darum ist ihre Unterscheidung oft so schwierig. Nur im Ausnahmefall (1 Sam 8–12) wird die Vorlage, offenbar aufgrund einer inzwischen eingetretenen tiefergehenden Meinungsänderung über das Königtum, drastisch korrigiert, aber auch dort nicht durch Streichung, sondern durch Eintragung des Eigenen in den sonst unverändert belassenen älteren Text.

Die Reihenfolge Geschichte–Prophetie–Gesetz, wie die Redaktionsschichten sie repräsentieren, hat Logik und Sinn. Dem von DtrH hergestellten großen Bild von der Geschichte zwischen Jahwe und Israel fügt DtrP Züge hinzu, die »das Funktionieren des göttlichen Wortes in der Geschichte« (v. RAD) noch deutlicher machen. Indem DtrN das Gesetz kräftig akzentuiert, stellt er das Werk wirksam in seine eigene Zeit. Ein Charakteristikum dieser Zeit ist offenbar das Miteinander mit anderen Völkern in unmittelbarer Nachbarschaft; vor der Vermischung mit ihnen zu warnen, betrachtet DtrN als eine seiner Hauptaufgaben. Um welche Zeit handelt es sich? Die oberste Grenze für DtrH ist die Zerstörung Jerusalems 587 v. Chr. DIETRICH möchte DtrH unmittelbar danach ansetzen; DtrH scheine noch nichts vom Ende Zidkijas zu wissen (vgl. 2 Kön 25,7 mit Jer 52,11), sein Werk ende mit dem Satz 2 Kön 25,21 b: »So ging Juda aus seinem Land in die Verbannung.« Wenn man diesem Vorschlag nicht folgt, weil in 25,22–30 deutliche Hinweise auf spätere Abfassung (DIETRICH: DtrN) fehlen, hat DtrH nach der Rehabilitierung Jojachins (560 v. Chr.) geschrieben, vermutlich bald danach. Für die Datierung seiner Nachfolger fehlen einstweilen feste Anhaltspunkte. Das Gesamtwerk ist für die Chr sozusagen kanonisch, es dürfte aber auch P schon abgeschlossen vorliegen. Viel älter als P braucht es nicht zu sein; Esra löst das Mischehenproblem seiner Tage ganz auf der Linie von DtrN. Die dtr Schule – was auch immer man sich genauer unter ihr vorstellen mag – hat gewiß über Generationen hinweg bestanden. Für die Annahme, sie habe das Geschichtswerk in Babylonien zustandegebracht (SOGGIN), spricht wenig. Die große Masse der verarbeiteten Quellen war doch wohl nur in Palästina zugänglich. Daß Mizpa in

Benjamin von DtrH mehrfach zum Versammlungsort Israels gemacht wird (1 Sam 7; 10,17), könnte zusammen mit der Rolle, die benjaminitische Überlieferungen im Geschichtswerk spielen, dazu verlocken, hier seinen Entstehungsort zu suchen (vgl. Noth, Jepsen, Veijola); jedenfalls scheinen diese Stellen eine Aufwertung des Ortes zu bezwecken, der nach 587 jud. Zentrum war (2 Kön 25,23; Jer 40 f., vgl. auch 1 Makk 3,46).

Das Geschichtswerk hat die ältere historiographische Tradition gesammelt, als das noch möglich war; die Späteren, voran P und dann Chr, haben zu ihr nur noch den indirekten Zugang; für die heutige Darstellung der Geschichte Israels gilt, wie man pointiert gesagt hat, »als erster Grundsatz das Freiwerden von der dtr Betrachtung« (H. Gressmann, ZAW 42, 1924, 25). Doch es gilt auch anzuerkennen, daß DtrH und seine Nachfolger auf ihre Weise und in ihren Grenzen »den überkommenen Überlieferungen gegenüber grundsätzlich zunächst die positive Haltung des ehrlichen Maklers eingenommen« haben (Noth). Solche Überlieferungen lagen sowohl DtrH als auch DtrP und DtrN vor, alle drei haben wichtiges und kostbares Material in das große Werk eingefügt.

Während DtrH mit Dtn 1 eingesetzt zu haben scheint, ist die Thematik von DtrP begrenzter; sie reicht kaum über die Königszeit zurück. Der Radius von DtrN könnte erheblich größer gewesen sein. Eine analoge, wenn nicht dieselbe Überarbeitung findet sich auch im vorpriesterschriftl. Tetrateuch (s. § 11 und § 19,3 c zu Ri 1,1–2,5). Vermutlich hängt die Vereinigung der beiden Literaturwerke mit ihr zusammen.

II. Die ältere Überlieferung

§ 20 Erzählungen aus vorstaatlicher Zeit

A. Alt, Josua (1936), Kl. Schr. I, 176–192.
W. Richter, Traditionsgeschichtl. Untersuchungen zum Richterbuch, BBB 18, 1963; ders., Die Überlieferungen um Jephtah. Ri 10,17–12,6, Bib. 47, 1966, 485–556; J. Schüpphaus, Richter- und Prophetengeschichten als Glieder der Geschichtsdarstellung der Richter- und Königszeit, Diss. ev. theol. Bonn 1967.
H. Gunkel, Simson (1913), Reden und Aufsätze, 1913, 38–64; J. Blenkinsopp, Structure and Style in Judges 13–16, JBL 82, 1963, 65–76.
M. Noth, Lit. Analyse von Ri 19–21, in: Das System der zwölf Stämme Israels, BWANT 52, 1930 (1966), 162–170; O. Eissfeldt, Der geschichtl. Hintergrund der Erzählung von Gibeas Schandtat (1935), Kl. Schr. II, 64–80; M. Noth, Der Hintergrund von Richter 17–18 (1962), Aufsätze zur bibl. Landes- und Altertumskunde, 1971, I, 133–147.
J. Hylander, Der lit. Samuel-Saul-Komplex (I. Sam. 1–15), 1932; A. Weiser, Samuel. Seine geschichtl. Aufgabe und religiöse Bedeutung, FRLANT 81, 1962; H. Seebass, Traditionsgeschichte von I Sam 8; 10,17 ff. und 12, ZAW 77, 1965, 286–296.
G. Fohrer, Die at. Ladeerzählung, Journal of Northwest Semitic Languages 1, 1971, 23–31; F. Schicklberger, Die Ladeerzählungen des ersten Samuel-Buches. Eine literaturwissenschaftl. und theologiegeschichtl. Untersuchung. Forschung zur Bibel 7, 1973.

1. Bei seiner Darstellung der *Eroberung des Westjordanlandes* verwendete DtrH zunächst eine Reihe von Erzählungen, die das schmale, aber zentrale Territorium des Stammes Benjamin betreffen (Jos 2–9). Sie enthalten in auffälliger Häufung ätiologische Notizen, in denen eine Reihe dortiger Gegebenheiten auf Ereignisse bei der Eroberung des Landes zurückgeführt werden: zwölf Steine im Jordan bzw.

in Gilgal (4,6 f.9.20–23), der Ortsname Gilgal (5,9), die Familie der Rahab in Israel (6,25), ein Steinhaufen in der Ebene Achor (7,26), der Schutthügel von Ai mitsamt einem Steinhaufen an der Stelle des Stadttores (8,28 f.), die Rolle von Gibeoniten in isr. Dienst (9,27). GRESSMANN und ALT haben von daher diese Erzählungen überhaupt als Ätiologien gedeutet, und das dürfte mit einigen Einschränkungen immer noch zutreffen. Eine schlagende Bestätigung lieferte die Archäologie, die für Jericho und Ai ergab, daß sie zur Zeit der isr. Landnahme als feste Städte nicht bestanden haben, also auch nicht, wie in Jos 6 und 8 erzählt, erobert und zerstört werden konnten. Die Erzählungen haben sie im Zustand der Verödung vor Augen und erklären diesen Zustand, naheliegend genug, als Ergebnis der isr. Eroberung. Damit befinden sie sich von vornherein nicht nur sachlich, sondern gewiß auch zeitlich schon in einiger Entfernung von den Vorgängen. Der Wortlaut von Jos 2–9 gibt auch nirgends mehr zu erkennen, daß die Landnahme historisch nicht von Gesamtisrael in einem einzigen Kriegszuge vollzogen wurde. Allenfalls schimmert einmal, wo »der Mann von Israel« als das handelnde Subjekt erscheint (9,7), eine ältere Fassung durch, die noch nicht Josua als den Anführer kennt (NOTH). Die einzelnen Erzählungen entstanden nach ALT dort, wo ihre ätiolog. »Haftpunkte« sind, und wurden im Heiligtum von Gilgal, das kurz vor der Staatenbildung gesamtisraelitische Bedeutung gewann (vgl. 1 Sam 11,15), zu einem »Sagenkreis« vereinigt. Diese Hypothese ist seitdem sehr ausgebaut worden (vgl. zuletzt E. OTTO, Das Mazzotfest in Gilgal, BWANT 107, 1975).

Auf die benjaminit. Erzählungsreihe folgen zwei Kriegserzählungen, deren jede eine siegreiche Schlacht, bei Gibeon und am Wasser von Merom, und die darauf erfolgte Eroberung des südl. bzw. des nördl. Westjordanlandes beschreibt (10; 11,1–15).

Diese Überlieferungen wurden, so scheint es, schon vor DtrH gesammelt, aufeinander bezogen, israelitisiert und als eine einigermaßen in sich geschlossene Eroberungsgeschichte des Westjordanlandes schriftl. fixiert. NOTH denkt an einen »Sammler« um 900 v. Chr.; er hätte für diesen Teilbereich und ungefähr zur selben Zeit eine ähnliche Arbeit getan wie J (bzw. J¹) für die Väter- und Moseüberlieferung. RUDOLPH (s. § 13) sieht in der Tat auch hier J am Werk, während die ältere Hexateuchkritik vorwiegend an E (und bei Ri 1,1–2,5 an J) dachte.

Ob und wieweit der dtr geprägten Erzählung vom Landtag zu Sichem (Jos 24) ältere oder alte Tradition zugrundeliegt, ist offen. Vgl. dazu G. SCHMITT, Der Landtag zu Sichem, AzTh I,15, 1964; L. PERLITT, Bundestheologie im AT, WMANT 36, 1969, 239–284.

2. Auch der Darstellung der Richterzeit konnte DtrH eine ältere Erzählungsreihe zugrundelegen. Auch hier gab es wohl schon eine Sammlung, in der die Einzelerzählungen in eine Reihenfolge gebracht, aufeinander abgestimmt, ins Gesamtisraelitische ausgeweitet und theol. akzentuiert worden waren (Gottesreden, Schemata »Jahwe-Krieg« und »Berufung«, RICHTER). RICHTER, der den Stoff sehr eingehend untersucht hat, nennt diese ältere Sammlung *Retterbuch*; zu »Richtern« sind die Führergestalten dieser Kapitel ja erst von DtrH gemacht worden. Der Verfasser des »Retterbuches« kommt nach RICHTER zu Worte in Ri 3,13.27–29; 4,4 a.6–9.11.17 b; 6,2 b–5.11 b–17.25–27 a.31 bβ–34; 7,1.9–11 a.22–25; 8,3 f.10–13.22 f.29.31; 9,1–7.16 a.19 b–21.23 f.41–45.56 f. RICHTER sucht den Verfasser im Nordreich z. Z. der Dynastie Jehus (Abimelechs Ermordung seiner 70 Stiefbrüder Ri 9,5 Anspielung auf die Beseitigung der 70 Prinzen aus dem Hause Ahab durch Jehu 2 Kön 10,1–9?).

Die alten Einzelerzählungen stehen weiter auseinander als die benjaminit. Eroberungsgeschichten. Wie verschieden sind schon diese Führergestalten: der Linkshänder Ehud, der dem Moabiterkönig Eglon den zweischneidigen Dolch in den Bauch stößt (3,15–26), Debora und Barak, die ein isr. Heer zu dem dann doch erst durch die Mordtat der Jael vollendeten Sieg über die Streitmacht des Sisera führen (4), Gideon mit seinen Kämpfen gegen die Midianiter (6–8), der isr.-kan. Bastard Abimelech, kein Führer in Israel, obwohl er das und nicht nur Stadtfürst in Sichem sein möchte, skrupellos, nicht ohne Großartigkeit, doch am Ende fast notwendig gescheitert (9), schließlich, nach RICHTER schon außerhalb des »Retterbuches« stehend, aber doch eine Figur, die die dortige Reihe wirkungsvoll fortsetzt: Jiftach, wieder ein Bastard und Condottiere, Sieger über die Ammoniter (10,17–12,6). Die »Retter« und ihre Streitmacht sind von ganz verschiedener Herkunft, und das wird ebenso für die Erzählungen gelten. Ehud kommt aus Benjamin, Barak aus Naftali, Gideon aus Manasse, Jiftach aus Gilead; je weiter das Aufgebot über den engeren Kreis hinausgeht, und vollends wenn es ganz Israel umfaßt, um so weiter hat sich die Überlieferung in der Regel von ihrem Ausgangspunkt entfernt. Nach Erzähltypus und Komposition ist recht verschieden, was über die einzelnen Gestalten berichtet wird: unkompliziert, unreligiös, unpolitisch die Moritat von Ehud, ein gerade in seinem Verzicht auf platte Moral großes, hinreißendes Lehrstück die auf der Höhe der Thronfolge- und der Jehuerzählung stehende Abimelechgeschichte (WELLHAUSEN: er hat »einen Erzähler gefunden, der Sinn für die Energie des Bösen besaß«), aus ziemlich verschiedenen, z. T. parallelen (und daher immer wieder zur Quellenscheidung wie im Pentateuch reizenden) Bestandteilen zusammengesetzt die Perikope von Gideon (-Jerubbaal!) und die von Jiftach. Der Erzählung von Barak und Debora ist in Ri 5 das Deboralied beigegeben, ein großartiges, aber in seinen Voraussetzungen und Aussagen vielfach dunkles Dokument der frühen Zeit. Ein zweites poet. Stück hat nachträglich in die Abimelechgeschichte Eingang gefunden: die antimonarchische Fabel des Jotam von den Bäumen, die den Dornbusch zu ihrem König machen (9,8–15, von DtrN eingefügt? so VEIJOLA, s. § 19,3 d).

3. Fast eine Welt für sich bilden die Geschichten von *Simson* (Ri 13–16). Sie spielen im Grenzgebiet zwischen den Philistern und dem Stamm Dan vor dessen Abwanderung nach Norden. Den Anfang macht die fromme Geburtserzählung, in der Simson zum Nasiräer bestimmt wird (13,2–24, darin die Ätiologie des Heiligtums von Zora verwendet?). Ganz anders der Hauptteil, ein »Sagenkranz« (GUNKEL) aus älteren, teilweise dieselben Motive variierenden Einzelerzählungen, schwankhaft, drastisch, grausam, erotisch (hier nach J. L. CRENSHAW, The Samson Saga: Filial Devotion or Erotic Attachment? ZAW 86, 1974, 470–504, das eigentliche Thema?): Simsons Hochzeit mit der Philisterin aus Timna, das Rätsel um Löwe und Honig und sein Verrat, die Weggabe der Frau, Simsons Rache, die Gegenrache der Philister und wiederum Simsons (14,1–15,8), dann seine Auslieferung durch die Judäer und sein Sieg mit dem Eselskinnbacken (15,9–19), der Besuch bei der Hure in Gaza (16,1–3) und der bei Delila, wo ihn sein Verhängnis ereilt (16,4–21), schließlich die Rache an den Philistern, die auch ihn selbst das Leben kostet (16,22–30). In den beiden Schlußszenen tritt das religiöse Element etwas stärker hervor, hier wurde auch das Motiv des Nasiräats eingetragen (16,17 aβ), das jetzt den ganzen Zyklus umschließt.

4. Der Komplex Ri 17–21, gern unter der fragwürdigen Überschrift »Anhänge zum Richterbuch« zusammengefaßt (s. § 19,3 c), enthält zwei ganz verschiedene Bestandteile, die durch die redaktionellen Hinweise auf die damalige Königslosigkeit, durch das Vorkommen je eines Leviten (in 19,1; 20,4 ist diese Bezeichnung aber wohl Zusatz, BUDDE) sowie des Gebirges Efraim und der Stadt Betlehem nur oberflächlich miteinander verbunden sind.

Die kunstvoll-witzige Erzählung von dem auf fragwürdige Weise zustandegekommenen Kultbild des Efraimiten Micha, das mitsamt seinem levit. Hauspriester von den Daniten auf ihrem Durchzug in ihr neues Wohngebiet im palästin. Norden geraubt und in Dan aufgestellt wird (17 f.), gibt dem *danit. Heiligtum* mitsamt seiner Priesterschaft sozusagen eine negative Ätiologie. Welches positive Interesse hinter dieser Polemik steht, wissen wir nicht; NOTH, der dabei allerdings von den wohl dtr Bemerkungen, 17,6; 18,1a ausgeht, meint: das des Reichsheiligtums, das Jerobeam I. in Dan anstelle jenes älteren Heiligtums einrichtete (1 Kön 12,29).

Literarisch und sachlich komplizierter ist die Erzählung von der »*Schandtat in Gibea*« und ihren Folgen (Ri 19–21). Sie schildert die Ermordung der Nebenfrau eines Efraimiten auf der Durchreise im benjaminit. Gibea durch die dortigen Bewohner, den Aufruf des Mannes an alle Stämme Israels (19), deren Strafaktion gegen Benjamin, die nahezu zur Ausrottung des Stammes führt (20), die Versorgung der übriggebliebenen Benjaminiten mit Frauen aus der dem Krieg ferngebliebenen und darum gebannten Stadt Jabesch in Gilead einerseits, durch einen offiziell angeratenen Frauenraub in Silo anderseits (21). WELLHAUSEN hielt das Ganze für nachexil., weil es eine derart einheitlich handelnde Sakralgemeinde (*ʿēdā* 20,1 u. ö.) in alter Zeit nicht gegeben habe; umgekehrt konnte NOTH in 19 f. die Tradition über ein Ereignis aus der Geschichte der von ihm postulierten vorstaatl. Amphiktyonie der zwölf Stämme sehen (»Bundeskrieg« der Stämme gegen Benjamin); EISSFELDT schließlich, grundsätzlich eher auf seiten WELLHAUSENS, nahm als histor. Kern einen polit. Vorgang, nämlich die Auflehnung einiger Städte unter Führung Gibeas gegen Efraim an, die überhaupt erst zur Bildung des Stammes Benjamin geführt habe. Mit den »Tagen von Gibea«, die Hos 9,9; 10,9 als Ausgangspunkt von Israels Sünde nennt, könnte auf den Vorgang aus Ri 19 angespielt sein (oder aber auf den Beginn des Königtums; Gibea war Sauls Residenz). Sollte also eine alte Überlieferung zugrundeliegen, dann wäre sie doch sehr ausgemalt und in mehreren Stadien erweitert worden, vgl. schon die phantastischen Zahlen in 20. Ganz sekundär im Zusammenhang (und wiederum in sich inhomogen) erscheint 21; in 20 war von Hause aus nicht die gänzliche Ausrottung des Stammes Benjamin (v.48) außer den wenigen Flüchtlingen von v.47 erzählt, sondern nur »die Bestrafung der Stadt Gibea und die Besiegung des benjaminit. Heerbanns, der diese Stadt verteidigt und von dem nur ein kleiner Teil sich durch Flucht der Vernichtung entziehen kann« (NOTH). Die Kapitel enthalten überdies zahlreiche Motive, die wir anderswoher kennen und die auf lit. Abhängigkeit schließen lassen, vgl. z. B. mit der Schandtat 19,22–25 den Vorgang in Sodom Gen 19,4–10, mit der Zerstückelung der Frau Ri 19,29 die der Rinder durch Saul 1 Sam 11,7, mit der Eroberung von Gibea Ri 20 die von Ai Jos 8 (zunächst Niederlage, dann Hinterhalt), mit der Gottesbefragung Ri 20,18 die in 1,1 f., mit dem Mann aus dem Gebirge Efraim 19,1 den in 17,1, mit der Nebenperson aus Betlehem 19,1 die in 17,7; Mizpa als Versammlungsort ganz Israels (20,1) ist uns schon in dtr Texten begegnet (s. § 19,4).

5. Was DtrH an alter Überlieferung über *Samuel* zur Verfügung stand, läßt sich nicht leicht sagen. Die von DtrH (und vollends die von DtrN) formulierten Texte über die Entstehung des Königtums (s. § 19,3 d) enthalten allenfalls die eine oder andere ältere Einzelnachricht (über Samuels Richtertätigkeit und die seiner Söhne 1 Sam 7,15–17; 8,1–3), als ganze sind sie eine eigene und neue Konzeption, hinter die sich überlieferungsgeschichtl. kaum mit Erfolg zurückfragen läßt (anders WEISER). Dagegen beruht die »Jugendgeschichte Samuels« (1 Sam 1–3) auf älterem Material: Samuels Geburt und Dienst in Schilo (1, nach HYLANDERS schöner, aber unwahrscheinlicher Hypothese früher einmal von Saul, dem »Erbetenen«, *šāʾūl*, vgl. v.20, handelnd; 2,11.18–21), Elis Söhne (2,12–17.22–26), Offenbarung an Samuel (3, darin v.11–14 DtrP anstelle eines älteren Orakels? so VEIJOLA, s. § 19). Hat die »Jugendgeschichte« einmal für sich bestanden? NOTH rechnet damit und führt sie auf den Verfasser der abschließenden Offenbarungserzählung zurück, dem die beiden ersten Stücke als voneinander unabhängige Überlieferungen vorgelegen hätten; das Ganze gehöre in die frühe Königszeit, wo der ausdrücklich in dem Nachtrag 3,21 betonte Anspruch Schilos, eine besondere Offenbarungsstätte zu sein, noch bestanden habe. – Der Lobgesang der Hanna 2,1–10 ist nicht für diesen Zusammenhang verfaßt worden.

6. In der Erzählungsreihe über die wechselvollen Kämpfe mit den Philistern vor Samuels wunderbarem Sieg (1 Sam 7,2—14), also in 4,1 b—7,1, kommt Samuel nicht vor. Im Mittelpunkt steht die Lade, und danach nennt man diese Kapitel, meist noch unter Hinzunahme von 2 Sam 6, die *Ladeerzählung*. Vgl. dazu bes. die Analyse von Rost (s. § 21), nach der »die Ladeerzählung als ἱερὸς λόγος des Ladeheiligtums zu Jerusalem in Priesterkreisen zur Zeit Davids bzw. im Anfang der Regierung Salomos entstanden ist«. Ihre Einheitlichkeit wird heute angezweifelt (FOHRER, STOEBE, SCHICKLBERGER).

§ 21 Erzählungen von Königen

T. N. D. METTINGER, King and Messiah. The Civil and Sacral Legitimation of the Israelite Kings, CB.OT 8, 1976; J. KEGLER, Politisches Geschehen und theologisches Verstehen. Zum Geschichtsverständnis der frühen isr. Königszeit, CThM 8, 1977; F. CRÜSEMANN, Der Widerstand gegen das Königtum. Die antiköniglichen Texte des AT und der Kampf um den frühen isr. Staat, WMANT 49, 1978.
H. WILDBERGER, Samuel und die Entstehung des isr. Königtums, ThZ 13, 1957, 442—469; H. SEEBASS, I Sam 15 als Schlüssel für das Verständnis der sog. königsfreundlichen Reihe I Sam 9,1—10,16; 11,1—15 und 13,2—14,52, ZAW 78, 1966, 148—179; DERS., Die Vorgeschichte der Königserhebung Sauls, ZAW 79, 1967, 155—171; G. v. RAD, Zwei Überlieferungen von König Saul (1968), Ges. St. II, 199—211; V. FRITZ, Die Deutungen des Königtums Sauls in den Überlieferungen von seiner Entstehung I Sam 9—11, ZAW 88, 1976, 346—362.
H.-U. NÜBEL, Davids Aufstieg in der Frühe israelitischer Geschichtsschreibung, Diss. ev. theol. Bonn 1959; F. MILDENBERGER, Die vordtr Saul-David-Überlieferung, Diss. ev. theol. Tübingen 1962; A. WEISER, Die Legitimation des Königs David. Zur Eigenart und Entstehung der sog. Geschichte von Davids Aufstieg, VT 16, 1966, 325—354; J. H. GRØNBAEK, Die Geschichte vom Aufstieg Davids (1 Sam 15—2 Sam 5). Tradition und Komposition, AThD 10, 1971; R. RENDTORFF, Beobachtungen zur altisr. Geschichtsschreibung anhand der Geschichte vom Aufstieg Davids, Fs. G. v. Rad, 1971, 428—439; W. DIETRICH, David in Überlieferung und Geschichte, VF 22, 1977, 44—64.
L. ROST, Die Überlieferung von der Thronnachfolge Davids (1926), in: Das kleine Credo und andere St. zum AT, 1965, 119—253; G. v. RAD, Der Anfang der Geschichtsschreibung im alten Israel (1944), Ges. St. I, 148—188; R. A. CARLSON, David, the Chosen King. A Traditio-Historical Approach to the Second Book of Samuel, 1964; L. DELEKAT, Tendenz und Theologie der David-Salomo-Erzählung, Fs. L. Rost, 1967, 26—36; R. N. WHYBRAY, The Succession Narrative. A Study of II Sam. 9—20 and I Kings 1 and 2, SBT 2,9, 1968; E. WÜRTHWEIN, Die Erzählung von der Thronfolge Davids — theol. oder polit. Geschichtsschreibung? ThSt(B) 115, 1974; D. M. GUNN, David and the Gift of the Kingdom, Semeia 3, 1975, 14—45; DERS., The Story of King David. Genre and Interpretation, Journal for the Study of the OT, Suppl. Ser. 6, 1978; F. LANGLAMET, Pour ou contre Salomon? La rédaction prosalomonienne de I Rois, I—II, RB 83, 1976, 321—379. 481—528.
S. HERRMANN, Die Königsnovelle in Ägypten und Israel. Ein Beitrag zur Gattungsgeschichte in den Geschichtsbüchern des AT, WZ(L).GS 3, 1953/54, 51—62; I. PLEIN, Erwägungen zur Überlieferung von I Reg 11, 26—14,20, ZAW 78, 1966, 8—24.

1. Die ältere *Saulsüberlieferung* umfaßt die Erzählungen von Sauls Salbung durch Samuel (1 Sam 9,1—10,16), von seinem Sieg über die Ammoniter (11) und seinen Philisterkämpfen (13 f.). Dazu kommt, durch das dtr Summarium deutlich abgesetzt und auch nach seinem Inhalt ein, freilich alte Tradition verwendendes, Übergangsstück, das Kapitel von Sauls Sieg über die Amalekiter, der wegen des nicht restlos vollzogenen Banns die Verwerfung durch Samuel nach sich zieht (15, nach VEIJOLA, s. § 19, vielleicht erst von DtrP gemeinsam mit der jungen Erzählung von der Salbung Davids 16,1—13 eingefügt). Was wir sonst von Saul lesen, gehört schon in den Bereich der Aufstiegsgeschichte Davids und ist nicht mehr sicher als genuine Saulstradition erweislich; das gilt auch von dem Bericht über sein Ende 1 Sam 28; 31.
Die zuerst aufgezählten Texte haben DtrH wohl schon als eine Reihe vorgelegen.

Sie waren aber nicht gleich als Reihe konzipiert, sondern bestanden zunächst unabhängig voneinander. Sauls Auftreten gegen die Ammoniter wie einer der »Retter« aus Ri 3–12 und seine darauf begründete Königwerdung setzen die Salbung durch Samuel nicht voraus. Wenn hier eine Erzählung die Priorität hat, dann ist es 1 Sam 11; aber man möchte die Salbungsgeschichte mit ihren märchenhaften und idyllischen Zügen und in all ihrer histor. Fragwürdigkeit (vgl. Fritz) nicht missen.

Die in mancher Hinsicht merkwürdige, altertümliche Kriegserzählung 13 f. (vgl. v. Rad) hat in 13,7 b–15 einen Einschub erfahren (ihm korrespondiert 10,8), wonach Saul plötzlich wieder in Gilgal statt auf dem Gebirge in Gibea (13,2.16) ist und bereits jetzt mit einem unberechtigten Opfer den Bruch mit Samuel provoziert, in Vorwegnahme von Kap. 15; der Interpolator »hatte Eile mit der Verwerfung des nicht davidischen Königs und setzte sie gleich an die Schwelle von dessen Regierung« (Wellhausen).

2. Die »erste Geschichte Davids« (Wellhausen), meist Geschichte vom *Aufstieg Davids* genannt, erzählt wie die Saulsüberlieferung eine Königwerdung. Und auch das scheint eine Parallele zu sein, daß David von Samuel gesalbt wird (1 Sam 16,1–13) und dann noch einmal, nein zweimal, als wäre die Salbung nicht gewesen, in die Geschichte tritt: einmal als Saitenspieler (16,14–23) und dann noch einmal, als wäre auch dies nicht gewesen, als Bezwinger Goliats (17, stark erweiterter Text, LXX kürzer). Aber die Salbung, eine farblosere, in 16,1 an 15,35 angeknüpfte Variante des entsprechenden Vorgangs bei Saul, gehört nicht zur alten Aufstiegsgeschichte. Diese setzt vielmehr mit dem Satz ein, daß der Geist Jahwes von Saul gewichen war (16,14). Sie endet, als David König nicht nur von Juda, sondern auch von Israel ist und Jerusalem zu seiner Stadt gemacht hat; den Schlußsatz bildet vielleicht die Feststellung, daß David immer mächtiger wurde und Jahwe Zebaot mit ihm war (2 Sam 5,10; Wellhausen und A. Alt, ZAW 54, 1936, 151 f., nehmen noch 2 Sam 8 hinzu). Die Aufstiegsgeschichte sammelt und bearbeitet älteres Material, außer Erzählungen auch Lieder (2 Sam 1,17–27, sogar mit Quellenangabe; 3,33 f.). Wie am Anfang, so stehen auch zunächst in der Fortsetzung die Stücke ein wenig neben- und auch durcheinander, vgl. die unübersichtliche Darstellung der Anfeindung Davids durch Saul und seiner Flucht 1 Sam 19 f.; auch im Großen finden sich deutliche Dubletten (David geht zweimal zu den Philistern 21,11 und 27, er verschont Saul zweimal 24 und 26). Aber »je länger desto deutlicher geht« die Schrift »dann in eine geschlossenere Darstellung über, die den Leser ohne Umschweife Zug um Zug bis zu dem Bilde der vollendeten Reichsgründung Davids hinführt, mit dem sie schließt« (Alt, Kl. Schr. II, 34). »Der Fortschritt der einzelnen Akte in Kap. 2–5 ist beinah dramatisch, Stufe für Stufe werden wir über die Hindernisse hinweg bis zur Höhe fortgeführt« (Wellhausen). Hier scheint der Verfasser freier von vorgeformtem Material, hier erinnert die Art der Szenen und ihres Zusammenhangs schon an die Thronfolgegeschichte. Von dieser ist die Aufstiegsgeschichte im übrigen aber noch deutlich verschieden, wohl als das ältere der beiden Werke. Will man in ihr eine Absicht finden, dann die, »die Berechtigung des Übergangs der israelitischen Königswürde auf David historisch nachzuweisen« (Alt a. a. O. 38, Weiser). Diese Linie hat dann die dtr Bearbeitung kräftig ausgezogen (s. § 19,3 e). Über die erste(n) literarische(n) Gestaltung(en), ihren Hintergrund, ihre Absicht und ihr Verhältnis zu den Vorlagen sind wir noch nicht hinreichend unterrichtet (Annahme einer »Grundschrift« und einer »Bearbeitung« im Geiste Elias bei Nübel, einer »nebiistischen« Bearbeitung bei Mildenberger). Ihr Ort ist die ältere, wenn nicht die älteste Königszeit.

3. Mit der »zweiten Geschichte Davids«, der Geschichte von der *Thronfolge Davids*, werden wir auf den frühen Höhepunkt der isr. Erzählungskunst geführt. Das Werk umfaßt 2 Sam 9–20; 1 Kön 1 f. Es schildert Davids Verhalten gegen den letzten Sauliden Merib-Baal/Mefiboschet (2 Sam 9), seinen Ehebruch mit Batseba und die Geburt Salomos (10–12), die Ausschaltung des ersten Thronprätendenten Amnon durch seinen Stiefbruder Abschalom, nachdem er sich an dessen Schwester Tamar vergangen hat (13 f.), die Erhebung des zweiten Prätendenten Abschalom, die Davids Herrschaft in äußerste Gefahr bringt und noch den Aufstand des Nordreichs unter Scheba nach sich zieht (15–20), und schließlich das Gegeneinander der Hofparteien, deren eine (Joab, Abjatar) den dritten Prätendenten Adonija nicht durchsetzen kann, während die andere (Zadok, Benaja, Natan) mit Hilfe Batsebas und Davids ihren Kandidaten Salomo auf den Thron bringt, der alsbald einige Rechnungen mit der unterlegenen Gegenpartei begleicht (1 Kön 1 f.).

Über den Einsatz der Erzählung herrscht Unklarheit. EISSFELDT läßt sie erst mit 2 Sam 13 beginnen, von wo an tatsächlich der Zusammenhang erst ganz geschlossen ist, WÜRTHWEIN mit 10, weil dann am Anfang Salomos Geburt und am Ende seine Thronerhebung steht. In der Tat sind 10–12 als Vorgeschichte Salomos kaum entbehrlich, obgleich der hier verwendete »Ammoniterkriegsbericht« nicht aus dem Schreibrohr des Autors der Thronfolgegeschichte geflossen, sondern wegen des in sein Thema gehörenden Geschicks des Urija von anderswoher übernommen worden ist. Aber auch 9 gehört hinein, schon wegen der Rolle, die die beteiligten Personen später noch spielen (16,1–4; 19,25–31). Doch sieht 9 wie ein Anfang aus? So nimmt man 7 dazu, wo sich aber der vordtr Kern schwer ausmachen läßt, oder 6 (hypothetisch WELLHAUSEN; in 6,23 immerhin das mit dem Thronfolgeproblem zusammenhängende Motiv der Kinderlosigkeit der Saulstochter Michal). Schon öfters ist die erzählerische Ähnlichkeit der Schlußszenen der Aufstiegsgeschichte mit der Thronfolgegeschichte aufgefallen; von dort her besteht natürlich auch einige Kontinuität in den Personen (außer David bes. Joab). Es liegt nahe, den dortigen und den hiesigen Verfasser im gleichen Kreis zu suchen und sogar Identität für möglich zu halten (RENDTORFF). Sollten jene Szenen, also etwa 2,8–5,3, schon ein Bestandteil der Thronfolgegeschichte gewesen sein (vgl. HERTZBERG, GUNN), würde die Scheidung zwischen Aufstiegs- und Thronfolgegeschichte zweifelhaft (J. HEMPEL, Geschichten und Geschichte im AT, 1964, 30). Aber 5–8 wirken doch eher wie die große Nahtstelle zwischen zwei ursprünglich selbständigen Werken. — ROST hat das Problem des Erzählungseinsatzes mit der Annahme gelöst, der Autor habe außer dem Ammoniterkriegsbericht die Ladegeschichte (verbindend das Michalmotiv) und die Natansverheißung vorgeschaltet; indessen fragt sich, ob diese Verknüpfungen nicht erst auf die dtr Redaktionsarbeit zurückgehen (s. § 19,3 e). Man muß damit rechnen, daß dabei der Anfang der Thronfolgegeschichte abgeschnitten wurde.

Was das Verhältnis zur Tradition und damit auch die eigene Gestaltungsmöglichkeit angeht, unterscheidet sich die Thronfolgegeschichte grundsätzlich von Werken wie der Saulsüberlieferung, der Aufstiegsgeschichte (vielleicht abgesehen von deren Schlußteil) oder auch J. Waren dort bereits ausformulierte Einzelerzählungen vorgegeben, die es so gut wie möglich miteinander zu verbinden galt, so steht hier schon am Anfang eine Gesamtkonzeption, nach der alles einzelne frei entworfen werden kann. Die Vorgänge sind von vornherein als Szenen auf das Ganze hin gesehen und komponiert. Das schließt nicht aus, daß Wirklichkeit dargestellt werden soll. Fraglos liegt viel genaues Wissen zugrunde; »aus keiner Periode der israelitischen Geschichte haben wir so viele historische Namen« (WELLHAUSEN). Die geschilderten Vorgänge kann – und will – man sich kaum noch anders vorstellen, als sie hier erscheinen. Gerade die Dialoge unter vier Augen, die man gern für die intime Informiertheit des Verfassers angeführt hat, zeigen doch viel eher die Kraft seiner Phantasie.

Zu den erzählerischen Mitteln vgl. ROST, auch WHYBRAY. Hier müssen ein paar Andeutungen genügen. Der Erzähler schildert breit, setzt aber jedes Wort ganz bewußt. Er liebt das Detail, aber kaum ein Detail ist für den Leser ohne Bedeutung, ohne Sinn für das Ganze. Das Ganze setzt sich aus Einzelszenen zusammen, in denen meist wenige Personen auftreten. Die Szenen wechseln oft schnell. Sie sind ebenso in sich geschlossen wie miteinander verzahnt, durch Personen, Begegnungen, Wiederholungen von Ausdrücken und Sätzen. Es gibt auch gleichzeitige Szenen an verschiedenen Schauplätzen, die miteinander in dramatischer Beziehung stehen. Manches scheint zunächst beziehungslos zu sein; Fäden werden fallengelassen und unversehens wieder aufgenommen. Sehr wichtig ist, was bei der szenischen Gestaltung nicht verwundert, die wörtliche Rede. Sie wird virtuos gehandhabt, weitschweifig und militärisch-kurz, in der Meldung und Schilderung von Sachverhalten, in Zuruf, Frage, Befehl, Aufforderung, Bitte, verwickelter Argumentation, schließlich in trostloser Klage; mehrfach begegnen schlagende, plastische Vergleiche. Der Dialog bringt nicht nur die Handlung weiter, sondern charakterisiert auch die Redner. An der Charakteristik der Personen scheint dem Erzähler zu liegen, wenngleich er sie meist indirekt betreibt und Offenes offen lassen kann. Die Hauptfiguren werden, soweit sie nicht inzwischen gewaltsam geendet sind, am Ende noch einmal wie in einem Finale vorgeführt; doch auch die weniger wichtigen bleiben dem aufmerksamen Leser unvergeßlich. Diese Historiographie ist ganz auf die handelnden Personen abgestellt, anonyme Mächte und Verhältnisse, ja auch schon die Masse des Volkes bleiben im Hintergrund.

Man hat es für gänzlich abwegig erklärt, in einem Kunstwerk dieses Ranges Belehrung oder Propaganda suchen zu wollen (GUNN). Damit ist eine falsche Alternative aufgestellt. So herrlich die Thronfolgegeschichte erzählt, sie will doch auch belehren (vgl. WHYBRAY), und sie hat wohl auch eine polit. Tendenz.

Ausgangspunkt der Diskussion darüber sind meist die Sätze ED. MEYERS (Geschichte des Altertums II, 2 ²1931 = ⁴1965, 285): »Dabei fehlt jede politische oder apologetische Tendenz: mit kühler Objektivität, ja mit überlegener Ironie schaut der Erzähler auf die Vorgänge herab, die er eben darum mit unvergleichlicher Anschaulichkeit berichten kann. Gänzlich fern liegt jede religiöse Färbung, jeder Gedanke an eine übernatürliche Leitung; der Lauf der Welt und die in der Verkettung der Ereignisse sich durch eigene Schuld vollziehende Nemesis werden dargestellt in voller Sachlichkeit, wie sie dem Beschauer erscheinen.«

MEYERS Urteil über die fehlende polit. Tendenz steht in dieser Schärfe ziemlich allein. MEYER würde es aber vielleicht bestätigt finden durch die Gegensätzlichkeit der positiven Meinungen über eine solche Tendenz. WELLHAUSEN sprach von »Parteinahme für David und Salomo«, nach ROST ist die Thronfolgegeschichte »in majorem gloriam Salomonis abgefaßt«. So dachten die meisten, doch es gibt schon längst zurückhaltendere Urteile. Sie wurden von NOTH erneuert, der (im Kommentar zu 1 Kön 1 f.) feststellte, vom Erzähler werde »an keiner Stelle ausgesprochen, daß Jahwe die Thronnachfolge Salomos bewirkt habe«. »Von einer Sympathie des Haupterzählers mit Salomo kann offenbar keine Rede sein. Er ist mit der Thronnachfolge Salomos abgefunden und beschreibt die darauf hinführenden Vorgänge.« Konnte das noch ähnlich klingen wie das Urteil MEYERS, so wurde seither der Spieß ganz umgedreht: für DELEKAT und WÜRTHWEIN ist die polit. Tendenz ebenso entschieden vorhanden wie entschieden antidavidisch (vgl. 2 Sam 10—12) und antisalomonisch (vgl. 1 Kön 1 f.). Nach WÜRTHWEIN, der die solideste exeget. Begründung gibt, wurde die Geschichte nachträglich zugunsten Davids (und zuungunsten Joabs) überarbeitet. Damit berühren sich VEIJOLAS Annahme einer dtr und LANGLAMETS Annahme einer prosalomonischen Bearbeitung (s. § 19,3 e).

Die Redaktionsgeschichte ist natürlich auch für die Frage der »religiösen Färbung« von Belang. Nach v. RAD hat der Verfasser das im übrigen völlig immanent-pragmatisch gezeichnete Geschehen an drei ganz isoliert stehenden Stellen theol. gedeutet: 2 Sam

11,27 b; 12,24 bβ; 17,14 b. Von diesen Stellen hat sich die erste mit Sicherheit als dtr herausgestellt (s. § 19,3 g). Am meisten kommt es auf die dritte an. Sie steht an der entscheidenden Stelle der Abschalomgeschichte: wird Abschalom dem Rat Ahitofels (17,1-4) folgen und sofort David überfallen lassen, oder dem Rat Huschais (17,5-13), der die Verfolgung verzögert und der in Wirklichkeit ein Rat zugunsten Davids ist (vgl. auch Davids Stoßgebet 15,31)? Abschalom und die Israeliten um ihn entscheiden sich gegen Ahitofel. Diese für Abschalom verhängnisvolle Wirkung der Rede Huschais nun führt der theol. deutende Satz 17,14 b auf eine Fügung Jahwes zurück. WÜRTHWEIN bricht den ganzen Huschai-Passus (17,5-14, dazu 15,31; 16,21-23) als spätere Bearbeitung zuungunsten Ahitofels heraus, aber kaum mit zureichendem Grund. In 17,14 b klingt die Zielangabe »damit Jahwe über Abschalom das Unheil brächte« (bβ), in der ja auch der Gottesname aus bα ungeschickt wiederholt wird, nach DtrP (DIETRICH, s. § 19,3 g); die erste Hälfte des Halbverses könnte ursprüngl. sein. Ob sie wohl, wenn doch ein Zusatz, gegen den Sinn des Verfassers wäre? So oder so bleibt dessen Auffassung vom Geschehen erstaunlich genug: weniger »antik« als die vorausgegangene Überlieferung, wunderlos, »das Ganze uns vollkommen zugänglich und verständlich« (WELLHAUSEN). Aber wenn die Vorstellung von einem direkten göttlichen Einwirken dahingefallen war — oder, um es vorsichtiger zu sagen, zurücktreten konnte —, galt das doch nicht vom Glauben »an sein Wirken in der Geschichte überhaupt. Im Gegenteil, nun erst war der Weg frei, dieses Wirken Gottes viel totaler zu verstehen. Nicht von Fall zu Fall, im Charisma eines berufenen Führers, sondern viel kontinuierlicher, viel umfassender, nämlich verborgen in der ganzen Profanität, schlechthin alle Lebensbereiche durchwaltend. Und daß dieser Schritt so rasch und sicher in diesem Geschichtswerk getan wurde, darauf ruht seine eigentliche theol. Bedeutung. Mit ihm beginnt eine ganz neue Vorstellung von der Art des Wirkens Gottes in der Geschichte« (v. RAD).

Aufgrund ihrer Kenntnis der Vorgänge datiert man die Thronfolgegeschichte gern noch in die Zeit Salomos. Dahin gehört sie natürlich sowohl dann, wenn sie zur Legitimation bzw. zum Ruhm dieses Königs geschrieben ist, als auch dann, wenn sie »ganz konkret auf den Sturz Salomos zielt« (DELEKAT). Im ersten Fall könnte sie am Hof entstanden sein, im zweiten Fall schwerlich; man könnte dann der hübschen Vermutung B. DUHMS (zu Jer 1,1) folgen, die Schrift komme aus der Familie des von Salomo nach Anatot verbannten Abjatar und von da her habe Jeremia »von vornherein etwas Schriftstellerblut in seinen Adern gehabt«. Aber das ist alles Phantasie.

4. In Ägypten hat es eine Gattung der »Königsnovelle« gegeben. Israel oder doch wenigstens das AT bietet dazu kein Gegenstück. Das Königtum und die Könige sind hier nur in begrenztem Ausmaß Objekt eigenen Interesses. Zwar tragen die Königsbücher ihren Namen insofern nicht zu Unrecht, als die Darstellung dort ja tatsächlich nach der Folge der Könige von Israel und Juda aufgebaut ist und jeder König sein Urteil bekommt. Aber richtig erzählt wird vom Königtum doch fast nur in den Samuelbüchern, also für die Zeit, bevor das Königtum eine etablierte Institution ist. Danach sind die Könige natürlich das wichtigste, weithin das einzige Subjekt des polit. Handelns, aber im Mittelpunkt der Erzähltradition stehen sie nur ausnahmsweise; eine größere Rolle spielen da die Propheten. So kann unter der Rubrik der *weiteren Königserzählungen* nicht allzuviel mehr aufgezählt werden. Es ist auch weniger durch positive Merkmale, etwa gar die einer Gattung, geeint, als durch das Gegenüber zu den Prophetenerzählungen. Auf eine klare Scheidung zwischen Königs- und Prophetenerzählungen kommt es hier übrigens nicht an; die Einteilung ist behelfsmäßig und praktisch gemeint.

Nah bei der ägypt. Königsnovelle sieht HERRMANN die nicht leicht exakt auszugrenzende Grundlage der Natansverheißung (2 Sam 7) und die Erzählung von Salomos Traum (1 Kön 3,4-15). Von David und Salomo gibt es noch je ein

133

Paar von Einzelerzählungen: Davids (bzw. der Gibeoniten) Verfahren mit den letzten Sauliden (2 Sam 21,1–14) und die Volkszählung, die auf den Erwerb der Tenne Araunas hinausläuft (24), Salomos Urteil (1 Kön 3,16–28) und der Besuch der Königin von Saba (10,1–13).

Eine schöne Erzählung, von I. PLEIN in die Nähe der Thronfolgegeschichte gestellt und als »Geschichtswerk« beurteilt, berichtet von der Trennung der Reiche Israel und Juda nach dem Tode Salomos (1 Kön 12,1–19 bzw. 20, von NOTH zunächst in eine umfangreiche Geschichte des Propheten Ahija von Schilo hineingestellt, später wenigstens noch mit v.26–32 als Fortsetzung zusammengenommen). Die Loslösung des Nordreichs angesichts der auf die Spitze getriebenen Forderungen Rehabeams wird als »Auflehnung« ($pš^c$) bezeichnet (v.19), der Standpunkt ist der jerusalem.-judäische. Aus dem »bis auf diesen Tag« (v.19) pflegt man auf Abfassung vor 722 v. Chr. zu schließen. Der theologisch deutende Satz v.15 b bietet ein ähnliches Problem wie 2 Sam 17,14 b; jedenfalls die Zielangabe (βγ) stammt auch hier von DtrH.

Auf dem gleichen Niveau wie die Thronfolgegeschichte steht die Erzählung vom Sturz der Dynastie Omris durch Jehu (2 Kön 9f.). Die Dynamik der Vorgänge und der Darstellung übertrifft noch die dortige, das Urteil des Verfassers liegt ebensowenig auf der Hand.

In die Reihe der Usurpationen und Thronwechsel gehören schließlich Herrschaft und Sturz der Königin Atalja, farbig erzählt in 2 Kön 11.

§ 22 Erzählungen von Propheten

SCHÜPPHAUS (s. § 20); A. ROFÉ, The Classifikation of the Prophetical Stories, JBL 89, 1970, 427–440.
M. A. KLOPFENSTEIN, 1. Könige 13, Fs. K. Barth, 1966, 639–672; E. WÜRTHWEIN, Zur Komposition von I Reg 22,1–38, Fs. L. Rost, 1967, 245–254; H. SEEBASS, Micha ben Jimla, KuD 19, 1973, 109–124.
H. GUNKEL, Elias, Jahve und Baal, RV II,8, 1906; G. FOHRER, Elia, AThANT 53, 1957, ²1968; O. H. STECK, Überlieferung und Zeitgeschichte in den Elia-Erzählungen, WMANT 26, 1968; H. SEEBASS, Elia und Ahab auf dem Karmel, ZThK 70, 1973, 121–136; R. SMEND, Das Wort Jahwes an Elia. Erwägungen zur Komposition von 1 Reg. xvii-xix, VT 25, 1975, 525–543; DERS., Der bibl. und der histor. Elia, VT.S 28, 1975, 167–184; G. HENTSCHEL, Die Elijaerzählungen, EThSt 33, 1977.
H. GUNKEL, Meisterwerke hebräischer Erzählungskunst I, Elisa, 1922; H.-C. SCHMITT, Elisa. Traditionsgeschichtl. Untersuchungen zur vorklassischen nordisr. Prophetie, 1975; H. SCHWEIZER, Elischa in den Kriegen. Literaturwissenschaftl. Untersuchung von 2 Kön 3; 6,8–23; 6,24–7,20, StANT 37, 1974.
J. MEINHOLD, Die Jesajaerzählungen Jes 36–39, 1898; B. S. CHILDS, Isaiah and the Assyrian Crisis, SBT II,3, 1967.

1. Daß in den erzählenden Partien der Königsbücher die Prophetie so sehr dominiert, entspricht weniger dem tatsächlichen Geschichtsverlauf als der dtr Vorstellung von der Korrespondenz zwischen Gotteswort und Geschichte. Die dtr Historiographie (DtrP, s. § 19,3g) hat diese Vorstellung schematisch ausgestaltet und in die ältere Überlieferung eingetragen. Sie setzte sich damit aber zur älteren Überlieferung nicht in Widerspruch. Dort hatte die Prophetie ja auch in solchen Erzählungen eine Rolle gespielt, die man nach ihren Zentralfiguren Königserzählungen nennen muß, vgl. die Salbung Sauls durch Samuel (1 Sam 9,1–10,16), aber auch diejenige Jehus durch einen Jünger des Elischa (2 Kön 9,1–6.10b;

v.7–10a ist dtr Zusatz). Propheten konnten auch in Erzählungen, die von polit. Vorgängen handelten, nachträglich eingeführt werden und dann deren eigentliche Aussage bestimmen (vgl. 1 Kön 20; 22; 2 Kön 3,4–27; 6,24–7,20). Wir finden die Prophetenerzählungen vor allem in drei Zyklen, die von Elija, Elischa und Jesaja handeln.

An einzelnen Erzählungen außerhalb dieser Zyklen sind zu nennen: die Geschichte vom Gottesmann aus Juda in Bet-El (1 Kön 13), ein Traktat über den prophet. Gehorsam, vielleicht mit einer älteren Lokaltradition aus Bet-El, auf die dortigen Maßnahmen Joschijas vorausblickend; eine in die Erzählungen von Ahab und Elija eingereihte Geschichte aus den wechselvollen Aramäerkriegen mit wiederholten, nach der Situation variierten prophet. Anreden an den König von Israel (1 Kön 20); die ähnlich placierte Geschichte von Micha ben Jimla (1 Kön 22), wohl aus mehreren Schichten bestehend, mit dem Hauptthema der wahren und der falschen Prophetie, bes. durch die Szene der himmlischen Ratsversammlung (v.19–22, vgl. Jes 6) wichtig.

2. Der Zyklus der Erzählungen von *Elija* besteht aus 1 Kön 17–19; 21; 2 Kön 1. Die ersten drei Kapitel bilden eine fortlaufende Erzählung, die beiden anderen stehen isoliert.

In dem Zusammenhang 1 Kön 17–19, den man »die große Elijaerzählung« nennen könnte, ist 19 eine nachträglich zu 17 f. hinzugetretene Fortsetzung. Daß der Prophet nach seinem Triumph auf dem Karmel auf ein Wort der Isebel hin Reißaus nimmt (19,1–3 aα), überrascht; es handelt sich um ein Verbindungsstück zu den überlieferungsgeschichtlich schwierigen Szenen am Gottesberg, in denen es um den Beruf des Propheten und um seine Nachfolge geht (die kurze Geschichte von der Berufung des Elischa 19,19–21 ist von Hause aus keine Elija-, sondern eine Elischageschichte, vgl. A. ALT, ZAW 32, 1912, 123–125; anders FOHRER). Die Erzählungsreihe 1 Kön 17 f. wird durch das Motiv des zu Anfang versagten und am Ende, nachdem das Volk sich aufgrund der Opferprobe auf dem Karmel für Jahwe und gegen den Baal als seinen Gott entschieden hat, wiedergewährten Regens zusammengehalten. Die beiden Szenen bei der Witwe von Zarpat (17,7–16 wunderbare Versorgung, 17–24 Auferweckung des Sohnes der Witwe) sind ursprünglich selbständige Einzelerzählungen. Wie man sich im übrigen die Entstehung der beiden Kapitel zu denken hat, ist umstritten. Handelt es sich um eine von vornherein jedenfalls in 18 unter Einschluß der Karmelszene einheitlich konzipierte Erzählung von der Beseitigung der Ursache der auf Israel lastenden Dürre und daraufhin der Dürre selbst durch die Aktionen von König und Prophet (SEEBASS) oder um eine Einzelerzählung von Dürre und Regenspendung, in die die übrigen Einzelerzählungen einschließlich der von der Opferprobe auf dem Karmel und sonstige Erweiterungen eingefügt wurden (FOHRER, STECK), oder um eine einheitliche Konzeption, ausgehend von den jetzt am Ende stehenden Einzelerzählungen von der Opferprobe und der Regenspendung? Dtr Überarbeitung deutet sich mehrfach durch die Wortereignisformel (17,2.8; 18,1), durch weitere Rede vom Wort Jahwes (17,24 b) und durch Dubletten an (18,30 b/31.32 a; 18,36/37; alle Kriterien in der Vorausnahme von 19,13 b.14 in 9 b.10).

Erheblich stärker ist die Erzählung von Nabots Weinberg (1 Kön 21), durch die Elija der späteren Prophetie nicht nur in der religiös-antibaalistischen, sondern auch in der sozialen Verkündigung vorangeht, dtr ergänzt worden (19 b.20 b–24.25 f.27–29). Daß der vordtr Rückbezug auf den hier geschilderten Vorfall im Munde des Jehu (2 Kön 9,25 f.) den Namen Elija nicht nennt, läßt den Verdacht aufkommen, daß der Prophet erst nachträglich auch in dieser Sache zum Kontrahenten Ahabs gemacht wurde (vgl. G. HÖLSCHER, Die Profeten, 1914, 177).

Um die religiöse Alternative geht es dann wieder in der Erzählung von der Anfrage des Königs Ahasja bei Baal-Sebub, dem Gott von Ekron, und seinem ihm daraufhin von Elija angekündigten Tod. Der Grundbestand (2 Kön 1,2–8.17 aα) ist durch eine groteske Legende von der Macht des Gottesmannes erweitert worden.

STECK hat sehr scharfsinnig in den Einzelheiten der Elijaerzählungen Bezugnahmen auf die Zeitgeschichte (Ahab, Isebel, Jehu) zu entdecken und von da her die schon sehr früh abgeschlossene sukzessive Entstehungsgeschichte der Erzählungen zu rekonstruieren unternommen, dabei aber wohl der Stabilität der mündl. Überlieferung zu viel, der verändernden Gestaltungskraft der schriftl. Sammlung zu wenig zugetraut. Etwa die Karmelerzählung, die doch wohl in der schwerlich histor. Nachricht von der Abschlachtung der 450 Baalspropheten durch Elija ein Vorbild für das entsprechende Handeln Jehus geben will (vgl. 1 Kön 18,40, aber auch v. 19 f. mit 2 Kön 10,14.18–27), kann dann frühestens unter Jehu ihre gegenwärtige Gestalt gewonnen haben; als terminus ad quem läßt sich nur die dtr Redaktion angeben.

3. Die Überlieferung von *Elischa* findet sich in 1 Kön 19,19–21; 2 Kön 2; 3,4–8, 15; 9,1–10; 13,14–21. Sie ist unübersichtlicher und vielgestaltiger als die von Elija, so wie auch die histor. Figur des Elischa fast noch schwerer zu greifen ist als die des Elija. Er scheint stärker in die Politik verwickelt und keine Einzelfigur, sondern das Haupt einer Genossenschaft von Propheten gewesen zu sein. Die Erzählungen von seiner Berufung (1 Kön 19,19–21) und von Elijas Entrückung (2 Kön 2,1–18) stellen ihn als dessen Nachfolger dar. Die Tradition von beiden berührt sich wiederholt, vgl. die Erzählungen von der Mehrung des (Mehls und) Öls bei einer Witwe (1 Kön 17,7–16; 2 Kön 4,1–7) und von der Auferweckung des toten Sohns der Witwe von Zarpat bzw. der Schunemiterin (1 Kön 17,17–24; 2 Kön 4,8–37). Diese Wunder dürften zuerst von Elischa erzählt worden sein, für den Wundergeschichten charakteristischer sind. Auch der Ehrentitel »Kriegswagenkorps Israel und seine Gespanne« (vgl. K. GALLING, ZThK 53, 1956, 129–148) gehörte sicherlich zuerst dem »politischeren«, »nationaleren« Elischa und wurde nachträglich auch auf Elija übertragen (2 Kön 13,14; 2,12).

Den Typus der kurzen, anekdotenhaften Wundergeschichte vertreten die Erzählungen: Wasser in Jericho (2 Kön 2,19–22), Buben von Bet-El (2,23–25), Öl der Witwe (4,1–7), Tod im Topf (4,38–41), wunderbare Speisung (4,42–44), schwimmendes Eisen (6,1–7). Drei davon (4,1–7.38–41; 6,1–7) gehören dadurch zusammen, daß Elischa Mitgliedern der Prophetengenossenschaft hilft. Nun wirkt die Erzählung von der Wiederherstellung des Besitzes der Schunemiterin durch den König aufgrund des Berichts des Gehasi über die Taten des Elischa (8,1–6, wohl dessen Tod voraussetzend) wie der redaktionelle Abschluß einer Sammlung von Wundergeschichten, und dann doch wohl ungefähr der eben aufgezählten Reihe (FOHRER). Da dieser Abschluß an die ausführliche Erzählung von Elischa bei der Schunemiterin (4,8–17 Verheißung und Geburt des Sohns, 18–37 dessen Auferweckung) anknüpft, wird diese, obwohl im Stil von den Anekdoten abweichend, in deren Sammlung gehört haben.

Einige, unter sich recht verschiedene, Erzählungen gehören dadurch zusammen, daß Elischa in ihnen direkt oder indirekt mit den Aramäern zu tun hat: die Heilung des Naaman (5), Elischas Begegnung mit Hasaël (8,7–15), sein Tod (13,14–19, danach noch die Anekdote von dem Mann, der zu ihm ins Grab geworfen und dadurch wieder lebendig wird, 20 f.), ferner die Irreführung der Aramäer 6,8–23 (von SCHMITT in die Wundergeschichtensammlung gestellt) und die Belagerung

Samarias (6,24–7,20), die letztere von SCHMITT mit der Erzählung vom Feldzug gegen Moab (3,4–27) und den beiden Erzählungen 1 Kön 20; 22 als »Kriegserzählungssammlung« zusammengenommen.
Die Geschichte der Entstehung, Sammlung und Bearbeitung all dieser Erzählungen zwischen dem 9. Jh. und der dtr Redaktion ist verwickelt gewesen (Stadien nach SCHMITT: Aramäererzählungen, Wundergeschichtensammlung, Sukzessorsammlung 1 Kön 19,19–21; 2 Kön 2 unter Einschluß von v.19–25, Jahwebearbeitung, Gottesmannbearbeitung).

4. Die Erzählungen von *Jesaja*, aus 2 Kön 18–20 auch in das Buch Jes (36–39) übernommen, gliedern sich in drei Teile: die Errettung Jerusalems vor Sanherib von Assyrien (18,13–19,37), Hiskijas Krankheit und Genesung (20,1–11), die Gesandtschaft aus Babylon (20,12–19).
Über die Vorgänge des Jahres 701 v. Chr. als Sanherib Juda eroberte, haben wir hier allein drei Versionen; dazu kommt in Gestalt von Sanheribs eigenem Bericht auf dem sog. Taylor-Zylinder (AOT 352–354, ANET 287 f., TGI 67–69) eine vierte. Mit dieser letzten stimmt im wesentlichen überein, was in 2 Kön 18,13–16, wohl aufgrund der jud. Annalen, mitgeteilt wird. Danach hat König Hiskija sich dem Assyrer unterworfen und wurde von ihm nach der Zahlung eines hohen Tributs in seiner Herrschaft über Jerusalem belassen. Anders der Hauptteil des bibl. Textes, dessen Dubletten ihn leicht als aus zwei Parallelversionen zusammengesetzt erweisen, 2 Kön 18,17–19,9 a.36 f. einerseits und 19,9 b–35 anderseits. Beide Versionen erzählen die ass. Kapitulationsforderung (18,17–37; 19,9 b–13, in der ersten Version ausführlicher, Stichworte »Vertrauen« und »Rettung«), die Reaktion Hiskijas (19,1–5.14–19, beide Male Gang in den Tempel, in der ersten Version dann Botensendung an Jesaja, in der zweiten Gebet), die Verheißung Jesajas (19,6 f. kurz und konkret, 20–34 mit poet. Stücken und einem Zeichen breit ausgeführt) und die Ereignisse bei den Assyrern (19,8.9 a.36 f. Abzug, Ermordung Sanheribs, 35 Katastrophe im Belagerungsheer). Was hier erzählt wird, läßt sich mit den klaren Angaben des Taylor-Zylinders und von 2 Kön 18,13–16 nicht ausgleichen; der hiesige Jesaja redet auch ganz anders als der wirkliche, von dem wir zweifellos authentische Worte aus und nach jener kritischen Situation besitzen (vgl. Jes 1,4–9; 22,1–14). Wir haben in den beiden ausführlichen Parallelversionen verschieden nuancierte spätere jerusalem. Theologie vor uns.
In die Zeit der ass. Belagerung soll nach 20,1.6 auch Hiskijas Krankheit und Genesung, in die Zeit bald darauf nach 20,12 die Gesandtschaft aus Babylon gehören. Über bab.-jud. Kontakte z. Z. Hiskijas wissen wir sonst nichts. Es kann sie aber angesichts der beiderseitigen Einstellung gegen das ass. Großreich durchaus gegeben haben, so daß man in der vorliegenden Erzählung den freilich schon ganz fernen Reflex eines histor. Vorgangs vermuten darf. Jesajas Drohung mit dem bab. Exil (20,17 f.) ist ein spätes vaticinium ex eventu.

§ 23 *Aufzählungen*

J. BEGRICH, Die Chronologie der Könige von Israel und Juda und die Quellen des Rahmens der Königsbücher, BHTh 3, 1929 (1966); M. NOTH, Das Amt des »Richters Israels« (1950), Ges. St. II, 71–85; A. JEPSEN (s. § 19); W. RICHTER, Zu den »Richtern Israels«, ZAW 77, 1965, 40–72.
A. ALT, Israels Gaue unter Salomo (1913), Kl. Schr. II, 76–89; DERS., Judas Gaue unter Josia (1925), Kl. Schr. II, 276–288; DERS., Das System der Stammesgrenzen im Buche Josua (1927), Kl. Schr. I, 193–202; W. F. ALBRIGHT, The List of Levitic Cities, L. Ginz-

berg Jubilee Volume I, 1945, 49–73; F. M. CROSS – G. E. WRIGHT, The Boundary and Province Lists of the Kingdom of Judah, JBL 75, 1956, 202–226; Z. KALLAI-KLEINMANN, The Town Lists of Judah, Simeon, Benjamin and Dan, VT 8, 1958, 134–160; Y. AHARONI, The Province-List of Judah, VT 9, 1959, 225–246; V. FRITZ, Die sog. Liste der besiegten Könige in Josua 12, ZDPV 85, 1969, 136–161; O. BÄCHLI, Von der Liste zur Beschreibung. Beobachtungen und Erwägungen zu Jos 13–19, ZDPV 89, 1973, 1–14.

1. Die ältere Überlieferung, die das dtr Geschichtswerk nach seinem Plan verarbeitet, besteht nicht nur aus Erzählungen. Ja, wo ausdrücklich Quellenangaben gemacht werden, handelt es sich gerade nicht um Erzählungen, sondern einerseits, poetischer, um Lieder (»Buch des Aufrechten« Jos 10,13; 2 Sam 1,18, vgl. 1 Kön 8,13 LXX, s. § 17,4), anderseits, prosaischer, um Aufzählungen. Diese können zwar auch berichtenden Charakter tragen, aber sie lassen sich von den Erzählungen im allg. deutlich unterscheiden durch die Trockenheit ihrer Form und den meist zu vermutenden amtl. Zweck, dem sie einmal gedient haben.

Die Königsbücher zitieren drei Quellen, nämlich das »Buch der Geschichte Salomos« (sepær diḇrê šᵉlomoh 1 Kön 11,41), das »Tagebuch der Könige von Israel« (sepær diḇrê hajjāmîm lᵉmalkê jiśrāʾel 14,19 usw.) und das »Tagesbuch der Könige von Juda« (sepær diḇrê hajjāmîm lᵉmalkê jᵉhûḏāh 14,29 usw.). Wir brauchen nicht zu bezweifeln, daß es diese Bücher wirklich gegeben hat, und dürfen annehmen, daß der nicht im engeren Sinne erzählende Stoff der Königsbücher im wesentlichen aus ihnen stammt. Das wären also bei Salomo die Angaben über seine Bauten und die dabei verwendeten Materialien (1 Kön 6 f.), über Handelsunternehmungen und Schätze (9,26–28; 10,11 f.14–22.26–29) sowie die Listen seiner obersten Beamten (4,2–6) und der Vögte über die zwölf Gaue Israels (4,7–19). Außerdem soll dort noch mehr über Salomos Taten und speziell über seine Weisheit gestanden haben (11,41), so wie bei späteren Königen über ihr, wohl kriegerisches, »machtvolles Handeln« (gᵉḇûrāh, 15,23 u. ö.). Was DtrH von diesen sonst aus den »Tagebüchern« übernommen hat, ist wahrscheinlich die Chronologie, ferner die Angaben über besondere Thronwechsel (1 Kön 15,27 f.; 2 Kön 12,21 f.), Residenzen (1 Kön 12,25; 16,24), Bauten (22,39; 2 Kön 20,20), Kriege und Tribute (2 Kön 15,19 f.29; 18,9–11.13–16). Aus den jud. »Tagebüchern« wird offenbar aufgrund des dtr Interesses am einzigen legitimen Heiligtum mancherlei mitgeteilt, was direkt oder auch indirekt den Jerusalemer Tempel betrifft (z. B. 1 Kön 14,25–28; 2 Kön 12,5–17). Um regelrechte Annalen im Sinne einer jährlich offiziell geführten Chronik der Reiche scheint es sich bei diesen Werken nicht gehandelt zu haben. Für die »Geschichte Salomos« ergibt sich das mit einiger Wahrscheinlichkeit daraus, daß sie offenbar nicht chronologisch, sondern sachlich gegliedert war; und ob in der wechselvollen Geschichte des Nordreichs überhaupt eine regelmäßig fortgeführte Annalistik möglich war, ist zweifelhaft. Auf die isr. »Tagebücher« wird zuletzt für den vorletzten König, Pekach (735–732 v. Chr.) verwiesen (2 Kön 15,31), auf die jud. für Jojakim (608–598, 2 Kön 24,5). Die beiden Werke haben damit, wenn die Verweise nicht von irgendeinem Zeitpunkt an fiktiv sind, praktisch die ganze Geschichte der beiden Reiche behandelt. Sie können nicht lange vor DtrH abgeschlossen worden sein und haben ihm wichtige Vorarbeit geleistet.

Was das Material, etwaige Vorformen, den Inhalt und die Absicht der »Tagebücher« wie auch ihr Verhältnis zur dtr Historiographie angeht, sind wir auf Vermutungen angewiesen. BEGRICH glaubte hinter dem Rahmen der Königsbücher vier Chroniken finden zu können. Nach JEPSEN gab es zwei verschiedene, aus chronist. Unterlagen im Tempel- und Palastarchiv gearbeitete Werke, eine »synchronistische Chronik« (S) vom Ende des 8. Jh.s (Hiskija), die das chronolog. Gerüst für beide Reiche sowie Einzelnotizen bot, und ein mit den »Tagebüchern« gemeintes Annalenwerk (A) aus dem 7. Jh. (Manasse), das sich vor allem mit dem Tempel befaßte; die »priesterliche Redaktion« (R¹, etwa DtrH entsprechend) legte S zugrunde und fügte Abschnitte aus A und Eigenes ein.

Der Historiker kann die Primärquellen natürlich, wo sie evident sind, auch unabhängig von der Frage ihrer Übermittlung an die dtr Historiographie benutzen, so etwa die Listen in 1 Kön 4 oder die entsprechenden Beamtenlisten für die Regierung Davids (2 Sam 8,16–18; 20,23–26). Manchmal ist umstritten, ob es sich um Primärquellen handelt. Ein Hauptbeispiel dafür bietet die Liste der »kleinen Richter« (Ri 10,1–5; 12,7–15), für NOTH ein wichtiges Dokument über ein in Sukzession besetztes gesamtisr. Amt der vorstaatl. Zeit, für RICHTER eine in Nachbildung des Königsschemas hergestellte Reihe von nicht notwendig nacheinander, sondern nebeneinander in verschiedenen Städten tätigen Männern.

2. Das dtr Geschichtswerk behandelt die Inbesitznahme des Westjordanlandes durch die Israeliten in zwei Teilen. Der erste ist die Eroberungsgeschichte (Jos 1–11). Der zweite besteht hauptsächlich aus *geograph. Listen*, die größtenteils in Erzählung umgeformt sind (Vermutungen über Hintergründe dieses Vorgangs bei BÄCHLI). Zu Anfang hebt sich, sozusagen noch als Resümee der Eroberungsgeschichte, ein Verzeichnis der besiegten Stadtkönige heraus (Jos 12,9–24), das auf eine Liste befestigter Städte aus der Zeit Salomos zurückgehen könnte (FRITZ). Der ausführlichen Darstellung der Landverteilung an die einzelnen Stämme (13–19) liegen zwei Dokumente zugrunde. Das eine beschreibt penibel die Grenzen der Stammesgebiete, wobei das gesamte Westjordanland erfaßt wird; ALT hat dieses »System« (zusammen mit dem »negativen Besitzverzeichnis« der Stämme in Ri 1,19.21.27–35, vgl. Jos 15,63; 16,10; 17,11–13) aus den Verhältnissen der vorstaatl. Zeit erklärt. Das zweite Dokument in diesem Zusammenhang ist eine Liste von Städten im südl. Palästina, in 12 Gruppen geordnet (Jos 15,21–62; 18,21–28; 19,41–46). Es handelt sich offenbar um das Territorium des Reiches Juda, wie Israel (1 Kön 4,7–19) in 12 Gaue gegliedert. Der besonders große Umfang dieses Territoriums, wie es hier vorgeführt wird, erklärt sich nach ALT aus der Expansionspolitik des Königs Joschija (639–609 v. Chr.); CROSS und WRIGHT, KALLAI-KLEINMANN und AHARONI gehen in verschiedene ältere Stadien der Königszeit zurück. Entsprechende Möglichkeiten werden für die anschließenden Listen der Asyl- (Jos 20) und der Levitenorte (21) erwogen.

D. Die Späteren Propheten

H. EWALD, Die Propheten des Alten Bundes, 1840/41, ²1867/68; G. HÖLSCHER, Die Profeten. Untersuchungen zur Religionsgeschichte Israels, 1914; B. DUHM, Israels Propheten, 1916, ²1922; G. FOHRER, Neuere Literatur zur at. Prophetie, ThR NF 19, 1951, 277–346; 20, 1952, 193–271. 295–361; 28, 1962, 1–75. 235–297. 301–374; 40, 1975, 193–209. 337–377; 41, 1976, 1–12; 45, 1980, 1–39. 109–132. 193–225; J. LINDBLOM, Prophecy in Ancient Israel, 1962; K. KOCH, Die Profeten, 1978/80.

§ 24 Prophetenbuch und Prophetenwort

H. GUNKEL, Die Propheten als Schriftsteller und Dichter, in: SAT II,2 (1915) ²1923, XXXIV–LXX; J. LINDBLOM, Die lit. Gattung der prophet. Literatur, 1924; H. W. WOLFF, Die Begründungen der prophet. Heils- und Unheilssprüche (1934), Ges. St. 9–35; DERS., Das Zitat im Prophetenspruch (1937), Ges. St. 36–129; S. MOWINCKEL, Prophecy and Tradition. The Prophetic Books in the Light of the Study of the Growth and History of the Tradition, ANVAO.HF 1946, 3; G. FOHRER, Die Gattung der Berichte über symbol. Handlungen der Propheten (1952), St. zur at. Prophetie, BZAW 99, 1967, 92–112; E. JENNI, Die polit. Voraussagen der Propheten, AThANT 29, 1956; A. H. J. GUNNEWEG, Mündl. und schriftl. Tradition der vorexil. Prophetenbücher als Problem der neueren Prophetenforschung, FRLANT 73, 1959; F. HORST, Die Visionsschilderungen der at. Propheten, EvTh 20, 1960, 193–205; C. WESTERMANN, Grundformen prophetischer Rede, BevTh 31, 1960; H. DONNER, Israel unter den Völkern. Die Stellung der klassischen Propheten des 8. Jh.s v. Chr. zur Außenpolitik der Könige von Israel und Juda, VTS 11, 1964; S. HERRMANN, Die prophet. Heilserwartungen im AT. Ursprung und Gestaltwandel, BWANT 85, 1965; R. KILIAN, Die prophet. Berufungsberichte, Fs. zum 150jährigen Bestehen der kath.-theol. Fakultät an der Universität Tübingen, 1967, 356–376; W. RICHTER, Die sog. vorprophet. Berufungsberichte. Eine literaturwissenschaftl. Studie zu 1 Sam 9,1–10,16, Ex 3 f. und Ri 6,11 b–17, FRLANT 101, 1970; I. WILLI-PLEIN, Vorformen der Schriftexegese innerhalb des AT. Untersuchungen zum lit. Werden der auf Amos, Hosea und Micha zurückgehenden Bücher im hebr. Zwölfprophetenbuch, BZAW 123, 1971; W. JANZEN, Mourning Cry and Woe Oracle, BZAW 125, 1972; W. H. SCHMIDT, Zukunftsgewißheit und Gegenwartskritik. Grundzüge prophetischer Verkündigung, BSt 64, 1973; R. E. CLEMENTS, Prophecy and Tradition, 1975; G. WARMUTH, Das Mahnwort. Seine Bedeutung für die Verkündigung der vorexil. Propheten Am, Hos, Mi, Jes und Jer, Beiträge zur bibl. Exegese und Theologie 1, 1976; L. MARKERT, Struktur und Bezeichnung des Scheltworts. Eine gattungsgeschichtl. Studie anhand des Amosbuches, BZAW 140, 1977.

Zur Vorbereitung und Entlastung der folgenden Paragraphen wird hier eine kurze Übersicht über einige Grundfragen und Begriffe gegeben. Um Geschichte und Phänomenologie des Prophetentums kann es sich nicht handeln; dafür sei auf die Theologien des AT verwiesen.

1. Die eigentliche prophet. Überlieferung liegt in vier ungefähr gleich großen *Büchern* vor. Die ersten tragen die Namen je eines Propheten, das vierte besteht seinerseits aus zwölf kleineren, nach einzelnen Propheten benannten Büchern. Die Tradition nimmt an, daß die Bücher in der Regel so, wie sie sind, von den Propheten verfaßt wurden, deren Namen sie tragen. Die Wissenschaft hat das als irrig erwiesen. Fast immer sind Spätere an der Gestalt der Bücher beteiligt gewesen, ja haben sie sogar maßgeblich bestimmt. Die prophet. Überlieferung wurde ja nicht einfach aus Pietät oder Interesse an der Vergangenheit weitergegeben, sondern weil sie der Gegenwart etwas sagen sollte. Die letzten Verse des Prophetenkanons, Mal 3,22–24, zeigen deutlich die beiden wichtigsten Anliegen der Zeit um 200 v. Chr. (s. § 2,4), die diesen Kanonsteil abschloß: Gesetzesfrömmigkeit (v.22) und

Eschatologie (23 f.). Namentlich die Eschatologie hat auf die Gestaltung der Prophetenbücher eingewirkt. Das Grundschema mehrerer Bücher oder Buchteile ist eschatologisch, fast apokalyptisch: am Anfang die Ankündigung des (inzwischen eingetretenen) Unheils, am Schluß die Ankündigung der (noch ausstehenden) Heilszeit, dazwischen gegebenenfalls noch die Ankündigung von Unheil für die Völker außerhalb Israels. Die Voraussetzungen dieses Schemas sind älter als der Abschluß der meisten Bücher und des Kanons. Sie liegen vor allem in der Exilszeit, als man das Eintreffen der Unheilsbotschaft der älteren Propheten erlebt hatte und die Propheten nunmehr dem geschlagenen Volk die erneute Zuwendung seines Gottes verkündigten. Jene ältere Botschaft war damit nicht überflüssig geworden, nicht nur weil sie der nunmehrigen Heilsbotschaft die negative Voraussetzung und Folie gab, sondern auch weil sie ihre Wahrheit erwiesen hatte und damit geeignet war, den Wahrheitsanspruch der neuen Botschaft zu untermauern, die ja im Namen desselben Gottes erging. Häufig wurde die neue Botschaft von vornherein oder nachträglich unter den Namen eines der früheren Propheten gestellt. Es lag auch nahe, dessen überlieferte Worte im Lichte des seither Erlebten zu überarbeiten und unbestimmte oder anders eingetroffene Ankündigungen auf das tatsächlich Geschehene zuzuspitzen. Nicht ganz selten wurden auch nachträglich mehr oder weniger detaillierte Ankündigungen (vaticinia ex eventu) konstruiert. Es gab vielerlei Anlässe, Nötigungen und Möglichkeiten, die vorhandene prophet. Überlieferung »fortzuschreiben«. Bevor sie sich zu dem uns vorliegenden abgeschlossenen Text verfestigte der nicht mehr weitergebildet, sondern nur noch ausgelegt werden konnte, war sie in weiten Bereichen eine lebendige Größe, waren Auslegung und Weiterbildung keine Alternativen.

Die Aufhellung der Geschichte, die zu den fertigen Prophetenbüchern geführt hat, ist mit vielen Schwierigkeiten verbunden. Die beiden möglichen Einsatzpunkte sind der Prophet, der dem jeweiligen Buch den Namen gegeben hat und von dem wir in der Regel den histor. Ort und einiges von seiner individuellen Eigenart wissen oder ermitteln können, und das abgeschlossen vorliegende Buch. Die Exegese ist nicht gut beraten, wenn sie sich auf einen dieser beiden Einsatzpunkte versteift – heute oft den zweiten – und die Erkenntnismöglichkeiten preisgibt, die der andere bietet.

2. Die Prophetenbücher haben meist schon literarische Vorstufen gehabt. Den Redaktoren lag die ältere Überlieferung in der Form *schriftlicher Sammlungen* vor, die auf die Propheten selbst oder auf Schülerkreise in einem engeren oder weiteren Sinn zurückgehen.

Wenn Ezechiel bei seiner Berufung das Wort Jahwes in Form einer Buchrolle zu essen bekommt, auf der »Klage, Ach und Weh« geschrieben steht (Ez 2,9–3,3), ist das Vorhandensein derartiger Rollen mit Prophetenworten vorausgesetzt. Vielleicht steht die Rolle im Hintergrund, auf die Jeremia 605 v. Chr. den Schreiber Baruch seine bisherige Verkündigung schreiben ließ (Jer 36; vgl. auch 30,2). Jeremia soll auch Worte über Babel zum Zweck einer symbol. Handlung aufgeschrieben haben (51,59–64). Aber es gibt noch ältere Zeugnisse. Wenn Jesaja seine Prophetie (wohl die in Jes 7 f. gesammelten Worte aus dem syr.-efraimit. Krieg) in der Hoffnung auf die künftige Gnade Jahwes »in seinen Schülern« »verschnürt« und »versiegelt« (8,16 f.), dann ist doch wohl an ein schriftl. Dokument und einen wirklichen Schülerkreis gedacht (anders Fohrer). Nach Duhm darf diese Stelle »vielleicht als der erste Anstoß zu der Bewegung angesehen werden, die schließlich zur Entstehung des AT geführt hat«. Einen anderen Teil seiner Verkündigung soll Jesaja aufschreiben »für einen späteren Tag, zu einem Zeugen (c. T.) für immer« (30,8). Der Vorgang liegt auf der gleichen Linie wie die unter Zeugen erfolgte Fixierung des unheilbedeutenden Namens für einen der Prophetensöhne, »Raubebald-Eilebeute« (8,1 f.). Vgl. auch Hab 2,2 f.

3. Den Prophetenbüchern liegen zuletzt *Worte* (bzw. Sprüche, auch Reden) zugrunde, die gesprochen und nicht geschrieben waren. Sie lassen sich in mehrere Gattungen einteilen, wobei man sich freilich vor perfektionistischer Übertreibung hüten muß. Die Propheten hielten sich nur wenig an vorgegebene Schemata, soweit es dergleichen überhaupt gab. Sie verwendeten auch gern »nichtprophetische« Redeweisen (Gerichtsreden verschiedener Art, Leichenlied, Spottlied, Tora u. a.).

Im Zentrum der prophet. Botschaft steht die Ankündigung von Unheil oder Heil, wohl eine Weiterbildung des bes. von den Priestern verwalteten, auf Anfrage ergangenen Orakels. Die Ankündigung von Unheil (GUNKEL: Drohung, WESTERMANN: Gerichtsankündigung) dominiert, an das Volk Israel gerichtet, in der klassischen vorexil. Prophetie. Die Adresse können aber auch Einzelpersonen (nach WESTERMANN die älteste Form) und fremde Völker sein. Sehr häufig wird die Drohung durch ein mehr oder weniger ausführliches, mehr oder weniger genau auf die Drohung bezogenes »Scheltwort« (WESTERMANN: Anklage) begründet, das die Sünde des oder der Bedrohten zum Inhalt hat. Das Scheltwort existiert auch als selbständige Gattung (auch »Scheltrede«). Zwischen Droh- und Scheltwort steht der mit $hōj$ oder $'ōj$ eingeleitete Weheruf, den man teils aus dem Fluch, teils aus der Totenklage herleitet (vgl. JANZEN, dort die ältere Lit.).

Das positive Gegenstück zur Drohung ist die Verheißung (Heilsankündigung, Heilswort). Sie dominiert in der von den klassischen Propheten abweichenden, z. T. beamteten »Heilsprophetie« der vorexil. Zeit und in der exil.-nachexil. Prophetie.

Die Drohungen und Verheißungen beanspruchen meist Jahwes eigene Rede zu sein, während in den Scheltworten überwiegend der Prophet spricht. Die Jahweworte sind in der Regel schon an der einleitenden »Botenformel« $koh\ 'āmar\ jhwh$ »So spricht Jahwe« oder an der Zwischen- und Schlußformel $ne'um\ jhwh$ »Ausspruch Jahwes« (auch $'āmar\ jhwh$ »spricht Jahwe« als Schlußformel) kenntlich. Die Botenformel (vgl. L. KÖHLER, Deuterojesaja stilkritisch untersucht, BZAW 37, 1923, 102–109; LINDBLOM) begegnet mannigfach auch im profanen Gebrauch (vgl. Gen 32,5; 2 Kön 18,19); die durch sie eingeleitete Redeeinheit ist direkte Rede nicht des Übermittlers, sondern dessen, der ihn gesandt hat. Daneben gibt es in jüngeren Bereichen der Überlieferung (Jer, Ez, dtr beeinflußte Texte, Überschriften) häufig die »Wortereignisformel« $waj^eh\hat{i}\ d^ebar\ jhwh\ æl\ldots$ »und es erging das Wort Jahwes an…«. Das »Wort« *($dābār$)* begegnet als Gesamtbegriff für die prophet. Rede auch Jer 18,18, neben der $tôrāh$ des Priesters und der $'ēṣāh$ (»Rat«) des Weisen.

Die letzte unter den Grundformen prophetischer Rede ist die Mahnung bzw. nach der negativen Seite die Warnung.

Die einzelnen Propheten haben sehr verschieden geredet, πολυμερῶς καί πολυτρόπως (Hebr 1,1). Nur mit Vorbehalt lassen sich Entwicklungslinien ziehen: anfangs lapidarer Stil, klar abgrenzbare Einheiten, später Vermischung der Gattungen unter stärkerer Einbeziehung der nichtprophetischen, breitere Reflexion, Prosarede, plerophorische Ausmalung, Anschluß an die ältere Prophetie bis hin zu Vorformen von Exegese.

4. Die Prophetenbücher enthalten auch *Erzählungen* (vgl. § 22), hier meist wegen ihres vermeintlich oder wirklich authentischeren Charakters Berichte genannt. Ihre Einteilung in Selbst- und Fremdberichte nach der in ihnen gebrauchten 1. oder 3. Person (EISSFELDT nach TH. H. ROBINSON) geht von einem etwas äußerlichen und nicht durchweg zuverlässigen Kriterium aus. Angemessener gruppiert man nach dem Inhalt des Erzählten. Streng genommen werden auch die prophet. Worte

sehr häufig im Rahmen von Erzählung mitgeteilt, selbst wenn es sich dabei nur um die Wortereignisformel handelt. Geradezu eine eigene Gattung, die man den Worten bzw. den Auditionen gegenüberzustellen pflegt, bilden die Visionen, die allerdings fast immer auch Audition enthalten (zur Klassifizierung vgl. HORST). Eine Sonderform ist die Berufungserzählung (zur Klassifizierung vgl. W. ZIMMERLI, BK XIII,1, 16–21 und KILIAN, zur möglichen Vorgeschichte RICHTER). Schließlich sind die Berichte über symbol. Handlungen der Propheten zu nennen (dazu FOHRER).

I. Die Großen Propheten

§ 25 Jesaja

Kommentare: B. DUHM (HK) 1892, ⁴1922 (⁵1968); A. BENTZEN, 1943/44; G. FOHRER (ZBK) 1960/62/64. Zu 1–39: O. PROCKSCH (KAT) 1930; O. KAISER (ATD) I 1960, ³1970, II 1973; H. WILDBERGER (BK) I 1972, II 1978. Zu 40–66: P. VOLZ (KAT) 1932; J. MUILENBURG (IP) 1956; C. WESTERMANN (ATD) 1966; K. ELLIGER (BK) I 1978; P.-E. BONNARD, 1972. Zu 40–55: C. R. NORTH, 1964.

1. Das *Buch* Jes heißt in der Überschrift 1,1 – mag sie sich auch früher nur auf Jes 1 bzw. 1–12 bezogen haben – Schauung des Jesaja ($j^e\check{s}a^cj\bar{a}h\hat{u}$, LXX Ησαιας, 𝔙 Isaias) ben Amoz in den Tagen der jud. Könige Usija (787–736), Jotam (759–744, nur Mitregent), Ahas (744–729, bis 736 Mitregent), Hiskija (728–700, Zahlen nach A. JEPSEN – R. HANHART, Untersuchungen zur isr.-jüd. Chronologie, BZAW 88, 1964). Innerhalb des Buches finden sich mehrere Datierungen: 6,1 (Todesjahr des Usija), 7,1 (Ahas), 14,28 (Todesjahr des Ahas), 36,1 (14. Jahr des Hiskija; wahrscheinlich falsches Datum, das dort Erzählte fällt in das Jahr 701 v. Chr.). Man könnte danach einen Augenblick an eine chronolog. Anordnung des Buches denken. Aber das geht nicht: erst in Kap. 6 wird die Berufung berichtet, und schon in 1,4–9 steht ein Wort, das mit dem verwüsteten Land, den verbrannten Städten und dem übriggebliebenen Zion-Jerusalem eindeutig das Ergebnis von Sanheribs Feldzug 701 v. Chr. meint.
Versucht man eine sachliche Gliederung, dann heben sich sogleich Jes 13–23, eine Sammlung von Worten gegen fremde Völker, oft mit *maśśā'* »Ausspruch« (von *nś' [qôl]* »[die Stimme] erheben«; anders 𝔙, Luther: »Last«) überschrieben, und 36–39, die Jesajaerzählungen aus 2 Kön 18–20, heraus. Damit ergeben sich die Teile 1–12; 13–23; 24–35; 36–39; 40–66. Die weitere Analyse hat diese Einteilung zu verfeinern.
Die wichtigste Entdeckung der Jes-Kritik gelang J. G. EICHHORN (Einleitung ¹III, 1783): »je öfter ich die Orakel vom 40. bis 52. Kapitel Jesaias lese, desto weniger will es mir einleuchten, daß sie vor dem bab. Exil abgefaßt sein sollen. . . . der Dichter spricht, als lebte er im Exil, als spräche er zu Exulanten, welche bei der Zögerung ihrer Wiederkehr schon verzweifeln, ob auch die Verheißungen ihrer alten Propheten in Erfüllung gehen würden. Sollte nicht der Verfasser der darin enthaltenen tröstlichen Verheißungen im Exil selbst gelebt haben?« Diese Einsicht, lange vor EICHHORN im Jes-Kommentar des IBN ESRA (s. § 7,2) angedeutet, setzte sich außer bei ganz konservativen Exegeten wie E. W. HENGSTENBERG (Christologie des AT I,2, 1829) und F. DELITZSCH (vgl. aber schließlich die gewundenen Ausführungen in seinem Kommentar ⁴1869) überall durch. Sie hat in der Tat schlagende Argumente für sich: nicht nur den gänzlich anderen Stil dieser Kapitel, sondern vor allem, daß das bab. Exil, in den sicher authentischen Worten des Jes nicht einmal

angekündigt, hier die klar gegebene Voraussetzung alles Gesagten ist und der Perserkönig Cyrus (558–529) als Zeitgenosse mit Namen genannt wird (44,28; 45,1). Während EICHHORN nur Jes 40–52 unter diesem Gesichtspunkt zusammenfaßte, im übrigen aber im Schlußteil des Buches mehrere Autoren am Werk sah, führte man alsbald Jes 40–66 im wesentlichen auf einen einzigen Autor der Exilszeit zurück (J. CH. DÖDERLEIN, Kommentar ³1789; L. J. C. JUSTI, Über die Orakel des Jes, die Wegführung der Juden in's bab. Exil und ihre Rückkehr ins Vaterland betreffend, in: Vermischte Abhandlungen 1795/98; W. GESENIUS, Kommentar 1821). Doch es wurde immer wieder beobachtet, daß in 56–66 nicht alles zu »Deuterojesaja« (Dtjes) paßt, und so stellte DUHM die These auf, diese Kapitel seien wiederum das Werk eines einzigen Autors, »Tritojesaja«. Von dieser These ist zumindest geblieben, daß 56–66 gegenüber Dtjes (40–55) als Größe für sich betrachtet werden müssen.

Das Buch war spätestens im 2. Jh. v. Chr. abgeschlossen. Die große Jes-Rolle von Qumran (1QIsᵃ) bietet es vollständig, Sir (48,24 f.) setzt Jes 40–66 als jesajanisch voraus.

Gelegentlich wird behauptet, in 2 Chr 36,22 f. (= Esr 1,1 f.), wo der Tempelbauerlaß des Cyrus als Erfüllung eines Wortes des Jer erscheint, werde auf Jes 44,28 angespielt und damit Jes 40–66 nicht als jesajanisch, sondern als jeremianisch angesehen; aber die Anspielung geht wohl auf Jer 25,12; 29,10 (vgl. schon 2 Chr 36,21 mit Jer 25,11).

Wie die großen Teile des Buches zueinanderkamen, wissen wir nicht. EICHHORN und ähnlich DUHM haben es mit dem (kürzeren) Zwölfprophetenbuch zusammengestellt: bei beiden handle es sich, anders als (jedenfalls dem Anspruch nach) bei den Büchern Jer und Ez, um ganz uneinheitliche Sammlungen von Schriften verschiedener Propheten, deren Namen im einen Falle bekannt, im anderen Falle (außer dem des Jesaja) eben unbekannt seien. Aber steckt nicht doch mehr hinter der Zusammenfügung? Es ist sicher kein Zufall, daß der große Verheißungsteil 40–66 am Ende steht; in seinem Licht sollte das Ganze gelesen werden und wurde es gelesen (vgl. Sir 48,24 f.). P. DE LAGARDE hatte den Einfall, der erste Teil des Buches sei eine vom Verfasser des zweiten Teils, also Dtjes, »gemachte Chrestomathie aus älteren Propheten, welche erhärten sollte, daß Jahwes Weissagungen eintreffen; ihr Zweck war, die Juden zum Glauben an die neuesten Verheißungen zu ermutigen« (Symmicta I, 1887, 142). Das wird so nicht stimmen; Dtjes war nicht der Redaktor von Jes 1–39 (anders BECKER). Aber das Problem ist hier gesehen und eine Lösung versucht, die über den gelegentlich geäußerten nicht sehr tiefsinnigen Gedanken, Dtjes habe vielleicht auch Jesaja geheißen, oder die durch einige wenige Motive (z. B. die Rede vom »Heiligen Israels«) gestützte These von Dtjes als Schüler des Jes hinausgeht.

Der Übersichtlichkeit halber und weil eine Überlieferungsgeschichte des Buches einstweilen nicht gegeben werden kann, gehen wir seine Teile in ihrer jetzigen Reihenfolge durch.

Jes 1–39

C. H. CORNILL, Die Composition des Buches Jes, ZAW 4, 1884, 83–107; K. BUDDE, Über die Schranken, die Jesajas prophetischer Botschaft zu setzen sind, ZAW 41, 1923, 154–203; DERS., Jesaja's Erleben. Eine gemeinverständliche Auslegung der Denkschrift des Propheten (Kap. 6,1–9,6), 1928; J. FICHTNER, Jes unter den Weisen (1949), Gottes Weisheit, Ges. St. zum AT, 1965, 18–26; G. FOHRER, Jes 1 als Zusammenfassung der Verkündigung Jesajas (1962), St. zur at. Prophetie, BZAW 99, 1967, 148–166; DERS., Entstehung, Komposition und Überlieferung von Jes 1–39 (1961/62), ebd. 113–147; R. FEY, Amos und Jesaja. Abhängigkeit und Eigenständigkeit des Jes, WMANT 12, 1963; J. BECKER, Isaias — der Prophet und sein Buch, SBS 30, 1968; W. ZIMMERLI, Verkündigung und Sprache der Botschaft Jesajas (1970), Ges. Aufs. II, 73–87; DERS., Jes und Hiskia (1973), ebd. 88–103; O. KAISER, Geschichtl. Erfahrung und eschatolog. Erwartung. Ein Beitrag zur Geschichte der at. Eschatologie im Jesajabuch, NZSystTh 15, 1973, 272–285; H.-J. HERMISSON, Zukunftserwartung und Gegenwartskritik in der Verkündigung Jesajas, EvTheol 33, 1973, 54–77; TH. LESCOW, Jesajas Denkschrift aus der Zeit des syr.-efraimit. Krieges, ZAW 85, 1973, 315–331; H. W. HOFFMANN, Die Intention der Verkündigung Jesajas, BZAW 136, 1974; W. DIETRICH, Jes und die Politik, BEvTh 74, 1976; H. BARTH, Die Jes-Worte in der Josiazeit. Israel und Assur als Thema einer produktiven Neuinterpretation der Jesajaüberlieferung, WMANT 48, 1977; P. R. ACKROYD, Is I–XII: presentation of a prophet, VT.S 29, 1978, 16–48.

R. SMEND, Anmerkungen zu Jes. 24–27, ZAW 4, 1884, 161–214; W. RUDOLPH, Jes 24–27, BWANT 62, 1933; J. LINDBLOM, Die Jes-Apokalypse Jes 24–27, 1938; O. PLÖGER, Theokratie und Eschatologie, WMANT 2 (1959) ³1968, 69–97 (zu Jes 24–27); G. FOHRER, Der Aufbau der Apokalypse des Jesajabuches (Jes 24–27) (1963), Studien zur at. Prophetie, BZAW 99, 1967, 170–181; M.-L. HENRY, Glaubenskrise und Glaubensbewährung in den Dichtungen der Jesajaapokalypse, BWANT 86, 1967.

2. Der erste Teil, *Jes 1–12*, hat wahrscheinlich einmal eine Sammlung für sich gebildet; so erklärt sich der liturg. Abschluß in dem Danklied/Hymnus Kap. 12. Die Unübersichtlichkeit und manche Ungereimtheit der Disposition lassen darauf schließen, daß der Sammlung nicht unmittelbar die prophet. Einzelworte, sondern bereits umfänglichere Textgefüge vorgelegen haben.
Als längstes und wichtigstes Stück hebt sich 6,1–9,6 heraus. Davor und dahinter stehen Texte, die einmal zusammengehört zu haben scheinen: ein Kehrversgedicht mit dem Refrain »Bei alledem hat sich sein Zorn nicht gewendet, und noch ist seine Hand ausgestreckt« (9,7–20; [10,1–4, wenn nicht ohne 4 b zu den Weherufen gehörig;] 5,25–30; Zusammengehörigkeit von H. EWALD erkannt) und 7 Weherufe (5,8–24; 10,1–4 a, wenn 4 b zugesetzt). Das hier offenbar eingesetzte Stück 6,1–9,6 bringt anders als die Umgebung großenteils Erzählung: von Jesajas Berufung (6, Jes in 1. Person), seiner Begegnung mit König Ahas im syr.-efraimit. Krieg 733 v. Chr. (7, 3. Person, von DUHM und BUDDE in 1. Person umgesetzt), der Geburt und Benennung seines Sohnes Raubebald-Eilebeute (8,1–4, 1. Person). Dazu kommt eine Reihe von eigentlichen Prophetenworten. Ein Abschluß deutet sich in 8,16–18 an, dem Wort von der Verschnürung bzw. Versiegelung des Zeugnisses bzw. der Weisung in den »Schülern« des Propheten, seiner Hoffnung auf Jahwe, »der sein Angesicht verbirgt«, dem Propheten und seinen Kindern als Zeichen in Israel. Es folgen noch fragmentarische Einzelworte und vor allem die Verheißung des »Friedensfürsten« 9,1–6. Man sieht in 6,1–9,6 (oder 6–8, ohne die in ihrer Herleitung von Jes umstrittene Verheißung am Schluß) gern eine von Jes verfaßte »Denkschrift« (BUDDE) über sein Verhalten im syr.-efraimit. Krieg.
Der Abschluß durch eine Verheißung ist möglicherweise ein Fingerzeig für die Ermittlung weiterer Teilsammlungen. Wir finden weitere Verheißungen nach Schelt- und Drohworten in 2,2–5; 4,2–6; 11. Sollten sie einmal dieselbe Funktion gehabt haben wie 9,1–6, ergäben sich die weiteren Sammlungen:
1,2–2,5, mit der Reihe der Einzelworte 1,2 f.4–9.10–17.18–20.21–26 eine sinnvoll am Anfang des Buches stehende »Zusammenfassung der Verkündigung Jesajas« (G. FOHRER, St. zur at. Prophetie 148–166). Eine Schwierigkeit bildet die neue Überschrift 2,1. Hat sie einmal eine weitere Teilsammlung (ab 2,6?) eingeleitet, oder soll sie nur 2,2–5 als jesajanisch (vgl. Mi 4,1–5) deklarieren (so P. R. ACKROYD, ZAW 75, 1963, 320 f.)?
2,6–4,6 mit den jesajan. Worten 2,6–22 (über den Tag Jahwes, nach DUHM »das schlechtest erhaltene Stück des ganzen Buches«, trotzdem eins der großartigsten); 3,1–15 (mehrere Worte gegen die Oberen in Jerusalem); 3,16–4,1 (3,16–24.25–4,1 zwei Worte gegen die Frauen von Jerusalem, 3,18–23 prosaischer Einsatz).

Kap. 11 steht am Ende von 9,7–10,34. Zu 9,7–10,4 scheint als Schluß des Kehrversgedichtes 5,25–29(30) gehört zu haben. Darauf folgen das Wort gegen Assur 10,5–15 und weitere Texte mit ähnlichem Thema. Das Weinberglied 5,1–7 und die (erweiterten) Weherufe 5,8–24; 10,1–4 a könnten einmal am Anfang dieser Sammlung gestanden oder eine eigene Sammlung mit dem Thema des Rechtsbruchs durch die Israeliten gebildet haben.

Schon weil die Authentizität der abschließenden Verheißungen mindestens problematisch ist, lassen sich die kleinen Sammlungen als solche und vollends die übergreifende Sammlung Kap. 1–12 nicht auf Jes selbst zurückführen. Trotzdem bietet dieser Buchteil (zusammen mit 28–32) die meisten authentischen Worte des Propheten.

Die These von den Einzelsammlungen als Grundlage des Buches und auch schon von 1–12 (DUHM, FOHRER) ist nicht unbestritten; mit guten Gründen wird demgegenüber auch in verschiedener Weise ein älteres Jes-Buch angenommen (BUDDE, MOWINCKEL, vgl. jetzt BARTH). Fester Bestandteil fast aller Analysen ist die Sonderstellung von 1(–2,5) und von 6,1–9,6.

3. Die *Worte gegen fremde Völker Jes 13–23* haben folgende Adressen:
Babylon 13,1–14,23: 13,2–22 Ankündigung der Eroberung und Zerstörung der Stadt, wohl vor 539; 14,4b–21 parodierte Leichenklage auf den Sturz des Weltherrschers;
Assyrien 14,24–27, wohl jesajanisch;
Philister 14,28–32, angeblich aus dem Todesjahr des Ahas, nach Meinung einiger Forscher eher aus dem Salmanassars V. (722) oder Sargons (705), Herkunft von Jes bestritten (vgl. zuletzt DIETRICH);
Moab 15 f., von der Wissenschaft in alle Zeiten datiert;
Damaskus und das Nordreich Israel 17,1–11, uneinheitlich, mit jesajan. Fragmenten;
viele Völker 17,12–14, »nach dem Glanz seiner Sprache und nach seinem Gehalt so unverkennbar jesajanisch, daß man es keinesfalls dem Propheten absprechen darf, mag auch seine genaue geschichtliche Datierung kontrovers sein« (ZIMMERLI);
Ägypten 18–20: 18 Anrede Jesajas an eine äthiop. Gesandtschaft (Ägypten steht seit 715 unter äthiop. Herrschaft); 19 nachexil. Einzelworte; 20 Zeichenhandlung Jesajas (Nacktheit) in den Jahren 713–711;
Babylon 21,1–10 (Überschrift »Ausspruch Wüste«), ekstatische Vision vor 539;
Edom 21,11 f. (»Ausspruch Duma«);
Dedan-Kedar 21,13–16 (»Ausspruch In der Steppe«);
Jerusalem 22,1–14 (»Ausspruch Schautal«), jesajan., gegen die Euphorie nach dem Abzug der Assyrer 701 v. Chr.; angeschlossen die jesajan. Worte über die Beamten Schebna und Eljakim 22,15–25;
Phönikien 23 (»Ausspruch Tyrus«), am wahrscheinlichsten auf die Eroberung von Sidon durch den Perserkönig Artaxerxes III. Ochus 343 v. Chr. und die von Tyrus durch Alexander d. Gr. 332 zu beziehen; der in dem Nachtrag v.15–18 für die Zeit nach 70 Jahren angekündigte Wiederaufstieg von Tyrus wurde 274 mit der Verleihung der Verwaltungsautonomie durch Ptolemäus II. Wirklichkeit (vaticinium ex eventu?).
Die zuletzt genannten Daten geben einen Anhaltspunkt für das Alter der Sammlung.

4. *Jes 24–35* besteht aus ganz verschiedenen, getrennt zu betrachtenden Teilen.

a) Die *»Jes-Apokalypse« 24–27*, freilich weder von Jes noch mit allen Kennzeichen des Apokalyptischen, gibt nach den zahlreichen eschatolog. Motiven in den Völkersprüchen ein großes Bild von der Endzeit: von der über die Erde hereinbrechenden Katastrophe (24), vom Mahl der Völker auf dem Zion (25), von Erlösung und Auferstehung (26), von Israels Wiederherstellung und Heimkehr (27). Das Verständnis ist oft schwierig, der Fortgang der Ereignisse und Gedanken im einzelnen undeutlich, die Verschiedenheit der formalen Mittel läßt sukzessive Entstehung bzw. Komposition aus mehreren Elementen vermuten. Die Analysen gehen meist vom Nebeneinander von Weissagungen und Liedern aus, die beide nicht überall genau aufeinander bezogen sind. Nach DUHM haben die Weissagungen die Priorität, nach EISSFELDT die Lieder. RUDOLPH unterscheidet zehn Einzelstücke, von denen sieben denselben Verfasser haben, LINDBLOM zählt fünf eschatolog. Gedichte und vier Lieder und nennt das Ganze eine Kantate, FOHRER unterscheidet drei prophet. Liturgien. In der Sprache der Pentateuchkritik ausgedrückt, gewinnt gegenwärtig neben einer Fragmentenhypothese eine Ergänzungshypothese Raum (vgl. KAISER). Deutlich ist mehrfach der Anschluß an die ältere Prophetie (vgl. das Weinberglied 27,2–6, in dem 5,1–7 umgekehrt wird). Jesajanisch können die Kapitel nicht sein: der Stil ist völlig anders, Jes kennt noch keine Diaspora (27,12 f.), keine Völkerengel (24,21) und keine Eschatologie mit Weltgericht und Totenauferstehung (26,19). Das alles ist nachexilisch. Man sieht gern 26,19 in der Nähe der daniel. Auferstehungsaussage (Dan 12,1–3); doch das Buch Jes dürfte Jahrzehnte vor Dan abgeschlossen worden sein (s. o. 1). Leider fehlen in unseren Kapiteln eindeutige zeitgeschichtl. Andeutungen. Die Wissenschaft hat sich vor allem um die Verifizierung der geheimnisvollen feindlichen Stadt bemüht, die in allen Kapiteln eine Rolle spielt (24,10–12; 25,2 f.; 26,1–6; 27,10 f.). Eine Exegese, die mit jesajan. Autorschaft rechnete, dachte an die ass. Hauptstadt Ninive; später versuchte man es mit Babylon (Eroberung durch Cyrus 539 v. Chr.: H. EWALD; Zerstörung durch Xerxes 485: LINDBLOM; Eroberung durch Alexander d. Gr. 331), einer moabit. Stadt der pers. (SMEND) oder hellenist. (EISSFELDT) Zeit, mit Karthago (Zerstörung durch die Römer 146: PROCKSCH) und Samaria (Zerstörung durch Johannes Hyrkanus 110: DUHM). Vgl. dazu die Überlegungen PLÖGERS und die Relativierung des Problems durch R. HANHART, Die jahwefeindliche Stadt, Fs. W. Zimmerli, 1977, 152–163.

b) *Jes 28–32* enthält ganz überwiegend authentische Worte des Jes (Ausnahmen bes. 28,5 f.; 29,17–24; 30,18–33; 32,1–8 und wohl auch 15–20), meist aus seiner späteren Zeit. Außer dem chronolog. Gesichtspunkt kommt für die Sammlung der mehrfache Beginn mit *hôj* »wehe« in Betracht (28,1; 29,1.15; 30,1; 31,1).

c) Ebenfalls mit *hôj* beginnt *Jes 33*, von GUNKEL als prophet. Liturgie etwa aus der Zeit des Tritojes bestimmt (ZAW 42, 1924, 177–208).

d) Die *»kleine Jes-Apokalypse« Jes 34 f.* handelt im ersten Teil (34) von Jahwes grausigem Gericht an Edom, im zweiten (35) vom wunderbaren Zug der erlösten Juden zum Zion. Der zweite Teil nimmt deuterojesajan. Motive auf.

5. Die *Jes-Erzählungen Jes 36–39* sind aus 2 Kön 18,17–20,19 (s. § 22,4) hierher übernommen. Vermutlich haben sie, bevor 40–66 hinzutraten, als »geschichtlicher Anhang« am Schluß des Buches gestanden. Die hiesige Fassung enthält als Sondergut das Danklied des Hiskija 39,9–20 (vgl. J. BEGRICH, Der Psalm des Hiskia, FRLANT 42, 1926).

6. a) Die *Verkündigung des Propheten Jesaja* bildet die Grundschicht von Jes 1–12 und 28–32, findet sich aber auch in einzelnen Worten von 13–23. Das ist weniger als ein Viertel des Buches. Alles übrige kam im Laufe mehrer Jh.e hinzu, mit oder ohne erkennbare Beziehung auf den jesajan. Ausgangspunkt der ganzen

Sammlung. Aber die im weitesten Sinne eschatolog. Verkündigung der nachjesajan. Zeit äußert sich nicht nur in neuen Texten und in der wachsenden und schließlich abgeschlossenen Gesamtkomposition. Sie wurde auch in die authentischen Worte des Propheten eingetragen, deren Wahrheit sich erwiesen hatte oder sich, wenn man sie ein wenig veränderte oder erweiterte, noch klarer erweisen konnte.

KAISER vermutet hinter Jes 28–32 eine vor oder nach 587 v. Chr. veranstaltete Sammlung von Jes-Worten, die das Ziel hatte, »die Verantwortung für die Katastrophe eindeutig festzulegen« (redaktionelle Schlüsselsätze 28,12; 30,15). Nach BARTH, dem MOWINCKEL in manchem voranging, erfolgte eine »produktive Neubearbeitung der Jesajaüberlieferung« in der Zeit des Königs Joschija, zwischen 621 und 616 (oder 614) v. Chr., als die ass. Herrschaft über Juda beendet war, der Untergang der Weltmacht vor der Tür stand und das Heil für Israel endgültige Gegenwart schien. DIETRICH rechnet mit einer Redaktionsarbeit, die an manchen Stellen (bes. Jes 7,1–8,18) überlieferte Worte rigoros neugeordnet hat.

b) Trotzdem läßt sich das jesajan. Eigengut noch mit einiger Deutlichkeit erkennen. Die *Sprache* des Propheten, geprägt von der »Transparenz für den Majestätischen, den ›Heiligen Israels‹, der in seiner Freiheit dem Menschen immer wieder überraschend aus dem Geheimnis seiner Freiheit entgegentritt und sich auch in seinem bestimmtesten Wort nie seiner Freiheit begibt« (ZIMMERLI), hat in ihrer Mischung aus elementarer Kraft und oft spielerischer Virtuosität im AT nicht ihresgleichen; die Schule und die Redaktoren konnten Vokabeln übernehmen (und sich gerade damit manchmal zu erkennen geben!), den Glanz dieser Sprache aber nicht.

Dazu kommt, daß wir von der *Person* des Propheten und namentlich von der *Zeitgeschichte* einige Kenntnis haben. Jesaja war Jerusalemit, verheiratet mit einer $n^eb\hat{\imath}\bar{a}h$ »Prophetin« (8,3), Vater zweier Söhne, die symbol. Namen trugen (7,3; 8,3.18). Er wurde im Todesjahr des Königs Usija im Jerusalemer Tempel berufen (6) und wirkte unter dessen Nachfolgern Jotam, Ahas und Hiskija. Im syr.-efraimit. Krieg 733 v. Chr. trat er dem Ahas entgegen, der gegen die angreifenden Aramäer und Israeliten die Assyrer zu Hilfe rief. Er erlebte das Ende des Nordreichs Israel durch eben die Assyrer 722 v. Chr. und die Aufstandsbewegungen der beiden folgenden Jahrzehnte, an denen Hiskija meist beteiligt war, so 713–711 der von der Philisterstadt Aschdod ausgehende Aufstand, bei dem es zu Verhandlungen mit Ägypten kam und der für Juda glimpflich endete, und 705–701 nach dem Thronwechsel von Sargon auf Sanherib, wo Hiskija die Tributzahlung an Assyrien einstellte, mit Aschkalon, Ekron und wiederum den Ägyptern Verhandlungen pflog und 701 nach der Belagerung Jerusalems durch Sanherib mit dem Verlust des jud. Landes gestraft wurde. Über 701 hinaus wissen wir von Jes nichts; jüd. Legende hat ihm ein Martyrium (Zersägung) unter König Manasse, christl. Legende eine Himmelfahrt angedichtet.

c) Die erhaltenen *Worte* des Jes lassen sich nur teilweise und mit Vorbehalt den Perioden seines Lebens und der Zeitgeschichte zuordnen.

Seine Wirksamkeit vor dem syr.-efraimit. Krieg war, wenn das Todesjahr des Usija und damit seine Berufung in das Jahr 736 fällt, nur kurz; anders nach anderen Chronologien (Todesjahr des Usija 746 oder 742).

Ob der Bericht über die Berufung (Kap. 6) schon bald fixiert wurde, wissen wir nicht. Vielfach wird vermutet, der Verstockungsbefehl v.9 f. könne erst nach einer langen negativen Erfahrung des Propheten mit seiner Predigt in diese Anfangsstunde zurückprojiziert worden sein (vgl. F. HESSE, Das Verstockungsproblem im AT, BZAW 74, 1955, 83–91) oder setze doch zumindest die Erfahrungen des syr.-efraimit. Krieges voraus (FOHRER,

WILDBERGER). In der Tat steht Jes 6 jetzt ja am Anfang der »Denkschrift«, die von diesem Krieg handelt; O. H. STECK nimmt sogar an, es handle sich gar nicht um die Berufung des Propheten, sondern um den dann in Jes 7 f. ausgeführten Auftrag (Bemerkungen zu Jes 6, BZ NF 16, 1972, 188–206). Nach DIETRICH hat Jes den Verstockungsbefehl v.9 f. am Ende seiner Wirksamkeit in den älteren Bericht eingesetzt. Ein Zusatz ist jedenfalls 13 bβ (aber dazu H. GUNKEL nach dem Bericht W. BAUMGARTNERS: »ich wollte, ich könnte solche Zusätze machen«).

In diese Zeit datiert man, oft stillschweigend mit Hilfe des argumentum e silentio, Worte, denen der Bezug auf spätere außenpolit. Situationen fehlt, sozialkritische Worte, die in dieser offenbar prosperierenden Welt am Platz waren (vgl. Amos), und Worte, die auch abgesehen davon den Einfluß des Amos zu zeigen scheinen (»Tag Jahwes«, Kehrversgedichte). Diese Verkündigung findet sich bes. in den Anfangskapiteln, vgl. 1,2 f.10–17.21–26; 2,6–22; 3,13–15; 5,1–7.
Das wichtigste Zeugnis vom syr.-efraimit. Krieg gibt die »Denkschrift« bzw. ihr Kern 7,1–8,18, der voll exeget. Probleme steckt. In den weiteren Zusammenhang dieses Krieges gehören auch das Kehrversgedicht 9,7–20 (10,1–4); 5,25–30 und die Worte an Damaskus und das Nordreich 17,1–6, in die folgende Zeit, kaum lange vor den Fall Samarias (722) dessen Ankündigung 28,1–4.
Zu den antiass. Konspirationen der beiden letzten Jahrzehnte des 8. Jh.s hat sich Jes direkt und indirekt immer wieder geäußert. Die meisten, aber nicht alle Texte sind in den »ass. Zyklus« Jes 28–32 eingegangen. Da ist das Thema Ägypten. Aus der Zeit der Verhandlungen von 713–711 stammt das Wort an die äthiop. Gesandtschaft Kap. 18, damals geschah die Kap. 20 berichtete Zeichenhandlung; während des Aufstandes von 705–701 warnte Jes wiederholt vor dem ägypt. Bündnis (30,1–5; 31,1–5). Vor allem ist da natürlich das Thema Assur. Es beginnt für Jes und seine Landsleute ja nicht erst jetzt. Schon im syr.-efraimit. Krieg ging es um die Haltung gegenüber Assur, seit 733 war der größte Teil des Nordreichs, seit 722 auch der verbliebene Rest ass. Provinz; die Grenze verlief nah bei Jerusalem, der jud. König zahlte seit 733 Tribut. Jes beschreibt schon in dem nach Meinung der meisten Exegeten (anders DIETRICH) frühen Text 5,26–29(30) plastisch das »Volk in der Ferne«, das Jahwe herbeipfeift, und kündigt damit den Eingriff der ass. Übermacht an. Er hat diese Ankündigung dann in wechselnden Lagen auf verschiedene Weise erneuert. Doch ihr steht eine Reihe von Worten gegenüber, die Assur kritisch beurteilen, ja ihm den Untergang androhen (vgl. 10,5–15; 14,24–27, ferner den Umschlag in dem Ariel-Wort 29,1–8, falls es eine authentische Einheit ist). Man hat das damit gestellte Problem durch den Gewaltstreich lösen wollen, daß man die antiass. Worte dem Jes absprach (HÖLSCHER, KAISER); doch das geht zumindest mit 10,5–15 keinesfalls. So bleibt nur, entweder das Gericht an Juda durch Assur und das Gericht an Assur durch Jahwe bei Jes eng zusammengedacht zu sehen (zuletzt BARTH) oder aber einen Umschwung in seiner Erwartung anzunehmen, dies wiederum entweder so, daß Jes aufgrund des überheblichen Verhaltens Assurs im Lande ziemlich spät zur Gerichtsbotschaft gegen Assur gekommen sei (zuletzt ZIMMERLI), oder umgekehrt so, daß er zunächst Jahwes Eingreifen gegen Assur und erst als die Judäer darauf nicht vertrauen wollten, den ass. Sieg über Juda angekündigt habe (so DIETRICH, der diesen Umschwung zweimal, für 713 und 705 annimmt). Wie dem auch sei, am Ende der uns bekannten Verkündigung des Jes stehen ein unüberbietbar schneidendes göttliches Nein zum Verhalten der Jerusalemer nach dem Abzug Sanheribs 701 (22,14 als Abschluß von 22,1–14) und die Schilderung der ganzen Trostlosigkeit, in der Stadt und Land sich nunmehr befinden (1,4–9).

d) Hat Jes vor dieser Katastrophe, vielleicht sogar über sie hinaus eine *Heilserwartung* gehabt? Die drei berühmten Texte vom Zug der Völker zum Zion (2,2–4) und von einem künftigen Herrscher (9,1–6; 11,1–8 [die Fortsetzung, wenn nicht schon v.6–8, ist Zusatz]; vgl. auch 32,1 f.) hat sogar DUHM dem Jes nicht absprechen mögen, freilich mit der Erwägung, wenn Jes der Autor sei, dann habe er diese Gedichte »am ersten im Greisenalter, nach dem Sturm der Zeit Sanheribs, nicht für das große Publikum, sondern für die Jünger und Gläubigen, nicht als beauftragter Prophet, sondern als prophetischer Dichter« verfaßt. Hier zeigt sich schon ein Hauptproblem, das diese Worte, sollten sie authentisch sein, dem Exegeten stellen: sie lassen sich nur schwer in den uns bekannten Stadien der Wirksamkeit des Jes unterbringen. Unter den Versuchen in dieser Richtung ist am bekanntesten derjenige A. ALTS, Jes 9,1–6 unter Hinzunahme von 8,23, wo die drei ass. Provinzen auf dem Boden des Nordreichs nach 733 genannt seien, als an die Bewohner des Nordreichs gerichtete Ankündigung eines folgenreichen Thronwechsels in Jerusalem in der Zeit nach dem syr.-efraimit. Krieg zu verstehen (Jes 8,23–9,6. Befreiungsnacht und Krönungstag [1950], Kl. Schr. II, 206–225). Ein schlagender Sprachbeweis für oder gegen Jes hat sich hier und bei 11,1–8 bisher nicht führen lassen (anders J. VOLLMER, Zur Sprache von Jes 9,1–6, ZAW 80, 1968, 343–350, aufgrund der Berührungen mit exil.-nachexil. Vokabular). Von Gewicht ist aber, daß der Inhalt dieser Worte meist ungezwungener zur Erwartung späterer Zeiten als zur übrigen Verkündigung des Jes paßt. Das gilt noch mehr als von den messian. Texten vom Gedanken der Völkerwallfahrt zum Zion, den wir bei Dtjes angedeutet (49,22 f.) und bei Tritojes (60) ausgebildet sehen; die jesajan. Autorschaft an 2,2–4 ist schon wegen der Mi-Parallele (s. § 33,2) kaum diskutabel (anders zuletzt WILDBERGER). Läßt sich also mit diesen Texten zumindest nicht sicher argumentieren und muß auch die Rede vom Immanuel (7,14) und die vom »Rest« (vgl. bes. den Namen *šeʾār jāšûb* 7,3) aus dem Spiel bleiben – beide hatten ursprüngl. mit großer Wahrscheinlichkeit keine Heilsbedeutung –, so findet sich positive Erwartung doch immerhin in 1,21–26: ein Läuterungsgericht wird Jerusalem wieder zu der Stadt der Gerechtigkeit machen, die es einst gewesen ist (25 f.). Vgl. außerdem 28,16 f.; 29,1–7; 31,4 f. (?) und dazu HERMISSON. Wir können uns hier mit dieser Frage nicht näher beschäftigen, ebensowenig mit der anderen, ob hinter der Unheilsankündigung des Jes nicht immer, oder doch bis 701 v. Chr., als ihre eigentliche Intention der Ruf zur Umkehr und zur Entscheidung für Jahwe gestanden habe (so zuletzt auf den Spuren FOHRERS HOFFMANN). Diese Intention muß in der Hauptsache indirekt erschlossen werden; die ausdrückliche Mahnung ist bei Jes die Ausnahme (1,16 f., vgl. 1,19 f.) und der Verstockungsbefehl (6,9 f.) vom Propheten, wann auch immer, doch wohl nicht aus einem Mißverständnis seiner eigenen Botschaft heraus formuliert.

e) Ein Wort noch zur von Jes vorausgesetzten und verarbeiteten *Tradition*. Es fällt auf, daß er anders als seine etwas älteren Zeitgenossen Am und bes. Hos von den Patriarchen und der Herausführung aus Ägypten schweigt. Sein Wurzelboden ist Jerusalem. Die These v. RADS, daß »die gesamte Verkündigung Jesajas auf zwei Überlieferungen steht, der Zions- und der Davidsüberlieferung«, läßt sich nur mit Vorbehalten wiederholen. Doch die Rolle, die das alte Jerusalem (1,21, vgl. auch die Anspielungen auf die Davidsgeschichte 28,21; 29,1) und der Zion (vgl. 8,18 b; 14,32; 28,16) für den im Tempel Berufenen spielen, sollte nicht wegdiskutiert werden. Deutlich ist ferner, bes. in den Worten der Anfangszeit, der Einfluß des Am (vgl. dazu FEY). Ein interessantes Kapitel bildet der seit FICHTNER oft behandelte Einschlag weisheitl. Denkens in der Verkündigung des Jes.

Jes war ein gebildeter Mann, vielleicht ein Patrizier, wie manche nach der Art, in der er den Königen begegnet, vermuten. In seine Prophetie ist viel Wissen und viel Denken eingegangen. Seine Ausdrucksmöglichkeit beschränkte sich nicht auf die genuin prophet. Redegattungen. Wie Am ein Leichenlied auf die Jungfrau Israel sang (Am 5,1 f.), so sang er das hintergründige Liebeslied von seinem Freund und dessen Weinberg (Jes 5,1–7), und so dichtete er das Weisheitsgedicht von dem Bauern, der alles zu seiner Zeit tut (28,23–29); beide Male sprach er in dieser Einkleidung von Jahwes Handeln an Israel.

Jes 40–55
H. GRESSMANN, Die lit. Analyse Deuterojesajas, ZAW 34, 1914, 254–297; L. KÖHLER, Dtjes (Jes 40–55) stilkritisch untersucht, BZAW 37, 1923; S. MOWINCKEL, Die Komposition des deuterojesajan. Buches, ZAW 49, 1931, 87–112; K. ELLIGER, Dtjes in seinem Verhältnis zu Tritojes, BWANT 63, 1933; P. A. H. DE BOER, Second-Isaiahs Message, OTS 11, 1956; L. G. RIGNELL, A Study of Isaiah Ch. 40–55, LUÅ NF 1,52,5, 1956; M. HARAN, The Literary Structure and Chronological Framework of the Prophecies in Is. 40–48, VTS 9, 1963, 127–155; C. WESTERMANN, Sprache und Struktur der Prophetie Deuterojesajas, Ges. St. I, 1964, 92–170; E. NIELSEN, Dtjes. Erwägungen zur Formkritik, Traditions- und Redaktionsgeschichte, VT 20, 1970, 190–205; A. SCHOORS, I am God Your Saviour. A Formcritical Study of the Main Genres in Is. XL–LV, VTS 24, 1973; H. D. PREUSS, Dtjes. Eine Einführung in seine Botschaft, 1976; H.-C. SCHMITT, Prophetie und Schultheologie im Deuterojesajabuch. Beobachtungen zur Redaktionsgeschichte von Jes 40–50, ZAW 91, 1979, 43–61; R. P. MERENDINO, Der Erste und der Letzte. Eine Untersuchung von Jes 40–48, VT.S 31, 1981.
S. MOWINCKEL, Der Knecht Jahwäs, 1921; C. R. NORTH, The Suffering Servant in Deutero-Isaiah. An Historical and Critical Study, 1948, ²1956; H. H. ROWLEY, The Servant of the Lord in three Decades of Criticism, in: The Servant of the Lord and other Essays on the OT, 1952 (²1965), 1–60; W. ZIMMERLI, παῖς θεοῦ A/B, ThWNT V, 1954, 655–676; O. KAISER, Der Königl. Knecht. Eine traditionsgeschichtl.-exeget. Studie über die Ebed-Jahwe-Lieder bei Dtjes, FRLANT 70, 1959 (²1962); K. BALTZER, Zur formgeschichtlichen Bestimmung der Texte vom Gottes-Knecht im Dtjes-Buch, Fs. G. v. Rad, 1971, 27–43; E. RUPRECHT, Die Auslegungsgeschichte zu den sog. Gottesknechtliedern im Buch Dtjes unter method. Gesichtspunkten bis zu B. Duhm, Diss. theol. Heidelberg 1972.

7. Über den *geschichtl.* Ort dieser Kap. kann es, aufs wesentliche gesehen, keinen Zweifel geben. Israel ist, von Jahwe gestraft, in einem erbärmlichen Zustand (40,2; 42,22.24 f.; 43,28; 48,10), das Land und die Stadt Jerusalem sind verwüstet (44,26.28; 49,19; 51,3), Zion eine Gefangene (52,2), das Volk in alle Richtungen verstreut (43,5 f.; 49,12), vor allem nach Babylonien (43,14; 48,20). Das ist die Situation nach 587 v. Chr. Aber die Wende steht nah bevor. Die große Herrin Babylon muß hinunter in den Staub (47), die Riegel des Kerkers werden zerbrochen (43,14), die Gefangenen kommen heraus, geleitet von ihrem Gott (52,11 f.), im Zug durch die wunderbar fruchtbar gemachte Wüste (41,17–20; 43,16–21; 49,8–12; 55,12 f.) gelangen sie nach Jerusalem, wo sie nach dem Wiederaufbau in Fülle leben werden (40,9–11; 49,14–21; 54,1–3.11–17). Den sichtbaren Anhaltspunkt für diese Hoffnung und Verheißung gibt das Auftreten des Perserkönigs Cyrus, hinter dem Jahwe selbst steht: er hat den Cyrus »erweckt«, Cyrus ist sein »Gesalbter«, »Hirte« und »Freund« und wird von ihm direkt angeredet (41,1–5; 44,24–28; 45,1–7.9–13; 46,9–11; 48,12–16). Die wichtigsten Stationen der Siegeslaufbahn des Cyrus sind die Eroberung von Medien (550), Lydien (Kroisos, 546) und Babylon (539). Dtjes schreibt sicher nach 550, wahrscheinlich hat er auch den erstaunlichen Siegeszug in den Westen schon vor Augen (vgl. 41,2 f.). Dagegen steht die Eroberung von Babylon offenbar noch bevor. Die Worte des Dtjes, die davon handeln, klingen wie echte Vorhersage; auch verfuhr Cyrus mit den bab. Göttern durchaus nicht, wie in 46,1 f. angekündigt, vielmehr ehrte er sie und nahm aus ihren Händen die Herrschaft entgegen (vgl.

den Cyruszylinder AOT 368–370, ANET 315 f., TGI 82–84). Vollends was in der Folgezeit geschah, reichte an die großen Erwartungen des Dtjes nicht heran. Er ist also zwischen 546 und 539 aufgetreten; ob auch davor oder danach, wissen wir nicht.

Bei weitem am natürlichsten kann man sich ihn unter den Exulanten in Babylonien vorstellen. Sie sind seine eigentliche Adresse, man glaubt auch das Kolorit der dortigen Verhältnisse wahrzunehmen. Aber eine Wirksamkeit in Palästina (MOWINCKEL) läßt sich nicht ausschließen. Phantasievolle Exegeten sind auf die Gegend des Libanon verfallen (DUHM, weil Dtjes gern von den Bäumen und den Meerländern spreche) oder gar auf Ägypten (EWALD, HÖLSCHER, ebenfalls wegen der Meerländer, der Siniten 49,12 u. a.).

Eine Wirksamkeit teils vor, teils nach 547/46 nimmt BEGRICH an: zunächst habe Dtjes, bereits unter dem Eindruck der mit dem Aufstand des Cyrus gegen die Meder begonnenen Völkerbewegung, eine umfassende, aus der Tradition gespeiste eschatolog. Erwartung verkündigt, doch er sei an ihr irregeworden (dies liest BEGRICH aus 51,9–16 heraus) und habe seit dem Lydienfeldzug die uneschatolog., konkret geschichtl. »Cyruserwartung« verkündigt. Die hier aufgestellte Alternative von eschatolog. und uneschatolog. Erwartung ist künstlich, jene ältere, dem Dtjes überkommene eschatolog. Tradition eine Konstruktion aufgrund eines viel jüngeren Systems. Vgl. E. JENNI, Die Rolle des Kyros bei Dtjes, ThZ 10, 1954, 241–256.

8. Die Frage nach dem geschichtl. Ort der Verkündigung des Dtjes hängt für manche Exegeten eng mit der Frage nach der *Komposition* von Jes 40–55 zusammen. Zu ihr läßt sich nicht viel Sicheres sagen. 40,1–8, wo offenbar im Rahmen einer himmlischen Szene die Berufung des Propheten wiedergegeben wird – er selbst kommt in der ganzen Sammlung, sieht man einmal von den Gottesknechtliedern ab, nur hier (v.6 c. T.) mit seinem Ich zu Wort –, ist sicher mit Bedacht an den Anfang gestellt. Ebenso sicher dürfte dem dortigen Satz über das Wort Jahwes (v.8) derjenige in 55,10 f. korrespondieren und damit die ganze Verkündigung des Dtjes unter diesem Begriff als eine Einheit zusammengefaßt sein: das hier ausgerichtete Wort bleibt, und es tut seine Wirkung.

Im Inneren der Sammlung liegt eine Gliederung nicht auf der Hand, eine Übersicht ist nur schwer zu gewinnen. Man rechnet meist mit etwa 50 Einzelworten (BEGRICH: 70), aber deren Abgrenzung wird angesichts der vielen Wiederholungen, der Unbestimmtheit der Aussagen, der Verwischung der gattungsmäßigen Strukturen und schließlich des weitgehenden Fehlens von Anfangs- und Schlußformeln sehr verschieden vorgenommen. Dasselbe gilt vom Kompositionsprinzip. Haben wir eine Aneinanderreihung nach Stichworten vor uns (vgl. MOWINCKEL) oder eine sachlich-theol. Gliederung (nach ELLIGER von der Hand des Tritojes) oder gar eine als Einheit konzipierte Dichtung in Strophen (MUILENBURG)?

Eine Zäsur wird oft zwischen 40–48 und 49–55 gesehen. Nur in 40–48 ist von Cyrus und Babylon die Rede. Darum hat KUENEN gemeint, nur diese Kapitel seien vor 539 geschrieben, das Folgende größtenteils erst nach der Rückkehr in Jerusalem. KUENENs These wurde in verschiedener Weise ausgebaut und variiert. Nach HARAN ist auch in 40–48 die Eroberung Babylons bereits vorausgesetzt und die Heimkehr steht bevor; nach ihr hat Dtjes in Palästina 49–66 gedichtet. Aber die sprachliche und sachliche Zäsur hinter 55 liegt doch wohl tiefer als die hinter 48.

Eine andere Zäsur beobachtet WESTERMANN: in 40–45 kurze Worte je einer Gattung, danach größere, gattungsmäßig uneinheitliche Gedichte. Außerdem gibt es nach WESTERMANN durch Hymnen abgeschlossene Einzelteile des Buches.

Vgl. zum Gesamtproblem nunmehr R. F. MELUGIN, The Formation of Isaiah 40–55, BZAW 141, 1976.

9. Die Verkündigung des Dtjes unterscheidet sich charakteristisch von der seiner Vorgänger. Das gilt nicht nur vom Inhalt, sondern auch von den *Formen,* deren er sich bedient. Als Grundvoraussetzung steht am Anfang (40,1), daß das von den älteren Propheten angekündigte Gericht ergangen ist; nun gilt es das Volk zu trösten. Demgemäß fehlen bei Dtjes die Drohworte gegen Israel mitsamt den sie begründenden Scheltworten. Eine einzige regelrechte Mahnung findet sich (55,6 f.). Bleibt die klassische Gattung der Verheißung, die dem Auftrag des Dtjes aufs genaueste entsprechen sollte. Aber damit hat es eine besondere Bewandtnis. GRESSMANN, der, von den älteren prophet. Gattungen herkommend, bei Dtjes deren beginnende Auflösung konstatierte, sah hier Verheißungen und »Tröstungen« ineinander übergehen. Von solchen Beobachtungen aus (vgl. auch KÖHLER) erarbeitete BEGRICH die seitdem grundlegende Klassifizierung der Redeweisen des Dtjes. Zwei große Gruppen treten hervor.

Einmal die Heilsworte, von BEGRICH Heils- oder Erhörungsorakel genannt, von WESTERMANN in Heilsorakel und Heilsankündigung geteilt. Nach BEGRICH handelt es sich um eine aus dem Kultus übernommene Gattung: man kann vermuten, daß es bestimmte Formen gab, in denen der Priester dem Beter die Erhörung seiner Klage und Bitte zusagte (s. § 40,4 a). Beispiele bei Dtjes sind 41,8–13; 43,1–7. Charakteristisch sind die Anrede in 2. Person, die Mahnung zur Furchtlosigkeit, die Aussagen über das göttliche Eingreifen und über dessen Folgen sowie die Angabe des damit verfolgten Ziels. Die von WESTERMANN vom »Heilsorakel« getrennte »Heilsankündigung«, meist nicht in direkter Anrede zugesprochen, ist eine futurische Aussage über das kommende Handeln Jahwes (Beispiele 41,17–20; 43,16–21). Sie hält sich strenger in den Grenzen der überkommenen Gattung der Verheißung als das »Heilsorakel«, das man wohl als deren freiere, das kult. Motiv benutzende Variation betrachten darf.

Dtjes verkündet nichts Selbstverständliches. Er wird angegriffen und greift seinerseits im Namen seines Gottes an, er streitet, diskutiert, argumentiert. Die zweite große Gruppe seiner Worte enthält Polemik. BEGRICH unterschied hier nach formalen Gesichtspunkten zwei selbständige Gattungen, Gerichtsrede und Disputationswort. Sachlich und formal läßt sich aber beides nicht streng voneinander trennen. Es handelt sich einmal (überwiegend in der Gerichtsrede, z. B. 41,21–29; 43,8–13) um Jahwes Streit mit den anderen Völkern und ihren Göttern, in dem er seine alleinige Gottheit erweist, sodann (überwiegend im Disputationswort, z. B. 40,12–31; 45,9–13) um Jahwes Auseinandersetzung mit Israel, seinem Verhalten, seinen Zweifeln und den Vorwürfen, die es gegen seinen Gott erhebt. Die polemischen Worte enthalten nicht selten hymnische Elemente (vgl. nur 40,12–31), die überhaupt, oft in Form der göttlichen Selbstprädikation, ein Charakteristikum der Sprache des Dtjes sind. »Unser Prophet ist wie trunken von der Idee des Allmächtigen, der Hymnus von ihm rauscht in gleichmäßigem Gewoge durch alles was er sagt« (WELLHAUSEN).

Gerade die polemischen Worte machen eine Antwort auf die viel verhandelte Frage schwer, ob Dtjes nur Schriftsteller war oder ob er mündl. gehaltene Reden wiedergibt. Vor allem die Disputationsworte vermitteln den Eindruck wirklicher Szenen und rhetorischer Erfahrung, aber läßt sich für die Gerichtsreden ein anderes als ein imaginäres Forum denken? Man hat Kultfeiern der Exulanten als Sitz im Leben postuliert (H. E. v. WALDOW, Anlaß und Hintergrund der Verkündigung Deuterojesajas, Diss. ev. theol. Bonn 1953); dergleichen wird es gegeben haben, nur fehlen bei Dtjes klare Hinweise darauf. So sehr alle seine Worte »als mündliche Rede gedacht« sind, so wenig können wir uns doch vorstellen, daß er »je anders als durchs geschriebene Wort hat wirken können« (BEGRICH).

10. Wir könnten über den Auftrag, die Angefochtenheit und wohl auch das Geschick des Dtjes Sichereres sagen, wenn wir die sog. *Lieder vom Knecht Jahwes* unbedenklich auf ihn beziehen könnten. DUHM hat diese Stücke (42,1–4; 49,1–6; 50,4–9; 52,13–53,12, mit Anhängseln an den ersten drei Stücken) ebenso wie 56–66 dem Dtjes abgesprochen; der Verfasser »dieser stillen, tiefen, wenig blendenden Gedichte« könne »schon von Temperaments wegen nicht mit dem rauschenden beweglichen Dtjes identisch sein«. Der Knecht Jahwes ($'æbæd\ jhwh$) ist in 40–55 sonst das Volk Israel, in den »Liedern« dagegen angesichts mancher nicht allegorisch zu verstehender individueller Züge und angesichts seiner Aufgabe an Israel (49,5 f.) viel eher eine Einzelperson; dem widerspricht strikt nur das »Israel« in 49,3, das die individuelle Deutung als kollektivierenden Zusatz betrachten muß. Die »Lieder« sind nicht Verkündigung wie ihre Umgebung; das erklärt zu einem guten Teil schon ihren besonderen Charakter. In 42,1–4 stellt Jahwe den Knecht vor (»Präsentationswort«), in 49,1–6 und 50,4–9 spricht dieser selbst von seiner Aufgabe und seinem Geschick, in 53,1–11 a berichten andere von seinem Leiden, das nach der rahmenden Gottesrede 52,13–15; 53,11 b.12 sein Sieg ist. Die Texte berühren sich sprachlich und sachlich viel enger mit ihrer Umgebung als etwa die Heilsweissagungen mit den sicher authentischen Worten des Jes (s. o. 6d). Die nächste Parallele sind die »Konfessionen« des Jer, die sich ähnlich über das Buch Jer verteilt finden (s. § 26,4 c). Es liegt nahe, die Parallele auch darin zu finden, daß hier wie dort die Aufgabe und das Geschick des Propheten selbst das Thema sind – bei Dtjes dann freilich in dem sicher nicht von ihm selbst herrührenden letzten Stück über das Biographische weit hinausgehend. Doch man scheut sich auch, allzu direkt etwa die Gerichtsreden über die alleinige Gottheit Jahwes gegen die anderen Götter mit dem Auftrag an den Völkern (42,4; 49,6) in Beziehung zu setzen oder eine Verfolgung durch die Babylonier (wegen derartiger Gerichtsreden?) oder seine Landsleute (wegen des Nichteintretens von ihm angekündigter Ereignisse und Zustände?) anzunehmen. Das Rätsel wird sich kaum je ganz lösen lassen.

Noch weniger wird eine in diese oder andere Richtung gehende Lösung des Rätsels je auf allgemeine Annahme rechnen können. Kaum irgendwo gehen die Meinungen innerhalb der at. Wissenschaft so weit auseinander wie hier, vgl. die Theologien des AT und die Berichte bei NORTH, ROWLEY, RUPRECHT. Die kollektive Deutung, die sich auf »Israel« in 49,3 (vgl. N. LOHFINK, »Israel« in Jes 49,3, Fs. J. Ziegler, 1972, II 217–229) und die Bezeichnung Israels als Knecht Jahwes im übrigen Dtjes berufen kann, von WELLHAUSEN und seinen meisten Anhängern vertreten, lebt in verschiedenen Variationen weiter (vgl. EISSFELDT, DE BOER, KAISER). Die individuelle Deutung rechnet nach allerlei manchmal kuriosen Irrwegen mit einer Mittlergestalt von eher königl. oder eher prophet. Typus (vgl. etwa WESTERMANN), konzentriert sich aber seit MOWINCKEL (1921, von ihm selbst später aufgegeben) immer mehr auf Dtjes selbst (vgl. bes. ZIMMERLI).

Jes 56–66

K. CRAMER, Der geschichtl. Hintergrund der Kap. 56–66 im Buche Jes, 1905; A. ZILLESSEN, »Tritojes« und Dtjes, ZAW 26, 1906, 231–276; R. ABRAMOWSKI, Zum lit. Problem des Tritojes, ThStKr 96/97, 1925, 90–143; K. ELLIGER, Die Einheit des Tritojes, BWANT 45, 1928; DERS., Der Prophet Tritojes, ZAW 49, 1931, 112–141; W. ZIMMERLI, Zur Sprache Tritojesajas (1950), Ges. Aufs. I, 217–233; W. KESSLER, Zur Auslegung von Jes 56–66, ThLZ 81, 1956, 335–338; D. MICHEL, Zur Eigenart Tritojesajas, ThViat 10, 1965/66, 213–230; H.-J. KRAUS, Die ausgebliebene Endtheophanie (1966), Bibl.-theol. Aufsätze, 1972, 134–150; F. MAASS, »Tritojes«?, Fs. L. Rost, 1967, 153–163; K. PAURITSCH, Die neue Gemeinde. Gott sammelt Ausgestoßene und Arme (Jes 56–66). Die Botschaft des Tritojes-Buches literar-, form-, gattungskritisch und redaktionsgeschichtl. untersucht, AnBib 47, 1971; E. SEHMSDORF, Studien zur Redaktionsgeschichte von Jes 56–66, ZAW 84, 1972, 517–576.

11. Diese Kap. stehen gegenüber Jes 40–55 darin zusammen, daß sie eindeutig nicht ins bab. Exil, sondern nach Palästina gehören. Sie lassen sich kaum leichter überblicken als 40–55, allerdings aus entgegengesetztem Grund: dort die eigentümlich fließenden Zusammenhänge, die vielen Wiederholungen, die große Homogenität des Ganzen auf dem Hintergrund einer auf wenige Jahre eingrenzbaren geschichtl. Situation, hier nach Gegenstand, Form und Aussage viel stärker divergierende Einzelstücke, nicht eindeutig gemeinsam auf eine solche Situation zu beziehen und auch nicht nach klarem Plan geordnet.

Die meist in sich gegliederten oder wiederum zuammengesetzten Einzelstücke sind:

56,1–8 Tora über die Zugehörigkeit der Fremden und der Verschnittenen zur Gemeinde, offenbar programmatisch an den Anfang gesetzt; der Tempel (515 v. Chr. geweiht) steht;
56,9–57,13 Schelt- und Drohworte gegen die Führer des Volkes und gegen Abgötterei;
57,14–21 Heilswort in Anknüpfung an Dtjes (vgl. v.14 mit 40,3);
58 uneinheitliche Rede über das Fasten (vgl. v.8 b mit 52,12 b);
59 Liturgie (?) mit Elementen des Scheltworts, des Volksklagelieds und des Heilsworts;
60–62 drei große Heilsworte, vielfältig an Dtjes anknüpfend (vgl. 60,4 a mit 49,18 a; 60,9 b mit 55,5 b; 60,16 b mit 49,26; 61,1–3 mit 42,1.7 und 49,8 f.; 62,6 f. mit 49,16; 62,10 mit 40,3; 62,11 mit 40,10);
63,1–6 dialogisches Gedicht über die endzeitliche Rache an den Völkern;
63,7–64,11 Volksklagelied aus der Zeit nach der Zerstörung Jerusalems und des Tempels 587 v. Chr. (vgl. 63,18; 64,9 f.);
65,1–16 a Verheißung an die Frommen, Drohung an die Gottlosen;
65,16 b–25 Verheißung eines neuen Himmels und einer neuen Erde;
66,1–4 Polemik gegen Tempelbau und Opferkultus, vielleicht angesichts des Neubaus in den Jahren 520–515;
66,5–24 letzte Drohung und Verheißung.

12. Duhm sah diese Kap. im wesentlichen als Einheit und schrieb sie einem *Tritojesaja* zu, der kurz vor der Zeit des Nehemia (ab 445 v. Chr.) in Jerusalem gewirkt habe. Diese Hypothese hat sich weder im Blick auf die Einheitlichkeit noch im Blick auf die Datierung halten lassen.
Was die Datierung angeht, so sah Duhm hinter den polemischen Partien meist den Gegensatz zu den Samaritanern, mit denen Nehemia es zu tun hatte. Doch das ist fast nirgends evident; wenn etwa bei dem Wort gegen einen Tempelbau (66,1) an einen konkreten Vorgang gedacht ist, dann doch eher an den von 520–515. Auch sonst gibt es wenig Grund, die Kap. insgesamt ins 5. Jh. zu datieren, zumal sie oft eine große Nähe zu Dtjes verraten. So ist Elliger mit Tritojes, den er für den Schüler und Redaktor des Dtjes hält, in die Zeit um 520 zurückgegangen. Kessler hält zwischen ihm und Duhm die Mitte.
Aber die einheitliche Autorschaft ist alles andere als sicher. Zwar stehen einige wichtige Perikopen nah beieinander und wiederum nah bei Dtjes, nämlich 57,14–19; 60–62; 65,16 b–25; 66,7–14 a. Diese (im einzelnen verschieden abgegrenzten) Texte vor anderen dem Dtjes zuzuschreiben, lag vor dem Duhmschen Schnitt zwischen 40–55 und 56–66 nahe, als man bereits die, von Duhm bestrittene, Uneinheitlichkeit von 56–66 erkannt hatte (vgl. Kuenen); es liegt wieder nahe, wo man jenen Schnitt für unberechtigt hält (vgl. Maass). Aber diese Texte stammen schwerlich von Dtjes. Sie verwenden seine Worte, doch sie tun das in einer neuen Situation. Babylon ist gefallen, man ist wieder im Land, es gibt auch schon wieder einen Tempel, doch die große Heilszeit läßt auf sich warten (vgl. Kraus), statt dessen herrscht vielfache Bedrängnis, Kümmerlichkeit und Freudlosigkeit. In dieser Situation wird die Verheißung des Dtjes prolongiert, mit mancherlei Änderungen, aber doch unter Wahrung der Substanz (vgl. die in der Übersicht angegebenen Stellen und dazu Zillessen und Zimmerli). Dem negativen ästhet. Urteil Duhms steht gegenüber, daß

immerhin J. BURCKHARDT Jes 60 einen »unvergleichlichen Ausbruch der Inspiration« genannt hat (Weltgeschichtl. Betrachtungen V). Gewiß liegt diesen Texten schon ein gut Teil »schriftgelehrte Auslegung« zugrunde (MICHEL); daß sie Prophetie sind, sollte man ihnen aber darum nicht absprechen.

13. Zu diesem Kern, den man Tritojes nennen mag, steht das Übrige in näherer und fernerer Beziehung, teilweise auch in Spannung (vgl. die Nachweise der Uneinheitlichkeit bes. bei ABRAMOWSKI und VOLZ). So gilt bei Tritojes wie bei Dtjes, aber anders als in manchem der umgebenden Texte, die Verheißung Israel als ganzem, nicht einer Gruppe und nicht an ein bestimmtes vorausgesetztes Verhalten gebunden (WESTERMANN). Prophetisches Erbe, auch über das des Dtjes hinaus, ist in all diesen Kapiteln lebendig und verbindet sie trotz ihrer Divergenzen. Die Geschichte ihrer Komposition um den tritojesajan. Kern herum und im Rahmen der Kompositionsgeschichte des ganzen Buches Jes ist noch aufzuhellen (vgl. die Ansätze bei FOHRER, WESTERMANN, PAURITSCH, SEHMSDORF). In ihr Endstadium gehört sicher die Zufügung des Schlusses 66,5–24.

§ 26 Jeremia

Kommentare: B. DUHM (KHC) 1901; P. VOLZ (KAT) 1922; W. RUDOLPH (HAT) 1947, ³1968; A. WEISER (ATD) 1952/55, ⁶·⁵1969.
S. MOWINCKEL, Zur Komposition des Buches Jer, SVSK.HF 1913,5, 1914; J. P. HYATT, The Deuteronomic Edition of Jeremiah, Vanderbilt Studies in the Humanities 1, 1951, 71–95; W. L. HOLLADAY, Style, Irony and Authenticity in Jeremiah, JBL 81, 1962, 44–54; H. GRAF REVENTLOW, Liturgie und prophet. Ich bei Jer, 1963; C. RIETZSCHEL, Das Problem der Urrolle. Ein Beitrag zur Redaktionsgeschichte des Jeremiabuches, 1966; E. W. NICHOLSON, Preaching to the Exiles. A Study of the Prose Tradition in the Book of Jeremiah, 1970; W. THIEL, Die dtr Redaktion des Buches Jer, Diss. theol. Berlin 1970; DERS., Die dtr Redaktion von Jer 1–25, WMANT 41, 1973; G. WANKE, Untersuchungen zur sog. Baruchschrift, BZAW 122, 1971; H. WEIPPERT, Die Prosareden des Jeremiabuches, BZAW 132, 1973; A. H. J. GUNNEWEG, Heil im Gericht. Zur Interpretation von Jeremias später Verkündigung, Fs. W. Zeller, 1976, 1–9; S. BÖHMER, Heimkehr und neuer Bund. St. zu Jer 30–31, GTA 5, 1976; P. WELTEN, Leiden und Leidenserfahrung im Buch Jer, ZThK 74, 1977, 123–150; I. MEYER, Jer und die falschen Propheten, Orbis biblicus et orientalis 13, 1977; K.-F. POHLMANN, Studien zum Jeremiabuch, WMANT 118, 1978.
W. BAUMGARTNER, Die Klagegedichte des Jer, BZAW 32, 1917; G. v. RAD, Die Konfessionen Jeremias (1936), Ges. St. II, 224–235; E. GERSTENBERGER, Jeremiah's Complaints: Observations on Jer 15,10–21, JBL 82, 1963, 393–408; A. H. J. GUNNEWEG, Konfession oder Interpretation im Jeremiabuch, ZThK 67, 1970, 395–416.

1. Das *Buch* läßt sich in vier Teile gliedern:
1–25 überwiegend Worte und Reden gegen das eigene Volk, eingeleitet von der Berufung des Propheten (1),
26–45 überwiegend Erzählung, darin 30 f. eine Sammlung (30,2 »Buch«) von Verheißungen, 37 ff. die zusammenhängende Erzählung von Jer angesichts der bevorstehenden und dann eingetretenen Katastrophe Jerusalems,
46–51 Worte gegen fremde Völker,
52 geschichtl. Anhang (aus 2 Kön 24,18–25,21.27–30).
Die Disposition wird erst gegen Ende des zweiten Teils übersichtlich. Im ganzen macht das Buch einen ungeordneten, unfertigen Eindruck. Charakteristisch sind die Dubletten (6,12–15 = 8,10–12; 10,12–16 = 51,15–19; 15,13 f. = 17,3 f.; 23,19 f. = 30,23 f. u. a.), dazu die Abweichungen der LXX, deren Text insgesamt um ¹/₈ kürzer ist als der MT, teils infolge bewußter Kürzung, teils infolge versehentlicher Auslassung (39,4–13: Homoioteleuton), teils weil die hebr. Vorlage einen Passus noch nicht enthalten zu haben scheint (33,14–26).
Um hinten zu beginnen: 52 ist offenbar ähnlich zugesetzt wie Jes 36–39 aus 2 Kön

18–20. Eine klare Sonderstellung am Ende des Buches haben sodann die Völkerworte 46–51.

Anders ist es in der LXX. Hier stehen die Völkerworte viel weiter vorn, nämlich nach 25,13 (unter Auslassung von 14). Man pflegt das für die ursprüngl. Anordnung zu halten, gemäß dem anderwärts (Jes? Ez) begegnenden Schema Unheil für das eigene Volk / für fremde Völker / Heil für das eigene Volk. Indessen wird dieses Schema bei Jer auch in der LXX nicht so deutlich, daß es evident als altes Kompositionsprinzip gelten könnte. Eine nachträgliche Umstellung zugunsten des Schemas ist, auch angesichts des Verfahrens der LXX mit dem Kanon im ganzen (s. § 4,5), verständlicher als der umgekehrte Vorgang einer Herauslösung und Hintanstellung der Völkersprüche. Auch daß die Anordnung der einzelnen Völker in der LXX (dort 26–31: Elam, Ägypten, Babylon, Philister, Edom, Ammon, Kedar, Damaskus, Moab) gegenüber der des hebr. Textes (46–51: Ägypten, Philister, Moab, Ammon, Edom, Damaskus, Kedar, Elam, Babylon) offenbar sekundär ist (Elam = Persien oder Parthien am Anfang), empfiehlt kein allzugroßes Zutrauen zur LXX in diesem Bereich.

In dem davor liegenden Hauptbestand des Buches markieren die Rede 25,1–13 mit ihrem Rückblickscharakter und das Gotteswort an Baruch 45 jeweils deutlich einen Abschluß. Läßt sich der erste der beiden damit gegebenen Teile grob als Sammlung von Worten und Reden, der zweite noch gröber als Sammlung von Erzählungen überschreiben, so steht auch im einzelnen zeitlich oder sachlich Zusammengehöriges mehrfach erkennbar zusammen: in 2–6 haben wir offenbar die älteste Verkündigung des Jeremia vor uns, in 21–23 sind Worte über Könige und Propheten gesammelt, 27–29 handeln im Anschluß an 26 von falscher Prophetie, auf das kleine »Buch« 30 f. folgen in 32 f. weitere Stücke, die unmittelbar oder mittelbar Verheißungscharakter tragen (vgl. auch schon 29); gewiß ist es auch kein Zufall, daß die sog. Konfessionen (s. u. 4 c) allesamt in dem Komplex 11–20 enthalten sind. Das alles kann aber den eher verwirrenden Gesamteindruck nicht aufheben. Die beiden Teile sind eben doch nicht so sauber voneinander zu trennen, sollen ja auch, wie sie sind, einen fortlaufenden Zusammenhang bilden. Doch 36 (605 v. Chr.) gehört chronologisch vor 24 (Situation nach der ersten Eroberung und Exilierung 597) und dies wiederum vor 21,1–10 (letzte Belagerung, ab 589). 21,1–10 seinerseits entspricht zeitlich und sachlich 38,1–13; der erste Text teilt die ganze Rede des Jer mit, dem zweiten kommt es mehr auf ihre Folgen an. Ebenso verhält es sich mit dem doppelten Niederschlag der Tempelrede des Jahres 608 in 7 einerseits, 26 andererseits. Diese Parallelfälle legen über das Kompositionsproblem hinaus den Schluß nahe, daß die Überlieferung von Jer schon früh auf mehr als einem Wege erfolgte, daß man bei ihr verschiedene Interessen und Formen unterscheiden muß.
Die Überschrift 1,1–3 führt das Buch auf Jeremia (hebr. *jirmᵉjāhû*, LXX Ιερεμιας) ben Hilkija aus dem Geschlecht der Priester zu Anatot zurück und läßt die Worte in den Jahren 626–587 ergangen sein. Wir wissen durch das Buch über Jer in mancher Hinsicht mehr als über jeden anderen Propheten des AT. Es gibt auch keinen Zweifel, daß das Buch sehr viele »Worte des Jer« (1,1) im unmittelbaren Sinn enthält. Gewiß ist auch die Rolle, auf die Jer dem Baruch seine Worte diktierte, nachdem König Jojakim 605 v. Chr. eine erste, kürzere Rolle dieser Art stückweise verbrannt hatte (36), irgendwie in das Buch eingegangen. Aber einen geschlossenen Teil des Buches bildet diese »Urrolle« kaum (anders RIETZSCHEL: Kap. 1–6), und sie kann schon darum, weil die Verkündigung des Propheten nach 605 weiterging, auch für den unmittelbar jeremian. Bestand nur der Grundstock gewesen sein. Daß die »Worte«, die hinzutraten, nicht nur vom Propheten selbst stammten, legen von

vornherein Divergenzen in Form und Inhalt nahe: neben rhythmisch geformten Sprüchen stehen Prosareden, wie sie im Dt und im dtr Geschichtswerk geläufig sind. Als ein weiteres, das Gesicht des Buches auf weite Strecken bestimmendes Element kommen die Erzählungen hinzu, in denen vom Propheten überwiegend in 3. Person gesprochen wird (im Unterschied zur 1. Person 1,4 ff. usw.) – dies bereits ein Indiz gegen jeremian. Autorschaft.

Die grundlegende literarkritische Erklärung des verwickelten Tatbestandes lieferte DUHM, indem er drei Bestandteile des Buches unterschied: 1. die Gedichte Jeremias, alle im gleichen Rhythmus, enthalten in 1–25 und 30 f., 2. die Biographie Jeremias, geschrieben von Baruch, enthalten in 26–45, 3. Ergänzungen zu beiden Schriften, nach und nach entstanden bis zum 2. Jh., darunter die »messianischen« Stücke und die Weissagung gegen die Heiden (außer in späten Ergänzungen zu 1–25 und in den beiden besonderen Büchlein 30 f. und 46–51 zusammengefaßt), in der Hauptsache aber predigtartige Ausführungen mit nomist. Theologie. Die schriftgelehrten Ergänzer »wollten in ihrem Jeremiabuch einen Beitrag zu einer Art Volksbibel liefern, ein religiöses Lehr- und Erbauungsbuch, das dem Laien zu einem besseren Verständnis seiner Religion und Geschichte verhelfen sollte, im Verein mit manchen anderen Schriften von ähnlicher Tendenz«. DUHMS Einteilung wurde von MOWINCKEL und HÖLSCHER aufgenommen und präzisiert. MOWINCKEL unterschied in 1–45 (46–52 betrachtete er insgesamt als späteren Anhang »etwa wie Jes 40–66«) die folgenden voneinander unabhängigen lit. Quellen: A Sammlung jeremian. Orakel, B Sammlung von Erzählungen über Jer, C Reden mit enger Berührung zur dtr Sprache und Theologie, D Sammlung von Heilsweissagungen (30 f.). Für das Verhältnis dieser Quellen untereinander gebrauchte MOWINCKEL einen nt. Vergleich: B verhalte sich zu A etwa wie Mk zur Logienquelle, C verhalte sich zu beiden wie Joh zu den Synoptikern, freilich nur was die radikale Umgestaltung der Tradition im Sinne einer Theorie angehe; von »dem Geist, Tiefsinn und dem Genie eines Joh findet sich in C keine Spur«. Im wesentlichen auf dieser Linie, aber mit Einordnung eines Grundbestandes aus D und den Völkerworten in A, schrieb später RUDOLPH seinen Kommentar. Er rechnete dabei mit der Möglichkeit, »daß der Verfasser der C-Stücke zugleich der Hauptredaktor des Jeremiabuches war«. Diese auch von HYATT vertretene These, deren eigentliche Urheber aber DUHM und HÖLSCHER gewesen sind, hat inzwischen THIEL im einzelnen durchgeführt. Sie wird im Sinne DUHMS und HÖLSCHERS ähnlich wie NOTHS These vom dtr Geschichtswerk noch erheblich zu differenzieren sein: hier wie dort ist die Redaktion in mehreren Stadien erfolgt.

2. Die *Redaktion* hat sich im Buch Jer nicht darauf beschränkt, vorhandenes Material auszuwählen, zu komponieren und mit einzelnen kleineren Zusätzen und einer Gesamtüberschrift zu versehen. Sie wird hier deutlicher und umfassender als in den übrigen Prophetenbüchern auch in eigenen Beiträgen greifbar.

Dahin gehört zunächst ein System einleitender Bemerkungen, voran die stereotype Überschrift »Das Wort Jahwes, das an Jer von Jahwe her erging«, eine Variation der im Buch häufigen Wortereignisformel (7,1; 11,1; 18,1; 21,1; 25,1 a; 30,1; 32,1; 34,1.8; 35,1; 40,1; 44,1, vgl. 45,1).

Vor allem aber hat die Redaktion ähnlich wie im dtr Geschichtswerk eine ganze Reihe kürzerer und längerer Texte, vor allem Reden, mit oder ohne Verwendung vorgegebenen Wortlauts selbst formuliert und damit die Grenze zur eigenen schriftl. Produktivität oft erheblich überschritten. Nicht zufällig konnte sie in der Wissenschaft als eine eigene Quelle (MOWINCKELS C) mißverstanden werden. Die Beispiele begegnen in den Anfangskapiteln nur sporadisch (jetzige Gestalt des Berufungsberichts Kap. 1, Verheißung 3,14–18, umstritten 3,6–13), danach kompakt in einem fast überall eingreifend bearbeiteten Zusammenhang.

Genannt seien:
7,1–8,3 die »Tempelrede« mit Anhängen,
11,1–17 Rede gegen den »Bundesbruch«,

12,14—17 Drohung und Verheißung an die Nachbarvölker,
16,1—13 Jer als Gerichtsprediger; die Begründung des Gerichts,
17,19—27 über die Sabbatheiligung,
18,1—12 das Töpfergleichnis,
19,1—13 (14 f. Überleitung zur Paschhur-Szene) Rede im Tal Hinnom,
21,1—10 Antwort an König Zidkija über die bevorstehende Eroberung Jerusalems,
22,1—5 Anrede an den König und andere über Recht und Gerechtigkeit,
23,1—8 Drohung an die »Hirten«, Verheißung der Rückkehr und neuer Hirten,
24 das Gesicht von den beiden Feigenkörben,
25,1—14 Ankündigung des Gerichts durch (und, in 11 b.12 hinzugefügt, nach 70 Jahren über) Babel,
27 Reden über das Joch des Königs von Babel,
29,8—19 gegen falsche Propheten, Verheißung an die Exulanten, Drohung an die Daheimgebliebenen,
30,1—3; 31,27 f.29 f.31—34 Verheißungen, Rahmen um die Sammlung 30,4—31,26,
32,16—44 Gebet Jeremias und göttliche Antwort nach dem Ackerkauf in Anatot,
34,8—22 Drohrede nach dem Wortbruch an den Sklaven,
35 über die Rechabiter,
42,10—22 Gottesrede gegen die Absicht, nach Ägypten zu ziehen,
44,1—14.20—23.27—30 Schlußrede in Ägypten gegen Götzendienst.

Das Hauptthema dieser Texte ist die Begründung der Katastrophe Israels bzw. Judas und Jerusalems in der Exilszeit durch den Ungehorsam des Volkes und seiner Oberen, die sich nicht gemäß den Worten Jahwes verhielten und anderen Göttern dienten. Das entspricht völlig der grundlegenden Aussage des dtr Geschichtswerks (s. § 19,4). Dort kann die Begründung der Katastrophe in der jüngeren Schicht DtrN geradezu die Form der Antwort auf eine ausdrücklich gestellte Frage annehmen (Dtn 29,23—27; 1 Kön 8,9 f.). Eben diese Form ist auch dem Buch Jer geläufig (5,19; 9,11—15; 16,10—13; 22,8 f.). Nun kennt DtrN, darin offenbar über die Grundlinie von DtrH hinausgehend, auch die Möglichkeit erneuter Hinkehr zu Jahwe und formuliert diese Möglichkeit für die Vergangenheit, aber eben damit wohl heimlich auch für die Gegenwart, als eine Alternative, nach der das Volk sich für oder gegen den Gehorsam und damit für das Überleben oder den endgültigen Untergang im Gericht entscheiden kann (Jos 23; 1 Sam 12,14 f.24 f.; 1 Kön 9,4—7). Auch dieses Schema gibt es in unseren Jer-Texten (7,1—15; 17,19—27; 22,1—5; 42,10—17). Wie nah deren Stil und Gedankenwelt auch im übrigen den redaktionellen Partien des dtr Geschichtswerks, namentlich in deren jüngeren Schichten, steht, zeigt bereits die oberflächliche Lektüre und beweist der genauere Vergleich. Völlige Kongruenz darf man nicht verlangen; sie besteht ja auch innerhalb der redaktionellen Partien des Geschichtswerks nicht und ebensowenig in denjenigen des Jer-Buches. Wir haben hier wie dort die Arbeit derselben Schule vor uns, und es gibt keinen Grund, sie nicht, solange es keinen besseren Ausdruck gibt, auch hier in einem weiteren Sinne dtr zu nennen. Bei aller Monotonie ist die Arbeit dieser Schule auch hier lebendig und produktiv gewesen. Man lese nach, wie sie das (hier als unwiderruflich geltende) göttliche Gericht auf den Ungehorsam gegen den Dekalog und das Dt zurückführt (11,1—14) und wie sie dann zwei zentrale Bestandteile der dt Theologie relativiert — beide Male in tiefer Übereinstimmung mit dieser Theologie: die einzigartige Qualität des Jerusalemer Tempels durch die Tempelrede (7,1—14), die b^{e}rît beim Auszug aus Ägypten durch die Verheißung einer neuen, grundlegend anderen b^{e}rît (31,31—34). Man halte sich auch vor Augen, daß alle diese Texte nicht für sich allein gelesen werden wollen, sondern im Zusammenhang mit den älteren Bestandteilen des Buches; sie sind ja für diesen Zusammenhang geschrieben.

Die Texte wollen jeremian. sein, aber sie sind es nach unserem heutigen Urteil nicht. Jer erscheint in ihnen als ein Toraprediger (HÖLSCHER), und das ist er nicht gewesen. Gleichwohl suchen auch diese Torapredigten den Anschluß an den authentischen Jer zu halten, indem sie sich in seine Verkündigung und die Erzählungen von ihm einfügen, aber auch indem sie wiederholt selber Worte oder Handlungen des Propheten zugrundelegen (vgl. 7,14.28 f.; 11,15 f.; 14,12 a; 16,1–3 a.4 a.5–8; 19,1.2 a.10. 11a; in 22,1–5 wird 21,11 f. ausgeführt). Obwohl hier keine eigentliche Jer-Schule am Werk ist, haben die hiesigen Deuteronomisten in vieler Hinsicht von dem Propheten gelernt.

Der nichtjeremian. und dtr Charakter der von MOWINCKEL als Quelle C (und von THIEL als D) bezeichneten Prosastücke ist nicht unbestritten. Bevor man ihre Sonderstellung erkannt hatte, erklärte man sich ihre Nähe zum Dt entweder so, daß Jer sich hier an das Dt anlehne, ja sogar über Texte des Dt »predige« (REUSS, DRIVER), oder aber umgekehrt so, daß er das Dt verfaßt habe (COLENSO, s. § 11,2). Auch noch nach den Arbeiten DUHMS, MOWINCKELS und HÖLSCHERS, die den Unterschied zu den poet. Texten herausgestellt und verwertet hatten, vermochten manche Forscher die Prosatexte ganz oder teilweise als authentisch zu betrachten: gerade sie hätten in der »Urrolle« gestanden (TH. H. ROBINSON, Baruch's Roll, ZAW 42, 1924, 209–221), Jer habe sich hier der auch im Dt begegnenden Predigtsprache bedient (EISSFELDT, mit bundeskult. Nuancierung WEISER, vgl. auch FOHRER), die Worte Jahwes seien in Prosa ergangen, die metrische Formung erst Werk des Propheten (H. WILDBERGER, Jahwewort und prophet. Rede bei Jer, 1942), die Prosareden seien kaum dtr zu nennen (mit verschiedenen Folgerungen J. BRIGHT, The Date of the Prose Sermons of Jeremiah, JBL 70, 1951, 15–35; J. W. MILLER, Das Verhältnis Jeremias und Hesekiels sprachlich und theol. untersucht, 1955; H. WEIPPERT), sie seien gar nicht prosaisch, sondern in Kurzversen gehalten (FOHRER). Unter verschiedenen Gesichtspunkten, namentlich dem der positiven Anknüpfung der Prosareden an jeremian. Worte hat sich W. L. HOLLADAY um das Problem bemüht (vgl. bes. Prototype and Copies: A New Approach to the Poetry-Prose Problem in the Book of Jeremiah, JBL 79, 1960, 351–367).

Die Anknüpfung an die jeremian. Vorlagen kann an die Predigt über einen Text erinnern. Auch sonst haben diese Reden manches Predigtmäßige. THIEL sieht in den von ihm herausgestellten Schemata der »Alternativ-Predigt« und der »Gerichtsbegründung im Frage-Antwort-Stil« Redeformen der Verkündigung in der Exilszeit. Diese Verkündigung, sei es in den damaligen Anfängen »synagogalen« Gottesdienstes in Juda (E. JANSSEN, Juda in der Exilszeit, 1956), sei es auch, weniger wahrscheinlich, bei den Exulanten (NICHOLSON), läßt sich durchaus als Hintergrund der jeremian. Prosareden vorstellen. Freilich nur als Hintergrund. So wie wir sie haben, sind sie lit. Arbeit. Ihr überlieferungsgeschichtl. und geschichtl. Ort ist in engem Zusammenhang mit dem des dtr Geschichtswerks zu bestimmen. Oft scheint die Exilssituation greifbar, und in sie dürfte die grundlegende dtr Redaktion des Buches (THIELS D) noch gehören. Die weitere Redaktions- und Ergänzungsgeschichte hat bis zur Kanonbildung gedauert. Ihre Aufarbeitung, die gewiß auch hier zu manchen weiteren Siglen führen wird (bisher nur bei THIEL PD = post-dtr), ist ein Desiderat.

Als junge Texte heben sich z. B. heraus 3,14–18; 10,1–16; 23,34–40; 33. Spät sind offenbar auch die Völkerworte 46–51 und vollends der geschichtl. Anhang 52 hinzugetreten.

3. Unter den Vorlagen der Redaktion nimmt die Reihe der *Erzählungen über Jer* in 3. Person (MOWINCKELS Quelle B) eine hervorragende Stelle ein.

Sie umfaßt (Zusätze, z. T. sehr umfangreich, nicht berücksichtigt)
19,1–20,6 Mißhandlung Jeremias durch den Priester Paschhur nach dem symbol. Zerschmettern eines Kruges (19,1 zu ergänzen »an Jer«? vgl. dagegen THIEL),

26 Tempelrede und anschließende Gefangennahme,
28 Auseinandersetzung mit Hananja,
36 Herstellung, Verlesung, Verbrennung und Wiederherstellung der Schriftrolle mit den Worten Jahwes an Jer,
37–44 Jeremias Geschick vor und nach der Einnahme Jerusalems durch die Babylonier: Inhaftierung, Begegnungen mit König Zidkija, Befreiung, Gedaljas Statthalterschaft und Ermordung, Zug nach Ägypten.

Diese Erzählungsreihe stammt nach der Meinung Duhms und vieler seiner Nachfolger aus einem »Buch Baruchs«, des Schreibers des Jer (vgl. bes. Kap. 36), der als Nahestehender besonders dazu befähigt gewesen sein muß, das Geschick des Propheten nachzuzeichnen. Als Abschluß eines solchen Baruchbuchs bietet sich das bewegende Wort an Baruch Kap. 45 wie von selbst an (vgl. auch das Wort an Baruchs Bruder Seraja 51,59–64). Beweisen läßt sich diese Baruchhypothese aber nicht, wenngleich Mowinckels Satz, sie habe »ebensoviel und ebensowenig Wert wie die Hypothesen über den Verfasser des Hebräerbriefes«, über das Ziel hinausschießt. Negativ entscheidet sich immerhin auch Wanke.
Wichtiger ist die schon von Duhm und Mowinckel gemachte Beobachtung, daß die Erzählung in 37–44 enger zusammenhängt als vorher. Liegt dann überhaupt eine einheitliche Schrift vor? Die Zweifel daran sind nach Volz, Weiser, H. Kremers (Der leidende Prophet, Diss. theol. Göttingen 1952, vgl. EvTh 13, 1953, 122–140) und Rietzschel von Wanke ausgebaut worden. In 37–44 haben wir es mit einem aus Einzelszenen von vornherein einheitlich komponierten Zyklus zu tun, in den Stücken davor mit Einzelerzählungen. Eine Biographie Jeremias, auch in dem abgeschwächten Sinne, daß sie eigentlich »nicht vom Menschen, sondern nur vom Propheten Jer handeln« (Duhm), genauer, dessen durch seinen Beruf gegebene Leiden und Verfolgungen schildern will (Rudolph), ist das kaum gewesen. Geht es in 37–44 um »die Wirklichkeit der prophetischen Existenz Jeremias«, so in den Erzählungen davor eher um »die Durchsetzung der prophetischen Verkündigung gegen alle Anfeindung und Infragestellung« (Wanke). Aber diese Differenziertheit der Gesichtspunkte und die zu vermutende Mehrstimmigkeit machen das hier gegebene Zeugnis von der jeremian. Prophetie nur um so eindrucksvoller.
In der Forschung werden die Erzählungen manchmal nah bei den Prosareden gesehen (vgl. etwa Nicholson). Doch da muß unterschieden werden. Die Nähe zwischen den beiden großen prosaischen Elementen des Buches rührt vor allem daher, daß die dtr Redaktion von den Erzählungen ebenso wie von den Worten des Propheten gelernt und sich an sie angeschlossen hat.

4. a) Der Ausgangspunkt der Jer-Überlieferung sind *»die Worte Jeremias«*, deren alte Überschrift sich in 1,1 noch als Bestandteil der jetzigen komplizierten Überschrift 1,1–3 erhalten zu haben scheint. Den Grundstock der Sammlung hat sicherlich die »Urrolle« von Kap. 36 gebildet. Duhm zählt etwa 60 jeremian. »Gedichte«, durchweg Vierzeiler mit dem Metrum 3+2. Mag das auch zu schematisch sein, so ist damit doch im allg. ein guter Anhaltspunkt für die Aussonderung der authentischen Texte gegeben. Dazu müssen dann die inhaltlichen und die stilistischen Beobachtungen kommen (vgl. zu den letzteren Holladay).
Jer tritt zwischen Jes und Dtjes auf. Hat Jes die große Macht des neuass. Reiches vor Augen und Dtjes den Übergang von der neubab. zur pers. Herrschaft, so Jer das Erlöschen des neuass. (Zerstörung Ninives 612) und den Aufstieg und die Machtentfaltung des neubab. Reiches (Nebukadnezar 604–562). Jer wurde nach 1,1 im 13. Jahr des Joschija (639–609), also 626 berufen; er wirkte noch unter

Joahas/Schallum (609, vom Pharao Necho abgesetzt), Jojakim (608–598), Jojachin/ Konja (598/97, erste Deportation) und Zidkija (597–587).
Die älteste Verkündigung des Jer liegt in Kap. 2–6 vor. Die Anklage gegen das treulose Volk (2) erinnert an Hos. Wenn der Ruf zur Umkehr an das ehemalige Nordreich 3,12 aβb.13 (wohl mitsamt der Prosaeinleitung v.6–13 aα) jeremian. ist und aus dieser Zeit stammt (Gebietserweiterung Judas durch Joschija?), gehören auch die möglicherweise authentischen Stücke aus dem »Trostbüchlein für Efraim« Kap. 30 f. (31,2–6.15–20) hierher (vgl. zuletzt Böhmer). Ein besonderes Problem der Exegese ist der in 4–6 dramatisch angekündigte »Feind aus dem Norden«. Man hat an die Skythen gedacht, die nach Herodot (I 103–106) z. Z. des Pharao Psammetich von Norden durch ganz Vorderasien bis nach Ägypten vorgedrungen sein sollen. Wenn Psammetich I. (664–610) gemeint ist, könnte es sich bei Jer tatsächlich um die Skythen handeln (Duhm: »Skythenlieder«), ebenso bei Zef (s. § 36). Doch es kann auch Psammetich II. (595–589) gemeint sein, und vor allem wird Herodots Darstellung von altoriental. Quellen nicht gestützt (vgl. F. Wilke, Das Skythenproblem im Jeremiabuch, Fs. R. Kittel, 1913, 222–254). So stehen wohl doch schon, wenn überhaupt an ein bestimmtes Volk gedacht ist und nicht allgemein an einen (wie die Assyrer und vielleicht auch die Skythen) gewaltig kommenden Feind, die Babylonier im Hintergrund; und jedenfalls haben sie ja diese Worte wahrgemacht. Den ganzen Komplex (1)2–6 beschließt ein Wort Jahwes an Jer, das die negative Erfahrung des Propheten mit dem Volk zusammenfaßt.

Es fällt auf, daß sich in diesen Kapiteln, wie auch sonst bei Jer, keine Stellungnahme zur josian. Reform von 622 findet. Man hat sie darum gern in die Zeit zwischen 626 und 622 datiert und angenommen, Jer habe nach der Reform bis zur Zeit Jojakims geschwiegen. Dieser »prophetische Winterschlaf« (Horst) hat in der Wissenschaft Mißtrauen erweckt. Ist die Berufung z. Z. Joschijas (1,2; 25,3, vgl. 3,6; 36,2) etwa nur eine redaktionelle Konstruktion, und läßt sich nicht die Verkündigung von Kap. 2–6 mindestens ebensogut aus der Zeit Jojakims verstehen, wo der »Feind aus dem Norden« in Gestalt der Babylonier vor der Tür stand? Vgl. F. Horst, Die Anfänge des Propheten Jer, ZAW 41, 1923, 94–153; J. P. Hyatt, Jeremiah and Deuteronomy, JNES 1, 1942, 156–173; ders., The Beginning of Jeremiah's Prophecy, ZAW 78, 1966, 204–214; Rietzschel. Indirekte Schlüsse auf die Stellung des Propheten zur Reform bleiben problematisch. Wenn er sich mit harten Worten (šæqær »Lüge«) dagegen wendet, daß man sich auf den Besitz des Tempels und der Tora beruft (7,4; 8,8), dann braucht das nur den Mißbrauch des Dt, nicht das Dt selbst und die Reform zu treffen; Jeremias Urteil über Joschija ist positiv (22,15 f.), die Familie des an der Reform beteiligten »Schreibers« Schafan unterhält mit ihm gute Beziehungen, die doch wohl die grundsätzliche Haltung einschließen (vgl. 26,24; 36,10.25); daß hinter der Rede gegen den »Bundesbruch« 11,1–14 authentische Jer-Worte stehen, ist nicht sehr wahrscheinlich. So rätselhaft das Schweigen des Propheten über die Reform anmutet, es läßt sich schwerlich zu Datierungen, sei es für Texte im Buch Jer, sei es auch für das Dt (s. § 12,5), verwenden. Sollte die Reform an Zuständen wie den in Jer 2–6 beklagten viel geändert haben, so konnten sie doch unter Jojakim wieder eingerissen sein. Eine Einzelheit wie die Erwähnung Assurs (2,18) reicht für die Frühdatierung nicht aus. Die Frage ist offen. Vgl. auch das Referat von H. H. Rowley, The Early Prophecies of Jeremiah in their Setting (1962/63), in: Men of God, 1963, 133–168.

Nach dem unglücklichen Ende des Joschija bei Megiddo 609 fordert Jer dazu auf, nicht über den Toten zu klagen, sondern über dessen Sohn Joahas/Schallum, der von seinem Weg zum Pharao nicht zurückkehren werde (22,10, erläutert in 11 f., vgl. 2 Kön 23,33). Den nächsten König, Jojakim, verurteilt Jer scharf (Jer 22,13–19). Auf den Beginn seiner Regierung ist die Tempelrede (7,1–15; 26) datiert. Von nun an zieht sich Jer durch seine Unheilsansage Feindschaft und Verfolgung zu, darunter nach 36,5 offenbar ein Verbot, den Tempel zu betreten. In das 4. Jahr Jojakims fällt das königl. Nein zur Gesamtbotschaft des Propheten durch die Verbrennung von dessen schriftl. niedergelegten Worten (36). Die Verkündigung des Jer in der Zeit Jojakims ist im großen und ganzen im authentischen Gut von Kap. 7–20 enthalten.

Von dem kurz und unglücklich regierenden Jojachin/Konja handelt 22,24–30. Zur Zeit des letzten Königs Zidkija und noch darüber hinaus hat Jer geradezu monoton dazu aufgefordert, sich dem Unabwendbaren, nämlich der von Jahwe heraufgeführten Unterwerfung durch Nebukadnezar, zu beugen. Von dieser Botschaft und dem, was sie für Jer mit sich brachte, geben die Erzählungen des Buches (s. o. 3) Zeugnis.

b) Die Botschaft des Jer ist in ihrem Kern eine Unheilsbotschaft gewesen. Hat er auch *Heil* verkündigt? Offenbar ja: aufgrund dieser Voraussetzung ergeht der Ruf zur Umkehr in dem wohl authentischen frühen Wort an Israel 3,12 aßb.13, vgl. 3,22. Hierhin gehören auch die göttlichen Antworten auf Rahels und Efraims Klagen (31,15–17.18–20), die nicht so klingen, als seien sie die Arbeit von Ergänzern. Ob dagegen die messian. Verheißung 23,5 f. von Jer stammt (die dreifache Verwendung des Wortstammes *ṣdq* »Gerecht[igkeit]«, bes. der Name *jhwh ṣidqenû* »Jahwe ist unsere Gerechtigkeit«, in polemischer Anspielung auf den Namen des regierenden Königs Zidkija?), bleibt ganz zweifelhaft. Das gleiche gilt von der dtr formulierten Verheißung des »neuen Bundes« (31,31–34), hinter der kein jeremian. Wortlaut auszumachen ist. Wohl aber müssen (mit GUNNEWEG) drei Texte verschiedener Gattung genannt werden, die aus der Zeit zwischen 597 und 587 stammen: die Vision von den beiden Feigenkörben Jer 24 (Grundbestand 1 a.2–5.8), der Brief an die Exulanten Jer 29 (Grundbestand 4–7, vielleicht auch 11 f.14 aα) und die Erzählung vom Ackerkauf in Anatot Jer 32. Überschwänglich ist die Hoffnung, zu der hier im Angesicht des göttlichen Gerichts aufgerufen wird, nicht; gerade das macht im doppelten Sinne ihre Echtheit aus.

c) Eine Sondergruppe unter den poet. Texten bilden die sog. *Konfessionen:* 11,18–23; 12,1–6; 15,10–12.15–21; 17,14–18; 18,18–23; 20,7–18. Es handelt sich nicht um normale prophet. Verkündigung, sondern um die Klage des Propheten vor Gott über seinen Beruf und die Anfeindungen und Anfechtungen, die er mit sich bringt und die ihn in tiefe Verzweiflung führen. Mehrfach sind göttliche Antworten mitgeteilt: 11,21–23; 12,5 f.; 15,11 f.19–21. Die Klagen erinnern im ganzen und in Einzelheiten (vgl. nur 20,10 mit Ps 31,14) stark an die Klagelieder des einzelnen im Psalter (s. § 40,4a).

Man hat das verschieden erklärt. Unter der Voraussetzung davidischer Herkunft der wichtigsten einschlägigen Klagepsalmen nahm man an, Jer habe hier davidische Psalmen nachgeahmt (so z. B. F. DELITZSCH in seinem Psalmenkommentar ³1873). Nach dem Fortfall dieser Voraussetzung wurde Jer zum Verfasser eines Großteils der Klagepsalmen (F. HITZIG, Psalmenkommentar, 1863–65), und nachdem man den Psalter größtenteils als nachexil. erkannt hatte, zu ihrem Vorbild: Jer »ist der Vater des wahren Gebets, in dem die arme Seele zugleich ihr untermenschliches Elend und ihre übermenschliche Zuversicht ausdrückt, ihr Zagen und Zweifeln und ihr unerschütterliches Vertrauen. Die Psalmen wären ohne Jer nicht gedichtet« (WELLHAUSEN). Die Berührung konnte allerdings auch dazu führen, dem Jer die Konfessionen abzusprechen (vgl. B. STADE, Geschichte des Volkes Israel I, 1887, 646², 676¹; HÖLSCHER). Auf dem von GUNKEL neu gelegten Boden der Gattungsforschung an den Psalmen führte aber BAUMGARTNER den Nachweis, daß Jer hier auf seine eigene prophet., jeremian. Art in den ihm vorgegebenen Formen der Klagelieder des einzelnen spricht. Im Anschluß daran hat v. RAD die Konfessionen, die um den »Riß in seinem Prophetenamt kreisen«, als »Jeremias Eigenstes« erklärt. Mittlerweile besteht die

Tendenz, auch in diesen Texten spätere Interpretation am Werk zu sehen, hinter der sich der Prophet selbst nicht mehr ganz leicht greifen läßt (vgl. GERSTENBERGER, GUNNEWEG).
d) Es ist noch darauf hinzuweisen, daß sich neben den rhythmisch geformten Worten Jeremias auch *Berichte* in 1. Person finden, die auf Jer zurückgehen dürften; meist hat die Redaktion sie breit ausgeführt. Gegenstand sind Visionen und symbol. Handlungen. »Selbstberichte« liegen zugrunde im Berufungsbericht (Jer 1), in der Szene vom Gürtelkauf (13,1—11), beim Bericht über die göttliche Anweisung, nicht zu heiraten (16,1—13), in der Töpfer- (18,1—12) und der Jochszene (27), in den Visionen von den beiden Feigenkörben (24) und vom Becher für die Völker (25,15—29) und in der Perikope vom Ackerkauf in Anatot (32), vermutlich auch in anderen Texten. Die Ausgrenzung ist nicht leicht, weil die 1. Person kein sicheres Kriterium bildet, zumal sie oft von der redaktionellen 3. Person überlagert wurde.
e) Der jeremian. Anteil an den *Völkerworten* Jer 46—51 (mit oder ohne 25,15—38 als Einleitung) ist umstritten. Oft liegt jüngere Herkunft auf der Hand, es finden sich viele Berührungen mit den entsprechenden Partien in den Büchern Jes und Ez. Eine generelle Bestreitung der Authentizität unternahm F. SCHWALLY, Die Reden des Buches Jer gegen die Heiden, ZAW 8, 1888, 177—217; so dachten auch DUHM, MOWINCKEL und HÖLSCHER. VOLZ führte den ganzen Komplex auf einen »Deutero-Jer« um 560 v. Chr. zurück, BARDTKE dagegen einen Grundbestand auf den jungen Jer, der zunächst ein Fremdvölkerprophet gewesen sei (vgl. 1,5 b.10; H. BARDTKE, Jer der Fremdvölkerprophet, ZAW 53, 1935, 209—239). Eine Mehrheit von Forschern hält das am Anfang stehende Wort gegen Ägypten (46,3—12) für sicher jeremianisch, die am Ende stehenden Worte gegen Babylon (50,1—51,58) für sicher nichtjeremianisch.

§ 27 Ezechiel

Kommentare: G. FOHRER — K. GALLING (HAT) 1955; W. EICHRODT (ATD) 1965/66; W. ZIMMERLI (BK) 1969; J. W. WEVERS (CeB) 1969.
G. HÖLSCHER, Hesekiel. Der Dichter und das Buch. Eine literarkritische Untersuchung, BZAW 39, 1924; W. ZIMMERLI, Das Gotteswort des Ez (1951), Ges. Aufs. I, 133—147; DERS., Ich bin Jahwe (1953), ebd. 11—40; DERS., Erkenntnis Gottes nach dem Buche Ez (1954), ebd. 41—119; DERS., Die Eigenart der prophet. Rede des Ez. Ein Beitrag zum Problem an Hand von Ez 14,1—11 (1954), ebd. 148—177; DERS., Das Wort des göttlichen Selbsterweises (Erweiswort), eine prophet. Gattung (1957), ebd. 120—132; DERS., Planungen für den Wiederaufbau nach der Katastrophe von 587 (1968), Ges. Aufs. II, 165—191; DERS., Das verhüllte Gesicht des Propheten Ez, ebd. 135—147; DERS., Ez. Gestalt und Botschaft, BSt 62, 1972; G. FOHRER, Die Hauptprobleme des Buches Ez, BZAW 72, 1952; K. v. RABENAU, Die Entstehung des Buches Ez in formgeschichtl. Sicht WZ(H) 5, 1955/56, 659—694; H. GESE, Der Verfassungsentwurf des Ez (Kap. 40—48) Traditionsgeschichtl. untersucht, BHTh 25, 1957; H. H. ROWLEY, The Book of Ezekiel in Modern Study (1953/54), in: Men of God, 1963, 169—210; D. BALTZER, Ez und Deuterojesaja, BZAW 121, 1971; J. GARSCHA, St. zum Ezechielbuch. Eine redaktionskritische Untersuchung von Ez 1—39, EHS.T 23, 1974; K. W. CARLEY, Ezekiel among the Prophets. A Study of Ezekiel's Place in Prophetic Tradition, SBT II, 31, 1975; F. HOSSFELD, Untersuchungen zu Komposition und Theologie des Ezechielbuches, fzb 20, 1977; B. LANG, Kein Aufstand in Jerusalem. Die Politik des Propheten Ez, 1978.

1. Das *Buch* gliedert sich klar in 3 Teile: 1—24 Unheil für Jerusalem und Juda, 25—32 Unheil für fremde Völker, 33—48 Heil für Israel.
Hauptstücke des ersten Teils sind die Berufungserzählung (1,1—3,15), die Jerusalemvision (8—11), die Zeichenhandlungen (4 f.; 12,1—20), die thematischen Drohreden (»Wider die Berge Israels« 6, »Das Ende« 7, »Das Schwert« 21, »Die Blutstadt« 22,1—16), die Allegorien (Rebholz 15, treulose Frau 16; 23, Königsgeschichte 17; 19, Kessel auf dem Feuer 24,1—14), die Worte gegen falsche Propheten (13,1—14,11), die Mahnrede zur Umkehr aufgrund der individuellen Verantwortung (18, vgl. 3,16—21), der kritische Rückblick auf die Frühgeschichte Israels (20). Am Ende steht die Anweisung an den Propheten, wie er sich angesichts des Todes seiner Frau verhalten soll — zeichenhaft für das Verhalten der Israeliten angesichts der Zerstörung Jerusalems (24,15—27).

Die Worte gegen die Völker betreffen Ammon, Moab, Edom (vgl. 35), die Philister (25), Tyrus (26—28) und Ägypten (29—32).

Der dritte Teil enthält wiederum Vision (die Totengebeine 37,1—14), Zeichenhandlung (die beiden Stäbe 37,15—28), thematische Rede (über die Berge Seirs 35 f.) und Allegorie (über die Hirten 34). Er schließt mit der Weissagung über Ansturm und Untergang Gogs, des Großfürsten von Meschech und Tubal (38 f.), und vor allem der großen Vision vom neuen Tempel und vom neuen Land (40—48).

Zwischen dem ersten und dem letzten Teil bestehen Entsprechungen: beide Male am Anfang die Betrauung des Ez mit dem Amt des »Spähers« (3,16—21; 33,1—9), sodann die negative und die positive Rede über die Berge Israels (6; 36,1—15), schließlich die Visionen vom Gericht an Jerusalem und dem Auszug der Herrlichkeit Jahwes einerseits, von der Wiederherstellung Jerusalems und des ganzen Landes und der Rückkehr der Herrlichkeit Jahwes anderseits (8—11; 40—48).

Auf eine planvolle Gestaltung führen auch die fast ganz chronologisch aufeinanderfolgenden Datierungen (1,1 f.; 8,1; 20,1; 24,1; 26,1; 29,1.17; 30,20; 31,1; 32,1.17; 33,21; 40,1). Ausgangspunkt ist auffälligerweise die Wegführung des Königs Jojachin (597 v. Chr.). Das erste Datum fällt in das Jahr 593 (1,2, das 30. Jahr in 1,1 ist rätselhaft), das letzte in das Jahr 571 (29,17). Die Mehrzahl der Daten liegt um 587, am weitesten davon entfernt außer dem Datum von 29,17 das von 40,1 (573 v. Chr.). Bei Am, Hos, Mi fehlen Datierungen von Einzelworten ganz, bei Jes begegnen zwei Königsjahre (6,1; 14,28), bei Jer mehrere Jahres- (25,1; 26,1 u. ö.), aber auch Monatsdaten (28,1; 36,9; 41,1), bei Hag und Sach dann Tagesdaten wie bei Ez. Wären diese genauesten Daten spätere Fiktion, hätte man sie wohl auch den Büchern der ersten Propheten zugesetzt. Sie sind offenbar bei Ez wie bei Hag und Sach genuine Bestandteile des Textes und verdienen auch als historische Angaben Zutrauen.

Das Buch ist recht einheitlich stilisiert. Der Prophet spricht durchweg (Ausnahme 1,3) in 1. Person. Doch er stellt fast alles als ein Reden und Tun Jahwes dar; selbst was bei Jer die Form der Konfession hätte, erscheint hier als Bestandteil der Gottesrede (33,30—33). Stereotype Einleitungsformel ist »und es erging das Wort Jahwes an mich«, stereotype Anrede an den Propheten *bæn-'ādām* »Mensch(ensohn)«. Sehr häufig und in mancherlei Variationen begegnet die für Sprache und Theologie des Ez charakteristische Redeform des »Erweiswortes«: ein (mit oder ohne begründendes Scheltwort) angekündigtes Geschehen soll dazu führen, daß »sie erkennen« (»Erkenntnisformel«, auch in 2. Person), »daß ich Jahwe bin« (»Selbstvorstellungsformel«); vgl. etwa 12,19 f. (ohne Begründung); 25,6 f. 8—10.12—14.15—17 (mit Begründung) und dazu die einschlägigen Arbeiten ZIMMERLIS.

Die Stilisierung beschränkt sich nicht auf bestimmte Texte und Textgruppen und läßt sich nicht von einem älteren Material abheben, dem sie noch ganz fremd wäre. Ez ist also viel einheitlicher als Jer, und man hat nicht ganz unbegründet meinen können, das Buch sei »die logische Entwicklung von Gedanken nach einem wohlüberlegten und z. T. ganz schematischen Plane, man könnte kein Stück herausnehmen, ohne das ganze Ensemble zu zerstören«, Ez habe das Buch wahrscheinlich am Ende seiner Wirksamkeit »in einem Zuge niedergeschrieben« (R. SMEND, Kommentar 1880).

2. Doch es hat sich immer deutlicher gezeigt, daß die *Komposition* nicht auf einmal erfolgte und daß das Buch *nachezechiel. Elemente* enthält. So sieht etwa 28,25 f. wie der Abschluß einer älteren Sammlung von Völkerworten aus, und 39,23—29 wie der Abschluß eines Ez-Buches, das noch nicht die große Schlußvision Kap. 40—48 enthielt. In der ersten Hälfte des Buches finden sich mehrere Heilsworte

(11,14–21; 16,53–63; 17,22–24; 20,32–44), die Rede über die Berge Seirs (35) steht abseits der Völkerworte. Die Reihe der Allegorien Kap. 15–17; 19 ist durch Kap. 18 unterbrochen; auch Kap. 23 hat doch wohl einmal zu ihr gehört. Und gänzlich in Ordnung ist auch die chronolog. Reihenfolge nicht (vgl. 29,17 vor 30,20 sowie 32,1.17 vor 33,21). Dazu kommen Dubletten im einzelnen (z. B. 1,1–3; 13,11 f.13 f.) und die fast zur Unverständlichkeit führende Überladung größerer Stücke wie gleich eingangs der Vision von der Erscheinung der Herrlichkeit Jahwes (1,4–28).

Die Unstimmigkeiten wurden von EWALD auf sukzessive Niederschrift durch Ez, von R. KRAETZSCHMAR (Kommentar 1900) auf parallele Rezensionen, von J. HERRMANN (Ezechielstudien, BWAT 2, 1908, Kommentar 1924) auf den Charakter als Sammelwerk wie die übrigen Prophetenbücher mitsamt späteren Eingriffen zurückgeführt. Die moderne Kritik eröffnete HÖLSCHER, indem er, ähnlich wie DUHM bei Jer, poet. und prosaische Stücke unterschied; die einen, nur ein Bruchteil des Buches, hat »der Dichter Hesekiel mit seiner blendenden, phantasievollen und leidenschaftlichen Rhetorik« verfaßt, die anderen stammen von einem Redaktor aus dem 5. Jh. und noch jüngeren Ergänzern, wodurch Ez »der steife priesterliche Literat und Bahnbrecher des gesetzlich-ritualistischen Judentums, für den man ihn hält«, geworden ist. Der radikalen These folgten groteske (z. B. Ez ein Pseudepigraph aus dem 3. Jh.: C. C. TORREY, Pseudo-Ezekiel and the Original Prophecy, 1930; Ez ein älterer Nordisraelit: J. SMITH, The Book of the Prophet Ezekiel, 1931). Einigen Einfluß gewann die Meinung V. HERNTRICHS (Ezechielprobleme, BZAW 61, 1932), Ez habe in Jerusalem gewirkt (vgl. Kap. 8–11), seine Verkündigung sei von einem exil. Redaktor auf eine Tätigkeit im Exil hin umgearbeitet worden. A. BERTHOLET (Kommentar 1936) rechnete mit einer Wirksamkeit zunächst in Jerusalem und dann im Exil, PFEIFFER schaltete noch einen exil. Anfang davor. Die Kommentare von FOHRER und ZIMMERLI haben die Kritik wieder auf ein vernünftiges Maß zurückgeführt. Doch es gibt auch neue Variationen der These HÖLSCHERS; vgl. H. G. MAY (Kommentar 1956), H. SCHULZ, Das Todesrecht im AT, BZAW 114, 1969, GARSCHA und dazu W. ZIMMERLI, Deutero-Ezechiel? ZAW 84, 1972, 501–516, sowie G. FOHRERS Stoßseufzer ZAW 87, 1975, 396.

Die sukzessive Entstehung läßt sich bes. gut an der großen Zukunftsvision Kap. 40–48 beobachten (vgl. GESE und ZIMMERLI). Die Zurückführung auf Ez – in 40,1 wird auf das Jahr 573 datiert, nach 29,17 hat Ez immerhin noch 571 ein Gotteswort empfangen – ist jedenfalls für eine Grundschicht nicht sicher, aber durchaus möglich. Diese Grundschicht liegt offenbar in der »Führungsvision« 40,1–37.47–49; 41,1–4 vor, die wohl bald durch 41,5–15a und 42,15–20 und dann durch 43,1–11(12) erweitert und in 44,1 f. und 47,1–12 fortgeführt wurde. Eine jüngere Schicht befaßt sich mit dem *nāśî'* »Fürsten« im Tempel und der als *'am-hā'āræṣ* »Volk des Landes« bezeichneten Gemeinde (44,3; 45,21–46,12); nah dabei steht der Landverteilungsplan 48,1–29. *nāśî'* heißt der Davidide Scheschbazzar, den Cyrus 538 v. Chr. die Tempelgeräte nach Jerusalem zurückbringen läßt (Esr 1,8; 5,14). Möglicherweise trug auch der ebenfalls davidische Serubbabel, der um 520 als pers. Beauftragter und vielleicht Nachfolger des Scheschbazzar in Jerusalem wirkte, diesen Titel. Unter ihm wäre es jedenfalls zu einer Krise des Amtes gekommen (s. § 38,3), von der der Ez-Text noch nichts weiß; dieser läßt sich darum etwa in die Zeit des Scheschbazzar datieren. Die Ordnungen über den *nāśî'* unterbricht eine noch jüngere Schicht, die die Priester und Leviten betrifft und scharf zwischen diesen beiden Gruppen scheidet (44,6–16.28–30 a, mit Nachträgen). Die hier durchgeführte Disqualifizierung der Leviten gegenüber den (zadokidischen) Priestern ist Ez noch ganz unbekannt (vgl. 8; 22,26). Da anderseits auch diese Schicht noch von keinem Hohenpriester weiß, dürfte auch sie in die Zeit vor Serubbabel gehören, vollends natürlich vor P.

In Ez 1–39 ist die Unterscheidung und Einordnung von Schichten meist schon darum noch schwieriger als in 40–48, weil Querverbindungen zu anderweitigen Nachrichten fehlen. Das Kriterium des Rhythmus (HÖLSCHER) hilft nur selten. Die sprachliche Gleichförmigkeit läßt, wo man die »Fortschreibung« (ZIMMERLI) einer Einheit glaubt beobachten zu können, nicht immer erkennen, ob hier noch Ez selbst oder schon die Schule am Werk ist, die er nach ZIMMERLIS Vermutung in einer Art »Lehrhaus-Betrieb« gehabt hat (vgl. 3,24; 8,1; 14,1; 20,1; 33,30–33); den Typus schulmäßiger Unterweisung findet ZIMMERLI z. B. in 18; 33,1–9.10–20 belegt (nach SCHULZ und GARSCHA »deutero-ezechielisch« oder noch später). Mehrere »Fortschreibungen« führen ein Wort über die Schwelle des Falles Jerusalems 587 v. Chr. hinaus (17,1–10+11–21; 19,1–9+10–14; 20,1–31+32–44; 29,1–6a +6b–9a). Besonders stark sind, wie wir schon an Kap. 40–48 sahen, die Visionen nachträglich ausgestaltet worden. In der Berufungsvision wurden vor allem die vier Räder (1,15–21) nachgetragen, in der Jerusalemvision wurde dieser Nachtrag wiederholt (10,9–12.16 f.) und auch sonst die Überarbeitung fortgeführt, z. B. in der Bezeichnung der vier »Wesen« der Berufungsvision als Keruben. Ob die Gog-Weissagung Kap. 38 f. eine ezechiel. Grundlage enthält, ist fraglich; mindestens wurde der ursprüngl. Text (38,1–9; 39,1–5.17–20) stark in Richtung auf die Apokalyptik hin erweitert.

3. *Ezechiel* (so nach 𝔙, hebr. *jᵉḥæzqeʾl*, LXX Ιεζεκιηλ, Luther Hesekiel) ben Busi war nach 1,3 Priester bzw. Priestersohn und muß bei der Deportation des Jahres 597 aus Jerusalem nach Babylonien gebracht worden sein, wo er mit anderen Exulanten in *tel ʾābîb* am »Fluß Kebar« (3,15) wohnte, wohl dem durch Nippur fließenden Euphratkanal. Dort wurde er 593 zum Propheten berufen. Aus seinem weiteren Leben wissen wir kaum etwas außer dem Tod seiner Frau um die Zeit der Eroberung Jerusalems 587 (24,18). Seine Person bleibt rätselhaft. Auf die fremdartigen Visionen und Allegorien, auf irrationale Handlungen wie Händeklatschen und Stampfen (6,11; 21,19), den Verzehr einer Buchrolle (3,1–3), die tagelange Starre nach der Berufung und dem Tod der Frau (3,15; 24,17, vgl. 3,27 f.; 24,25–27; 33,21 f.), die Fesselung mit Stricken (3,25), das symbol. Liegen auf der linken und der rechten Seite (4,4–7), das Essen und Trinken mit Beben und Zittern (12,18) hat man pathologische Diagnosen gegründet (z. B. A. KLOSTERMANN, Ezechiel, ThStKr 50, 1877, 391–439: Katalepsie; K. JASPERS, Der Prophet Ez. Eine pathograph. Studie [1947], in: Rechenschaft und Ausblick, 1951, 95–106: Schizophrenie), ohne genügend zu bedenken, daß das Buch keine medizin. Anamnesen, sondern sehr überlegt auf bestimmte Verkündigungsinhalte hin geformte, oft nachträglich weiter ausgestaltete Szenendarstellungen bietet.

Die Verkündigung, zunächst zweifellos mündl., aber großenteils wohl noch von Ez selbst schriftl. niedergelegt, ist in ihren Grundaussagen klar und unmißverständlich, sie gewinnt in den erörternden Partien sogar eine in der Prophetie nicht überall gewohnte Präzision. Ihre wichtigste Zäsur fällt in das Jahr 587. Bis dahin hat Ez seinen Landsleuten Unheil verkündigt (Ausnahme 11,14–21?), jetzt sagt er den Gestraften und Geschlagenen die Wiederherstellung an, die Jahwe um seines heiligen Namens willen (36,21–23) ins Werk setzen wird. »Drohung und Verheißung sind bei Ez haarscharf geschieden. Die Verheißung aber ist weit bezeichnender für ihn als die Drohung« (WELLHAUSEN). Mag auch der letzte Satz zu weit gehen, so ist es doch schwerlich berechtigt, Ez die Heilsbotschaft überhaupt abzusprechen (vgl. HÖLSCHER; S. HERRMANN, Heilserwartungen). Indem sie nach der Katastrophe der Ehre des göttlichen Namens entspricht, entspricht sie genau auch dem, was Ez vor 587 zu sagen hatte. Neben der grundlegenden Doppelbotschaft fehlt auch die ethische Weisung nicht (vgl. bes. 18; 33,10–20).

4. Der *überlieferungsgeschichtl. Hintergrund* hat für den Propheten, der eine Buchrolle zu essen bekommt, wohl großenteils bereits lit. Charakter. Ez weiß manches, darunter nicht nur uns Bekanntes, von der Vergangenheit Israels und Jerusalems. Die Begleitumstände seiner Prophetie erinnern öfters an die Vorschriftprophetie (vgl. die Aktion des »Geistes« 3,12 usw. mit 2 Kön 2,16, die vor dem Propheten sitzenden Ältesten Ez 8,1; 14,1; 20,1 mit 2 Kön 6,32). Aus Am 8,1f. dürfte die Rede vom Ende in Ez 7, aus Hos 2,4–15 das Bild von der treulosen Frau in Ez 16 stammen. Je ein Wort aus Jes und Jer bildet Ez in eigentümlicher Weise zu einer Zeichenhandlung um: Jes 7,20 in Ez 5,1f., Jer 15,16 in Ez 3,1–3. Überhaupt steht Ez öfters nah bei jeremianischen Themen und Formulierungen (vgl. Ez 18 mit Jer 31,29f., Ez 23 mit Jer 3,6–13, Ez 34 mit Jer 23,1–6). Berührungen mit sekundärem Gut (vgl. Ez 11,19f.; 36,26–28 mit Jer 31,31–34) bedürfen noch der Erklärung. Daß Ez eine dtr Bearbeitung erfahren hätte (so zuletzt S. HERRMANN), ist bisher nicht recht deutlich geworden. Dagegen steht er evident in dem priesterl. Traditionsstrom, in den auch H und P gehören. Während sich sein Verhältnis zu H nur schwer bestimmen läßt (s. § 10,3), kann man mit Sicherheit sagen, daß P mit seiner Theologie von Schöpfung und »Bund«, mit den aaronit. Priestern und dem Hohenpriester »eine jüngere Ausformung des priesterl. Gedankengutes darstellt« (ZIMMERLI).

II. Das Buch der zwölf Kleinen Propheten

Kommentare: J. WELLHAUSEN 1892, ³1898 (⁴1963); E. SELLIN (KAT) 1922, ²·³1929/30; TH. H. ROBINSON (Hos-Mi) – F. HORST (Nah-Mal) (HAT) 1936, ³1964; A. WEISER (Hos-Mi) – K. ELLIGER (Nah-Mal) (ATD) 1949; ⁶1974/⁷1975; H. W. WOLFF (BK) 1965 ff.; W. RUDOLPH (KAT) 1966–1976; J. L. MAYS (OTL) 1969 ff.
B. DUHM, Anmerkungen zu den Zwölf Propheten, 1911 (aus ZAW 31, 1911, 1–43.81–110.161–204).

§ 28 Hosea

P. HUMBERT, Osée le prophète bedouin, RHPhR 1, 1921, 97–118; K. BUDDE, Der Abschnitt Hos 1–3, ThStKr 96/97, 1925, 1–89; DERS., Hos 1 und 3, ThBl 13, 1934, 337–342; G. FOHRER, Umkehr und Erlösung beim Propheten Hos (1955), St. zur at. Prophetie, BZAW 99, 1967, 222–241; H. W. WOLFF, Hoseas geistige Heimat (1956), Ges. St. 232–250; M. J. BUSS, The Prophetic Word of Hos, BZAW 111, 1969; I. WILLI-PLEIN, Vorformen der Schriftexegese. Untersuchungen zum lit. Werden der auf Am, Hos und Mi zurückgehenden Bücher im hebr. Zwölfprophetenbuch, BZAW 123, 1971.

1. Das *Buch* hat zwei Hauptteile: Kap. 1–3 und 4–14.
Kap. 1 und Kap. 3 enthalten Erzählung. Das kunstvoll aufgebaute Kap. 1 berichtet in der 3. Person, Hos habe auf göttlichen Befehl eine Hure namens Gomer geheiratet, »weil das Land von Jahwe weg hurt«. Den drei Kindern aus dieser Ehe gab er Namen, die Israels Schuld und Jahwes Gericht ausdrücken. Doch gleich anschließend werden Vorgänge verheißen, die die Unheilsbedeutung der Namen aufheben sollen (2,1–3). Dasselbe Doppelgesicht trägt das Textgefüge, das den

Hauptteil von Kap. 2 ausmacht: zunächst der bewegte Rechsstreit eines Mannes gegen seine ungetreue Frau, Allegorie für Jahwes Verhalten gegen Israel, das sich mit den Baalen eingelassen hat (2,4–15), danach eine Reihe von Verheißungen, die auf eine neue, endgültige Verbindung zwischen Jahwe und Israel zielen; ausdrücklich wird am Schluß noch einmal auf die Unheilsnamen von Kap. 1 zurückgegriffen, die in der verheißenden Zukunft ungültig sein werden (2,16–25). In Kap. 3 berichtet der Prophet selbst von dem göttlichen Befehl, eine ehebrecherische Frau zu lieben gemäß der Liebe Jahwes zu den ungetreuen Israeliten, und davon, wie er die Frau gekauft und ihr dann eine lange Zeit jeden Verkehr verweigert hat zum Zeichen dessen, daß die Israeliten eine lange Zeit ohne König und ohne Kultübung sein werden (3,1–4). Und wieder folgt die Verheißung: danach, »am Ende der Tage«, werden die Israeliten umkehren (v.5).

Der zweite Hauptteil, Kap. 4–14, ist rhythmisch geformte Gottes- und Prophetenrede mit überwiegend scheltendem und drohendem Inhalt, über den sich nur schwer eine Übersicht gewinnen läßt. Eine chronolog. oder sachliche Gliederung wird nicht recht deutlich. Auch die Abgrenzung der einzelnen Einheiten begegnet Schwierigkeiten, nicht zuletzt weil der Sinn durch den schlechten Erhaltungszustand des Textes oft nicht mehr sicher zu ermitteln ist. Eine gewisse Zäsur bedeutet 9,10: von hier an spielt der Rückblick in die frühe Geschichte Israels eine wichtige Rolle. Einen anderen Anhaltspunkt geben die beiden einzigen verheißenden Texte, 11,8–11 und 14,5–9: sie bilden offenbar jeweils den positiven Abschluß literarischer Zusammenhänge, ebenso wie es bereits in 1–3 der Fall ist; dann würde sich der Hauptteil 4–14 in die beiden Teile 4–11 und 12–14 gliedern (vgl. auch die Rahmenformeln 4,1a und 11,11 bβ).

2. In dem mehrfach durchgeführten Unheil-Heil-Schema wird man das Werk einer Redaktion erblicken dürfen. Dabei ist wahrscheinlich mit mehreren Redaktionsstufen zu rechnen. Deren exakte Unterscheidung ist bisher ebensowenig gelungen wie auch nur die saubere Ausgrenzung der nachhosean. Bestandteile des Buches überhaupt.

Sieht man von dem ab, was Gegenstand der Textkritik ist, dann dürfte der Endpunkt der Geschichte des Buches in der Bemerkung zu sehen sein, mit der im allerletzten Vers der »Weise« aufgerufen wird, das Buch zu verstehen, und zwar nach der Regel: »Gerade sind die Wege Jahwes, Gerechte gehen darauf, Frevler stolpern darauf« (14,10). Mag solch weisheitliche Normaltheologie das Buch in gewissen Grenzen praktikabel gemacht haben, es konnte ihr und ihren späteren sehr verschiedenartigen Nachfolgerinnen in der jüd. und christl. Auslegungsgeschichte nicht gelingen, die Schwierigkeiten zu verdecken, denen sein Verständnis begegnet.

Evidentestes Zeugnis für die Gesamtredaktion ist natürlich die Überschrift 1,1. Nach ihr enthält das Buch »das Wort Jahwes, das erging an Hosea (*hôšeaʿ*, LXX Ωσηε, 𝔙 Osee) ben Beeri in den Tagen Usijas (787–736), Jotams (759–744), Ahas' (736–729), Hiskijas (728–700), Könige von Juda, und in den Tagen Jerobeams ben Joasch (787–747), Königs von Israel« (Zahlen nach Jepsen). Daran überrascht zweierlei: die jud. Könige stehen voran, obwohl Hos nicht in Juda, sondern in Israel aufgetreten ist, und ihre Zeit schießt erheblich über die des einen Israeliten Jerobeam II. hinaus; Hos aber hat mit Sicherheit noch unter den Nachfolgern Jerobeams gewirkt. Zumindest die erste Beobachtung spricht dafür, daß die Überschrift judäischer Herkunft ist. Die Wortereignisformel läßt präziser an dtr Arbeit denken.

Bei Einzelworten innerhalb des Buches ist der Verdacht auf nachhosean., evtl. redaktionelle Herkunft bes. dann gegeben, wenn sie sich auf Juda beziehen, wenn sie Verheißungen sind oder wenn in ihnen späterer theol. Sprachgebrauch (bes. der dtr Schule) anklingt. Erwiesen ist der Verdacht damit freilich in allen drei Fällen noch nicht. Denn Juda kommt in zweifellos hosean. Texten notwendig vor (so in 5,8–6,6: 5,10.12–14; 6,4), die Eliminierung jeder Heilsbotschaft aus Hoseas Verkündigung geht kaum an (vgl. bes. Fohrer), und Hos wird nicht ohne allen Grund zu den Vätern gerade jener späteren Theologie gezählt.

Verheißungen, bei denen sich spätere Herkunft nahelegt (meist auch mit ausdrücklichem Bezug auf Juda) sind 1,7 (Juda); 2,1–3 (Juda).16–25 (Neueinsätze in 18.20.23); 3,5 (David). Weitere Einfügungen im Blick auf Juda: 4,15; 5,5 bβ; 6,11; 8,14; Umformulierung in 12,1.3. Eine Einzelstelle mit späterem, dtr theol. Vokabular: 8,1 b.

3. Das ursprüngl. wohl selbständige Textgefüge *Hos 1–3* behandelt das Verhältnis zwischen Jahwe und Israel überwiegend symbolisiert durch das Verhältnis zwischen Mann und Frau bzw. zwischen Hosea und seiner Frau. Man soll sich wohl einen fortlaufenden Zusammenhang denken: in 2,4–15 wird die Verstoßung der Frau von Kap. 1 wiedergegeben, in 2,16–25 die neue Ehe von Kap. 3 angekündigt. So eindeutig die theol. Gesamtaussage, so schwierig ist der traditionsgeschichtl. und biograph. Hintergrund.

Im jetzigen Textgefüge handelt es sich um Beziehungen zu zwei verschiedenen Frauen (3,1: »noch einmal«, »eine Frau«); dem entspricht nach manchen Exegeten (z. B. Duhm, Fohrer) auch der biograph. Hintergrund. Aber die Doppelung des Grundmotivs fällt doch auf und führt im Verein mit der Verschiedenheit der Überlieferungsformen (der Prophet Kap. 1 in 3., Kap. 3 in 1. Person) zu der Vermutung, daß es sich um zwei parallele Versionen über dieselbe Beziehung handelt; das »noch einmal« in 3,1 wäre dann redaktioneller Zusatz, die sachlichen Besonderheiten (Kinder in 1, Einsperrung in 3) lägen am verschiedenen Interesse der beiden Überlieferungen (Robinson, Eissfeldt). Andere möchten in Kap. 3 die Fortsetzung von Kap. 1 sehen, aber so, daß es sich um dieselbe Frau handelt; dabei kann man sich auf ihre beide Male gleichartige Charakterisierung, vielleicht auch auf das »noch einmal« in 3,1 stützen, muß aber das dortige »eine Frau« und die Verschiedenheit der Überlieferungsformen herunterspielen oder (letzteres durch Angleichung der Person) beseitigen (Budde, vgl. Wolff, der 3 eng mit 2 zusammennimmt). Es gibt noch eine Reihe von Untermöglichkeiten (z. B. Vertauschung der Reihenfolge von 1 und 3) und von Varianten in der Auffassung der Einzelheiten (die Frau eine Tempeldirne: Robinson, einem verbreiteten kan. Sexualritus Unterworfene: Wolff; die Hurerei der Frau in 1,2b und ihre Symbolik sekundär, die Hure bzw. Ehebrecherin in 3 nicht Hoseas Frau, sondern nur für eine symbol. Handlung gekauft: Rudolph).

Die moralische Anstößigkeit der erzählten Vorgänge hat seit alters vielfach zu deren Auffassung als Vision oder Allegorie oder neuerdings auch als dramatisches Spiel (Y. Kaufmann, The Religion of Israel, 1960, 370 f.) geführt. Doch abgesehen davon, daß der Name der Frau und der Kaufpreis sich nicht allegor. erklären lassen und symbol. Handlungen, darunter die Benennung von Kindern (Jes), für die Prophetie charakteristisch sind, läßt sich so oder so der göttliche Befehl zu eben diesen Handlungen aus dem sehr bewußt gestalteten Wortlaut der Berichte nicht wegdiskutieren. Eine andere Frage ist, ob der göttliche Befehl eine Rückprojektion des Hos, »der erst nachträglich die göttliche Bedeutung seines häuslichen Schicksals erkannte« (Wellhausen), oder auch seiner Nachfolger (Willi-Plein) sein könnte. »Man tut, bei der Annahme dieses Sachverhaltes, den Worten durchaus keinen Zwang an; denn ob der Prophet im Augenblick der Handlung sich ihrer Tragweite bewußt ist oder nicht, das ändert nichts an der objektiven Tatsache ihrer Bedeutsamkeit, ihrer göttlichen Veranlassung« (Wellhausen).

Das Verständnis der Kapitel in seinen sehr interessanten theologiegeschichtl. Zusammenhängen schildert, leider erst bis zum 19. Jh., St. Bitter, Die Ehe des Propheten Hos. Eine auslegungsgeschichtl. Untersuchung, GTA 3, 1975. Vgl. auch H. H. Rowley, The Marriage of Hos (1956/57), in: Men of God, 1963, 66–97.

4. Die Worte in *Hos 4–14* scheinen in lockeren Gruppen zusammengefaßt zu sein, die sich nur mit relativer Sicherheit gegeneinander abgrenzen lassen: 4,1–3 programmatischer Anfang: Jahwes Streit mit Israel; 4,4–19 gegen den entarteten Gottesdienst; 5,1–7 gegen die Führer des Volkes; 5,8–6,6 gegen Israel und Juda (6,1–3 Bußlied); 6,7–10,15 mehrere Gruppen von Worten gegen polit. und religiöse Verfehlungen (6,7–7,16; 8; 9,1–9 mit nachfolgender Auseinandersetzung; 9,10–17 mit geschichtl. Rückblick); 11 Gottes Verhalten gegen Israel seit dem Auszug aus Ägypten, mit abschließender Verheißung; 12 gegen das »Jakobsvolk«; 13,1–14,1 letzte Schelt- und Drohrede; 14,2–9 Umkehrmahnung und Verheißung).
Die Übersicht ergibt deutlich eine gewisse sachliche Zusammengehörigkeit der Wortgruppen. WOLFF möchte in ihnen darüber hinaus »kerygmatische Einheiten« sehen, »Auftrittsskizzen«, die jeweils nach dem »Verkündigungsvorgang« angefertigt wurden. Ob die Wortgruppen chronolog. angeordnet sind (so WOLFF), läßt sich kaum noch sagen, da uns genauere Datierungsmöglichkeiten fehlen. In 5,8–6,6 hat A. ALT die Stadien des syr.-efraimit. Krieges wiedergefunden (Hos 5,8–6,6. Ein Krieg und seine Folgen in prophet. Beleuchtung [1919], Kl. Schr. II, 163–187). Die Worte zur Politik spiegeln die Thronwirren jener Jahrzehnte (vgl. 7,3–7; 8,4) und das wechselvolle Verhalten der Repräsentanten Israels angesichts der immer im Hintergrund stehenden ass. Bedrohung wider (Schwanken zwischen Anlehnung an Assur und an Ägypten, vgl. 7,8–12; 12,2; die 2 Kön 17,4 erwähnte Gesandtschaft wird nicht die erste gewesen sein). Hos 13,10f. könnte auf die Gefangennahme des letzten Königs Hoschea durch Salmanassar V. (723 v. Chr.) anspielen. Die Eroberung Samarias (722), in 14,1 angekündigt, wird nirgends als geschehen vorausgesetzt. Man datiert Worte, in denen Anspielungen auf die Politik fehlen, gern, aber ohne Gewähr in »ruhigere« Zeiten (vor dem Tode Jerobeams II. oder vor dem letzten Losschlagen der Assyrer).

5. Die *traditionsgeschichtl. Herkunft* dieses einzigen Schriftpropheten aus dem Nordreich ist gern mit derjenigen von E und auch von Dt zusammengesehen worden. Er lebt in Überlieferungen vom Auszug aus Ägypten und von der Wüstenzeit, auch von Jakob, und verwendet sie sehr selbständig. Ein nomad. Ideal (HUMBERT) läßt sich bei ihm, wenn überhaupt, nur in einer sehr spezifischen theol. Brechung finden. Gehört er in eine levit.-prophet. Oppositionsbewegung (WOLFF)? Er hat bei Jes, Jer und Ez nachgewirkt, auf eine noch genauer zu umgrenzende Weise auch in der dt-dtr Theologie (s. § 12,6).

§ 29 Joel

W. BAUMGARTNER, Joel 1 und 2, Fs. K. Budde, BZAW 34, 1920, 10–19; A. S. KAPELRUD, Joel Studies, UUÅ 1948/4; E. KUTSCH, Heuschreckenplage und Tag Jahwes in Joel 1 und 2, ThZ 18, 1962, 81–94; H.-P. MÜLLER, Prophetie und Apokalyptik bei Joel, ThViat 10, 1965/66, 231–252.

1. Das Buch (statt 4 zählen LXX, 𝔙 und einige neuere Übersetzungen in verschiedener Weise 3 Kapitel) gliedert sich in zwei *Teile*.
Der erste, Kap. 1 f., handelt von dem denkwürdigen Vorgang (1,2–4) einer offenbar wiederholten furchtbaren Heuschreckenplage (in Kap. 1 auch Dürre?), die als Vorzeichen des »Tages Jahwes« angesehen wird (1,15; 2,1b.2a.11b). Zu ihrer Abwendung erging in mehreren Redegängen, mit bilderreichen Schilderungen der Not begründet, der Aufruf zu Fasten, Klage und Gebet im Rahmen eines großen Bußgottesdienstes, bei dem freilich von der Sünde nicht die Rede ist (1,5–2,17). Am

Ende wird Jahwes rettendes Eingreifen konstatiert (2,18) und ein göttliches Heilsorakel mitgeteilt (2,19–27; eingelegt ein hymnenartiger Aufruf 21–24).
Der zweite Teil, Kap. 3 f., gilt ganz der Zukunft. Er verheißt die allg. Ausgießung des Geistes, wunderbare Erscheinungen am Himmel, die Rettung aller, die Jahwes Namen anrufen (3), das Gericht über die anderen Völker im Tal Joschafat und dagegen das paradiesische Heil, das Juda und Jerusalem erwartet (4).

2. Die *Datierung* wird dadurch erschwert, daß die Überschrift 1,1 über Joel ben Petuel außer dem Namen nichts mitteilt und der Inhalt auf histor. Einzelereignisse nicht Bezug nimmt. Die Stellung im hebr. Kanon legt scheinbar eine frühe Zeit nahe; aber sie dürfte mit dem Anklang von Am 1,2 a an Joel 4,16 a und von Am 9,13 b an Joel 4,18 a und nicht mit einer histor. Kenntnis zusammenhängen, die die Ordner dieser Schriften auch nicht besaßen. Der Datierung in vorexil. Zeit trat erstmals W. VATKE (Die bibl. Theologie I, 1835, 462 f.) mit inhaltlichen Argumenten entgegen; sie ist inzwischen zur Ausnahme geworden (KAPELRUD, RUDOLPH: unmittelbar vorexil.). In der Tat spricht viel für nachexil. Herkunft. Zwar darf man nicht mit der Erwähnung der Griechen (Jawaniter) in 4,6 argumentieren, weil 4,4–8 ein prosaischer Zusatz ist, der den Zusammenhang unterbricht und nicht zum spezifisch eschatolog. Charakter seiner Umgebung stimmt. Aber 4,1–3 setzt die seit dem Exil bestehende Situation überdeutlich voraus. So ist denn auch dort, wo die Führung des Volkes angeredet wird, vom König und seinem Hof nicht die Rede (1,2.13 f.; 2,16 f.). Weiter hinunter führt, daß es nicht nur den Tempel (1,9.14.16; 2,14; 4,18), sondern auch die Stadtmauer (2,7.9) gibt; Nehemia (445 v. Chr.) bildet also die obere Zeitgrenze. Joel hat offensichtlich einen geordneten Kultus vor sich, wie er seit den Reformen Esras und Nehemias bestand. Die Sprache ist schön, aber jung. Sie entlehnt, namentlich in der Schilderung des Tages Jahwes, aus der prophet. Tradition zahlreiche Motive, ja ganze Sätze; vgl. z. B. 1,15 mit Jes 13,6, 2,1 f. mit Zef 1,14 f., 2,11 b mit Mal 3,2.23, 2,13 f. mit Jon 3,9; 4,2, 2,20 mit Jer 1,14 f. u. ö.; Ez 38,6 u. ö., 3,5 mit Obd 17 (wegen des »wie Jahwe gesagt hat« meist als Zitat aus Obd angesehen; dagegen RUDOLPH: Bezugnahme auf 2,26 b.27). Das Buch mag um 400 entstanden sein.

3. Allerdings hat die Komposition immer wieder an der *Einheitlichkeit* des Buches zweifeln lassen und zu dem Schluß geführt, daß es, auch abgesehen von dem unzweifelhaften Prosazusatz 4,4–8 und anderen kleineren Nachträgen, nicht mit einem Mal entstanden ist. Gegen eine Tradition, die das Ganze als Weissagung verstand, wies WELLHAUSEN auf den Neueinsatz bei 3,1 hin: »Hier erst beginnt die Weissagung, eine Beschreibung des Tages Jahwes und der damit anbrechenden neuen Ära. Als der Tag Jahwes, angekündigt durch das Ungeziefer, drohte nahe zu kommen, hielt man einen Bußtag, damit er ferne bleibe; nun er ferne scheint, malt man ihn sich aus und wünscht ihn herbei: *'aḥᵃrê-ken*; später einmal. Natürlich haben wir hier richtige, in ihren Hauptzügen dogmatisch fixierte Eschatologie vor uns …; der Tag Jahwes ist keine wirklich drohende Gefahr mehr, sondern nur noch ein Glaubenssatz.« Die beiden Teile des Buches heben sich damit deutlich voneinander ab als eine Art Liturgie bei besonderem Anlaß einerseits, eine schon zur Apokalyptik hin tendierende Reihe von Zukunftsweissagungen anderseits (pointierte Darstellung des beiderseitigen Wirklichkeitsverständnisses bei MÜLLER). Zwischen beiden Teilen bestehen Verbindungen, auch in Einzelmotiven von theol. Gewicht (vgl. das Motiv des Tages Jahwes im zweiten Teil 3,4; 4,14, die »Erkenntnisformulierungen« in der Nachfolge Ezechiels 2,27; 4,17, ferner die eschatolog. Aufnahme von 2,10 in 4,15) und insgesamt so, daß der erste Teil jetzt im Dienst der Weissagung des zweiten steht. Der sachliche Abstand wird auch ein zeitlicher

sein. Unter diesen Umständen hat man eher mit verschiedenen Autoren als mit einem einzigen zu rechnen. Anonymität bzw. Pseudonymität entspricht eher dem Charakter des zweiten Teils. Joel ben Petuel mag ein Kultprophet gewesen sein, der in der Liturgie des ersten Teils und dort namentlich im abschließenden Heilsorakel zu Worte kam.

Oft wird angenommen, der erste Teil sei nachträglich vom zweiten her überarbeitet worden. Vor allem sollen die Hinweise auf den Tag Jahwes Zusatz sein (DUHM u. a.). Sie lassen sich aber (außer 1,15) kaum aus dem Kontext herauslösen, ja es scheint, als seien in die Schilderungen der Heuschreckenplage Motive aus der Erwartung des Tages Jahwes eingeflossen (KUTSCH). Die alte, schon von Amos vorgefundene Erwartung wäre dann hier durch ein Zeitereignis aktualisiert und nach dessen Vorübergehen wieder auf fernere Zukunft bezogen (»re-eschatologisiert«) worden (O. PLÖGER, Theokratie und Eschatologie, WMANT 2, ³1968, 117–128).

Manche Exegeten sehen die Zäsur innerhalb des Buches nicht vor 3,1, sondern schon vor 2,18; der erste Teil, 1,1–2,17 hätte dann Unheil, der zweite, 2,18–4,21 Heil zum alleinigen Inhalt. So DUHM mit scharfer Trennung beider Teile (der zweite in Prosa, makkabäisch), WOLFF mit der Annahme einer »nahezu vollendeten Symmetrie der beiden Teile«, die im Grundbestand auf einen Verfasser zurückgehen. Aber bilden nicht 1,1–2,27 ein in sich geschlossenes Ganzes (BAUMGARTNER)?

Wie WOLFF und noch entschiedener als er betrachtet RUDOLPH das Buch als eine Einheit, die er, KAPELRUD folgend, auf den Kultpropheten Joel zurückführt.

§ 30 Amos

A. WEISER, Die Profetie des Amos, BZAW 53, 1929; E. WÜRTHWEIN, Amos-Studien (1950), Wort und Existenz, St. zum AT, 1970, 68–110; V. MAAG, Text, Wortschatz und Begriffswelt des Buches Amos, 1951; R. SMEND, Das Nein des Amos, EvTh 23, 1963, 404–423; H. W. WOLFF, Amos' geistige Heimat, WMANT 18, 1964; W. H. SCHMIDT, Die dtr Redaktion des Amosbuches, ZAW 77, 1965, 168–193; I. WILLI-PLEIN (s. § 28); H. H. SCHMID, Amos. Zur Frage nach der »geistigen Heimat« des Propheten (1969), Altorientalische Welt in der at. Theologie, 1974, 121–144; K. KOCH u. a., Amos untersucht mit den Methoden einer strukturalen Formgeschichte, AOAT 30, 1976.

1. Das *Buch* läßt sich in drei *Teile* gliedern:
1 f. Kehrversgedicht gegen sechs Nachbarvölker und gegen Juda und Israel,
3–6 Einzelworte gegen Israel, lose untergliedert durch »hört dieses Wort« (3,1; 4,1; 5,1) und »wehe« (5,7, erg. *hôj* »wehe«; 5,18; 6,1) (nach FOHRER eigene Sammlungen),
7–9 Visionen, in 1. Person erzählt (7,1–9; 8,1 f.; 9,1–4), eingefügt ein Bericht in 3. Person über die Begegnung zwischen Amos und Amazja, dem Priester von Bet-El (7,10–17), angeschlossen weitere Worte gegen Israel (9,5–10) und eine zweiteilige Verheißung (9,11–15).

Die Zusammenfügung der Teile scheint sich noch in der Überschrift (1,1) zu spiegeln. Sie wirkt überladen: zwei Relativsätze, der erste (»der zu den Viehzüchtern gehörte«) eingedrängt zwischen »Amos aus Tekoa« (die Präposition »aus« paßt nur zum Namen, nicht zu den »Viehzüchtern«), der zweite mit der unglücklichen Formulierung, daß Amos die Worte des Amos geschaut habe (wenn, wie wahrscheinlich, der Relativsatz sich auf »die Worte« bezieht, anders RUDOLPH), und mit der doppelten Datierung nach den Königen von Juda und Israel und nach dem Erdbeben. Der Grundbestand der Überschrift lautet zweifellos »Die Worte des Amos aus Tekoa«, vielleicht auch schon mit dem Zusatz »über Israel« und der älteren Datierung »zwei Jahre vor dem Erdbeben«. Wo finden sich diese »Worte des Amos«? Nach WOLFF in Kap. 3–6 (später gerahmt durch die »Zyklenniederschrift« der Völkerworte und Visionen), nach RUDOLPH, der die Datierung nach dem Erdbeben hinzunimmt, in 1,3–2,16 (vgl. die Ankündigung eines Erdbebens in 2,13, auch den jetzt als Motto des Buches wirkenden Satz 1,2; Erdbeben aber wohl auch 9,1). Man kann aber auch an Kap. 1-6 (und dazu einzelne Worte aus 8 f.?) denken, denen dann die Visionenreihe mitsamt ihrer Einlage als der zweite Hauptbestandteil des Buches gegenüberstände. Die in der Überschrift hinzugetretene Berufsbezeichnung »Viehzüchter« und die Rede vom »Schauen« scheinen aus der Amazjaszene zu stammen (vgl. 7,12.14 f.), vielleicht auch die Datierung in die Zeit Jerobeams II. (vgl. 7,9 f.; RUDOLPH). Hier liegt es freilich nahe, an dtr Redaktionsarbeit zu denken, zumal der sonst im Buch nicht vorkommende jud. König dem isr. vorangestellt ist.

2. Auch sonst finden sich Spuren späterer *Bearbeitung und Ergänzung* der Botschaft des Propheten.

Da ist vor allem die abschließende Verheißung (9,11–15). Ihre Anspielungen auf den Zustand der »Davidshütte«, auf den »Rest Edoms«, auf verwüstete Städte und geschehene Exilierung lassen sich für die Zeit des Amos nur mit Hilfe gewagter Kombinationen verständlich machen, passen dagegen mitsamt den positiven Erwartungen leicht und ungezwungen in die exil.-nachexil. Situation (vgl. auch Joel 4,18–21; Lev 26,5). Die Worte knüpfen in Einzelheiten formal (Einleitungsformeln v.11.13 wie 8,13.11) und inhaltlich (Umkehrung von 5,11 in 9,14) an das Vorangegangene an, der Gesamtaussage des älteren Buches widersprechen sie aufs schärfste. »Rosen und Lavendel statt Blut und Eisen« hat WELLHAUSEN diesen Gegensatz genannt; Amos könne »nicht auf einmal sagen, es sei nicht so schlimm gemeint, es werde noch alles wunderschön werden«, könne nicht seinen Drohungen »plötzlich die Spitze abbrechen, nicht aus dem Becher des Zornes Jahwes zum Schlusse Milch und Honig fließen lassen. Er ist einzig darin, daß er dem Verhängnis klar ins Auge sieht und es begreift, daß ihm der Untergang Israels den Sieg Jahwes bedeutet – und nach dem kühnsten Aufschwung seines Glaubens soll er lahm zurücksinken in den Wahn, den er bekämpft?« Vgl. auch S. MOWINCKEL, Psalmenstudien II, 1922, 266 f. Dagegen für die Herkunft von Amos immerhin W. BAUMGARTNER, Kennen Amos und Hosea eine Heilseschatologie? Diss. phil. I Zürich 1913; MAAG; RUDOLPH.

Ganz unvorbereitet kommt die abschließende Verheißung nicht. Unmittelbar vor ihr stehen in 9,8–10 Worte, in denen das künftige Gericht differenziert und eingeschränkt wird: gegen »das sündige Königreich (oder: Königtum?)« (8 a) soll es ergehen, gegen »alle Sünder meines Volkes« (10), also vielleicht nicht gegen Juda und gegen Menschen, die sich anders verhalten als jene Sünder; in 8 b wird die völlige Vernichtung des »Hauses Jakob« ausdrücklich in Abrede gestellt, in 9 eine Sichtung angekündigt. Das alles paßt schlecht zur unmittelbar vorhergehenden Ansage unerbittlicher und ausnahmsloser Verfolgung und Vernichtung (9,1–4). WELLHAUSEN hat darum auch v.8–10 dem Amos abgesprochen, WOLFF schreibt sie (mitsamt v.7) einer Amosschule zu, deren Diskussion über v.1–4 hier (vielleicht unter Verwendung authentischer Amosworte) einen Niederschlag gefunden hat (vgl. die Motive des göttlichen Auges in 4 b und 8 aα, des göttlichen Befehls in 3 bβ.4 bβ und 9 aα, des Schwertes in 1 aβ.4 aβ und 10 a, des Unheils in 4 b und 10 b). Auf der gleichen Linie liegt die Fortführung, die das harte Amoswort 5,4 f. in v.6 und vor allem v.14 f. findet: in 4 f. verheißt Jahwe denen Leben, die ihn suchen, schneidet aber zugleich die Möglichkeit dieses Suchens durch das Verbot ab, es in den ohnehin demnächst vernichteten Heiligtümern zu tun, in (6 und) 14 f. wird die Jahwerede durch die Prophetenrede (Jahwe in 3. Person) wiederholt und so interpretiert, daß es das Gute zu suchen gilt und dann Jahwe sich »vielleicht« über den »Rest

Josefs« erbarmen wird. Da Amos sich in seinen zweifellos authentischen Worten nie so weit vorwagt, liegt es nahe, hier nicht (mit F. Hesse, Am 5,4–6.14 f., ZAW 68, 1956, 1–17) einen eigenen Versuch des Propheten zum Ausgleich der in v.4 f. liegenden Spannung, sondern (mit Wolff) eine Abschwächung von der Hand einer »Schule« zu sehen.
Welchen Anteil die dtr Redaktion an der Komposition hat, läßt sich nicht leicht bestimmen. Zu Wort kommt sie außer in der Überschrift in dem Lehrsatz über die Propheten 3,7, in Hinweisen auf die Geschichte 2,(9?)10–12; 3,1 b(5,25 f.?), in der Hinzufügung von Juda (2,4 f.) und vielleicht Tyrus und Edom (1,9 f.11 f., vielleicht von anderer Hand) zur Völkerliste in Kap. 1 f.

Ein eigentümliches Element bilden die drei Doxologien 4,13; 5,8 (9); 9,5 f. Hat Amos selbst sie jeweils an passender Stelle aufgenommen (vgl. zuletzt Rudolph), oder gehen sie auf spätere Bearbeitung zurück? F. Horst sah in ihnen »Gerichtsdoxologien«, durch die die spätere Gemeinde das aufgrund ihrer Sünde ergangene und vollzogene göttliche Urteil anerkannte (Die Doxologien im Amosbuch [1935], Ges. St. 167–175). Doch sie richten sich auch auf die Zukunft, im Sinne der eschatolog. Bedeutung, die das alte Prophetenwort in der nachexil. Gemeinde behält und gewinnt; vgl. I. Willi-Plein; K. Koch, Die Rolle der hymnischen Abschnitte des Amos-Buches, ZAW 86, 1974, 504–537, ferner die detaillierte Untersuchung von W. Berg, Die sog. Hymnusfragmente im Amosbuch, EHS.T 45, 1974. — Anknüpfend an eine These Sellins, die Doxologien seien immer im Anschluß an Untergangsdrohungen gegen Bet-El eingesetzt (was nur bei 5,8 zutrifft), nimmt Wolff die Doxologien mit anderen Texten (1,2; 3,14 bα; 4,6–12; 5,6) zusammen als »Bet-El-Interpretation der Joschijazeit«, ausgelöst durch die 2 Kön 23,15 berichtete Zerstörung des dortigen Heiligtums.

3. Amos hat wahrscheinlich nur eine kurze Zeit während der langen Regierung Jerobeams II. (787–747), um 760/50, im Nordreich gewirkt. Nach seiner Ausweisung aus dem Reichsheiligtum in Bet-El (7,10–17) wird er dorthin zurückgekehrt sein, wo er hergekommen war: nach Tekoa in Juda, wo er ein vermutlich durchaus wohlhabender Viehbesitzer und Maulbeerfeigenzüchter war und wo Jahwe ihn »hinter der Herde« weg berufen hatte, als Prophet gegen Israel aufzutreten *(hinnābē')*, obwohl er doch gar kein Prophet *(nābî')* war (7,14 f.; der Nominalsatz in v.14 ist wahrscheinlich präsentisch zu übersetzen, doch ändert präteritale Übersetzung den Sinn nicht entscheidend). Der göttliche Auftrag und sein Verhalten dazu hat bes. in den Visionen Gestalt gewonnen; anfangs ließ sich Jahwe auf seine Fürbitte ein (7,2 f.5 f.), doch dann erklärte er das Ende seines Volkes Israel für unwiderruflich gekommen (7,8; 8,2). Die Radikalität, mit der Amos dann dieses Ende angekündigt und es in dem dreifachen göttlichen Nein zu Israels Selbstverständnis aufgrund seiner Geschichte, zum Kultus und zum sozialen Verhalten der reichen Volksschichten in dieser außenpolit. erfolgreichen und ruhigen Zeit expliziert und begründet hat – die hosean. Themen der Abgötterei und der Politik treten nicht hervor –, ist erschreckend und macht die späteren Abschwächungen und Ergänzungen verständlich, vielleicht zu einem gewissen Grade auch legitim.

4. Man hat sich viele Gedanken über den *traditionsgeschichtl.* Ort des Amos gemacht. Was läßt sich über seine geistige und religiöse Herkunft sagen, nach welcher Norm urteilt er? Die Akten darüber, daß er ein beamteter Kultprophet im Rahmen eines Bundeskultus gewesen sei (vgl. bes. H. Graf Reventlow, Das Amt des Propheten bei Amos, FRLANT 80, 1962), dürfen als geschlossen gelten. Eine direkte Bezugnahme auf altisr. Rechtsgut hat sich nicht nachweisen lassen (vgl. Würthwein; R. Bach, Gottesrecht und weltliches Recht in der Verkündigung des Propheten Amos, Fs. G. Dehn, 1957, 23–34). Demgegenüber sehen ihn Wolff – wohl etwas zu eng – in der Tradition der »Sippenweisheit« und Schmid – wohl etwas

zu weit – in derjenigen eines allgemein menschlichen Grundwissens von der Welt und vom Ethischen. Eine genaue Festlegung will nicht gelingen und ist auch kaum nötig. Amos selbst hätte und hat, bei all seiner geistigen Vielseitigkeit und Erfahrung, allein auf die Nötigung und die Legitimation seines Auftretens durch den göttlichen Ruf hingewiesen (außer 7,14f. vgl. 3,8). Er läßt sich schwer systematisieren; die Themen, die dieser erste Schriftprophet angeschlagen hat, der an kein Übermorgen dachte, sind dann durch Jahrhunderte ausgearbeitet worden.

§ 31 Obadja

In diesem kleinsten Buch des AT wird den Edomitern die Vergeltung für das angekündigt, was sie Israel angetan haben (ausdrückliche Formulierung des Prinzips: 15 b). Die These, 1 b–7 sei nicht Ankündigung, sondern poet. Erzählung von bereits Eingetretenem (WELLHAUSEN), hat sich nicht durchgesetzt. Es handelt sich um mehrere Sprüche; ihre Zahl ist strittig. Die Hauptzäsur liegt in 15; bis dahin wird Edom in 2. Person Singular angeredet. 15 b gehört zu 1–14 (WELLHAUSEN), die Ankündigung des Tages Jahwes 15 a zu 16–18. Ein späterer, wohl prosaischer Zusatz verheißt den Israeliten die positive Kehrseite des Unglücks der Edomiter: Landbesitz und Herrschaft in einer Zukunft des Königtums Jahwes (19–21). Der Hauptteil des Buches gehört in die Zeit nach 597 bzw. 587, als die Edomiter Nutznießer des Untergangs Judas geworden waren. Über den Mann Obadja (LXX 𝔅 Abdias) wissen wir nichts. Es läßt sich nicht ausschließen, daß der Name nachträglich den zunächst anonymen Sprüchen vorangesetzt wurde. Die Stellung im Kanon dürfte durch Anklänge an Joel und Amos (vgl. nur die Edom-Stellen Joel 4,19 und Am 9,12) verursacht sein. 1 b–5(6) kehrt in Jer 49,14–16.9(10 a) wieder (WOLFF: älteres, kultprophetisch erklärtes und weitergeführtes Prophetenwort).

§ 32 Jona

H. SCHMIDT, Jona, eine Untersuchung zur vergleichenden Religionsgeschichte, FRLANT 9, 1907; U. STEFFEN, Das Mysterium von Tod und Auferstehung. Formen und Wandlungen des Jona-Motivs, 1963; H. W. WOLFF St. zum Jonabuch, BSt 47, 1965, ²1975; A. JEPSEN, Anmerkungen zum Buche Jona, Fs. W. Eichrodt, 1970, 297–305; O. KAISER, Wirklichkeit, Möglichkeit und Vorurteil. Ein Beitrag zum Verständnis des Buches Jona, EvTh 33, 1973, 91–103; L. SCHMIDT, »De Deo«. St. zur Literarkritik und Theologie des Buches Jona, des Gesprächs zwischen Abraham und Jahwe in Gen 18,22 ff. und von Hi 1, BZAW 143, 1976.

1. Das Büchlein ist, schon darin ein Sonderfall in diesem Kanonsteil, eine *Erzählung*. In ihrer Mitte steht der dreigliedrige Vorgang der durch Jona übermittelten Unheilsankündigung an die große Stadt Ninive, der Buße der Niniviten und der göttlichen Sinnesänderung (3). Dazu ein Vor- und ein Nachspiel, beide Jona betreffend: sein Versuch, sich dem Auftrag durch die Flucht auf See zu entziehen, die Gefährdung des Schiffes durch seine Anwesenheit, sein Hinauswurf und seine Rettung durch einen von Jahwe beorderten großen Fisch (1 f.), und dann hinterher seine gründliche Verdrossenheit angesichts des Erfolges seiner Mission, worauf ihn Gott anhand des Geschicks einer Rizinusstaude über sein Erbarmen mit Ninive belehrt (4).

Die schriftstellerischen Mittel der Erzählung sind oft bewundert worden. Mag – und soll – auch alles einfach und leicht, ja naiv aussehen, so ist doch der sehr zielstrebige Handlungsablauf innerhalb der Einzelszenen, aus denen die Erzählung besteht, und in ihrer Komposition miteinander genau durchdacht und virtuos geformt. Der Geschlossenheit der Szenen wie auch ihrer Verknüpfung dienen die plusquamperfektisch zu verstehenden nachholenden Sätze 1,5 b.10 b; 2,1 a; 3,6—9; 4,5. Bestimmte Worte werden nach Personen und Situationen variiert wiederholt (vgl. WOLFF).

2. In dieser Erzählung ist auf ganz undoktrinäre Weise, ja mit Humor (vgl. bes. WOLFF im Kommentar) *Lehre* Gestalt geworden. Sie handelt von der Güte Gottes (4,2 b), die auch weit über Israels Grenzen hinaus einer Stadt wie Ninive mit ihren unverständigsten Bewohnern gilt (4,11). Auch der störrische Jona kann ihr nicht auf die Dauer in den Arm fallen, sondern muß ihr als Werkzeug dienen. Sein beschämendes Gegenbild sind die Heiden: zunächst die Schiffsleute, die dahin gelangen, Jahwe zu fürchten und ihm zu opfern (1,16), und dann die Niniviten, der König an der Spitze, die sogleich »Gott glauben« und in der Hoffnung auf das »Vielleicht« des göttlichen Erbarmens über bloße Bußübungen hinaus ihre bösen Wege verlassen (3,5—9). Daß Jona seine Lektion gelernt hat, bleibt ungewiß, ja unwahrscheinlich. Gottes entscheidender Satz, mit dem die Erzählung schließt, ist eine Frage an ihn.

In ihm wird ein Israel gefragt, für das dieser »Hebräer« (1,9) steht. Darum ist die Erzählung aber noch längst nicht, wie man gelegentlich gemeint hat, eine Allegorie (Babel der Fisch, der Aufenthalt darin das Exil usw.; wer aber wären die Schiffsleute?). Treffender sind die Bestimmungen als vorbildliche Novelle, Parabel oder Gleichniserzählung. Im Blick auf die Anknüpfung an 2 Kön 14,25 spricht man seit WELLHAUSEN gern von einem Midrasch (vgl. 2 Chr 13,22).

3. Was die lit. *Einheitlichkeit* angeht, so ist die Sonderstellung des Psalms, den Jona im Bauch des Fisches betet (2,3—10), unzweifelhaft. Es handelt sich nicht um ein Klagelied, das um Rettung aus der Not bittet, sondern um ein Danklied, das bereits auf die Rettung zurückblickt (2,8); es gehört in den Jerusalemer Tempel (8 b.10). Der Ort der offenbar bildlich geschilderten Not (4—7) ist das Meer überhaupt, nicht der Bauch eines Fisches, in dem ja auch kein Tang (7) zu wachsen pflegt. Die Frömmigkeit des Gebetes paßt auch kaum zu Jona, wie ihn das Büchlein im übrigen zeichnet (vgl. nur sein Gebet 4,2 f.). Ob er hier überhaupt gebetet hat und ob nicht vielmehr schon 2,2 ein Zusatz ist? Der Psalm, den es wohl schon gab, wurde aufgrund des entfernten Anklangs der Schilderung der Not im Meer an die Situation des Jona in das fertige Buch eingefügt.

Wahrscheinlich ist 1,8 aβ ein Zusatz; die Frage nach dem Verursacher des Unglücks ist ja bereits geklärt (7 bβ). Dagegen braucht man 1,10 b, einen zwar umständlichen, aber im Zusammenhang sinnvollen Passus nachholender Erzählweise, nicht zu streichen (oder nur 10 bβ). Als Nachholung erklärt sich auch der Satz über Jonas Gang aus der Stadt hinaus und den Bau seiner Hütte, den man (auch wegen der Doppelheit des Schattens 4,5.6) gern hinter 3,4 gestellt hat, wohin er zeitlich fraglos gehört; es wäre unverständlich, wieso der Satz aus jenem früheren Zusammenhang hierher versetzt worden wäre (und den zweifachen Schatten konnte Jona gewiß gut gebrauchen, so daß sich auch eine Streichung von 4,5 bα nicht empfiehlt).

Gelegentlich ist auch eine Quellenscheidung versucht worden; es fällt ja auf, daß die Gottesbezeichnungen Jahwe und Elohim wechseln. Neuerdings hat L. SCHMIDT eine Grundschicht (1,2; 3,3—10; 4,1.5 a.6—11, Elohim) und eine Bearbeitung, die die theologische Lehre der Grundschicht weiterentwickelt (1,1.3—16; 2,1.11; 4,2—4.5 b, Jahwe) unterschieden.

4. Der Stoff hat in mehrfacher Hinsicht eine *Vorgeschichte*.

Am bekanntesten ist das bei dem Motiv der Verschlingung Jonas durch den »großen Fisch«; es gibt dazu viele und sehr verschiedene Parallelen (Material bei H. SCHMIDT und STEFFEN,

Übersicht bei WOLFF). In der griech. Sage befreit Herakles die Hesione (und nach einer Überlieferung Perseus die Andromeda), indem er in den Schlund des von Poseidon geschickten Ungeheuers hineinspringt, es tötet und wieder herauskommt; von einem Drachen wird Jason auf seinem Wege zum goldenen Vlies verschlungen und, nachdem eine Salbe dem Untier große Übelkeit verursacht hat, wieder ausgespien; den Sänger Arion, den räuberische Matrosen gezwungen haben, ins Meer zu springen, rettet ein Delphin als Reittier; in indischen Erzählungen gibt es die Einzelmotive des Sturms, der Seeleute, die den Fahrgast über Bord werfen, des vorherigen Loswurfs und der Rettung durch den »großen Fisch«, der ihn verschlingt und später wieder ausspeit.

Die Hauptperson Jona stammt aus dem dtr Geschichtswerk: nach 2 Kön 14,25 hat ein Prophet Jona ben Amittai dem König Jerobeam II. im Namen Jahwes seine Eroberungen angekündigt. Zwischenglieder zwischen dieser Notiz und unserer Erzählung sind (gegen O. EISSFELDT, Amos und Jona in volkstümlicher Überlieferung [1964], Kl. Schr. IV, 137–142) nicht zu rekonstruieren und auch nicht wahrscheinlich. Aber die Anknüpfung an den Namen eines Heilspropheten, dessen Verkündigung ja Unheil für fremde Völker implizierte und möglicherweise auch ausdrücklich zum Inhalt hatte, ist gewiß nicht beliebig; um so deutlicher wird der Abstand zu einem wichtigen Strang der prophet. Tradition.

Auch und gerade in diesem Abstand aber redet der Erzähler sozusagen biblisch, bewegt er sich, ohne daß das seiner Originalität Abbruch täte, in Formen und Gedanken, die ihm vor allem aus der dtr redigierten Historiographie und Prophetie überkommen sind. Das geht über Einzelheiten (vgl. mit 1,2 Gen 10,12; 18,20 f., mit 1,10 Gen 3,13, mit 4,4.9 Gen 4,5) und auch über den Bekenntnissatz in 4,2b (vgl. Ex 34,6 und später Joel 2,13) weit hinaus. Auf seine Weise ist das Büchlein ein Kommentar zu Jer 18,7 f.: »Einmal rede ich gegen ein Volk und gegen ein Königreich, es auszureißen, einzureißen und zu zerstören; kehrt aber jenes Volk um von seiner Bosheit (...), dann lasse ich mich das Böse gereuen, das ich ihm zu tun gedachte.« Hier und in verwandten Stellen des Jer-Buches (vgl. z. B. Jer 23,20; 25,5; 26,3.13.19; 35,15; 42,10) hat der Wortlaut des entscheidenden Passus von der Buße der Niniviten und ihrer Verschonung (Jona 3,8–10) sein Vorbild. Man kann sogar fragen, ob Jona 3 nicht überhaupt als Gegenstück zu Jer 36 konzipiert ist, wo der König von Jerusalem und die Seinen auf das Wort Jahwes hin keine Buße tun und ihnen daraufhin das Gericht angekündigt wird (WOLFF). Die Schlußszene vom lebensmüden Jona hat ihr Vorbild in der Szene von Elija unter dem Ginster (vgl. mit 4,3a 1 Kön 19,4 bβ, mit 4,5 bα 1 Kön 19,4 aβ, mit 4,8 bα 1 Kön 19,4 bα); auch sonst meint man Einflüsse der Elijageschichte zu spüren (Jahwes Handeln am Propheten durch Werkzeuge: bei Elija die Raben und der Engel mit Brot und Wasser 1 Kön 17,6; 19,5 f., bei Jona der Fisch, der Rizinus, der Wurm und der Ostwind 2,1; 4,6–8).

5. Die *Entstehungszeit* muß, gegen die Einordnung im Zwölfprophetenbuch, lange nach dem 8. Jh. v. Chr. liegen, in dem nach 2 Kön 14,25 Jona ben Amittai auftrat. Von dem damals Wirklichen und Möglichen hat die Erzählung kaum einen Begriff, sie will ihn wohl auch nicht haben; Ninive ist ihr eine phantastisch große Stadt ferner Vergangenheit (3,3). Die lit. und theol. Arbeit der dtr Schule ist vorausgesetzt, das sachliche Problem gehört in die nachexil. Zeit. Dafür, genauer für die spätere pers. Periode sprechen auch sprachliche Indizien, namentlich Aramaismen, ferner die Bezeichnung Jahwes als Himmelsgott (1,9, vgl. Esr 1,2; 7,12.21; Neh 1,4 f.) und die Art des königl. Erlasses (vgl. Dan 6,8). Die griech. Sagenparallelen könnten auch an frühhellenist. Zeit denken lassen.

§ 33 Micha

B. STADE, Bemerkungen über das Buch Micha, ZAW 1, 1881, 161–172; J. LINDBLOM, Micha lit. untersucht, AAAbo.H VI, 2, 1929; J. JEREMIAS, Die Deutung der Gerichtsworte Michas in der Exilszeit, ZAW 83, 1971, 330–354; I. WILLI-PLEIN (s. § 28); TH. LESCOW, Redaktionsgeschichtl. Analyse von Mi 1–5 (und 6–7), ZAW 84, 1972, 46–85 (und 182–212); H. W. WOLFF, Wie verstand Micha von Moreschet sein prophetisches Amt? VT.S 29, 1978, 403–417.

1. Das *Buch* wird in 1,1 dem Micha aus Moreschet in Juda zugeschrieben, der unter den Königen Jotam, Ahas und Hiskija, also in der 2. Hälfte des 8. Jh.s v. Chr. gewirkt habe. Der unübersichtliche Aufbau und die offenkundige Uneinheitlichkeit namentlich in der zweiten Hälfte des Buches lassen auf eine längere Entstehungsgeschichte schließen.

Der Inhalt: 1,2–7 (8 f.) gegen Samaria, 1,10–16 gegen jud. Städte (Text sehr schlecht erhalten), 2,1–5 gegen die Großgrundbesitzer, 2,6–11 gegen Gegner des Propheten; 2,12 f. Heilsweissagung für den Rest Israels;
3,1–4 gegen die Führer des Volkes, 3,5–8 gegen die Propheten, 3,9–12 gegen die Führer des Volkes; 4,1–5 Weissagung der Völkerwallfahrt zum Zion (1–3 = Jes 2,2–4), 4,6–8 Weissagung der Wiederherstellung und des Königtums Jahwes und Zions, 4,9–14 Worte an Zion, 5,1–5 Weissagung des Herrschers aus Bethlehem, 5,6–8 über den Rest Jakobs unter den Völkern, 5,9–14 Ankündigung der Beseitigung militärischer Mittel und des Götzendienstes;
6,1–8 Jahwes Streit mit Israel, 6,9–16 gegen die böse Stadt, 7,1–7 Klage des Propheten; 7,8–20 Liturgie.

Es scheint, als liege hier dreimal, jeweils mit »hört« eingeleitet, das Kompositionsschema Unheil/Heil vor (RUDOLPH; nach der herkömmlichen Auffassung, die 2,12 f. vernachlässigt, zweimal).

2. Bei der Ermittlung des *nachmichan. Gutes* hat man sich vor allem an die Verheißungen zu halten. Die moderne Kritik des Buches hat ihren Anfang mit STADES These genommen, überhaupt nur Kap. 1–3 (ohne 2,12 f.) sei auf Micha zurückzuführen. Die Dinge erwiesen sich aber in Kap. 4–7 als kompliziert, und die Diskussion hat noch kein befriedigendes Ergebnis erreicht.

Wir beginnen mit dem letzten Teil, Kap. 6 f. Er ist insgesamt einem von Micha zu unterscheidenden Propheten zugeschrieben worden, der unter König Manasse im 7. Jh. in Jerusalem (EWALD) oder aber als Zeitgenosse des Micha im Nordreich Israel (A. S. VAN DER WOUDE, Deutero-Micha: ein Prophet aus Nord-Israel? NedThT 25, 1971, 365–378) aufgetreten sei. Doch dagegen spricht schon die Inhomogenität des Ganzen. Sehr deutlich hebt sich die Schlußpartie, 7,8–20, heraus, die GUNKEL (Der Micha-Schluß, ZS 2, 1924, 145–178) als eine in sich geschlossene Liturgie erklärt hat (8–10 Vertrauenslied, 11–13 Heilsorakel, 14–20 Gebet); die personifizierte Stadt, deren Mauern darniederliegen (v.11, vor dem nehemian. Mauerbau?), ist das nachexil. Jerusalem. Über die Einordnung der drei gewichtigen in 6,1–7,7 vereinigten Stücke herrscht große Unsicherheit; für jedes von ihnen wird selbst von kritischen Forschern die Authentie, für jedes aber auch spätere Herkunft angenommen.

Die wohlkomponierte Reihe der Verheißungen Kap. 4 f. beginnt mit dem weder von Micha noch von Jes (vgl. § 25,6 d) herrührenden strahlenden Zionstext 4,1–5 als Kontrast zur unmittelbar vorangehenden düstersten Drohung gegen den Zion 3,12. In der Fortsetzung finden sich manche Motive, die aus der exil.-nachexil. Heilserwartung geläufig sind (vgl. B. RENAUD, Structure et attaches littéraires de Michée IV–V, CRB 2, 1964). Besonders umstritten ist die mehrschichtige Messiasperikope 5,1–5, für deren Grundschicht (1.3, auch 4 a.5 b?) sich die Herkunft von Micha nicht zwingend ausschließen läßt; daß der Messias aus Betlehem statt aus Jerusalem kommt, scheint zur Haltung des Judäers Micha gegenüber der Hauptstadt zu stimmen, könnte sich aber auch aus dem 587 eingetretenen Ende der jerusalem. Dynastie erklären. Hinter 5,9–14 sieht man gern ein ursprüngl. Drohwort, das mit Jes 2,6–8 verwandt wäre; I. WILLI-PLEIN datiert 5,9–12 in »die Zeit der ersten dt Begeisterung unter Josia«.

Die einzige Verheißung innerhalb des michan. Grundbestandes Kap. 1–3, nämlich 2,12f., setzt eindeutig das Exil voraus. Unverändert scheinen auch die Schelt- und Drohworte Michas nicht überliefert zu sein; vielmehr wurden sie auf spätere Situationen, namentlich die exilische, hin aktualisiert (JEREMIAS: Zusätze in 1,5.7.13; 2,3 f.10; 3,4, ferner in 6,14 zu dem michan. Text 6,9–15, in derselben Schicht Neubildung von 5,9–13 und 6,16). Die weitere Redaktionsgeschichte rekonstruieren I. WILLI-PLEIN und LESCOW auf verschiedene Weise bis ins 4. Jh. v. Chr.

3. An *Micha* und seine Verkündigung erinnert man sich ein Jh. später in einer dramatischen Szene in Jerusalem. Als Jer auf seine Tempelrede hin zum Tode verurteilt werden soll, verteidigen ihn nach Jer 26,17–19 »Männer von den Ältesten des Landes«, indem sie auf den Präzedenzfall des Micha hinweisen, der in den Tagen des Königs Hiskija Prophet gewesen sei. Micha habe im Namen Jahwes angekündigt: »Zion wird als Feld gepflügt, Jerusalem wird zum Trümmerhaufen und der Tempelberg zur Waldeshöhe.« Hiskija und ganz Juda hätten den Micha daraufhin nicht getötet, sondern Jahwe gefürchtet und ihn angefleht, und Jahwe habe das angekündigte Unheil nicht über sie gebracht. Das zitierte Wort steht Mi 3,12. Leider läßt sich nicht feststellen, ob die Verteidiger des Jer (oder der Autor von Jer 26) es aus einer lit. Vorform des Buches Micha oder aber aus anderweitiger Tradition haben. Für die zweite Möglichkeit sprechen die Angaben über die Folgen des Wortes, von denen das Buch Micha nichts weiß und bei denen der Verdacht naheliegt, »daß es sich hier um eine Haggada handelt, die sich einfach aus der Tatsache erzeugte, daß Michas Weissagung nicht in Erfüllung ging«, während es durchaus dahinsteht, ob Micha selbst auf diese Folgen zielte, ja ob er von ihnen erbaut gewesen wäre (DUHM zu Jer 26,19).

Der Vorgang ist zwar kein Beweis, aber doch ein starkes Argument dafür, daß man Micha nur als Unheilspropheten kannte. Micha steht mit seiner Sozialkritik nah bei Amos und Jesaja. Wenn das Wort gegen Samaria 1,2–7 von ihm stammt (anders LESCOW; V. FRITZ, Das Wort gegen Samaria Mi 1,2–7, ZAW 86, 1974, 316–331), ist er bereits vor 722 aufgetreten. Die Klage (?) über jud. Städte 1,10–16 könnte ebenfalls in diese Zeit gehören (DONNER, siehe bei § 24: Feldzug Tiglat-Pilesers III. 734 v. Chr., mit 1,2–9 zusammengehörig), doch bleibt die Beziehung auf den Feldzug Sanheribs 701 ebensogut möglich (K. ELLIGER, Die Heimat des Propheten Micha [1934], Kl. Schr., 1966, 9–71). Die genannten Jahreszahlen dürften ungefähr die anzunehmende Wirkungszeit Michas abstecken.

§ 34 Nahum

P. HUMBERT, Le problème du livre de Nahoum, RHPhR 12, 1932, 1–15; J. JEREMIAS, Kultprophetie und Gerichtsverkündigung in der späten Königszeit, WMANT 35, 1970; C. A. KELLER, Die theol. Bewältigung der geschichtl. Wirklichkeit in der Prophetie Nahums, VT 22, 1972, 399–419; H. SCHULZ, Das Buch Nahum, BZAW 129, 1973.

1. Das *Buch*, in 1,1a »Ausspruch *(maśśā')* über Ninive« genannt, beginnt mit einem freilich nur halb durchgeführten bzw. erhaltenen alphabet. Hymnus (1,2–8). Durch ein Zwischenstück (1,9–2,1.3) sind die drei Worte gegen Ninive angeschlossen, die den Hauptteil des Buches bilden (2,2.4–14; 3,1–7; 3,8–19). Jedes von ihnen ist in sich aus mehreren Elementen kunstvoll gestaltet. Hat man darum bereits die Einzelstücke des Buches prophet. Liturgien genannt, so liegt das natürlich beim Buchganzen noch näher. Seit HUMBERT ist es oft als Liturgie oder »Kantate« (HORST) für ein Fest nach der Zerstörung Ninives durch die Meder und Babylonier (612

v. Chr.) verstanden worden. Gewiß verlieh dieses Ereignis den Worten Nahums ein besonderes Gewicht, und gewiß wurden sie in späteren Situationen auf neue Fremdherrschaften bezogen und danach umgedeutet. Möglicherweise hat sich solche Neuinterpretation noch im Wortlaut niedergeschlagen (2,1 von Jes 52,1 bβ.7 aα abhängig? so JEREMIAS, vgl. dagegen RUDOLPH). Jedoch ist ein Gesamtverständnis des Buches aus institutionellen Gegebenheiten nachexilischer Zeit (SCHULZ) ein recht einseitiges Unternehmen.

2. An der Geschichtlichkeit des *Nahum* zu zweifeln, liegt kein Grund vor. Wir kennen allerdings nicht einmal seinen Herkunftsort Elkosch (1,1 b). Die Kirchenväter lokalisieren ihn in Juda (und eigentlich kann nur das zutreffen), aber auch in Galiläa, neuere Nachrichten (mitsamt seinem Grabe) sogar in Mesopotamien. Die Zeit seiner Wirksamkeit liegt zwischen der Eroberung Thebens (No-Amon) in Oberägypten durch die Assyrer, auf die 3,8 anspielt, und der doch wohl erst bevorstehenden (vgl. 2,14; 3,5 f.) Zerstörung Ninives, also zwischen 667 und 612. Eine genauere Eingrenzung will nicht gelingen. Man kann an verhältnismäßig frühe Zeit denken, wo die Erinnerung an den Fall Thebens frisch ist und Assurs Herrschaft noch ungebrochen dasteht, aber auch an spätere, wenn man in 2,1.3 Anspielungen auf die Politik des jud. Königs Joschija findet; der nahende Untergang der verhaßten Großmacht könnte die Prophetie Nahums beflügelt haben. Ob das ganze Buch auf Nahum zurückgeht, ist zweifelhaft. Vor allem hat man einen Unterschied zwischen den poetisch großartigen, aber kaum religiösen Worten gegen Ninive und dem einleitenden Akrostichon »aus überall zu habenden Wendungen, dafür aber voll Zeugniskraft und wirklich religiösen Lebens« (ELLIGER), gefunden. Hat Nahum diesen Hymnus übernommen, oder ist er von einem anderen seinen Prophetien vorangestellt worden? Eine kühne Hypothese findet in mehreren Worten (1,11.14; 2,2 f.; 3,1–11) ursprüngl. Gerichtsankündigungen gegen Israel, die nachträglich auf Assyrien übertragen wurden (JEREMIAS; dagegen KELLER, SCHULZ, RUDOLPH).

§ *35 Habakuk*

Kommentar: B. DUHM, 1906.
P. HUMBERT, Problèmes du livre d'Habacuc, 1944; J. JEREMIAS (s. § 34).

1. Das *Buch* gliedert sich folgendermaßen: 1,2–4 Klage Habakuks über Gewalttat; 1,5–11 Antwort Jahwes: Ankündigung der Kaldäer; 1,12–17 erneute Klage; 2,1–5 zweite Antwort Jahwes; 2,6–20 fünf Weherufe; 3 Habakuks Gebet.

Man wird im wesentlichen vom jetzigen Text ausgehen dürfen, mag er auch erst nach einiger Zeit (JEREMIAS: spätnachexil.) fixiert und nicht überall gut erhalten sein (vgl. bes. 2,4 f.; 3). Weder 1,5–11 (WELLHAUSEN mit F. GIESEBRECHT) noch »die Kaldäer« in 1,6 (ELLIGER) noch das Gebet Kap. 3 (B. STADE, Habakuk, ZAW 4, 1884, 154–159 u. a.) lassen sich als Zusatz erweisen. Der Habakukkommentar aus Qumran (1 QpHab) erklärt zwar nur Kap. 1 f.; doch das berechtigt nicht zu dem Schluß, er habe das Gebet, das deutlich an Kap. 1 f. anschließt, nicht gekannt. Daß er die Kaldäer von 1,6 auf die Kittäer (Griechen, eher Römer) deutet, dabei aber von dem dastehenden *kaśdīm* ausgeht, ist ein entscheidendes Argument gegen DUHMS Einsetzung der Kittäer in den vorhandenen Text und dessen Datierung in die Zeit Alexanders d. Gr.

2. Der *geschichtl*. Ort dieser Prophetie ergibt sich aus der Nennung der Kaldäer in 1,6, mit denen zweifellos die Neubabylonier gemeint sind. Gegen wen sie aufgeru-

fen werden, folgt aus 1,2–4 nicht eindeutig: entweder die Assyrer (zuletzt FOHRER) oder die Führer Judas (zuletzt RUDOLPH). Im einen Fall hätte man in die Zeit des Aufkommens der Babylonier unter Nabopolassar (625–605), spätestens 612 (Fall Ninives), zu datieren, im anderen Fall in die Regierungszeit Jojakims (608–598). Die zweite Klage des Propheten, die nunmehr über die von Jahwe gesandten Babylonier ergeht, liegt gewiß einige Zeit nach der ersten. Die Weherufe 2,7–20 werden in v.6a den unterdrückten Völkern (vgl. 5b) in den Mund gelegt; sie richten sich in dieser Form gegen den bab., nicht gegen den einheimischen König (Versuch der Rekonstruktion einer anderen Vorform bei JEREMIAS). Das Theodizeeproblem, das angesichts der Ungerechtigkeit der von Jahwe geschickten Babylonier in Sicht kommt, wird durch den Gottesspruch 2,4 f. und vollends durch die in 3,3–15 unter Verwendung mythischer und at. Motive geschilderte Theophanie (vgl. Ijob) gelöst. Interessant ist die Darstellung der Begleitumstände des Offenbarungsempfangs (2,1; 3,16). Man hat daraus Näheres über das Kultprophetentum, dem Hab, in 1,1; 3,1 $n\bar{a}\underline{b}\hat{\imath}$' genannt, angehört habe, entnehmen (vgl. bes. JEREMIAS), übrigens auch das ganze Buch als kultprophetische Liturgie verstehen wollen (HUMBERT).

Über den Propheten wissen wir sonst nichts. Nach einer apokryphen Legende bringt er, von einem Engel am Schopf dorthin gebracht, dem Daniel ein selbstgekochtes Essen nach Babylonien in die Löwengrube (Bel und der Drache 33–39). Das Wort $\underline{h}^a\underline{h}aqq\hat{u}q$ (LXX Αμβακουμ) bezeichnet sonst eine Gartenpflanze.

§ 36 Zefanja

1. Das *Buch* enthält eine Folge von Worten gegen Juda und Jerusalem, z. T. mit dem Stichwort des Tages Jahwes (Kap. 1), ein Mahnwort (2,1–3), Worte gegen fremde Völker (2,4–15), gegen Jerusalem (3,1–5, nicht eindeutig 6 f.8), Verheißungen (3,9–20). Das dreigliedrige Schema von Worten gegen das eigene Volk und gegen fremde Völker und Verheißungen ist nicht klar durchgeführt. RUDOLPH nimmt 3 Teile an, die jeweils Worte über Juda und die Völker enthalten (1. 1,2–2,3 + 2,4–15; 2. 3,1–7 + 3,8; 3. 3,9 f. + 11–20 Verheißung für die Völker und für Israel). Das Buch als solches ist in exil. und nachexil. Zeit entstanden. Erst aus dieser Zeit kann ein Großteil der Verheißungen stammen (bes. 3,16–20, wohl auch v.14 f.). Der Eingangsteil scheint durch einen Rahmen auf ein Gericht über die ganze Welt hin ausgeweitet zu sein (1,2 f.17 f.). Aus den Völkerworten heben sich wenigstens 2,7.9 b.10 f. als spät heraus.
2. Für *Zefanja* (LXX 𝔙 Sophonias) gibt die Überschrift 1,1 eine Genealogie bis zu seinem Urgroßvater Hiskija (dem König?). Daß er, wie dort gesagt, unter Joschija (639–609) aufgetreten sei, läßt sich nicht beanstanden. Man pflegt aus der Erwähnung der Prinzen (und nicht des Königs) in 1,8 und des noch vorhandenen Götzendienstes in 1,4 f. auf die Zeit der Minderjährigkeit Joschijas und vor seiner Reform, also etwa 630 v. Chr. zu schließen. Eine Veranlassung durch den Skythensturm (s. § 26,4a) läßt sich höchstens vermuten. In der Ansage des Tages Jahwes folgt Zef Amos (5,18–20) und Jes (2,12–17).

§ 37 Haggai

P. R. ACKROYD, Studies in the Book of Haggai, JJS 2, 1951, 163–176; DERS., The Book of Haggai and Zechariah I–VIII, JJS 3, 1952, 151–156; DERS., Some Interpretative Glosses in the Book of Haggai, JJS 7, 1956, 163–167; W. A. M. BEUKEN SJ, Haggai-Sacharja 1–8, St. zur Überlieferungsgeschichte der frühnachexil. Prophetie, SSN 10, 1967.

1. Das Gerüst des *Buches* bildet eine Reihe von Daten aus dem 2. Jahr des Perserkönigs Darius (522–486). Sie fallen in einen Zeitraum von 4 Monaten des Jahres 520:
1.6. = 29. Aug.: Aufforderung Haggais an den »Statthalter« Serubbabel und den Hohenpriester Josua zur Arbeit am Tempelbau; Beginn der Arbeit am 24.6. = 21. Sept. (Kap. 1).
21.7. = 17. Okt.: erneute Aufforderung mit Verheißung künftiger Herrlichkeit des Tempels (2,1–9).
24.9. = 18. Dez.: Belehrung über die Gefahr von Unreinem (2,10–14), Segenszusage (15–19); Verheißung an Serubbabel (20–23).

J. W. ROTHSTEIN (Juden und Samaritaner, BWAT 3, 1908) zieht 2,15–19, das von v.10–14 zu trennen sei, zu dem Datum 1,15 a. Er sieht in dem unreinen Volk (v.14) die Samaritaner. Beides ist von den meisten Exegeten übernommen, aber von K. KOCH (Haggais unreines Volk, ZAW 79, 1967, 52–66) bestritten worden.

Haggai ist schwerlich der Autor des Büchleins (gegen EISSFELDT). Nach RUDOLPH handelt es sich um eine von anderen verfaßte Apologie für Haggai, die dessen Rolle beim Tempelbau ins rechte Licht rücken soll. Neuerdings neigt man zur Annahme späterer Überarbeitung und Redaktion (vgl. ACKROYD, BEUKEN).

2. *Haggai* wird in 1,1.12; 2,1 *nābî'* genannt, was man gern, aber ohne Sicherheit auf Kultprophetie deutet; auch sein Eintreten für den Kultus wird dafür angeführt. Seine (und Sacharjas) Rolle beim Tempelbau kennen wir auch aus Esr 5,1 f.; 6,14. Danach scheint er noch über die im Buch belegte Zeit hinaus gewirkt zu haben. Muß 2,20–23 als Höhepunkt und Abschluß des Buches geschrieben sein, bevor sich das Scheitern der dort verheißenen Messianität Serubbabels herausgestellt hatte?

§ 38 Sacharja

H. GESE, Anfang und Ende der Apokalyptik, dargestellt am Sacharjabuch (1970), Vom Sinai zum Zion, 1974, 202–238.

1. Das *Buch* setzt sich ähnlich wie Jes aus zwei (oder drei) ganz verschiedenen Teilen zusammen, die man gesondert zu behandeln pflegt. Nur in Kap. 1–8 findet sich die Verkündigung des Propheten Sacharja (LXX 𝔙 Zacharias) ben (Berechja, vgl. Jes 8,2?, ben) Iddo, des Zeitgenossen Haggais (nach Neh 12,16 priesterl. Herkunft). Daß Kap. 9–14 davon zu trennen sind, gehört zu den ältesten und einhelligsten Erkenntnissen der Wissenschaft. Das wichtige Thema des Tempels (1,16; 4,9; 6,12 f.) ist in 9–14 verschwunden, die Vorstellung vom Messias eine ganz andere (vgl. 4,14; 6,9–15 mit 9,9 f. und 12,10). Dazu kommt die Verschiedenheit der in 9–14 erkennbaren Zeitverhältnisse.

OTZEN (s. u. vor 4) unterscheidet drei Phasen der Forschung an Kap. 9–14: 1. die »englische« Phase (ca. 1620–1785), eingeleitet durch J. MEDE, der aufgrund von Mt 27,9 f. (als inspiriert betrachtet!), wo das Zitat mit den 30 Silberlingen (Sach 11,13) dem Jer zugeschrieben wird, Sach 9–11 auf Jer zurückgeführte (Dissertationum Ecclesiasticarum Triga: ... Quibus accedunt fragmenta sacra, 1653, posthum), abgeschlossen durch W. NEWCOME, der 9–11 sogar in die hosean., 12–14 in die Zeit um 600 datierte (An Attempt towards an Improved Version, a Metrical Arrangement, and an Explanation of the Twelve Minor Prophets, 1785); 2. die »deutsche« Phase (1784–1880), eingeleitet durch B. G. FLÜGGE, der 9–14 in 9 Abschnitte verschiedener Herkunft teilte (Die Weissagungen, welche den Schriften des Propheten Zacharias beygebogen sind, 1784, anonym). Neben die vorherrschende vorexilische Datierung mit Unterscheidung von 9–11 und 12–14, wie sie nach

Newcome bes. L. Bertholdt (Einleitung IV, 1814) entwickelte, trat dann die Herleitung aus nachexil. Zeit, bes. durch Eichhorn (Einleitung ⁴IV 1824), der nach einigem Schwanken mindestens 9f. auf die Herrschaft Alexanders d. Gr. bezog. Die 3. Phase leitete B. Stade (s. vor 4) ein: er führte 9–14 auf einen einzigen Verf. aus hellenistischer Zeit zurück. Seitdem überwiegt die nachexil. (z. T. makkabäische) Datierung, nicht aber die Einheitshypothese. Man spricht in Analogie zum Buch Jes von Sacharja, Deutero- und Tritosacharja (Duhm).

Ist die Vereinigung der beiden Hauptteile in einem Buch ein »Zufall« (Eichhorn)? Man rechnet seit Ewald gern mit drei namenlosen Büchlein, jedes überschrieben mit *maśśā'* »Ausspruch, das Wort Jahwes über...« (9,1; 12,1; Mal 1,1), die nachträglich an das fast fertige Zwölfprophetenbuch angehängt wurden und von denen die beiden ersten Platz im Buch Sach bekamen, während das dritte die Zwölfzahl vollmachte. Doch bleibt die Frage eines bewußten inhaltlichen Anschlusses des zweiten Buchteils an den ersten (vgl. etwa 9,9 mit 2,14) weiter zu untersuchen (Saebø). Gese meint innerhalb des Buches den Entwicklungsgang der Apokalyptik verfolgen zu können.

Sach 1–8

L. G. Rignell, Die Nachtgesichte des Sach, 1950; K. Galling, Die Exilswende in der Sicht des Propheten Sach (1952), St. zur Geschichte Israels im pers. Zeitalter, 1964, 109–126; Beuken (s. § 37); K. Seybold, Bilder zum Tempelbau. Die Visionen des Propheten Sach, SBS 70, 1974; Ch. Jeremias, Die Nachtgesichte des Sach. Untersuchungen zu ihrer Stellung im Zusammenhang der Visionsberichte im AT und zu ihrem Bildmaterial, FRLANT 117, 1977.

2. Die jetzige *Komposition* umfaßt als Grundbestand die Reihe der acht Visionen, dazu Worte bzw. Reden als Rahmen sowie innerhalb der Visionen.

1,1–6 Mahnung zur Umkehr in Erinnerung an die Väter und die früheren Propheten;
1,7–15 Vision I (Reiter); 16 f. Heilsworte;
2,1–4 Vision II (Hörner und Schmiede);
2,5–9 Vision III (Mann mit der Meßschnur); 10–17 Heilsworte;
3,1–7 Vision IV (Rehabilitierung Josuas); 8 f.(10) Wort für Josua;
4,1–6 aα.10 b–14 Vision V (Leuchter und Ölbäume); 6 aβ–10 a Worte für Serubbabel;
5,1–4 Vision VI (fliegende Rolle);
5,5–11 Vision VII (Frau im Hohlmaß);
6,1–8 Vision VIII (Wagen);
6,9–14(15) Krönung Josuas;

7 f. »Fastenpredigt«: 7,1–3 Anfrage, 7,4–8,23 Sacharjas Antwort, wobei sich 7,4–6 und 8,18 f. auf das Fasten beziehen. In Kap. 8 eine Sammlung von Heilsworten, jeweils eingeleitet mit der Botenformel.

Datierungen: 8. Monat im 2. Jahr des Darius (1,1), 24.11. im 2. Jahr des Darius = 15. Febr. 519 (1,7, für alle Visionen geltend?), 4.9. im 4. Jahr des Darius = 7. Dez. 518 (7,1).

Die Komposition ist mit dem Einsatz beim Zorn Jahwes über die Väter (1,2) und den abschließenden Heilsworten bewußt gestaltet. Die einleitende Mahnrede 1,2–6 erinnert an die predigtmäßigen Stücke im dtr Geschichtswerk und in Jer. Das gilt ähnlich von 7,7–14 und von 8,14–17 – die drei Texte stehen in sachlichem Zusammenhang. Wenig spezifisch erscheint auch anderes in den Heilsworten von Kap. 8. Nah bei der chronist. Theologie und ihrer Einschätzung des Tempelbaus als großer Wende steht 8,9–13 (vgl. auch den hier wohl verwendeten Text Hag 1,1–11). Ob es erlaubt ist, nur in diesem letzten Stück (und etwa 8,23) einen späteren Zusatz zu sehen (RUDOLPH) und nicht auch zumindest die vorher genannten Texte als nachsacharjan. und redaktionell zu betrachten (vgl. BEUKEN, ACKROYD)?

3. Die *Visionen* (»Nachtgesichte«, vgl. 1,8; 4,1) waren wahrscheinlich einmal in der eigenen Schrift 1,7–6,15 zusammengestellt, die zweifellos im Hauptbestand auf den Propheten selbst zurückgeht (1. Person). Was außer dem Einleitungssatz 1,7 (3. Person) redaktionell ist, läßt sich nicht sicher sagen; gewiß die Zufügung mehrerer der ergänzenden, aktualisierenden, kommentierenden Einzelworte, deren sacharjan. Authentizität damit aber noch nicht ausgeschlossen ist. Viermal schließt sich an sie die »Erkenntnisaussage« in der Form »Und ihr werdet (du wirst) erkennen, daß Jahwe Zebaot mich gesandt hat«, an (2,13.15; 4,9; 6,15). Man kann danach vermuten, daß der Visionszyklus zum Erweis der Legitimität der Prophetie Sacharjas niedergeschrieben bzw. erläutert worden ist.

Von den Visionen hebt sich der Krönungsakt 6,9–14 ab (nach GALLING mit dem Datum von 1,7 zu verbinden, Anlaß für die Zusammenstellung und Verkündung der in einem längeren Zeitraum, z. T. noch im Exil, ergangenen Visionen und Worte). Hinter der jetzigen Textfassung, nach der der Hohepriester Josua gekrönt werden soll, steht, wie sich in dem »Priester zu seiner Rechten« (13 bα LXX) und dem »zwischen ihnen beiden« (13 bγ) (und dem Plural »Kronen« 12 a.14?) verrät, eine ursprüngliche Fassung, die auf den Davididen Serubbabel (gemeinsam mit Josua?) ging und offenbar nach dessen Scheitern, von dem wir nichts Näheres wissen, durch Umformulierung von 11 b auf den Hohenpriester als das alleinige Haupt der Theokratie umgestellt wurde (EWALD, WELLHAUSEN). Nach Meinung vieler Exegeten (anders zuletzt RUDOLPH) gehört auch Vision IV (3,1–7 mit 8–10) nicht ursprünglich in den Visionenzyklus; sie weicht vom Schema ab, es fehlen der Deuteengel und die Bildsymbolik. Allerdings paßt die Vision sehr gut in ihren jetzigen Zusammenhang.

Die Visionen variieren ein einigermaßen festes Schema von Beschreibung und Erzählung, Frage des Propheten und Deutung durch den Engel (»angelus interpres«, vgl. den »Mann«, der Ezechiel führt, Ez 40,3 usw.). Sie verwenden ein vielschichtiges Vorstellungsmaterial isr. und ausländischer Herkunft. Ihre Aufeinanderfolge ist wohlbedacht. Im Mittelpunkt steht V, es entsprechen sich I und VIII. II und III haben die äußere, VI und VII die innere Befreiung zum Inhalt, wobei jeweils die erste Vision die negative, die zweite die positive Seite darstellt (GESE). Diese Symmetrie spricht auch für die nachträgliche Einfügung von IV.

Sach 9–14

B. STADE, Deuterozacharja, ZAW 1, 1881, 1–96; 2, 1882, 275–309; B. OTZEN, Studien über Deuterosacharja, AThD 6, 1964; M. SAEBØ, Sach 9–14. Untersuchungen von Text und Form, WMANT 34, 1969; DERS., Die deuterosacharjan. Frage. Eine forschungsgeschichtl. Studie, StTh 23, 1969, 115–140; I. WILLI-PLEIN, Prophetie am Ende. Untersuchungen zu Sach 9–11, BBB 42, 1974.

4. Der *Inhalt* dieses »Kompendiums der Eschatologie« (STADE) ist folgender:

9,1–8 Drohung gegen die nördl. und westl. Nachbarn, Verheißung für Jerusalem (Alexanderzug 332 v. Chr.?);
9,9 f. messian. Verheißung;
9,11–17 weitere Verheißungen;
10,1 f. Mahnung, den Regen von Jahwe zu erbitten (ganz isoliertes Stück);
10,3–12 Verheißung eines Befreiungskriegs und der Rückführung aus Ägypten und Assur;
11,1–3 Spottlied über eine besiegte Großmacht;
11,4–16(17) »Hirtenvision«, Bericht über zwei symbol. Handlungen mit allegor. Zügen, im Mittelpunkt das Zerbrechen der Stäbe »Huld« und »Eintracht« (samaritan. Schisma);

12,1–13,6 Verheißungsreihe über Jerusalems Rettung und Reinigung (rätselhaft der beklagte »Durchbohrte« v.9–14);
13,7–9 Ankündigung des Todes des Hirten (seit EWALD oft zu 11,4–17 gestellt);
14 weitere Verheißungsreihe über das endzeitliche Jerusalem.

5. Der geschichtl. und traditionsgeschichtl. *Ort* dieser Kapitel ist nur schwer zu fassen. Die Anspielungen auf Zeitereignisse bleiben geheimnisvoll, zumal wir von den in Betracht kommenden Zeiten meist wenig wissen. Insgesamt hat man sicherlich an das nachexil. Jerusalem zu denken und nicht ohne Not einzelnes als älter herauszunehmen. So verdient die schon von EICHHORN vertretene und von ELLIGER erneuerte Beziehung von 9,1–8 auf den Alexanderzug zweifellos den Vorzug vor der auf Tiglat-Pilesers III. Eingriff 734 v. Chr. (HORST für v.1–6a) oder der auf Joschijas Expansionspolitik (OTZEN). Aber zweifelsfrei ist sie auch nicht; man kann den Text auch als Verheißung der Gebietserweiterung Israels gemäß Jos 13,2–9 ohne akuten polit. Anlaß verstehen (RUDOLPH). Mit Ägypten und Assur in 10,3–12 sind vermutlich die Diadochenreiche der Ptolemäer und Seleukiden im 3. Jh. gemeint. Doch kann das aus der vorexil. Prophetie überkommene Mächtepaar auch eine andere Konstellation meinen; vielleicht darf man auch gar nicht ganz bestimmt fragen. Bei der Hirtenvision 11,4–16 ist zwar die Beziehung auf das samaritan. Schisma sicher (vgl. v.14). Aber das hilft darum nicht viel, weil wir das Schisma nicht genau datieren können und es sich durch viele Generationen vorbereitet hat, in denen der Text als eine Ansage des fast zwangsläufig zu Erwartenden entstanden sein kann; zudem fragt sich, wieweit echte Weissagung und wieweit ein vaticinium ex eventu vorliegt. Bei dem »Durchbohrten« von 12,9–14 hat man phantasievoll an verschiedene Gestalten der Makkabäerzeit gedacht, über die wir mehr wissen als über die beiden Jh.e davor. An sich können die Kapitel als jüngste Bestandteile durchaus noch Stücke aus der Makkabäerzeit enthalten (RUDOLPH: 12,4 bα.5–8 vom Beginn des Aufstandes).
Einheitliche Autorschaft ist ganz unwahrscheinlich, wie schon die Unterschiede in der Zukunftserwartung zeigen. So spielt der Messias in manchen Stücken eine Hauptrolle, in Kap. 14 ist für ihn kein Platz. Weiter werden in 12,1–13,6 die Völker von vornherein zurückgeschlagen, in 14 erobern sie zunächst Jerusalem. Schon dies widerrät, Kap. 12–14 einem einzigen »Tritosacharja« zuzuschreiben. Trotzdem stellt der Gesamtkomplex 9–14 eine gewachsene Einheit dar und will als solche gelesen werden. Durchgängige Hauptkennzeichen sind die zur Apokalyptik hin tendierende Eschatologie (vgl. bes. GESE) und der Anschluß an die ältere Tradition, vor allem die prophetische (vgl. bes. I. WILLI-PLEIN).

§ 39 Maleachi

A. v. BULMERINCQ, Der Prophet Mal, 1926–1932; E. PFEIFFER, Die Disputationsworte im Buche Mal, EvTh 19, 1959, 546–568 (dazu H. J. BOECKER, ZAW 78, 1966, 78–80).

1. Die Überschrift erinnert in 1,1a an Sach 9,1; 12,1, doch das *Buch* hat einen anderen Charakter als die hypothet. Bücher Sach 9–11; 12–14. Man pflegt es (wie diese) für anonym zu halten: *malʾākî* kommt in 3,1 in der Bedeutung »mein Bote« vor und kann von dort in die Überschrift gelangt sein (LXX: ἐν χειρὶ ἀγγέλου αὐτοῦ). RUDOLPH macht dagegen geltend, daß das Wort durchaus ein verkürzter Eigenname sein kann und daß der »Bote« von 3,1 nicht mit dem Propheten verwechselt werden konnte.

Das Buch besteht aus sechs voneinander unabhängigen, aber mit Bedacht in die jetzige Reihenfolge gebrachten Disputations- (PFEIFFER) oder Diskussionsworten (BOECKER). An ihrem Anfang steht jedesmal ein Satz, der dann in einer Gegenrede bestritten und anschließend begründet und entfaltet wird. Es handelt sich gewiß um die stilisierte Aufzeichnung von Gesprächen, wie sie wirklich geführt wurden.

Die Themen:
1,2—5 Jahwes Liebe zu Israel (Jakob) und die schlechte Behandlung Edoms (Esaus);
1,6—2,9 gegen minderwertige Opfer, Androhung des Fluchs über die Priester (1,11—14 Zusatz?);
2,10—16 gegen Mischehen und Ehescheidung (11 b—13 a Zusatz?);
2,17—3,5 gegen Zweifel an der göttlichen Gerechtigkeit; Ankündigung von Jahwes Kommen zum Gericht (3,3 f. Zusatz? nach RUDOLPH sachlich zu 2,1—9 gehörig);
3,6—12 Begründung einer Mißernte mit unvollständiger Ablieferung des Zehnten; Segensverheißung für den Fall der Umkehr;
3,13—21 wieder gegen Zweifel: das kommende Gericht, bei dem die Gerechten belohnt, die Frevler bestraft werden.

2. Die *Entstehungszeit* läßt sich nur ungefähr bestimmen. Der zweite Tempel steht, inzwischen sind im Kultwesen Mißstände eingerissen. Gegen sie und gegen die Mischehenpraxis macht Maleachi Front wie Esra und Nehemia. Er dürfte ungefähr in deren Zeit gehören, also in das 5. Jh. BULMERINCQ hat in ihm sogar einen Gehilfen des Esra sehen wollen.

Die dtr formulierte Mahnung 3,22 und die Ankündigung des Elija als Vorboten des Gerichts 3,23 f. schließen, obwohl v.23 an v.1 anknüpft, eher das Zwölfprophetenbuch oder den ganzen Prophetenkanon ab als nur das Buch Mal. Man kann sich durch v.22 an die Anfangssätze der »früheren Propheten«, Jos 1,1—9, erinnert fühlen (RUDOLPH); die gesamte Prophetie erscheint durch diese Rahmung im Lichte des Gesetzes. Sir 48,10 zitiert v.24; die Schlußverse sind also spätestens um 200 v. Chr. geschrieben.

E. Die Schriften

I. Die drei poetischen Hauptwerke

§ 40 Die Psalmen

Kommentare: F. DELITZSCH (BC) 1859, ⁵1894; B. DUHM (KHC) 1899, ²1922; H. GUNKEL (HK) 1929 (⁵1968); R. KITTEL (KAT) 1914, ⁵⁻⁶1929; H. SCHMIDT (HAT) 1934; A. WEISER (ATD) 1935, ⁷1966; H.-J. KRAUS (BK) 1960, ⁵1978; M. J. DAHOOD (AB) 1966—1970.
Literaturberichte: M. HALLER, ThR NF 1, 1929, 378—402; J. J. STAMM, ThR NF 23, 1955, 1—68; A. S. KAPELRUD, VF 11, 1966, 62—93; E. GERSTENBERGER, VF 17, 1972, 82—99; 19, 1974, 22—45; J. BECKER, Wege der Psalmenexegese, SBS 78, 1975.
S. MOWINCKEL, Psalmenst. I—VI, 1921—1924 (1961); H. GUNKEL — J. BEGRICH, Einleitung in die Pss. Die Gattungen der religiösen Lyrik Israels, 1933 (³1975); C. WESTERMANN, Lob und Klage in den Pss (1954/1962/1963) 1977; DERS., Der Psalter, 1967; CH. BARTH, Einführung in die Pss, BSt 32, 1961; S. MOWINCKEL, The Psalms in Israel's Worship, I/II, 1962; P. A. H. NEUMANN (Hrsg.), Zur neueren Psalmenforschung, WdF 192, 1976.
L. DELEKAT, Probleme der Psalmenüberschriften, ZAW 76, 1964, 280—297; H. GESE, Die Entstehung der Büchereinteilung der Pss (1972), Vom Sinai zum Zion, 159—167; W. ZIMMERLI, Zwillingspsalmen (1972), Ges. Aufs. II, 261—271.
F. STUMMER, Sum.-akk. Parallelen zum Aufbau at. Pss, 1922; G. R. DRIVER, Die Pss im Lichte bab. Forschung (1926), deutsch bei NEUMANN a. a. O. 62—133; J. BEGRICH, Die Vertrauensäußerung im isr. Klagelied des Einzelnen und in seinem bab. Gegenstück (1928), Ges. St. 168—216; G. R. CASTELLINO, Le lamentazioni individuali e gli inni in Babilonia e in Israele, 1939; A. FALKENSTEIN — W. V. SODEN, Sum. und akk. Hymnen und Gebete, 1953; J. ASSMANN, Ägypt. Hymnen und Gebete, 1975.
H. SCHMIDT, Das Gebet der Angeklagten im AT, BZAW 49, 1928; L. DELEKAT, Asylie und Schutzorakel am Zionheiligtum. Eine Untersuchung zu den privaten Feindpsalmen, 1967; O. KEEL, Feinde und Gottesleugner. St. zum Image der Widersacher in den Individualpsalmen, SBM 7, 1969; W. BEYERLIN, Die Rettung der Bedrängten in den Feindpsalmen der Einzelnen auf institutionelle Zusammenhänge untersucht, FRLANT 99, 1970; K. SEYBOLD, Das Gebet des Kranken im AT, BWANT 99, 1973; E. S. GERSTENBERGER, Der bittende Mensch. Bittritual und Klagelied des Einzelnen im AT, WMANT 51, 1980.
F. CRÜSEMANN, St. zur Formgeschichte von Hymnus und Danklied in Israel, WMANT 32, 1969; K. SEYBOLD, Die Wallfahrtspsalmen, Bibl.-theol. Studien 3, 1978.

1. Das *Buch* der Psalmen, auch der Psalter genannt, umfaßt 150 einzelne Gedichte religiöser Lyrik. Zu ihrer poet. Form im allg. s. o. § 17,2.
a) Der hebr. *Name* des Buches ist *(sepær)* t^ehillîm, ein ungewöhnlicher mask. Plural von t^ehilläh »Lobpreis, Lobgesang« (als Einzelüberschrift nur Ps 145,1). Dieser Name deutet ein Gesamtverständnis des Buches im Sinne einer der beiden in ihm enthaltenen Hauptgattungen, des Hymnus, an; es wäre ja auch der Name t^epillôt »Gebete« nach der anderen Hauptgattung (vgl. 17,1; 72,20) oder ein neutraler Name möglich gewesen. In der LXX ist das Buch meist ψαλμοί überschrieben (vgl. βίβλος ψαλμῶν Lk 20,42; Apg 1,20); ψαλμός gibt hebr. *mizmôr*, die häufigste Einzelüberschrift, wieder. Daneben steht der Name ψαλτήριον (LXX^A), der von Hause aus ein Saiteninstrument (hebr. *nebæl*) bezeichnet (33,2 u. ö.).

b) In der *Zählung* gibt es Differenzen. Die LXX (und ihr folgend die 𝔙) faßt die Pss 9 und 10 und die Pss 114 und 115 zu je einem Ps zusammen und zerlegt dafür die Pss 116 und 147 in je zwei Pss. Also entsprechen den hebr. Pss 11—113 die Pss 10—112 der LXX, den hebr. Pss 117—146 die Pss 116—145 der LXX.

Mit der Zusammenfassung der Pss 9 und 10 hat die LXX zweifellos recht; die alphabet. Anordnung innerhalb beider hebr. Pss zeigt, daß es sich um ein einziges Gedicht handelt. Ebenso gehören die Pss 42 und 43 zusammen (Kehrvers). Dagegen scheinen andere Pss erst eine sekundäre Einheit zu sein (vgl. bes. Ps 19, der in 2–7 von der Schöpfung, in 8–15 vom Gesetz handelt).
Die LXX bietet noch einen Ps 151, den David nach seinem Kampf mit Goliat gedichtet haben soll. Diesen Ps kennen auch syr. Hss., die daran noch 4 weitere Pss anschließen. Wie längst postuliert wurde (M. NOTH, ZAW 48, 1930, 1–23) und jetzt durch Funde in Qumran (Höhle 11) erwiesen ist, liegen diesen apokryphen Pss hebr. Originale zugrunde (Text und Erläuterung: A. S. VAN DER WOUDE, Die fünf syr. Pss, JSHRZ IV, 29–47).

c) Die *Bestimmung* des ganzen Psalters war, wie man gern gesagt hat, die »das Gesangbuch der jüd. Gemeinde« zu sein. So wurde er im Tempel, in den Synagogen und in den Häusern gebraucht. Die genaue Beziehung auf bestimmte Feste, Tage und Anlässe wurde allerdings großenteils erst nach dem Abschluß der Sammlung festgelegt. In talmud. Zeit wurden die sog. Hallel-Pss 113–118 (auch »das ägypt. Hallel« zum Unterschied von 145–150) an den drei Wallfahrtsfesten, bes. dem Pascha, und am Tempelweihfest *(ḥ^{a}nukkāh)* rezitiert, die Bestimmung für einzelne Wochentage ist bes. in der LXX gelegentlich vermerkt (24; 38; 48; 92 auch MT; 93 f.). Dem intensiven Gebrauch des Psalters im Judentum aller Zeiten steht der in den christl. Konfessionen gegenüber, der in seiner Mannigfaltigkeit auch seinerseits den unerschöpflichen Reichtum dieses Buches bezeugt.

d) Wir wüßten über Verständnis und Bestimmung der Pss zur Zeit ihrer Sammlung mehr, wenn wir die ihnen (bes. im ersten großen Hauptteil Ps 3–89) beigegebenen *Überschriften* besser verstünden.

Es handelt sich zunächst um die Zuschreibung an Personen oder Gruppen: Mose (Ps 90), David (73 Pss), Salomo (Ps 72; 127), die Korachiten (42; 44–49; 84 f.; 87 f.), Asaf (50; 73–83), Heman (88), Etan (89), Jedutun (39; 62; 77). Die Zuweisung durch die Präposition l^e dürfte mindestens bei Mose, David und Salomo die Autorschaft meinen, vgl. die Angabe der Situation im Leben Davids in Ps 3; 7; 18; 34; 51; 52; 54; 56 f.; 59 f.; 63; 142 (zur Bedeutung dieser Situationsangaben B. S. CHILDS, Psalm Titles and Midrashic Exegesis, JSSt 16, 1971, 137–150). Ob das l^e hier vorher einmal anders gemeint war (Bestimmung für den König, Vortrag durch ihn, der König als Hauptfigur, gemäß dem *l*, das in der Überschrift ugaritischer Epen deren Hauptperson bezeichnet), ist sehr fraglich. An die Autorschaft muß man darum auch bei den Zuweisungen an die Sängergeschlechter bzw. deren Eponymen (s. u.) denken, obwohl hier auch die Bedeutung »bestimmt zum Vortrag durch …« möglich ist.

Dazu kommen Gattungsbezeichnungen: *mizmôr* »zu Instrumentalbegleitung gesungenes (religiöses) Lied« (Überschrift von 57 Pss, im AT sonst fehlend), *šîr(āh)* »Lied« (in 30 Überschriften, nur vereinzelt allein: Ps 18; 46, häufig kombiniert mit *mizmôr*: 48; 65; 67 usw., spezielle Gattungen *šîr hamma'^{a}lôt* »Wallfahrtslied« [?] 120–134, *šîr j^{e}dîdôt* »Liebeslied« 45, *šîr ṣijjôn* »Zionslied« 137,3), *t^{e}hillāh* und *t^{e}pillāh* (s. o. a), ferner, nicht sicher deutbar, *miktām* (6 Pss), *maśkîl* (13 Pss), *šiggājôn* (Ps 7).

Eine Reihe von Notizen geben offenbar Hinweise für den Vortrag: *bingînôt* »mit Saitenspiel« (Ps 4 u. ö.), *'al 'ajjælæt haššaḥar* »nach (der Melodie): die Hirschkuh in der Morgenröte« (? Ps 22) usw. 55mal begegnet *lamnaṣṣeaḥ*, ohne Gewähr meist übersetzt »dem Chorleiter«. Innerhalb bzw. am Ende einzelner Pss steht 71mal das in seiner Wortbedeutung unerklärte *sælāh* (3,3.5.9 usw., LXX: διάψαλμα).

e) Wann die *Endredaktion* des Psalters erfolgte, läßt sich nicht sicher sagen. Sollten einzelne Pss erst aus der Makkabäerzeit stammen, müßte man tief in das 2. oder in das 1. Jh. v. Chr. hinuntergehen. Doch diese Voraussetzung ist alles andere als sicher. Das älteste Psalmenzitat (79,2 f.) außerhalb des at. Kanons steht, als Schriftwort eingeleitet, 1 Makk 7,17 (um 100 v. Chr.?). Wenn unter den Büchern, die der

Übersetzer des griech. Sir (nach 132 v. Chr.) für seine und seines Großvaters Zeit neben Gesetz und Propheten nennt (s. § 2,4), der vollständige Psalter gewesen ist – und dafür spricht dessen Spitzenstellung unter den »Schriften« –, dann kommen wir auf den Anfang des 2. Jh.s v. Chr. als terminus ante quem für seine Entstehung. Durch die beiden Eingangspsalmen steht das ganze Buch im Licht der Tora-Frömmigkeit einerseits (1), des Messiasglaubens anderseits (2). Das ist natürlich redaktionelle Absicht (vielleicht nicht erst der Endredaktion), ebenso wie der Abschluß durch die Doxologie Ps 150. Frühestens auf die Endredaktion geht die Einteilung in fünf Bücher (1–41; 42–72; 73–89; 90–106; 107–150) zurück, in der man eine Analogie zum Pentateuch sah: »Mose gab Israel die fünf Bücher, und David gab Israel die fünf Bücher der Pss« (Midrasch Tehillim zu Ps 1,1). Diese Einteilung orientierte sich an den Doxologien 41,14; 72,18 f.; 89,53; 106,48.

2. Die drei ersten Doxologien geben bereits Hinweise auf die *lit. Vorgeschichte* des Psalters; an eine von ihnen schließt sich die ausdrückliche Schlußnotiz zu einer älteren Teilsammlung von David-Pss an (72,20; danach gibt es noch weitere David-Pss, 86 usw.!). Daß das Ganze nicht in einem einzigen Arbeitsgang zusammengestellt wurde, zeigt sich auch an einzelnen Wiederholungen (14 = 53; 40,14–18 = 70; 57,8–12 + 60,7–14 = 108), vor allem aber am Fehlen einer klaren Gesamtordnung nach Form oder Inhalt oder beidem. Zudem ist in den Pss 42–83 noch eine gesonderte Redaktion zu erkennen, die meist Elohim für Jahwe gesetzt hat (»elohistischer Psalter«, vgl. 53 und 70 mit den genannten Parallelen, ferner »Gott, mein bzw. dein Gott« 43,4; 45,8; 50,7 für »Jahwe, mein bzw. dein Gott«).

Die erste große Teilsammlung ist der David-Psalter Ps 3–41 (Zuschreibung an David außer bei Ps 33). Er enthält ganz überwiegend Pss des einzelnen, meist Klagelieder. Die Pss sind durch eine Art »Verkettung«, die oft in den Wortlaut eingreift, aneinandergereiht (CH. BARTH, Concatenatio im ersten Buch des Psalters, Fs. E. L. Rapp, 1976, 30–40; vgl. dazu auch ZIMMERLI).

Der elohist. Psalter Ps 42–83 (nach GESE auch 84) vereinigt mehrere kleinere Sammlungen: die Korachiten-Pss 42–49 (dazu der Asaf-Ps 50), die David-Pss 51–71 (dazu der Salomo-Ps 72) und die Asaf-Pss 73–83. Nach der elohist. Redaktion ist noch der Anhang der Pss 84–89 hinzugekommen (84 f.; 87 f. Korachiten, 86 David, 88 Heman, 89 Etan). In der ganzen Sammlung 42–89 sind die David-Pss wiederum meist Pss des einzelnen, dagegen diejenigen, die den Sängergruppen zugeschrieben werden, meist solche der Gemeinschaft (WESTERMANN).

Es scheint, als lasse sich vom Inhalt der Asaf- und der Korach-Pss her noch einiges über Tradition und Theologie dieser Gruppen sagen (vgl. M. J. BUSS, The Psalms of Asaph and Korah, JBL 82, 1963, 382–392, und bes. G. WANKE, Die Zionstheologie der Korachiten in ihrem traditionsgeschichtl. Zusammenhang, BZAW 97, 1966). Für deren verwickelte Geschichte in nachexil. Zeit und damit auch für die Datierung der ihnen zugeschriebenen Sammlungen liefern ihre verschiedenartigen Nennungen in Chr/Esr/Neh einige Anhaltspunkte (vgl. H. GESE, Zur Geschichte der Kultsänger am zweiten Tempel, [1963], Vom Sinai zum Zion, BevTh 64, 1974, 147–158). In der »Rückwandererliste« Esr 2/Neh 7 erscheinen gegen Ende des 6. Jh.s die (noch nicht levit.) Sänger schlechthin als Asafiten (v.41/44; vgl. auch noch 2 Chr 35,15). Diese sind in Neh 11,17 (Verzeichnis für die Zeit Nehemias, Mitte 5. Jh.) zu Leviten geworden, und die Gruppe Jedutun ist ihnen zur Seite getreten. In der normalen chronist. Reihe (Anfang 3. Jh.?) steht zwischen ihnen Heman, also: Asaf-Heman-Jedutun (1 Chr 16,5.41; 2 Chr 5,12; 29,13 f.; 35,15). Noch spätere Stücke rücken Heman an die Spitze, die Reihenfolge lautet nun Heman-Asaf-Etan (1 Chr 6,16–32; 15,17, vgl. auch die Sängerliste 1 Chr 25, wo die Zahl der Söhne den Vorrang Hemans auszudrücken scheint). Diesem Stadium scheinen die (zweite) Zuweisung von Ps 88 an Heman und die von Ps 89 an Etan zu entsprechen. Bei alledem handelt es sich offenbar um Variationen des grundlegenden Nebeneinanders von Asaf und Korach, das in der älteren Zuweisung zahlreicher Pss an diese beiden Gruppen zum Ausdruck kommt (vgl. auch 2 Chr 20,14.19; Kehat hängt in den Genealogien mit Korach zusammen). Hinter den Namen Heman und womöglich auch Jedutun scheinen sich Gruppen der Korachiten zu verbergen (vgl. zu Heman außer Ps 88,1 auch 1 Chr 6,18–23, zu Jedutun den Korachiten Obed-Edom 1 Chr 26,1.4 als Sohn Jedutuns 16,38). Die Korachiten waren ein wichtiges Geschlecht, zunächst von Torhütern im Tempel (1 Chr 9,19) u. dgl., dem die angestrebte Priesterwürde versagt blieb (Num 16) und das stattdessen offenbar die führende Position in der Sängerschaft erobert hat. Die Namen Heman und Etan sind aus 1 Kön 5,11 genommen, Jedutun scheint vom Verbum *jdh* »loben« abgeleitet zu sein.

Nach einer Vermutung J. W. ROTHSTEINs (bei S. R. DRIVER, Einleitung in die Literatur des AT, 1896, 399²) hat diejenige Hand, die Ps 84–89 zum elohist. Psalter hinzufügte, gleichzeitig dessen Vereinigung mit dem David-Psalter Ps 3–41 vollzogen und der so entstandenen größeren Sammlung den Ps 2 als Gegenstück zu dem ebenfalls königlich-messianischen Ps 89 (vgl. auch »mein Sohn« 2,7 mit »mein Vater« 89,27) vorangestellt. Die Sammlung wäre auf diese Weise in die Klammer des Messiasglaubens gefaßt. In einem späteren Stadium dürfte der Tora-Ps 1 hinzugekommen sein, als programmatischer Anfang des ganzen Psalters, vielleicht auch zunächst einer vergrößerten Teilsammlung, die mit dem Tora-Ps 119 schloß.
Den Pss 90–150 liegen kleinere Einzelsammlungen zugrunde, deren Abschluß jeweils mehrere »Halleluja-Pss« (im folgenden in Klammern) bilden: 90–104 (105–107); 108–110, David-Pss (111–114.116–118); 120–134, die »Wallfahrtslieder« (135 f.); 138–145, David-Pss (146–149 bzw. 150). Eine Sonderstellung nehmen die Pss 115, 119 und 137 ein. Die Sammlungen wurden in mehreren Stadien an den Grundstock 2–89 angefügt.

Ein Einzelfall beleuchtet das Verhältnis zum Grundstock: 108 ist aus 57,8–12 und 60,7–14 zusammengesetzt, und zwar bereits in deren elohistischer Gestalt. Für die Sammlung 90–107 liefert 1 Chr 16,7–36 ein Zeugnis: David läßt dort anläßlich der Aufstellung der Lade in Jerusalem die Asafiten ein Danklied singen, das aus Ps 105,1–15 und Ps 96 zusammengesetzt ist (vgl. auch 106,1.47 f.).

Da der Psalter eine nachträglich veranstaltete Sammlung ist, hat die Forschung es vor allem mit den einzelnen Pss zu tun. Sie gruppiert sie nach ihren Gesichtspunkten neu und greift außerdem über die Grenze des Psalters hinaus; auch anderwärts im AT, aber auch sonst innerhalb und außerhalb Israels finden sich religiöse Gedichte, die den Pss nahestehen.
3. Bevor wir die Pss nach ihren Gattungen besprechen, vergegenwärtigen wir uns einige *Hauptprobleme der Psalmenforschung*. Sie hängen untereinander eng zusammen.
a) Wichtige Perspektiven liefert das eben erwähnte *Material außerhalb des Psalters*.

Einen Eindruck von dem, was die Bibel bietet, kann man sich verschaffen, indem man sich in die ᾠδαί (cantica) vertieft, die lange vor aller Gattungsforschung in einigen Hss. der LXX hinter die Pss gestellt sind, an der Spitze die neun Oden der griech.-orthodoxen Kirche: das »Meerlied« Ex 15,1–19, das Moselied Dtn 32,1–43, der Lobgesang der Hanna 1 Sam 2,1–10, der »Psalm« des Habakuk Hab 3, das »Gebet des Jesaja« Jes 26,9–20, die Gebete des Jona Jon 2,3–10, des Asarja Dan 3,26–45 LXX, der drei Männer im Feuerofen Dan 3,52–88 LXX, Magnificat und Benedictus Luk 1,46–55.68–79, ferner das Weinberglied Jes 5,1–9, die Gebete des Hiskija Jes 38,10–20 und des Manasse (nichtbibl., veranlaßt durch 2 Chr 33,19), das Nunc dimittis Luk 2,29–32 und der nichtbibl. »Morgenhymnus«. Dazu kommen manche weitere psalmartige Texte sowie Texte, deren Stil sich mit dem der Pss berührt (in den Propheten, bei Ijob). Nachkanonische Sammlungen sind die Pss Salomos (1. Jh. v. Chr.) und die *hôdājôt* »Loblieder« aus Qumran (1 QH).

Daß es für die Pss ein ungewöhnlich reiches außerbibl. Vergleichsmaterial gibt, überrascht nicht angesichts ihrer Nähe zum Kultus, den man ja geradezu »das ethnische Element in der israelitischen Religion« genannt hat (WELLHAUSEN), und angesichts ihrer Bildersprache, die ganz in die altorental. Welt hineingehört (vgl. O. KEEL, Die Welt der altorental. Bildsymbolik und des AT. Am Beispiel der Pss, 1972). So sehr es verlockt, über den alten Orient hinaus in die kaum überschaubare Fülle der Gebetstexte aller Religionen zu greifen (dazu immer noch F. HEILER, Das Gebet, ⁵1923), ist doch für den Exegeten zunächst die Beschränkung auf das geboten, was die neueren Funde aus Israels Umwelt erschlossen haben; es bietet Probleme genug. Das mesopotam. und ägypt. Material ist außer in dem Gesamtquerschnitt ANET 365–401. 573–586 in den Sammlungen von FALKENSTEIN – v. SODEN und ASSMANN gut zugänglich. Die mesopotam. Texte weisen sowohl in der Form als auch in den Motiven viele Ähnlichkeiten mit den Pss auf, doch ebenso deutlich tritt auch die Selbständigkeit Israels hervor, die vor allem in seinem so ganz anderen Gottesbild gründet (s. die Vergleiche bei STUMMER, DRIVER, BEGRICH, CASTELLINO). Direkter Einfluß durch die meist sicher älteren mesopotam. Texte läßt sich nirgends sicher nachweisen. Es ist aber völlig deutlich, daß Israel in eine längst bestehende Tradition der Psalmographie eintrat, vermutlich durch kan. Vermittlung. Leider besitzen wir bisher fast keine kan. Pss; doch bieten die sonstigen Texte, bes. aus Ugarit, mancherlei einzelnes Vergleichsmaterial (gegen seine Überschätzung, bes. durch DAHOOD, vgl. H. DONNER, Ugaritismen in der Psalmenforschung, ZAW 79, 1967, 322–350). Die eindrücklichste Berührung zwischen einem Ps und einem Text der Umwelt ist die zwischen Ps 104 und dem sog. Sonnenhymnus des Pharao Amenophis IV.-Echnaton (1364–1347), also einem ägypt. Text (Übersetzung z. B. ANET 369–371, RTAT 43–46); es fällt schwer, hier nicht an einen näheren Zusammenhang zu denken.

b) Als vornehmste Aufgabe gilt manchen die *Datierung* der Pss. Aber gerade hier herrscht große Unsicherheit.

Die Kritik hatte schon um 1800 die Richtigkeit vieler Angaben von Verfassern und Situationen in den Überschriften widerlegt. Wie kann David Pss gedichtet haben, die den Tempel erwähnen (5,8; 27,4; 28,2; 65,5; 68,30; 122,1.9; 138,2) oder mehr oder weniger deutlich das Exil voraussetzen (51,20 f.; 69,36)? Gegen EICHHORN u. a., die aus solchen Gründen einen kleineren oder größeren Teil der Zuschreibungen an David fallen ließen, postulierte DE WETTE die grundsätzliche Unzuverlässigkeit der Angaben in den Überschriften und forderte für jede nunmehrige Zuschreibung den Beweis. Die »positive Kritik« der Folgezeit datierte daraufhin mit Eifer und unterschiedlichen Ergebnissen (vgl. bes. die Kommentare von F. HITZIG 1835/36, ²1863/65 und H. EWALD 1836, ³1866).
Eine wichtige Streitfrage war die, ob ein Teil der Pss erst aus der Makkabäerzeit (ab 167 v. Chr.) stamme. Bereits der Antiochener THEODOR VON MOPSUESTIA hatte 17 Pss (44; 47; 55–60; 62; 69; 74; 79 f.; 83; 108 f.; 144) auf die Makkabäerzeit bezogen, freilich so, daß David deren Ereignisse vorhergesagt habe (vgl. F. BAETHGEN, ZAW 6, 1886, 261–288). Dies hielt die moderne Kritik nicht mehr für möglich, und so verlegte sie auch die Abfassungszeit ins 2. Jh. (Geschichte des Problems bei C. EHRT, Abfassungszeit und Abschluß des Psalters, 1869). Am radikalsten verfuhren HITZIG, J. OLSHAUSEN (Kommentar 1853) und DUHM, die über die bescheidene Zahl 17 weit hinausgingen. DUHM datierte außer in die makkabäischen Kämpfe zahlreiche Pss (bes. Königs-Pss) in die folgende Zeit der hasmonäischen Hohenpriester und Könige; nicht wenige hielt er für pharisäisch. Vorsichtigere Forscher betrachteten wenigstens die Pss 44; 74; 79 und 83 als makkabäisch, andere, voran EWALD und später GUNKEL, widersprachen dem ganzen Unternehmen. Außer dem buch- und kanongeschichtlichen Argument (Abschluß des Psalters um 200 v. Chr.?) spielt dabei die Unsicherheit fast jeder histor. Ausdeutung von Anspielungen in den Pss eine

Rolle. Weil wir die Makkabäerzeit ungewöhnlich gut kennen, werden uns Klagen über gottlose Feinde und Unterdrücker oder über das verwüstete Heiligtum hier besonders plastisch, ohne daß wir doch ihre Herkunft aus einer älteren Situation ausschließen können. Vgl. zum Gesamtproblem die abgewogene Diskussion bei P. R. ACKROYD, Criteria for the Maccabean Dating of OT Literature, VT 3, 1953, 113–132.
Mit der exakten histor. Ansetzung einzelner Pss ist man immer vorsichtiger geworden. So begegnet, um ein Beispiel herauszugreifen, kaum noch die einst beliebte Beziehung von Ps 46, dem Vorbild von Luthers »Ein feste Burg...«, auf Jerusalems Belagerung durch die Assyrer 701 v. Chr. (2 Kön 18 f.); es ist sehr fraglich, ob überhaupt eine derart konkrete Situation zugrundeliegt. Reizvoll, aber ohne jede Gewähr sind etwa auch die Spekulationen über den König, der nach Ps 45 eine ausländische Prinzessin heiratete: war es Salomo, der eine Pharaonentochter, Ahab, der Isebel aus Tyrus oder Joram von Juda, der Atalja aus Israel zur Frau hatte (1 Kön 3,1; 16,31; 2 Kön 8,18.26), oder noch ein anderer, von dem uns nur die entsprechende Nachricht fehlt? In neuerer Zeit hat namentlich EISSFELDT eine Reihe von Pss zu datieren versucht, aber ohne viel Beifall zu finden. Nur bei Ps 137 (»An den Strömen Babels saßen wir und weinten...«) ist die histor. Situation völlig unumstritten: das bab. Exil. Der Tradition galt er als einer der jüngsten Pss, für DUHM war er der möglicherweise älteste, seither ist er mancherorts wieder zum jüngsten geworden. Dieses Hin und Her spiegelt nicht nur den Wechsel zwischen konservativeren und kritischeren Tendenzen, sondern auch den Einfluß anderweitiger Fragestellungen und Arbeitsergebnisse. Das 19. Jh. suchte von der neugewonnenen Verhältnisbestimmung zwischen Gesetz und Propheten her auch den Pss beizukommen (Extremformel der oben § 9,7 zitierte Satz von E. REUSS, das Gesetz sei jünger als die Propheten und die Pss jünger als beide), das 20. Jh. stieß aufgrund neuer Einsichten über die vorlit. Tradition und aufgrund des neugefundenen außerbibl. Materials wieder in ältere Zeiten vor.
Bereits zu Anfang des 19. Jh.s äußerte DE WETTE seine grundsätzliche Skepsis angesichts der gewohnten Untersuchungen über Zeit und Verfasser und forderte statt dessen eine »ästhetische« Kritik, die an »Sprache, Form und Inhalt« den »ursprünglichen und nachgeahmten, früheren und späteren Charakter« der Pss erkennen solle (Kommentar 1811, ⁴1836). Dieser Forderung wurde ein Jh. später im Zusammenhang der Arbeit an den Gattungen der Pss weitgehend entsprochen; von daher sind die Datierungsfragen in ein neues Licht gerückt.

Die Anhaltspunkte, mit denen sich im Einzelfall eine ungefähre Einordnung versuchen läßt, sind formal die Stellung in der Geschichte einer Gattung (strenge oder gelockerte, abgeleitete Form, Mischung mit anderen Gattungen, Lösung vom Kultus), inhaltlich die Beziehung auf bestimmte historisch einzuordnende Ereignisse oder Institutionen (Exil, Königtum, Lade) sowie der Einfluß von Prophetie, Weisheit, dtr oder priesterschriftl. Theologie usw. Die Arbeit läßt sich einstweilen nur für einzelne Pss oder nach formalen und inhaltlichen Motiven ausgewählte Gruppen von Pss leisten (vgl. etwa L. VOSBERG, Studien zum Reden vom Schöpfer in den Pss, BevTh 69, 1975).

c) Den wichtigsten Beitrag zur Psalmenforschung hat GUNKEL geleistet, indem er die Pss nach <u>Gattungen</u> einteilte. Er war darin nicht ohne Vorläufer; neben ganz unsachgemäßen Klassifizierungen, etwa solchen nach griech. Vorbild (Oden, Liedern, Elegien u. dgl.), stehen andere, die GUNKEL schon recht nahe kommen, voran diejenige DE WETTES (Hymnen, Nationalpss, Zions- und Tempelpss, Königspss, Klagepss, religiöse und moralische Pss); Anregungen hatte J. G. HERDER geliefert (bes. Vom Geist der Ebräischen Poesie, 1782/83). Aber GUNKEL stellte ein großes Programm auf und führte es bis ins einzelne durch. Er bezog die Gattungen auf <u>ihren »Sitz im Leben«</u>, namentlich im Gottesdienst, untersuchte außer ihren »Gedanken und Stimmungen« ihre »Formensprache« sowie die für sie charakteristischen »Motive« und behandelte schließlich ihre Geschichte. Die Gattungen sind nach GUNKEL folgende: Hymnen, Lieder von Jahwes Thronbesteigung, Klagelieder des

Volkes, Königspss, Klagelieder des einzelnen sowie kleinere Gattungen (Segens- und Fluchworte, Wallfahrtslied, Siegeslied, Danklied Israels, Legende, Tora). Auf GUNKEL baut die seitherige Forschung auch dort auf, wo sie ihn kritisiert; einstweilen halten sich die Arbeiten zu den Gattungsproblemen im Rahmen von – nicht immer sehr nötigen – Variationen zu seinen Themen.

d) Die Frage nach dem Sitz der Pss im Leben konzentriert sich in der Frage nach ihrem *Verhältnis zum Kultus*. Die Überschriften vieler Pss ergeben zusammen mit den Nachrichten der Chronik zweifelsfrei, daß der Psalmengesang am nachexil. Tempel von einem umfangreichen Personal betrieben wurde; gewiß entstand damals und dort ein Großteil des Psalters. So wenig nun die Überschriften und die Chronik im Recht sind, wenn sie das ihnen geläufige Sangeswesen auf die vorexil. Zeit und speziell auf David zurückführen, so sicher darf man doch anderseits schon für diese ältere Zeit mit mannigfachen Formen des heiligen Worts und des kult. Gesangs an den Heiligtümern rechnen (vgl. nur die Polemik Am 5,23); es wäre merkwürdig, wenn davon nichts in den Psalter eingegangen wäre. Bei den einzelnen Gattungen ergibt meist schon ihre einfache Beschreibung die nahe Beziehung zum Gottesdienst; dazu kommen vielerlei ausdrückliche Hinweise in den Pss selbst. Man wird also den Sitz der Pss im Leben weitgehend im Kultus, dem nachexil., aber auch dem vorexil., zu suchen haben.

Weitgehend, aber nicht ausschließlich. GUNKEL, der der individualisierenden Exegese des 19. Jh.s mit Recht eine Schranke setzte und den formularhaft-überpersönlichen Psalmenstil neu verstehen lehrte, rechnete gleichwohl mit persönlichen, nicht für den Gottesdienst bestimmten »geistlichen Liedern« als einer späteren Entwicklungsstufe der Psalmendichtung (vgl. die psalmenartigen Stücke in nicht gottesdienstl. Situation außerhalb des Psalters). Diese Lieder können durchaus im Stil der älteren Kultlieder (namentlich der Klage- und Danklieder des einzelnen) gedichtet sein, ja es kann sich auch einfach um einen neuen, außerkult. Gebrauch der vorhandenen Texte handeln. Die »geistlichen Lieder« bilden für GUNKEL im Psalter sogar die Mehrzahl, ja sie sind sein »eigentlicher Schatz«.

Scharfen Widerspruch erfuhr GUNKEL von seinem bedeutendsten und eigenwilligsten Schüler, MOWINCKEL, der den Lehrer an dieser Stelle in liberal-protestantischer Abneigung gegen die Kultreligion dem eigenen wissenschaftl. Ansatz untreu werden sah. MOWINCKEL suchte diesen Ansatz seinerseits konsequent durchzuführen und betrachtete alle Pss, bei denen ihm nicht das Gegenteil in die Augen sprang, als kultisch. Zunächst ließ er nur drei Ausnahmen zu, die Pss 1, 112 und 127, später immerhin elf, nämlich 1; 19 b; 34; 37; 49; 78; 105; 106; 111; 112; 127. In ihnen sah er die Erzeugnisse weisheitlich-gelehrter Dichtung, die sich in der nachkanon. Psalmographie (Dan, Jud, Tob, Sir, PsSal, 1QH) fortgesetzt hat.

Die wissenschaftsgeschichtl. Situation scheint gegenwärtig für MOWINCKEL bzw. GUNKEL–MOWINCKEL grundsätzlich günstiger als für GUNKEL und das vor diesem liegende 19. Jh. Dabei dürfte sich das Interesse besonders auf die hinter den Pss stehenden Lebenszusammenhänge richten.

Auf dem Boden der Anschauung MOWINCKELs brachte G. v. RAD das Anliegen GUNKELs jedenfalls zu einem Teil wieder zur Geltung, indem er innerhalb des levit. Kultuspersonals einen Kreis von »Spiritualen« postulierte, der die Psalmensprache in sublimer, gelegentlich ans Mystische grenzender Reflexion aufgenommen und weitergeführt habe (»Gerechtigkeit« und »Leben« in der Kultsprache der Pss [1950], Ges. St. I, 225–247; vgl. auch H.-J. HERMISSON, Sprache und Ritus im altisr. Kult. Zur »Spiritualisierung« der Kultbegriffe im AT, WMANT 19, 1965).

MOWINCKEL fand Nachfolge nicht nur mit seiner kult. Gesamttheorie, sondern auch mit der spezielleren Hypothese von einem für Kultus und Psalmendichtung zentralen Jahresfest.

Für ihn war das das »Thronbesteigungsfest Jahwes« am Neujahrstag im Rahmen des herbstlichen Laubhüttenfestes, nach Analogie des bab. Neujahrsfestes, wo der Gott Marduk mit den Worten »Marduk ist König« inthronisiert wurde. An diesem Fest hätten im vorexil. Jerusalem als »Thronbesteigungs-Pss« die Pss mit dem Satz »Jahwe ist König (geworden)« *mālak* (47; 93; 95—99), aber auch zahlreiche andere Pss ihren Ort gehabt; aus diesem Fest sei dann geradezu die Eschatologie entstanden, indem »alles das, was man ursprünglich als unmittelbare, sich im Laufe des Jahres verwirklichende Folgen der im Kulte erlebten alljährlichen Thronbesteigung Jahwes erwartete, in eine unbestimmte Zukunft hinausgeschoben wurde«. Während H. SCHMIDT und andere, namentlich in Skandinavien, zustimmten, modifizierten GUNKEL (die erhaltenen »Thronbesteigungs-Pss erst nachexil., die Eschatologisierung durch Dtjes Jes 52,7—10 voraussetzend) und später, an GUNKEL anknüpfend, noch stärker H.-J. KRAUS (Die Königsherrschaft Gottes im AT. Untersuchungen zu den Liedern von Jahwes Thronbesteigung, 1951: vorexil. kein Thronbesteigungsfest, sondern ein »königliches Zionsfest« mit Einzug der Lade, Ps 132). Die Hypothese kann sich auf kein ausdrückliches Zeugnis für ein derartiges Fest im AT stützen; und was den Zentralsatz *jhwh mālak* angeht, so dürfte er nicht die Inthronisation, sondern unter verschiedenen Aspekten das Königsein Jahwes überhaupt meinen (vgl. D. MICHEL, Die sog. Thronbesteigungspsalmen, VT 6, 1956, 40—68, auch bei NEUMANN 367—399). Mit einem nicht weniger hypothetischen Fest, dem »Jahwe-Bundesfest«, setzte WEISER den überwiegenden Teil der Pss in Beziehung (vgl. außer seinem Kommentar: Zur Frage nach den Beziehungen der Pss zum Kult: Die Darstellung der Theophanie in den Pss und im Festkult [1950], Glaube und Geschichte im AT, 1961, 303—321). — In diesen Zusammenhang gehört auch die skandinav.-brit. »Pattern School«, die in den meisten Pss den nach dem Schema einer weithin hypothetischen gemeinoriental. Ideologie (»pattern«) als hochsakrale Person verstandenen König kult.-rituell sprechen und agieren sah. Vgl. die beiden von S. H. HOOKE herausgegebenen Sammelbände Myth and Ritual (1933) und Myth, Ritual and Kingship (1958) sowie die ausführliche Darstellung und Kritik bei K.-H. BERNHARDT, Das Problem der altoriental. Königsideologie im AT unter besonderer Berücksichtigung der Geschichte der Psalmenexegese, VTS 8, 1961.

e) Ein lange vernachlässigter Gesichtspunkt ist die *Geschichte der einzelnen Pss*. Bei fast allen hat ja nicht erst bei der Übernahme ins Christentum, sondern schon längst vorher der Sitz im Leben und damit der Sinn und nicht selten der Wortlaut Wandlungen erfahren. Das impliziert im Grunde schon der rabbin. Satz: »Alles, was David in seinem Buche gesagt hat, gilt im Blick auf ihn, im Blick auf ganz Israel und im Blick auf alle Zeiten« (Midrasch Tehillim zu Ps 18,1). So erfolgen im Laufe der Zeit in verschiedenster Weise aktualisierende, eschatologisierende, kollektivierende (für die »Pattern School«: »demokratisierende«), »frömmigkeitliche« und historisierende Neuinterpretationen (BECKER). Manche Pss lassen sich in mehrere Schichten zerlegen (vgl. W. BEYERLINS Analysen der Pss 8, 44 und 80: ZThK 73, 1976, 1—22. 446—460; Fs. G. Friedrich, 1973, 9—24).

In diesen Zusammenhang gehört zu einem guten Teil auch die Frage, die unter dem Stichwort »Das Ich der Pss« verhandelt wird. Von wenigen, ausdrücklich gekennzeichneten Ausnahmen abgesehen (vgl. Ps 129,1) läßt das singular. Ich in den Pss am ungezwungensten an einen einzelnen Beter denken. Gleichwohl gibt es vereinzelt bereits in der LXX (Ps 56,1 = 55,1 LXX), in Targum und Midrasch, auch in kirchl. Tradition und neuerer Wissenschaft (DE WETTE, OLSHAUSEN) die Deutung auf die Gemeinde bzw. Israel im Unterschied zu anderen Gruppen bzw. den Heiden. Die Unhaltbarkeit dieser Deutung konnte E. BALLA (Das Ich der Pss, FRLANT 16, 1912) gegen ihren konsequentesten Vertreter R. SMEND (Über das Ich der Pss, ZAW 8, 1888, 49—147) an vielen Stellen leicht zeigen (vgl. etwa Ps 22,10.23; 71,18; 111,1; 139,14). Doch die Frage war damit nicht erledigt. Einmal entzogen sich die königsideolog. Deutung und die Theorie von der »corporative personality« (vgl. bes. J. DE FRAINE, Adam und seine Nachkommen. Der Begriff der »Korporativen Persönlichkeit« in der Heiligen Schrift, 1962) der Alternative von individuell und kollektiv. Sodann trat hier wie anderswo (s. § 25,10) der Vorgang der kollektiven Neuinterpretation deutlicher hervor, der öfters nicht nur indirekt zu erschließen, sondern auch im Wortlaut greifbar ist (vgl. etwa Ps 102).

4. Wir beginnen die Besprechung der *Gattungen* mit den *Klageliedern* (GUNKEL), nach ihrem eigentlichen Zweck eher (Bitt-)Gebete zu nennen (W. STAERK in seinem Kommentar SAT III, 1, KITTEL).

a) Den »eigentlichen Grundstock des Psalters« (GUNKEL) bilden die Klagelieder bzw. Gebete des *einzelnen*. Es handelt sich um die Pss 3–7; 13; 17; 22; 25 f.; 27,7–14; 28; 31; 35; 38 f.; 40 (trotz des dankliedartigen Anfangs); 42 f. (zusammengehörig); 51; 54–57; 59; 61; 63 f.; 69–71; 86; 88; 102; 109; 120; 130; 140–143. Dazu kommt Klgl 3, ferner mehrere Sonderformen sowie Gebetstexte, auch prosaische, in anderen Teilen des AT. Wichtig sind die zahlreichen bab. Parallelen.

Mehr oder weniger feste Bestandteile der Gattung sind mit mancherlei Variationsmöglichkeiten in der Reihenfolge:

Anrufung Jahwes, mit Nennung seines Namens (in den bab. Texten oft breit, mit hymnischen Elementen, ausgeführt), kann im weiteren wiederholt werden.

Klage, die in der Regel ziemlich bewegte und drastische (in den bab. Texten meist zurückhaltendere) Schilderung der Not, in der sich der Beter befindet. Vor allem handelt es sich um Krankheit und um Anfeindung durch üble und gottlose Menschen, meist 'oj^{e}bîm oder r^{e}šā'îm genannt. Deren »image« läßt sich (mit KEEL) erheblich leichter bestimmen als ihre Identität, wie überhaupt die konkrete Situation dieser Pss bei ihrer weithin übertreibenden, bildlichen, stereotyp-konventionellen Ausdrucksweise im Dunkel bleibt – kein Wunder bei formularartigen Texten, die auf verschiedene Fälle angewendet wurden. Um so reizvoller ist es, über ihren Sitz im Leben zu spekulieren.

Krankheit ist nach antik-orientalischem Verständnis ein sehr komplexer, mit dem Verhältnis zur Gottheit und den Mitmenschen unmittelbar zusammenhängender Zustand. Die Kranken fühlen sich oft in der Macht des Todes; Heilung erscheint ihnen als Heraufführung aus der š^e'ol (vgl. etwa im Danklied Ps 30,3 f.; von Hause aus meinen solche Aussagen noch keineswegs eine Totenauferstehung im späteren Sinne; dazu CH. BARTH, Die Errettung vom Tode in den individuellen Klage- und Dankliedern des AT, 1947). Die Krankheits-Pss lassen sich unter diesen Umständen nicht leicht ausgrenzen, zumal da ihr Vokabular auch in anderen Nöten Verwendung findet (vgl. 15,18; 17,14). GUNKEL nahm, nicht zuletzt unter dem Eindruck der bab. Parallelen und entsprechender Aussagen in Klageliedern bei Ijob (7,5 usw.), eine verhältnismäßig große Zahl von Kranken-Pss an. SEYBOLD grenzt aufgrund der verwandten Terminologie vorsichtig ein: mit Sicherheit die Pss 38; 41; 88, mit relativer Sicherheit die Pss 39; 69; 102, wahrscheinlich die Pss 6; 13; (31; 35;) 51; (71), ferner die Danklieder Ps 30; 32; 103; Jes 38,10–20 und die Pss 73 und 91. Während die Danklieder nach erfolgter Heilung ihren Platz im Kultus haben, gehören die von Bußriten begleiteten Gebete um Heilung eher in den näheren Lebensbereich des Kranken (SEYBOLD).

In den Krankheits-Pss kommen nicht selten die *Feinde* vor (vgl. 38,13.20; 41,6–9). MOWINCKEL sah hier einen Zusammenhang: die Feinde seien Zauberer, die mit magischen Mitteln die Krankheit hervorgerufen hätten. Das läßt sich aber aus den Texten nicht wirklich belegen. Viel deutlicher wird die Rolle der Feinde bzw. der sich abwendenden Freunde (41,10!) etwa in den Dialogen des Buches Ijob mitsamt den dabei auf beiden Seiten zutage tretenden Motiven; dort handelt es sich (auch!) um einen Extremfall der Lage, in der sich viele Psalmbeter befinden. So wenig wie MOWINCKEL hat sich H. BIRKELAND (Die Feinde des Individuums in der isr. Psalmenliteratur, 1933) mit seiner Deutung durchsetzen können, nach der das betende Ich in der Regel der König und die Feinde Ausländer sind.

Als Sitz im Leben kommt neben der Krankheit vor allem der *Anklagezustand* in Betracht; hier haben die Feinde notwendig ihren Platz. Das Nähere wird verschieden vorgestellt.

SCHMIDT denkt an Untersuchungshaft im Tempel, wo der göttliche Entscheid am Morgen erwartet worden sei (vgl. 3,6; 5,4; 17,2—5.15), DELEKAT an das Asyl, wo es »Schutzorakel« gegeben habe, BEYERLIN an »die Institution eines kult. Gottesgerichts, das — je nach dem von ihm angewandten Feststellungsmittel in verschiedener Verfahrensform — in den Fällen weiterhelfen kann, die das Vermögen der rationalen Beweismittel der außerkult. Rechtssprechung übersteigen« (142); er lokalisiert dort die Pss 3—5; 7; 11; 17; 23; 26 f.; 57; 63.

Bitte, »das Herzstück der Gattung« (GUNKEL), im Imperativ (»höre mich«, »höre meine Stimme«, »schau her«, »eile herbei«, »erbarm dich meiner«, »hilf mir«, »überlaß mich nicht meinen Bedrückern«, »vergib mir«, »strafe mich nicht«, »lehre mich deine Satzungen«). Manchmal steht eine Bitte als »einleitender Hilfeschrei« (GUNKEL) am Anfang und schließt die Anrufung in sich (Ps 5,2 f. usw.). Ebenfalls oft am Anfang stehen Schilderungen des Betens (»ich rufe«, »ich schreie«). Zu den Bitten kommen »Wünsche« im Jussiv (»nicht möge...«, »ich möchte...«). Sowohl Bitte wie Wunsch richten sich oft gegen die Feinde; der Wunsch gegen die Feinde und der für den Beter selbst (auch für seine Freunde und die Frommen überhaupt) stehen gern am Schluß (5,11 f.; 35,26 f.). Eine Form der Bitte, wie noch mehr der Klage, ist die vorwurfsvolle Frage (»wann...?«, »wie lange...?«, in der Klage bes. »warum...?« vgl. 13,2 f.; 22,2 usw.).

Die Bitten werden häufig durch »Beweggründe göttlichen Einschreitens« (GUNKEL) unterstützt. So weisen die Beter auf Jahwes Gnade, Gerechtigkeit und Erbarmen, auf die Geschichte des Volkes, auf ihr eigenes Gottvertrauen, ihr Wohlverhalten und ihre Bußgesinnung hin, auch darauf, daß Jahwe nicht an ihrem Tode und dem Triumph ihrer Feinde gelegen sein kann. Die vielfach variierte Äußerung des Vertrauens, aufgrund dessen sie überhaupt zu Jahwe sprechen und auf seine Hilfe hoffen, gehört zu den schönsten Stücken der Pss.

In vielen Fällen steht am Ende das *Gelübde* von Dankopfern bzw. Dankliedern (7,18; 22,26; 54,8 f.; 56,13 f. usw.). Dabei und auch sonst scheint das Klagelied manchmal schon beinahe in ein Danklied überzugehen, das auf die erfolgte Rettung zurückblickt (vgl. 54,9; 56,14); einzelne Pss (z. B. 31) könnte man ebenso Danklied wie Klagelied nennen.

Der »Stimmungsumschwung« hat verschiedene Erklärungen gefunden. Unter ihnen ragt die hervor, zwischen der Klage und Bitte einerseits, dem Dank oder doch der Äußerung der Erhörungsgewißheit (»ich weiß« 56,10; 140,13) anderseits habe man sich ein priesterl. (oder kultprophet.) Orakel zu denken, das dem Beter die Erhörung seiner Bitte zusagte (F. KÜCHLER, Das priesterl. Orakel in Israel und Juda, Fs. W. W. Graf Baudissin, 1918, 285—301; J. BEGRICH, Das priesterl. Heilsorakel [1934], Ges. St. 217—231). Daß solche Orakel meist nicht im Wortlaut mitgeteilt werden, braucht nicht gegen diese Hypothese zu sprechen; die Pss enthalten ja nur die von den Betern zu sprechenden Texte. An ganz anderer Stelle im AT scheint die Gattung indirekt greifbar zu sein, nämlich bei Dtjes (s. § 25,8). Diese Erklärung muß, zumal für den ja sicher in großem Umfang vorauszusetzenden privaten Gebrauch der fraglichen Pss, die andere nicht ausschließen, daß dem Beter sich gerade in Klage und flehendem Gebet die Gewißheit der Wende einstellen kann und — so wollen es doch wohl die Texte — soll. Vgl. außerdem die Hypothesen von J. W. WEVERS, A Study in the Form Criticism of Individual Complaint Psalms, VT 6, 1956, 80—86 (magische Wirkung der Anrufung des Gottesnamens) und W. BEYERLIN, Die *tôdāh* der Heilsvergegenwärtigung in den Klageliedern des Einzelnen, ZAW 79, 1967, 208—224 (in einigen Pss die Gattung eines in der Not angestimmten heilsvergegenwärtigenden Lobpreises).

Einzelne Motive können so stark hervortreten, daß GUNKEL danach *Unterarten* der Gattung ausgegrenzt hat: Unschuldslieder (5; 7; 17; 26), Bußlieder (ohne Klage, Ps 16; 130, vgl. die Reihe der 7 kirchl. Bußpss: 6; 32; 38; 51; 102; 130; 143),

Rachepss (bes. 109). Die Verselbständigung des Vertrauensmotivs hat geradezu eine eigene Gattung, das *Vertrauenslied*, ergeben (11; 16; 23; 27,1–6; 62; 131, nach GUNKEL auch 4 gemäß LXX); hier ist die Gebetsform meist aufgegeben, von Jahwe wird in 3. Person gesprochen.

Die Konfessionen des Jer (s. o. § 26,4 c) setzen die, ohnehin wahrscheinliche, Existenz der Gattung der Klagelieder des einzelnen in vorexilischer Zeit voraus. Damit ist freilich nicht gesagt, daß die uns erhaltenen Beispiele nicht großenteils aus späterer Zeit stammen.

b) Die Klagelieder bzw. Gebete des *Volkes* im Psalter sind die folgenden: Ps 12; 44; 58; 60; 74; 79 f.; 83; 85 (vgl. auch 90; 137). Dazu kommt Klgl 5 sowie eine Reihe kürzerer Stücke innerhalb einzelner Pss und sonst im AT (z. B. Hos 6,1–3; Joel 1,18–20; 2,17; Jes 63,11–64,11). Einschlägig sind auch die Gebete von Führern des Volks, bes. Königen, vgl. Ps 144.

Von den Klageliedern des einzelnen unterscheidet sich die Gattung durch ihr plural. Subjekt. Aufbau und Bestandteile sind im wesentlichen dieselben. Vielfach läßt sich ein Ps nicht eindeutig einer der beiden Gattungen zurechnen, wie denn ja auch die individuellen Nöte eng mit den allgemeinen zusammenhängen können; vgl. auch oben 3 e. In einigen Fällen (bes. Ps 12,6) scheint sich ein Erhörungsorakel im Wortlaut erhalten zu haben.

Den Sitz im Leben bilden große Klagefeiern, die mit ṣôm »Fasten« und anderen Riten in Notsituationen (Krieg, Hungersnot, Heuschrecken, vgl. 1 Kön 8,37 f.; Joel) am Heiligtum gehalten wurden (zu ihrer Einberufung H. W. WOLFF, Der Aufruf zur Volksklage [1964], Ges. St. 392–401). Diese Übung hat es gewiß schon früh gegeben. Mit den erhaltenen Beispielen gelangt man freilich nicht sicher in vorexil. Zeit zurück (vgl. immerhin Hos 6, 1–3).

5. Den Klageliedern stehen die *Loblieder* gegenüber. Man hat zwei Gattungen zu unterscheiden, Danklied und Hymnus (etwas anders WESTERMANN: berichtender und beschreibender Lobpsalm).

a) Das *Danklied* blickt auf die Rettung zurück, um die im Klagelied gebetet wurde. Die erhaltenen Danklieder des einzelnen sind die Pss 18; 30; 32; 34; 41; 66; 92; 116; 118; 138, ferner Jes 38,10–20; Jona 2,3–10; Sir 51.

Diese Pss sind bes. vielgestaltig, wozu ihre Nähe zum Klagelied einerseits, zum Hymnus anderseits beiträgt. Die Hauptbestandteile sind:

Einführung (»ich preise dich«, »ich danke dir«, Verbum *jdh* hif, WESTERMANN: keine selbständige Bedeutung »danken«; Nennung des Namens Jahwe als Objekt oder im Vokativ). Das Verbum führt auf das Substantiv *tôdāh*, das die ganze Gattung und zugleich das Dankopfer bezeichnet. Der Sitz im Leben ist offensichtlich eine kult. Handlung in einem größeren Menschenkreis (vgl. Ps 30,5; 32,11; 34,4; 116,18) mit einem Opfer, das in der Regel die Erfüllung eines Gelübdes aus der nun überstandenen Notzeit darstellt (vgl. 22,26; 56,13; 66,13–15; 116,17 f.; Jona 2,10; über die Opferart des *zæbaḥ hattôdāh* Lev 7,12–15).

Erzählung des einzelnen vor den Versammelten (vgl. Ps 66,16), mit den Gegenständen: Not des Beters, Anrufung Jahwes, Rettung (vgl. die kurzen Zusammenfassungen Jona 2,3; Jes 12,1). Der Inhalt überschneidet sich hier oft mit dem der Klagelieder. Die Erzählung geht leicht in lehrmäßige, bekenntnisartige, auch hymnische Sätze über (vgl. Ps 30,5 f.; 34; 138,4–6).

GUNKEL rechnete auch mit einem Danklied Israels, das aber nur in ganz wenigen Beispielen erhalten sei (Ps 67; 124; 129). CRÜSEMANN hat gezeigt, daß die für eine vom Hymnus zu unterscheidende Gattung notwendigen gemeinsamen Merkmale fehlen und ein besonderer Sitz im Leben nicht erweislich ist. Die Pss 124 und 129 sind Sonderfälle.

b) Vom *Hymnus,* »derjenigen Gattung, die am leichtesten zu erkennen ist« (GUNKEL), enthält der Psalter folgende Beispiele: Ps 8; 19; 29; 33; 46–48; 65; 67 f.; 76; 84; 87; 93; 96–100; 103–105; 111; 113 f.; 117; 135 f.; 145–150. Der Hymnus hat vielfältig auf andere Gattungen eingewirkt, hymnische Motive und ganze Hymnen finden sich durch das ganze AT, vom Meerlied und Mirjamlied (Ex 15,1–18.21) über den Lobgesang der Hanna (1 Sam 1,2–10) und das Trishagion der Seraphen (Jes 6,3) bis zum Gesang der drei Männer im Feuerofen (Dan 3,52–90 LXX). Eins der einfachsten Stücke und mutmaßlich das älteste, das Mirjamlied, lautet: »Singt Jahwe / denn (?) er hat sich hoch erhaben gezeigt; Roß und Streitwagenkämpfer hat er ins Meer geworfen.« Den ersten Teil nennt GUNKEL Einführung, den zweiten Hauptstück.

Die *Einführung* fordert zum Lob Jahwes auf. Das geschieht in den Hymnen in drei Grundformen: 1. Aufforderung an eine als Chor auftretende Mehrzahl (*halᵉlû* »rühmt«, *zammᵉrû* »spielt«, *hôdû* »dankt, lobt«, *šîrû* »singt«; *jᵉhalᵉlû* »sie sollen rühmen«; *nārî'āh* »wir wollen jauchzen« usw.). Oft sind die Aufgeforderten ausdrücklich genannt: Jahwes Knechte, die Gerechten, alle Welt; lange Aufzählungen bieten bes. Ps 148 und der Gesang der drei Männer im Feuerofen – hier ist die erweiterte Einführung fast schon der ganze Hymnus (vgl. auch Ps 150). Die Aufforderung kann in dieser wie in den folgenden Formen wiederholt, variiert und erweitert werden. Vielleicht war das ganz einfache Hallelujah (Unter- oder Überschrift in Ps 104–106; 111–113; 115–117; 135; 146–150) »die Urzelle des Hymnensingens« (GUNKEL). 2. Selbstaufforderung *'ôdæh* »ich will danken, loben«, *'āšîrāh* »ich will singen« (so in der Variante des Mirjamliedes Ex 15,1, LXX beidemale 1.pl.), *'ᵃrômem* »ich will erheben« usw., daneben *bārᵉkî napšî* »segne, meine Seele« usw. 3. passiv. *bārûk jhwh* »gesegnet sei Jahwe« u. ä., oft am Beginn prosaischer Dankgebete, in den Pss im Innern und am Ende. Zum Gottesnamen treten Appositionen (»unser Gott«, »mein Fels«), Relativsätze und vor allem Partizipien (»der in Zion wohnt«, »der den Himmel mit Wolken bedeckt«, »der alle deine Sünden vergibt«); den »hymnischen Partizipialstil« hat Israel mit seiner Umwelt gemeinsam.

Die zuletzt genannten Elemente gehören sachlich bereits mit dem *Hauptstück* zusammen. Dieses läßt sich, wenn das einleitende *kî* (vgl. das genannte Beispiel Ex 15,21) mit »denn« oder »daß« zu übersetzen ist, geradezu als begründende Erweiterung der Einführung ansehen (GUNKEL). Wahrscheinlicher ist indessen die hinweisende, bekräftigende Bedeutung des *kî* und damit das Verständnis der damit eingeleiteten Sätze als »Vollzug des Verlangten, die eigentliche Durchführung des geforderten Lobes« (CRÜSEMANN). Das Hauptstück redet von Jahwe überwiegend in der 3., seltener in der 2. Person. Es spricht gern in Nominalsätzen von Jahwes Eigenschaften und Werken (»barmherzig und gnädig ist Jahwe, langmütig und reich an Huld«, »Gott ist uns Zuflucht und Schutz«, »die Weisung Jahwes ist vollkommen«). Dazu treten Beschreibungen von Jahwes regelmäßigem Tun, aber auch von seinem Tun in der Vergangenheit (vgl. Ex 15,21) sowie in der Zukunft (GUNKEL: »eschatologische Hymnen«, Ps 68; 98; 149). Manche Hymnen haben nur das Hauptstück, vgl. Jes 6,3; Ps 114 sowie die »Zionslieder« Ps 46; 48; 76; 84; 87 und die Lieder vom Königtum Jahwes Ps 93; 97; 99.

Es ist selbstverständlich und wird durch viele Anspielungen bestätigt, daß die Hymnen in den Kultus am Heiligtum gehört haben. Sie wurden an regelmäßigen und außerordentlichen Festen zu Opfern, Wallfahrten und Umzügen von einzelnen, Chören und der Gemeinde, oft auch mit Instrumentalbegleitung gesungen. Private Verwendung, in manchen Fällen auch privater Ursprung ist damit nicht ausgeschlossen.

Es hat Hymnendichtung in Israel zweifellos zu allen Zeiten gegeben; wie hoch sie hinaufreicht, zeigt das Mirjamlied.

6. a) Weitere Gruppen von Pss durch form- und gattungsgeschichtl. Analyse auszusondern, ist nicht unproblematisch. Es gibt in dieser Hinsicht einen Perfektionismus, der zur Sisyphusarbeit immer weiterer Differenzierung innerhalb und außerhalb der unzweifelhaften großen Gattungen führt. Schon innerhalb dieser Gattungen fügen sich ja die Texte den nachträglich aufgestellten Schemata selten ganz. Die Überschneidungen von Klage- und Danklied wurden schon erwähnt, ebenso die Nähe zwischen Danklied und Hymnus. Oft fällt es schwer und ist es wohl geradezu unsachgemäß, einen Ps auf eine dieser Gattungen festzulegen. Viele, ja die meisten Pss sind unter diesem Gesichtspunkt als *Mischungen* zu betrachten (GUNKEL). Extremes Beispiel ist Ps 119, der, am Gegenstand der Tora und am Formzwang des Anfangs von je 8 der 176 Verse mit demselben Buchstaben des Alphabets orientiert, ein Mosaik aus Elementen fast aller Gattungen bietet.

Über die Einzelgattungen führen auf andere Weise die *Wechselgedichte* und *Liturgien* hinaus (vgl. wiederum GUNKEL). Wie die Seraphen einander den Hymnus zusingen (Jes 6,3), so singen im Gottesdienst nacheinander verschiedene Gruppen dieselben Worte (vgl. Ps 118,1–4; 135,19 f.). Die Gemeinde antwortet auf den Chorgesang mit einem Amen (1 Chr 16,36) oder mit Kehrversen, wie sie mehrere Pss durchziehen (46; 67; 80; 99; vgl. 42 f., auch 8). Es gibt auch die Litanei mit dem Wechsel von Zeile zu Zeile (136; Gesang der drei Männer im Feuerofen). Ein liturg. Vorgang ist die wahrscheinliche Aufeinanderfolge von Bitte und Orakel in den Klageliedern, nur daß das Orakel in unseren Texten nur im Ausnahmefall erhalten ist; vgl. aber immerhin Ps 12; 60; 85; 121. Liturgische Akte um die Lade Jahwes scheinen sich in Ps 24,7–10; 132 zu spiegeln. In Ps 15 und 24,3–6 wird offenbar auf eine Frage aus Laienmund eine priesterl. Belehrung erteilt (»Toraliturgie«). Größere »Dankliturgien« liegen in Ps 66; 107 und 118 vor.

b) Eine gattungsmäßig durchaus uneinheitliche Reihe von Pss pflegt man als *Königspsalmen* zusammenzustellen. Sie haben ihre Einheit in der direkten Beziehung auf das isr.-jud. Königtum. Ihr Kreis wird von der Myth and Ritual School sehr weit gezogen (vgl. zuletzt J. H. EATON, Kingship and the Psalms, SBT II, 32, 1976), doch sollte man nicht über das hinausgehen, was der Wortlaut ergibt. Die sicheren Beispiele sind, nach dem wahrscheinlichen Sitz im Leben geordnet: Ps 2; 21; 72; 101; 110 (Thronbesteigung, vielleicht auch deren Jahrestag); 45 (Hochzeit); 132 (Stiftungstag des Heiligtums?); 89 (Klage, mehrschichtig); 20; 144 (Auszug in den Krieg); 18 (Danklied nach dem Sieg). »Das judäische Königsritual« (G. v. RAD [1947], Ges. St. I, 205–213), das hier mehrfach durchschimmert, läßt etwa in der Aussage der Adoption des Königs durch die Gottheit (Ps 2,7) Einflüsse der außerisr. Umwelt erkennen. Wegen ihrer Beziehung auf die bestehende Institution des Königtums gehören diese Pss zumindest in ihrer ursprüngl. Form in die vorexil. Zeit. Ihr Weiterleben dürfte der messian. Erwartung zu verdanken sein.

c) Viele Pss enthalten Motive aus der Weisheit, einige pflegt man mit einem wiederum eher inhaltlichen als formalen Begriff *Weisheitspsalmen* zu nennen (zur Problematik R. E. MURPHY, VTS 9, 1963, 156–167). Dahin gehören Makarismen auf gottesfürchtige, recht lebende Menschen, eingeleitet mit 'ašrê »heil dem ...« (Ps 1; 112; 118; 128), Sprüche über den göttlichen Segen und gute menschliche Verhältnisse (127; 133), Betrachtungen über die Eitelkeit des Besitzes (49), das Verhältnis zu Jahwe angesichts des Glücks der Gottlosen (37; 73), die Kurzlebigkeit des Menschen (90). Ein Weisheitsgedicht, zur Belehrung des Volkes bestimmt, ist der große Geschichtsrückblick Ps 78, dem die beiden anderen Rückblicke Ps 105 (hymnisch) und 106 (mit Zügen des Klageliedes) verwandt sind (GUNKEL: »Legende«). Die meisten dieser Themen und Probleme gehören eindeutig in die nachexil. Zeit. Die damalige Gesetzesfrömmigkeit bezeugen außer Ps 1 die Pss 19,8–15 und 119.

§ 41 Ijob

Kommentare: K. BUDDE (HK) 1896, ²1913; B. DUHM (KHC) 1897; P. DHORME, 1926; G. HÖLSCHER (HAT) 1937, ²1952; G. FOHRER (KAT) 1963; F. HORST (BK) 1968 (zu 1–19); F. HESSE (ZBK) 1978; R. GORDIS, 1978.
A. ALT, Zur Vorgeschichte des Buches Hiob, ZAW 55, 1937, 265–268; C. KUHL, Neuere Literarkritik des Buches Hiob, ThR NF 21, 1953, 163–205.257–317; DERS., Vom Hiobbuche und seinen Problemen, ThR NF 22, 1954, 261–316; C. WESTERMANN, Der Aufbau des Buches Hiob, BHTh 23, 1956 (²CThM A 6, 1977); H. GESE, Lehre und Wirklichkeit in der alten Weisheit. St. zu den Sprüchen Salomos und zu dem Buche Hiob, 1958; G. FOHRER, St. zum Buche Hiob, 1963; H. H. ROWLEY, The Book of Job and its Meaning (1958/59), in: From Moses to Qumran, 1963, 141–186; J. GRAY, The Book of Job in the Context of Near Eastern Literature, ZAW 82, 1970, 251–269; J. LÉVÊQUE, Job et son Dieu, I/II 1970; H.-P. MÜLLER, Hiob und seine Freunde. Traditionsgeschichtliches zum Verständnis des Hiobbuches, ThSt(B) 103, 1970; DERS., Keilschriftliche Parallelen zum biblischen Hiobbuch. Möglichkeit und Grenze eines Vergleichs, Or. 47, 1978, 360–375; DERS., Das Hiobproblem, Erträge der Forschung 8, 1978; H. D. PREUSS, Jahwes Antwort an Hiob und die sog. Hiobliteratur des alten Vorderen Orients, Fs. W. Zimmerli, 1977, 323–343; O. KEEL, Jahwes Entgegnung an Ijob. Eine Deutung von Ijob 38–40 vor dem Hintergrund der zeitgenössischen Bildkunst, WMANT 121, 1978.

1. Das *Buch* Ijob (hebr. *'ijjôḇ*, griech. 'Ιωβ, lat. Job, Luther Hiob) wird zu den Hauptwerken der Weltliteratur gezählt. Man hat es aufgrund seiner Aussage, aber auch seines Ranges neben den Prometheus des Aischylos gestellt; bekannt ist die Nachwirkung in Goethes Faust. Das Verständnis des Buches begegnet freilich vielen Schwierigkeiten. Der Text ist oft, und gerade an wichtigen Stellen, nicht gut erhalten; die hier besonders unzulängliche LXX hilft kaum zu seiner Rekonstruktion. Mit dem Stoff, aber auch der Bildungsstufe des Verfassers eines großen Teils des Buches hängt es zusammen, daß eine ganze Reihe sonst nicht belegter Wörter vorkommen. Dazu treten die Probleme der Komposition.

Der Aufbau des Buches:

Prolog (in Prosa)
    Ijobs Frömmigkeit und Glück 1,1–5
    Erstes Gespräch im Himmel 1,6–12
    Erste Probe und Bewährung: Verlust des Besitzes und der Kinder 1,13–22
    Zweites Gespräch im Himmel 2,1–7 a
    Zweite Probe und Bewährung: Krankheit 2,7 b–10
    Besuch der drei Freunde 2,11–13
Reden (in Versen)
    Ijobs Klage 3
    Dreimaliger Redenwechsel Ijobs mit den Freunden

Elifas von Teman	4 f.			15		22	
Bildad von Schuach		8			18		25
Zofar von Naama			11			20	
Ijob	6 f.	9 f.	12–14	16 f.	19	21	23 f.	26 f.

    (andere Aufgliederung bei FOHRER: Beginn mit 3, Ijob jeweils am Anfang, die Freunde ihm antwortend)
    Lied von der Weisheit 28
    Ijobs Appell an Gott 29–31
    Vier Reden des Elihu 32–37
    Reden Gottes und Antworten Ijobs
        Erste Gottesrede 38,1–40,2

Erste Antwort Ijobs 40,3—5
Zweite Gottesrede 40,6—41,26
Zweite Antwort Ijobs 42,1—6
Epilog (in Prosa)
Zurechtweisung der Freunde, Wiederherstellung Ijobs 42,7—10
Trostbesuch der Verwandten und Bekannten, Wiederherstellung Ijobs 42,11—17

Über Ort und Zeit der Entstehung des Buches läßt sich nicht viel Sicheres sagen. Daß die Erzählung außerhalb des isr. Gebietes spielt, reicht für die Annahme fremdländischer Herkunft ebensowenig aus wie die Beschlagenheit des Verfassers (oder der Verfasser) der Gedichte über *bᵉhemôṯ* und *liwjāṯān* (40,15—41,26) in ägyptischer Zoologie. Da auf geschichtl. Ereignisse nicht angespielt wird, hat man meinen können, das Buch könne so gut wie immer zwischen 800 und 300 v. Chr. entstanden sein. Für jüd. Tradition ist Mose der Verfasser (s. o. § 2,3); eine frühere Zeit kommt für sie darum nicht in Betracht, weil das die Kanonizität gefährden würde. Von diesem Hindernis frei, hat noch EICHHORN das Buch für vormosaisch-patriarchalisch gehalten. Zu Unrecht, wie man schon damals wissen konnte (vgl. im 18. Jh. nach mehreren Vorgängern bes. J. G. HASSE, Vermuthungen über das Buch Hiob, Magazin f. d. bibl.-orient. Literatur I, 3 f.; 1789, 161—189). Das Buch ist nachexilisch. Dafür sprechen sprachliche Erscheinungen (jüngeres Vokabular, Aramaismen), einzelne Motive (Satan 1,7—12; 2,1—7, vgl. Sach 3,1 f.; Verwünschung der eigenen Geburt 3,3—10, vgl. Jer 20,14—18; biograph. Schlußnotiz 42,16 f., vgl. die Genealogie von P in Gen 5 sowie Gen 35,29 P) und nicht zuletzt die geistesgeschichtl. Voraussetzung des Themas: die Krise der Weisheit. Um 200 v. Chr. scheint das Buch vorgelegen zu haben (Sir 49,9 hebr.).

Es hat eine längere Entstehungsgeschichte gehabt, die sich keinesfalls mit SELLIN und anderen, denen wohl allzusehr Goethes Faust vor Augen stand, in die Biographie eines einzigen Verfassers zusammendrängen läßt; dafür sind die Bestandteile des Buches zu verschieden. BUDDE hat es mit alten Bauwerken verglichen, »an denen sich nacheinander viele Hände und sehr verschiedene Kunstweisen verewigt haben« und die »in all ihrer Unfolgerichtigkeit, genau so, wie der Lauf der Zeiten sie ausgestaltet hat, einen eigenartig schönen und erhebenden Eindruck machen, so daß es – dafür haben wir abschreckende Proben zur Genüge – eine wahre Barbarei wäre, sie durch Einreißen und Ausbauen nach dem ältesten Plan oder eigener Weisheit auf einen einzigen Nenner zu bringen«.

Die beiden Hauptbestandteile des Buches sind der in Prolog und Epilog vorliegende Rahmen auf der einen, die Reden Ijobs, der Freunde und Gottes auf der anderen Seite. Sie unterscheiden sich schon formal: hier Prosa, dort Verse. Der Name Jahwe wird 23mal in der Rahmenerzählung verwendet, im übrigen nur 5mal (meist deutlich sekundär) in Einleitungen in 38—42; die Reden haben (mit der einzigen, zweifelhaften Ausnahme 12,9) El, Eloah und Šaddai. Wichtiger ist der sachliche Gegensatz, der die Möglichkeit gleicher Herkunft ausschließt: im Rahmen das unerschütterlich fromm-ergebene Dulden Ijobs, in den Reden seine wilde Klage über sein Leiden, sein wütender Widerspruch gegen die Freunde, die es gemäß der weisheitl. Vergeltungslehre auf ein von ihm begangenes Unrecht zurückführen wollen, und sein leidenschaftliches Aufbegehren gegen Gott, der sich in seinen Augen grob ungerecht gegen ihn verhält. Verschieden auch der gesellschaftl. Hintergrund (so schon G. H. BERNSTEIN, Über das Alter, den Zweck und die gegenwärtige Gestalt des Buches Hiob, Analekten III, 1813, 1—137): im Rahmen ist Ijob ein patriarchalischer Nomadenscheich, in den Reden (29!) ein hochgestellter Städter.

2. Das aus diesen beiden so gegensätzlichen Bestandteilen gebildete Buch ist uns

nicht in seiner ursprüngl. Form erhalten. Er hat vielmehr nachträglich *Veränderungen*, besonders *Erweiterungen* erfahren. Wir besprechen die wichtigsten in der Reihenfolge des Textes.

a) Ein Blick auf die oben gegebene Übersicht zeigt, daß der *dritte Redegang* zwischen Ijob und den Freunden (22 ff.) viel kürzer ist als die vorangegangenen: Bildad kommt nur noch mit wenigen Versen (25,1–6), Zofar überhaupt nicht mehr zu Wort. Man hat gemeint, damit solle ausgedrückt werden, daß die Freunde mit ihrer Weisheit am Ende sind. Aber dafür spricht inhaltlich nichts. Es kommt vielmehr noch hinzu, daß dem Ijob hier Passagen in den Mund gelegt werden, die viel eher zu den Freunden passen (*24; 27,7–23). Vermutlich wird hier – und an einigen anderen Stellen in den Reden – ein nachträgliches Bemühen sichtbar, den Gegensatz Ijobs gegen die normale Weisheitstheologie zu mildern. Möglicherweise waren diese Passagen im ursprüngl. Buch Bestandteile der Freundesreden; die unternommenen Versuche, damit den dritten Redegang zu rekonstruieren, weichen stark voneinander ab und müssen ganz hypothetisch bleiben.

b) Ein Stück für sich ist das *Lied von der Weisheit* (28,1–27; v.28 ist Zusatz, mit einem anderen Weisheitsbegriff). Der Mensch kann erstaunlich viel, fast keine Möglichkeit ist ihm verschlossen, aber den Ort der Weisheit kennt er nicht, den kennt nur Gott: das liegt von der Argumentation sowohl des hier angeblich noch sprechenden Ijob als auch der Freunde weit ab. Das schöne, in sich geschlossene Gedicht gehört, wie zuerst BERNSTEIN gesehen hat, von Hause aus nicht in das Buch Ijob. Es dürfte anderswo seinen Ursprung haben, vgl. Spr 8,22–31. Im Buch Ijob soll es offenbar sagen: dem Menschen steht keine Lösung des Problems zu Gebote. Das läßt sich mit dem Auftreten Gottes zusammendenken, kaum dagegen mit den

c) *Reden Elihus* (32–37). Daß sie ein Einschub sind, wurde zuerst 1803 von EICHHORN (Einleitung³) behauptet, dem im Laufe des 19. Jh.s ein Großteil der Gelehrten, unter ihnen sogar F. DELITZSCH (Kommentar 1864, ²1876), folgten; es kann heute als allgemeine Ansicht gelten. Weder vorher noch hinterher wird dieser vierte Freund erwähnt: er fehlt in Prolog und Epilog (42,7.9!), in den Gottesreden wird nicht auf ihn Bezug genommen. Das Streitgespräch ist längst abgeschlossen, und die göttliche Reaktion auf Ijobs Herausforderung steht bevor – da kommen als ein arg retardierendes Moment erst einmal diese sechs Kapitel, etwas gesucht damit eingeführt, daß Elihu sowohl über Ijob als auch über die drei Freunde zornig war, sich aber wegen seiner Jugend nicht eher zu sprechen getraut hat. Hinterher verschwindet er, ohne eine Spur zu hinterlassen. Seine Sprache enthält durchschnittlich mehr Aramaismen als das übrige Buch. Sie ist wortreich, weitschweifig und prätentiös (DUHM: »schwülstiger Rabbi«). Anders als die übrigen Reden verwendet sie kaum Bilder; bei einer Ausnahme (32,18–20) ist der Vergleich »eher drastisch als treffend« (FOHRER). Die Polemik, die hier getrieben wird, folgt einem rhetorischen Schema, das jeweils an ein wörtliches Ijobzitat (33,8–11; 34,5 f.; 35,2 f.) dessen Bestreitung und positive eigene Ausführungen anschließt. Am Ende des Ganzen (36,27–37,24) wird in einem Hymnus auf Gottes Werke in der Natur und in darauf folgenden rhetorischen Fragen an Ijob (37,15–18) nicht ungeschickt auf die Gottesreden vorausgewiesen.

Dem Elihu genügen die Antworten der drei ersten Freunde an Ijob nicht (32,11–14), er will sie noch überbieten. Er tritt auf als Besitzer eines Wissens, das nicht auf Erfahrung, sondern auf göttlicher Inspiration beruht (32,8) und das rein und vollkommen ist (33,3; 36,4). Durch die einfache Vergeltungslehre der drei Freunde war Ijob nicht überwunden worden. Elihu gibt sie nicht auf, modifiziert sie aber, um sie besser auf ein Geschick wie dieses anwendbar zu machen. Das Leiden ist danach eine, gegebenenfalls wiederholte, sozusagen pädagogische Maßnahme des unbedingt gerechten Gottes, um den Menschen zum Bewußtsein seiner Sünde zu bringen, ihn vor Hochmut zu warnen, zur Umkehr zu rufen und zu prüfen. Das Ziel dieser göttlichen Maßnahme hat der Dichter der Elihu-Reden gewiß in der auf die Theophanie hin erfolgten Unterwerfung Ijobs gesehen. So ordnet sich der Auftritt des Elihu durchaus sinnvoll in den Zusammenhang ein. CORNILL, gemeinsam mit BUDDE ein eifriger Verteidiger der Ursprünglichkeit dieser Kapitel, hat in ihnen, sicher ganz im Sinne des Elihu bzw. seines Urhebers, »geradezu die Krone des Buches Hiob« gesehen, »die einzige Lösung des Problems, welche der Dichter von seinem ATlichen Standpunkte aus geben konnte, da die wahre und endgültige ihm noch verschlossen war« – die Jenseitshoffnung nämlich. Aber eine Lösung auf der Ebene der, wenn auch verfeinerten, elastischer und womöglich seelsorgerlich wirksamer gestalteten Weisheitstheologie wäre für Ijob in seiner Lage schwerlich annehmbar gewesen; an ihm wird hier vorbeigeredet.

d) Die *zweite Gottesrede* (40,6–41,26; wegen 40,1 f. gelegentlich unnötigerweise als dritte gezählt) macht Schwierigkeiten. Es überrascht, daß nach den herrlichen Abschnitten über die Tiere in der ersten Gottesrede nun in 40,15–41,26 wieder von Tieren gehandelt wird, nämlich von *b^ehemôt* und *liwjātān* (traditionell Nilpferd und Krokodil). Am kräftigsten erregt der große Schlußabschnitt 41,4–26 den Verdacht, später hinzugefügt zu sein: er zählt viel ausführlicher und langatmiger auf, als es sonst in den Gottesreden geschieht, die charakteristische Frageform tritt schnell zurück, auf Gott als Sprecher weist nichts mehr hin. So ist dieser Abschnitt schon früh für sekundär erklärt worden (M. H. STUHLMANN, Hiob, 1804). Der Verdacht wurde bald auf die ganze, in sich wohl mehrschichtige zoolog. Perikope ausgedehnt (EICHHORN⁴, mit ausführlicher Begründung EWALD, Kommentar ²1854) und hat sich, häufig auch noch den Abschnitt über den Strauß in der ersten Gottesrede (39, 13–18) einbeziehend, fast überall durchgesetzt. Dann bleibt aber von der ganzen zweiten Gottesrede nicht mehr viel übrig. Meist schlägt man den Rest (40,6–14) der ersten Gottesrede zu und vereinigt die beiden Antworten Ijobs zu einer einzigen. Ohnehin läßt der Aufbau des Buches nur eine Gottesrede und eine Antwort Ijobs erwarten; auf die Verdoppelung könnte außer den Zusätzen das Vorbild der wiederholten Redegänge zwischen Ijob und den Freunden eingewirkt haben.

Eine weitergehende Kritik hat die Gottesreden insgesamt für sekundär erklärt, weil Gott in ihnen die Fragen mit seinen Gegenfragen aus dem Bereich der Schöpfung nicht beantwortet, sondern eher niederschlägt (zuerst G. STUDER, Über die Integrität des Buches Hiob, JPTh 1, 1875, 688–723; mit eindrucksvoller Begründung J. HEMPEL, Das theol. Problem des Hiob [1929], Apoxysmata, 1961, 114–173). Aber das Problem war anders nicht gelöst und konnte anders wohl auch nicht gelöst werden, wie am besten der Versuch zeigt, es durch den dazwischengeschobenen Auftritt des Elihu dennoch zu tun. Dazu kommt der unbestrittene poetische Rang von 38 f. Auch die Reduktion auf eine Gotteserscheinung ohne Rede als ausreichend für Ijobs Unterwerfung (KUHL, vgl. 42,5, aber dagegen 42,7) nimmt Entscheidendes weg. Noch einmal sei ein Bild aus der Kommentierung angeführt: die Streichung der Gottesreden (außer 40,15–41,26) »heißt einer Statue den Kopf abschlagen« (DILLMANN, Kommentar ²1891).

3. Wie sind die beiden nach Form und Inhalt so verschiedenen Hauptbestandteile des Buches, der Rahmen und die Reden, zueinandergekommen? Die ältere Kritik neigte in manchen ihrer Vertreter (R. SIMON, HASSE) dazu, den Prolog – als eine spätere Situationsangabe wie die Psalmenüberschriften – oder den ganzen Rahmen für »unecht« zu halten; wer außerdem die Elihu- und die Gottesreden beanstandete, kam dann leicht auf ein nur 3–31 umfassendes Buch (als Argument dafür diente auch die Unterschrift »Zu Ende sind die Worte Ijobs« 31,40 b, die sich aber auf nichts anderes als eben die Worte Ijobs selbst beziehen dürfte). Aber das wäre ein großes Fragment; eine Exposition darf nicht fehlen (weshalb STUDER folgerichtig

29f. herauslöst und an den Anfang dieses Buches stellt). Dies gilt natürlich auch gegen die Annahme, Rahmen und Reden seien von Hause aus selbständige Dichtungen gewesen, die erst ein Redaktor zusammengefügt habe (so z. B. KUHL). Als wahrscheinlichste Lösung bleibt diejenige übrig, die heute fast allgemein angenommen wird: der Dichter der Reden fand die Erzählung von Ijobs Glück, seinen Prüfungen, seiner Bewährung und seiner Wiederherstellung vor und trug vor ihrem Schlußteil seine gewaltige Dichtung ein, die nach Quantität und Qualität die Dimensionen des vorgefundenen Werkleins sprengte, für die aber ihrem Autor dieser Rahmen nicht ganz als unangemessen erschienen sein kann. Wie er die Erzählung vorfand und was er etwa an ihr geändert hat, wird weiter unten zu besprechen sein; wir haben es zunächst mit den *Reden* zu tun.

Man hat viel über die Gattung des Buches Ijob und speziell der Reden nachgedacht und dabei die großen klassischen Gattungen, voran Drama und Epos, herangezogen. Die meisten Definitionen sprechen mit leichten Variationen von einer Lehrdichtung (repräsentativ DILLMANN: »kunstvolles, episch und dramatisch gehaltenes Lehrgedicht«). Damit soll ausgeschlossen sein, daß ein histor. Geschehen wiedergegeben wird, nicht aber, daß es um ein höchst existentielles, alles andere als abstraktes Problem geht. Dessen Erörterung durch Ijob und die Freunde erfolgt in einer für uns eindrucksvollen, aber fremden Weise. »Die Kunst, einen wirklichen Dialog aufzubauen, hat der Dichter ... noch nicht recht verstanden«, urteilt GUNKEL (RGG²II 1929). Die Streitenden wiederholen fortwährend ihre Meinung, gehen kaum aufeinander ein, bewegen sich im Kreise, ein Gedankengang läßt sich weithin nur mit übergroßem Scharfsinn entdecken. Man kann schon begreifen, daß der Versuch unternommen wurde, den Dialog auf eine vermeintlich zugrundeliegende ältere Form mit klarem Gedankengang zusammenzustreichen, die nur einen Bruchteil des heutigen Textes umfaßt hätte (so besonders F. BAUMGÄRTEL, Der Hiobdialog, BWANT IV, 9, 1933). Aber damit ist die Eigenart dieser Dichtung verkannt, zu deren wesentlichsten Kennzeichen die unerhörte Fülle der Stoffe, Motive und Redeformen gehört und die sich ihrem Inhalt nach nicht leicht auf einen Nenner bringen läßt.

Das darf aber nicht zu Trugschlüssen führen. Es scheint, daß nicht erst Elihu, sondern schon jeder der drei Freunde im ursprüngl. Dialog indirekt eine gewisse persönliche Charakteristik erfährt: »Elifas, der Würdevolle, der Weise vor andern, der sich auf seine Lebenserfahrung und selbstempfangene Offenbarungen beruft, Bildad, der eitle Schönredner, der sich auf Zeugnisse und Überlieferung stützt, Zofar, der rohe Polterer, der mit Allerweltsweisheiten und Gemeinplätzen um sich wirft« (BUDDE). Und jedenfalls sind die einander entgegengesetzten Haltungen der Freunde und Ijobs klar und plastisch gezeichnet, und nicht weniger am Ende diejenige Gottes. Darüber hinaus darf man, wie FOHRER herausgearbeitet hat, auch wieder fester mit einem folgerichtigen Gedankengang rechnen, als es eine Zeitlang in der Forschung üblich war. Sowohl bei Ijob als auch bei den Freunden – und natürlich in gegenseitiger Wechselwirkung – verschärft sich die Position Schritt für Schritt: bei ihnen Tröstungen, Beschwichtigungen und dann immer heftigere Beschuldigungen, bei ihm Klage, Anklage, Anklage gegen Gott, Herausforderung Gottes zum Rechtsstreit, Appell an Gott gegen Gott, Bestreitung der Allgemeingültigkeit der Lehre vom bösen Ergehen des Übeltäters, Behauptung der eigenen Unschuld und deren Bekräftigung durch einen detaillierten »Reinigungseid«; daraufhin Gottes Erscheinung und Antwort.

Es sind Redeformen aus den Bereichen der Weisheit, des Rechts und der Psalmen (Klagelieder des einzelnen, aber auch Hymnen) verwendet, naturgemäß großenteils unter Vernachlässigung ihres ursprüngl. Sitzes im Leben zugunsten ihrer Funktion im Zusammenhang der hier geschilderten Auseinandersetzung.

Das weisheitl. Element, schon vom Thema her stark im Vordergrund, erscheint hier nicht in der gewohnten Form der Einzelsprüche, sondern in längeren, erörternden Reden, die überwiegend polemischen Charakter haben. Daß in Israel »Streitreden der Weisen« bekannt waren, pflegt man mit der Erzählung von Salomo und der Königin von Saba (1 Kön 10,1—10.13) zu belegen.

Die Nähe zwischen Weisheit und Recht zeigt sich auch im Buch Ijob. Einen wichtigen Hinweis für dessen Erklärung gab L. KÖHLER mit der kurz hingeworfenen These (Die hebr. Rechtsgemeinde [1931], in: Der hebr. Mensch, 1953, 154 f.), die Reden seien »Reden, wie sie vor der Rechtsgemeinde von den Parteien geführt werden, Parteivorträge würden wir sagen«. In ihnen soll »nicht in Rede und Gegenrede, wie in einem platonischen Dialog, ein Stück Wahrheit gefunden, sondern es soll mit die Zuhörer überzeugender, man darf wohl auch sagen überredender, Kraft ein von vornherein festgelegter Standpunkt vertreten werden«. In diesem Sinne hat H. RICHTER unter Heranziehung namentlich der formgeschichtl. Analyse des Deuterojesaja durch BEGRICH den gesamten Redeteil des Buches als die Darstellung eines Rechtsverfahrens zwischen Ijob und Gott verstanden (Studien zu Hiob, 1959): es folgen aufeinander ein vorgerichtliches und ein gerichtliches Schlichtungsverfahren zwischen den drei Freunden und Ijob (4—14; 15—31), die Wiederaufnahme des Rechtsstreites durch Elihu (32—37) und schließlich das Gottesurteilverfahren, endend mit Ijobs Streitverzichterklärung (38,1—42,6).

Nicht weniger aufs ganze geht WESTERMANN mit seiner Deutung, die das Material aus dem Bereich der Psalmen nimmt. Schon BAUMGÄRTEL hatte — natürlich an GUNKEL anknüpfend — auf die Rolle der den Klageliedern des einzelnen gleichenden Stücke in den Reden des Ijob hingewiesen, freilich gerade sie, da sie nicht in diesen Dialog paßten und genauso gut im Psalter stehen könnten, größtenteils als sekundär ausgeschieden. Umgekehrt baut WESTERMANN auf ihnen als dem »bei weitem stärksten Formelement des Hiobbuches« seine Deutung auf. Die Reden enthalten drei Formen der Klage: die an Gott gerichtete Klage, das Sich-Beklagen, das Verklagen der Feinde; in deren Verteilung auf Redegänge und beteiligte Personen sind sie, wie WESTERMANN im Anschluß an BENTZEN sagt, eine kunstvolle »Dramatisierung der Klage«. Die übrigen verwendeten Gattungen sind diesem Ablauf zugeordnet.

An den Reden des Buches Ijob werden die Möglichkeiten formgeschichtlicher Arbeit deutlich, aber noch mehr ihre Gefahren, wenn sie ganz oder in einzelnen ihrer Aspekte absolut gesetzt wird. Um die richtige Verteilung der Gewichte zwischen den formalen Elementen hat sich unter Verwendung des in den genannten Arbeiten beigebrachten Materials FOHRER mit Erfolg bemüht.

4. Die *Rahmenerzählung*, die der Dichter des Buches um die Reden herumgelegt hat, existierte vorher selbständig, nach Umfang und erzählerischer Kunst dem Buch Jona vergleichbar.

Die neueren Bearbeitungen nahmen ihren Ausgang von WELLHAUSENS Beschreibung der Form des Prologs (in der Rezension von DILLMANNS Kommentar, JDTh 16, 1871, 552—557): »Der Dichter hat ... nicht bloß den Stoff der Volkssage entnommen, sondern auch an ihrer Form nichts geändert und darauf keine Rücksicht genommen, daß diese Form schon eine Lösung des im Stoffe angelegten Problems enthalte. Die himmlischen Gestalten Kap. 1; 2 sind durch und durch populär, im höchsten Grade der Satan. Den launigen und doch mürrischen Ton, den der nonchalante Satan Gott gegenüber anschlägt, so ganz auf Du und Du, würde schwerlich der Dichter des Hiob gewagt haben; schwerlich auch würde es ihm gelungen sein, mit so merkwürdig einfachen Mitteln so wunderbar plastische Figuren zu entwerfen. Das Sentenziöse der Aussprüche 1,21; 2,4.10 ist ebenso ein Merkmal des Volksmundes wie die gleichförmige Wiederholung des einmal gewählten Ausdrucks. Mit denselben Worten wird über das Zusammentreten der himmlischen Versammlung 1,6; 2,1 berichtet, mit der gleichen Anrede an den Satan wird sie von Gott

1,7; 2,2 eröffnet. Satan verfehlt nicht, mit dem gleichen Stichwort, welches wie auch *hesit* [2,3] seinem Namen entlehnt ist, zu antworten, 1,7; 2,2. — Dann fährt wieder Gott 1,8 gerade so fort wie 2,3 und gibt dabei dem Hiob genau dieselben Prädikate, wie es der Erzähler 1,1 getan hat. Auf die Gleichförmigkeit in der Erzählung der vier Unglücksschläge 1,13—19 brauche ich keinen aufmerksam zu machen. Das Merkwürdige dabei ist die Wirkung, die durch das alles hervorgebracht wird: es wäre schade um jede Abwechslung ... Wie dies alles die volkstümliche Gestaltung der Sage charakterisiert, so kann man wohl auch darin ihre Spur entdecken, daß zwar die einzelnen Elemente der Erzählung vielfach real sind, aber in einer so freien Weise zu einem Ensemble kombiniert werden, daß man stets in Schwierigkeiten gerät, wenn man hiernach etwa ein einheitliches Bild der äußeren Verhältnisse des Hiob oder des vorgestellten Schauplatzes der Erzählung entwerfen will.«

Unter dem Eindruck von WELLHAUSENs Beschreibung — und wiederum des »Faust«? — kam für diese erbaulich-legendenhafte Erzählung der Ausdruck »Volksbuch« auf (BUDDE, DUHM); er hat Widerspruch erfahren, weil es sich in Wahrheit um eine nicht naiv-volkstümliche, sondern »ausgebildete und hohe Erzählungskunst« handle (FOHRER). Wenig ergiebig sind die Mutmaßungen darüber, ob die Erzählung dem Ijobdichter mündl. oder schriftl. vorgelegen hat; sie war zweifellos so durchgeformt, daß das der Schriftlichkeit gleichkam.
Wichtiger ist die Frage, ob der Dichter die Erzählung — von kleinen Retouchen abgesehen, die er angebracht haben wird — vollständig übernahm und sie sich also noch ganz zusammensetzen läßt. Das scheint nicht der Fall zu sein. Der Anfang des Epilogs 42,7 stimmt nicht zu den Reden: abgesehen davon, daß Jahwe nicht, wie es dort heißt, soeben zu Ijob geredet hat, sondern Ijob zu Jahwe, verwundert aufs höchste, daß die Freunde derart hart getadelt werden, während Ijob »die Wahrheit geredet« haben soll — nur auf seine Unterwerfung kann sich das ja kaum beziehen. Dieser Ijob ist der vorbildliche Fromme der Erzählung, die Freunde sind nicht die des Dialogs. Offenbar war in der Erzählung ein tadelnswertes Verhalten der Freunde berichtet und anschließend das Umgekehrte von Ijob, etwa so, daß die Freunde Gottes Gerechtigkeit in Frage stellen und Ijob gar, ähnlich wie seine Frau es 2,9 tut, zum Fluch Gottes auffordern und Ijob das mit ähnlichen Worten wie 1,21; 2,10 zurückweist (D. B. MACDONALD, The Original Form of the Legend of Job, JBL 14, 1895, 63—73; F. BUHL, Zur Vorgeschichte des Buches Hiob, BZAW 41, 1925, 52—61; HEMPEL a. a. O.); darauf hat Jahwe auch in der Erzählung das Wort an Ijob gerichtet, worauf eben in 42,7 zurückgeblickt wird (Rest der Einleitung zu dieser Rede möglicherweise in 38,1: Gottesname Jahwe, Nennung des Angeredeten wie 1,8 f. u. ö., Sturmwind eher der Erzählung entsprechend; DUHM, FOHRER). Es bleibt höchst bemerkenswert, daß der Dichter des Buches Ijob dieses Urteil über ein Verhalten der Freunde und Ijobs, das dem in den Reden gerade entgegengesetzt zu sein scheint, als Urteil auch über ihr Verhalten in den Reden hat stehenlassen (ZIMMERLI, Theologie [2] 145). In der späteren haggadischen Ijobliteratur des Judentums (und ihren arab. Ausläufern) ist das Bild der Reden wieder ganz hinter dem erbaulicheren und eingängigeren der Rahmenerzählung zurückgetreten; es könnte sogar sein, daß sich hier noch weitere Züge der vorbibl. Erzählung erhalten haben, die nicht in das Buch Ijob eingegangen sind (MÜLLER).

Über die Vorgeschichte der Rahmenerzählung gibt es mancherlei Mutmaßungen. Die Kritik ihrer jetzigen Gestalt hat vor allem zwei Anhaltspunkte:
1. Die beiden Himmelsszenen im Prolog (1,6—12; 2,1—7 a) lassen sich scheinbar ohne Schaden aus dem Zusammenhang herauslösen. Dafür, daß sie sekundär in ihn eingefügt sind (A. HEILIGSTEDT, Kommentar 1847, u. a., unsicher HORST), wird positiv geltend gemacht, daß der Satan dann im Buch keine Rolle mehr spielt und daß die Satansvor-

stellung überhaupt relativ jung ist. Aber weder im Epilog noch auch in den Reden, deren Personen ja im Unterschied zum Leser des Buches von der himmlischen Vorgeschichte nichts wissen, läßt sich ein Ort angeben, wo der Satan auftreten müßte, und eine vorexil. Gestalt der Erzählung dürfte sich im Wortlaut ohnehin nicht gewinnen lassen. Die vorgebrachten Argumente reichen kaum aus, den durch eine Streichung der beiden Szenen, die erzählerisch ihrer Umgebung gleichkommen, entstehenden Sinnverlust auszugleichen.

2. Aufschlußreicher ist die Dublette im Epilog, 42,7–10 einerseits, 11–17 andererseits. Beide Male werden zunächst die menschlichen Handlungen und dann die göttlichen erzählt. Beim zweiten Mal ist das erste nicht vorausgesetzt: in 11 handelt es sich um einen Kondolenzbesuch, als ob Ijobs Wiederherstellung durch Jahwe in 10 noch nicht geschehen wäre, und diese Wiederherstellung wird denn auch in 12–15 wie etwas Neues berichtet. Nun setzt die erste Variante zweifellos den gesamten Prolog voraus; in Umkehrung der dortigen Reihenfolge werden die Freunde (2,11–13; 42,7–9), Ijobs Krankheit (2,7f.; 42,10 a?) und seine Besitzverluste (1,13–19; 42,10 b) wieder behandelt. Dagegen weiß die zweite Variante in 42,11 nur von Ijobs Verwandten und Bekannten, dagegen nichts von seinen drei Freunden und in der langen Aufzählung 42,12–15 auch nichts von seiner Krankheit. Aufgrund dieser Beobachtungen rekonstruiert ALT eine ältere Form der Erzählung (1; 42,11–17), die später durch 2 ... 42,7–10, also die erneute Prüfung durch Krankheit sowie die – nur noch teilweise erhaltenen – Freundesszenen ergänzt wurde. Aus dieser ergänzten Gestalt machte der Dichter der Reden durch die eingreifende Umformung und Erweiterung der Freundesszenen den Grundbestand des heutigen Buches. (Nach FOHRER hat erst der Dichter 2,11–13 und 42,7–9, wo zunächst von den Verwandten und Bekannten die Rede war, auf die drei Freunde umformuliert.)

Eine Reihe von Einzelmotiven der Erzählung hat Parallelen in älterer Zeit (FOHRER), die aber nur spekulative Schlüsse auf die Geschichte der Erzählung erlauben. In frühexil. Zeit ist Ijob zusammen mit Noach und Daniel als exemplarischer Gerechter aus alter Zeit bekannt (Ez 14,14.20); man wird dabei an irgendeine Vorform oder ältere Variante unserer Rahmenerzählung denken können. Daß Ijobs Name im AT sonst nicht, wohl aber mehrfach im vorisr. Orient der 1. Hälfte des 2. Jt.s v. Chr. bezeugt ist, legt wie auch der Schauplatz der Erzählung (»Leute des Ostens« 1,3; »Land Uz« 1,1 irgendwo östl. des Jordans) eine außerisr. Herkunft nicht nur des Ijob, sondern letztlich auch der Tradition von ihm nahe.

5. Das Buch enthält eine große Fülle von Einzelparallelen zum übrigen AT, besonders aus den Bereichen Weisheit, Recht und Psalmen, die auch die meisten Formelemente geliefert haben (Nachweise in FOHRERs Kommentar). Dem Thema nach ist Ps 73 das nächstverwandte Stück. Form und Stoff haben aber auch eine *außerbibl. Vorgeschichte*. Sie läßt sich freilich nur mit wenigen Beispielen belegen und entzieht sich einstweilen jeder sicheren Rekonstruktion, geschweige denn Beurteilung.

Die Form des Dialogs begegnet in vielen weisheitl. und anderen Texten sowohl Ägyptens als auch des Zweistromlandes (vgl. das »Gespräch eines Lebensmüden mit seiner Seele« AOT 25–28, ANET 405–407 und das »Zwiegespräch eines Herrn mit seinem Knecht« AOT 284–287, ANET 437f.). In Ägypten hat es geradezu eine »Auseinandersetzungsliteratur« gegeben, die durchaus in Israel nachgewirkt haben kann. Hinter den Aufzählungen der Gottesrede 38 f. steht die aus Ägypten und Mesopotamien bekannte Listenwissenschaft; für die Imperative und Fragen dieser Rede gibt es eine schöne ägypt. Parallele in Gestalt eines satirischen Briefes aus dem 13. Jh. v. Chr. (Papyrus Anastasi I: AOT 101–105; ANET 475–479; vgl. G. v. RAD, Hiob 38 und die altägypt. Weisheit [1955], Ges. St. I 262–271).

Wie die Weisheit allgemein bereits ein vorisr. Phänomen ist, so natürlich auch die Erfahrung des Widerspruchs zwischen ihrem normalen Ordnungsdenken und der Wirklichkeit. Die Ungerechtigkeit in der Welt bzw. das Leiden eines Unschuldigen sind Gegenstand mehrerer unter sich durchaus verschiedener mesopotam. Texte, die man nicht ganz sachgemäß »Ijobtexte« genannt hat.

Die wichtigsten sind:

1. der »bab. Ijob«, beginnend »Ich will preisen den Herrn der Weisheit« (ludlul bēl nēmeqi) (AOT 273–281, ANET 596–600, RTAT 160–163): an Marduk gerichteter Monolog eines hochgestellten Babyloniers wohl aus der Zeit der kassit. Fremdherrschaft, 15. Jh. v. Chr. oder später, klagende Beschreibung unschuldigen Leidens, Ankündigung und Darstellung der Rettung in drei Träumen, kult. Schlußakt nach erfolgter Wiederherstellung;
2. die »bab. Theodizee« (auch »bab. Kohelet«) (ANET 601–604, RTAT 157–160), der vielleicht um 800 v. Chr. entstandene Dialog zwischen einem Leidenden und seinem frommen, ähnlich wie Ijobs Freunde argumentierenden Freund, schließend mit der Bitte des Leidenden um göttliche Hilfe;
3. »Vom leidenden Gerechten« (Tafel AO 4462 im Louvre, Auszüge bei GESE 58–60), altbab. um 1600 v. Chr., Klage eines Leidenden (unter Mitwirkung eines anderen, eines »Freundes«?), göttliche Antwort, die seine Unschuld anerkennt und die Erhörung zusagt;
4. »Mensch und sein Gott« (auch »sumerischer Ijob«) (ANET 589–591, RTAT 164f.), um 2000 v. Chr., demütige Klage und Bitte eines (sich nicht sündlos nennenden) Frommen um Rettung, göttliche Erhörung, Lobpreis durch den Frommen.

Die Mehrzahl dieser Texte (1,3,4) wird von GESE zur Gattung eines »Klageerhörungsparadigmas« zusammengefaßt, zu der auch die Rahmenerzählung des Buches Ijob – in ihrer Mitte eine längere, nicht erhaltene Klage Ijobs – gehört habe. Zumindest das jetzige Buch hat freilich mit Ijobs Herausforderung an Gott und dessen darauf folgender Erscheinung und Rede eine inhaltlich, aber auch formal sehr andere Pointe (vgl. PREUSS). Formgeschichtlich stehen die genannten Texte meist näher bei den Psalmen (FOHRER). Ob im übrigen die bei aller großen Verschiedenheit doch frappanten Parallelen in der Thematik und in manchen formalen und inhaltlichen Einzelheiten auf direkten oder indirekten lit. Einfluß hindeuten (GRAY unter Heranziehung eines in Ugarit neu gefundenen akk. Textes: kan. Vermittlung), ist offen.

§ 42 Die Sprüche Salomos

Kommentare: B. GEMSER (HAT) 1937, ²1963; H. RINGGREN (ATD) 1962; W. MCKANE (OTL) 1970.
H. GRESSMANN, Die neugefundene Lehre des Amen-em-ope und die vorexil. Spruchdichtung Israels, ZAW 42, 1924, 272–296; H. GESE (s. § 41); U. SKLADNY, Die ältesten Spruchsammlungen in Israel, 1962; CH. KAYATZ, St. zu Proverbien 1–9, WMANT 22, 1966; W. RICHTER, Recht und Ethos. Versuch einer Ortung des weisheitl. Mahnspruches, StANT 15, 1966; H. H. SCHMID, Wesen und Geschichte der Weisheit, BZAW 101, 1966; H.-J. HERMISSON, St. zur isr. Spruchweisheit, WMANT 28, 1968; G. v. RAD, Weisheit in Israel, 1970; B. LANG, Die weisheitl. Lehrrede, SBS 54, 1972; R. N. WHYBRAY, The Intellectual Tradition in the OT, BZAW 135, 1974.

1. Das *Buch* heißt hebr. *mišlê (šelomoh)*, griech. παροιμίαι (Σαλωμῶντος), lat. liber proverbiorum (Salomonis). Unter dem Begriff *māšāl* »Spruch« (eher von *mšl* I »gleich sein« als von *mšl* II »herrschen«) sind hier Weisheitsworte verschiedener Art und Länge zusammengefaßt.

Vielseitigkeit und Inhomogenität zeigt auch die Einleitung 1,1–7 mit der Begriffsreihe von v.6 an: *māšāl*, *melîṣāh* »anspielender Spruch«, *dābār* »Wort«, *ḥîdāh* »Rätsel« (vgl. H.-P. MÜLLER, Der Begriff »Rätsel« im AT, VT 20, 1970, 465–489). Das Ziel des Unternehmens ist nach der Einleitung: »zu erkennen Weisheit *(ḥokmāh)* und Zucht *(mûsār)*, zu verstehen Reden der Verständigkeit *(bînāh)*, zu erwerben Zucht, die einsichtig macht *(haśkel)*, Gerechtigkeit *(ṣædæq)*, Recht *(mišpāṭ)* und Geradheit *(mešārîm)*, den Einfältigen Klugheit (*'ŏrmāh*) zu geben, dem Jungen Erkenntnis (*da'aṯ*) und Überlegung (*mᵉzimmāh*). Es höre der Weise (*ḥāḵām*) und mehre sein Wissen (*læqaḥ*), und der Verständige (*nāḇôn*) erwerbe sich Lenkung (*taḥbulôṯ*, LXX κυβέρνησις)« (v.2–5). Der Satz über die Furcht Jahwes als Anfang der Erkenntnis (v.7, vgl. 9,10; 15,33; Ps 111,10; Ijob 28,28) ist dem Buch als wichtigste inhaltliche Voraussetzung wie ein Motto vorangestellt.

Wir haben in Spr nicht das Werk eines einzelnen Verfassers vor uns, sondern eine Sammlung, der wiederum mehrere bereits vorhandene Sammlungen zugrundeliegen, die sich an ihren Überschriften noch gut erkennen lassen:
  I. »Sprüche Salomos, des Sohnes Davids, Königs von Israel« 1–9
 II. »Sprüche Salomos« 10–22,16
III. »Worte von Weisen« 22,17–24,22
 IV. »Auch diese von Weisen« 24,23–34
  V. »Auch dies Sprüche Salomos, zusammengestellt von den Männern Hiskijas, Königs von Juda« 25–29
 VI. »Worte Agurs, Sohnes des Jake, aus Massa (?)« 30
VII. »Worte Lemuels, Königs von Massa, die ihn seine Mutter lehrte« 31,1–9 (anschließend das alphabet. angeordnete »Lob der tugendsamen Hausfrau« 31,10–31).
Durch ihren Umfang heben sich die »Salomo«-Sammlungen I, II und V heraus.
Die Zuschreibung an Salomo ist ähnlich zu beurteilen wie die von Psalmen bzw. des ganzen Psalters an David (vgl. R. B. Y. Scott, Solomon and the Beginnings of Wisdom in Israel, VTS 3, 1960, 262–279). Salomo galt in späterer Zeit als Patron der isr. Weisheit. Daran mag soviel richtig sein, daß unter diesem König internationale Beziehungen geknüpft wurden, die die Pflege der Weisheit am Jerusalemer Hof zur Folge hatten. Mehr als ein terminus a quo für eine höfisch-international geprägte isr. Weisheit ist damit aber nicht gegeben.

Über einen eigenen Anteil Salomos läßt sich nichts mehr sagen. In 1 Kön 5,9–14 werden ihm zwar 3000 Sprüche und 1005 Lieder zugeschrieben. Sie sollen aber von Pflanzen und Tieren gehandelt haben, also nicht die geläufige Lebensweisheit, sondern eine Naturweisheit gewesen sein, für die man im AT allenfalls einige wenige Beispiele auftreiben kann, nämlich die Zahlensprüche Spr 30,15 f.18–20.24–28.29–31 und die Tierschilderungen in den Gottesreden Ijob 38–41. A. Alt (Die Weisheit Salomos [1951], Kl. Schr. II, 90–99) hat in diesen Stücken, die »echte Naturbeobachtung unter dem Gesichtspunkt der Andersartigkeit der Erscheinungen dem Menschen gegenüber und zugleich ihrer sinnvollen Ordnung untereinander« enthalten, die Reste einer Art »Mirabilienliteratur« gesehen, die ihrerseits die trocken aufzählende altorient. »Listenwissenschaft« (z. B. Onomastikon des Amenope in Ägypten, um 1100 v. Chr.) in poet. Form gebracht habe; diese Umformung sei Salomos Werk gewesen. Auch wenn diese Vermutung, die mit einem hohen Quellenwert von 1 Kön 5,9–14 rechnet, zutreffen sollte, kann sie natürlich die Zurückführung des ganz andersartigen Proverbienbuches oder auch nur von größeren Teilen daraus auf Salomo nicht stützen. In den Erzählungen von Salomos richterlicher Lebensweisheit 1 Kön 3,4–15.16–28 (vgl. auch 1 Kön 10,1–10.23 f.) ist von Spruchdichtung gerade nicht die Rede.

Nach dem Verzicht auf die salomonische Autorschaft, der die Zurückführung der isr. Spruchdichtung und auch von Teilen des Proverbienbuches auf Salomo nicht ausschloß (Eichhorn), wurde das Buch zunächst in vorexil. (Eichhorn, H. Ewald, Kommentar ²1867), dann aber immer mehr in nachexil. Zeit datiert (vgl. Lang 18 f.).

Terminus ad quem ist wiederum Sir (Anfang 2. Jh. v. Chr.), der das Buch doch wohl unter den im griech. Prolog des Enkels genannten »anderen Büchern« vor Augen hatte, als er sein eigenes Weisheitsbuch schrieb (Sir 47,17 Anspielung auf Spr 1,6?). Die Endredaktion vereinigte die Einzelsammlungen, die aus verschiedenen

Zeiten stammten; sie selbst kommt wahrscheinlich am Anfang des Buches zu Wort. Spätere Hinzufügungen sind nicht ausgeschlossen (z. B. 31,10–19?). Die LXX hat die Sammlungen IV–VII anders angeordnet.

2. Wir kommen zu den *Sammlungen*.

(I) Ob die *einleitende Sammlung* 1–9 einmal selbständig existiert hat, ist nicht sicher. Sie kann ebensogut von vornherein als Anfangsteil des ganzen Buches zusammengestellt sein. Die Überschrift 1,1–7 dürfte sich auf das ganze Buch beziehen; sonst wäre die Sammlung II wohl »Auch dies Sprüche Salomos« überschrieben (vgl. die Überschriften von IV und V). Den Grundstock von Spr 1–7 bilden zehn Lehrreden, die nach einem bestimmten Schema gebaut sind (Einführung: Anrede, Aufforderung zum Hören, mit Begründung; Hauptteil: Anweisungen bzw. Verbote; Schluß: Hinweise auf Folgen des Verhaltens, in Form von Aussagen): 1,8–19; 2; 3,1–12.21–35; 4,1–9.10–13.20–27; 5; 6,20–35; 7 (LANG). Charakteristisch ist die Anrede »mein Sohn«, die auch in dem formal und inhaltlich herausfallenden Zwischenstück 6,1–19 begegnet; sie richtet sich wohl nicht an den leiblichen Sohn, sondern an den Schüler. Am Anfang und am Ende der Sammlung stehen drei Gedichte von der als Frau personifizierten Weisheit. Jedesmal redet sie öffentl. auf Straßen und Plätzen. Sie wirbt und droht (1,20–33), sie stellt sich vor unter Hinweis auf ihre Rolle für die Herrscher und vor allem ihr Dabeisein bei der Schöpfung (8), sie und dann Frau Torheit laden zum Mahl (9). Es ist ein viel diskutiertes Problem, ob es sich bei ihr (vor allem in 8,22–31) bereits um eine Hypostase handelt und ob ausländische Einflüsse vorliegen (Urmensch-Mythos? hypostasierte ägypt. Maat, nachwirkend bei den Juden von Elephantine im aram. – aber ursprüngl. ass.? – Aḥiqar 94 f., wo die *ḥokmāh* »im Himmel niedergelegt« ist? bereits griech. Einfluß?). Vielleicht kommt man mit der Annahme einer normalen Personifikation aus (GEMSER; B. LANG, Frau Weisheit, 1975). Etwas älter scheint das Lied von der Weisheit Ijob 28, entschieden jünger die Hymnen Sir 1; 24. Zur herkömmlichen Datierung von Spr 1–9 in nicht sehr frühe nachexil. Zeit paßt das alles ebenso wie die kompositionelle Stellung der Kapitel besser als zu einer neuerdings bes. von CH. KAYATZ (vgl. auch LANG) aufgrund ägypt. Beziehungen vorgeschlagenen Datierung in vorexil. Zeit.

(II) Die »salomonische« Sammlung 10–22,16 (vgl. zu ihr und den folgenden Sammlungen SKLADNY) besteht aus 375 kurzen Einzelsprüchen, die meist nicht nach unseren Begriffen logisch-thematisch, sondern nach Lautanklängen und Stichworten aneinandergereiht sind. Es finden sich manche Dubletten und Varianten (z. B. 14,12 = 16,25). Wahrscheinlich liegen zwei Teilsammlungen vor, 10–15 und 16–22,16. Die erste handelt fast immer vom Gerechten (Weisen) und vom Frevler (Toren) und ihrem verschiedenen Ergehen. Der Lebensbereich ist überwiegend ländlich, Ackerbau und Viehzucht. Der zweiten Teilsammlung fehlt ein klares Zentralthema, es geht mehr um die Handlungen als die Grundhaltungen, Jahwe und der König treten stärker und bestimmender hervor. Der Lebensbereich ist eher städtisch, mit Handwerk und Handel, dem Gegensatz von arm und reich bei kritischer Bewertung des Reichtums. Eine wichtige Rolle spielt das Recht, die Sprüche zielen oft und in verschiedenster Weise auf die Beherrschung des Wortes. Handelt es sich um eine Unterweisung für königl. Beamte (SKLADNY)? Das Material ist zweifellos im ganzen vorexilisch.

(III) Die erste Gruppe von *»Worten von Weisen«* 22,17–24,22 gewann Berühmtheit durch den Fund einer ägypt. Parallele zu ihrem wohl ursprüngl. selbständigen ersten Teil (22,17–23,11) in der Lehre des Amenemope (um 1000 v. Chr., übersetzt AOT 38–46, ANET 421–425, RTAT 75–88, Synopse mit dem bibl. Text bei GRESSMANN, vgl. weiter P. HUMBERT, Recherches sur les sources Égyptiennes de la littérature sapientiale

d'Israël, 1929). Der Vergleich, wie ihn zuerst A. ERMAN angestellt hat (Eine ägypt. Quelle der Sprüche Salomos, SPAW.PH 1924, 86—93), ergibt direkte oder indirekte Abhängigkeit auf isr. Seite; die Vorlage ist aber verhältnismäßig frei, verkürzt und in neuer Reihenfolge verwendet, einiges wurde auch hinzugefügt (über die Bürgschaft Spr 22,26 f., Hinweis auf Jahwe 22,19.23, vgl. 23,11). Wann die Entlehnung stattfand, wissen wir nicht. Das Alter der Lehre des Amenemope läßt aber bereits an die Königszeit denken, und so konnte GRESSMANN aufgrund dieses Fundes sogleich ein Gesamtbild der Weisheit entwerfen, das ihre überwiegend nachexil. Einordnung durch die ältere Forschung korrigierte. — Im zweiten Teil der Sammlung III (23,12—24,22) findet sich gleich zu Anfang (23,13 f.) ebenfalls eine wörtliche Berührung mit einem ausländischen Text, nämlich Aḥiqar 82 (»Verschone deinen Sohn nicht mit der Rute, sonst kannst du ihn nicht bewahren vor dem Bösen; wenn ich dich schlage, mein Sohn, stirbst du nicht, aber wenn ich dir deinen Willen lasse, wirst du nicht leben.« AOT 457).
(IV) Die weiteren Sprüche »von Weisen« 24,23—34 sind lit. wohl ein Anhang zu III bzw. II und III.

(V) Die *hiskijanische Sammlung* 25—29 ist der Sammlung II zu vergleichen. Wie dort liegen offenbar zwei zunächst selbständige Teile vor, nämlich 25—27 und 28 f. In 25—27 spielen Natur und Landwirtschaft, auch Handwerk eine große Rolle, 28 f. enthält Regeln für Hochgestellte, darunter »Königssprüche«, so daß man an einen »Regentenspiegel« gedacht hat (SKLADNY). Die Zusammenstellung zur Zeit und am Hofe Hiskijas von Juda (Ende 8. Jh. v. Chr.) ist durchaus plausibel.

(VI) Die *»Worte Agurs«* 30 (in LXX nur bis v.14 reichend) verwenden eine Gattung kanaanäischer Herkunft (ugarit. Belege), den Zahlenspruch (vgl. G. SAUER, Die Sprüche Agurs, BWANT 84, 1963). Nichtisr. sind auch die Namen Agur und Jake in der Überschrift; einen Stamm Massa gibt es in Nordarabien (Gen 25,14). Anfang und Ende des Kapitels erinnern an Ijob (vgl. mit Spr. 30,1—6.32 f. Ijob 38 f.; 40,4 f.; 42,2—6).

(VII) Ähnlicher Herkunft könnten die *»Worte Lemuels«* 31,1—9 sein. Soll das folgende »Lob der tugendsamen Hausfrau« 31,10—31 die Warnung von v.3 überstrahlen?

Grundstock des Buches sind die Sammlungen V und II. Zu ihnen traten die Anhänge III/IV und VI/VII sowie vor allem der große Vorbau I, in dessen Licht das ganze Buch gelesen werden soll. Man darf sich übrigens die Entstehung der Sammlungen und dann des Buches nicht als einen unproduktiven, nur reproduzierenden Vorgang deuten; die Sammler waren gewiß in mehr oder weniger hohem Grade auch Dichter, die das überkommene Gut im Zusammenhang neu formten und ihm Eigenes hinzufügten.

3. Die *Formen und Inhalte* der Sprüche sind vielfältig, wie ja auch die Welt und das Leben es sind, auf deren Wirklichkeit sie sich beziehen. In der Regel wollen die Sprüche einzeln genommen sein; ungeduldig und in zu großer Zahl auf einmal gelesen, verlieren sie viel von ihrer Wirkung. Es ist ja viel Erfahrung und Reflexion in sie eingegangen, sie halten deren Ergebnis in einer äußerst verdichteten, gerade darin Geltung und Wirkung beanspruchenden Form fest (vgl. bes. v. RAD). Trotzdem lassen sie sich insgesamt oder in großen Gruppen auf gemeinsame Nenner bringen.

Die beiden Grundformen sind die Aussage und die Mahnung.

Die *Aussage* oder Sentenz (KAISER: Wahrspruch) formuliert einen Tatbestand. Dabei überwiegen die Nominalsätze (Spr 12,1.4), doch sind auch Verbalsätze nicht selten (12,2 f.). Die Aussagen sind meist im Parallelismus membrorum, und zwar überwiegend im antithetischen, verdoppelt. Häufig begegnen Gleichsetzungen (25,25) und komparativische Sätze (25,24).

Die *Mahnung* (Mahnwort) wendet sich direkt an den Angeredeten und legt ihm ratend oder warnend oder auch befehlend oder verbietend ein bestimmtes Verhalten nahe (subtile Formanalyse bei RICHTER). Oft wird eine Begründung in Gestalt einer Aussage gegeben (23,6–8.9.10 f.13 f.). Schon diese Zuordnung spricht gegen eine zu scharfe Trennung zwischen Aussage und Mahnung, denen man einen verschiedenen Sitz im Leben hat zuschreiben wollen (s. u. 5). Sachlich gehören beide ja ganz eng zusammen. Kaum eine Aussage schließt nicht irgendwie eine Mahnung in sich, kaum eine Mahnung setzt nicht Sachverhalte und umfassende Ordnungen voraus, wie die Aussagen sie beschreiben. Auch hier gilt: Indikativ und Imperativ sind zwei Seiten derselben Sache.

Die Formgeschichte der Spruchweisheit stellt man sich meist grob im Sinne einer Entwicklung von ganz kurzen einzeiligen Sprüchen zu längeren, ausgeführteren vor (so bereits EICHHORN, vgl. J. SCHMIDT, St. zur Stilistik der at. Spruchliteratur, ATA 13,1, 1936). Das Spätstadium würde dann durch den Typus der *Lehrrede* repräsentiert, wie wir ihn etwa in Spr 1–7 vor Augen haben. Vor allem aufgrund altorientalischer Parallelen ist es aber wahrscheinlich, daß die Lehrrede (Lehre, Instruktion) eine selbständige Gattung darstellt (vgl. bes. MCKANE). Die Lehrrede enthält Aussage und Mahnung, ganz wie die Spruchsammlungen. Starre Grenzen lassen sich nicht ziehen. Je größer der produktive Anteil des Sammlers am Wortlaut ist, um so kleiner wird der Unterschied der Spruchsammlung von der Lehrrede; bei Sir ist er weithin verwischt.

4. Der Inhalt der Spruchdichtung ist großenteils fast zeitlos. Trotzdem hat die Art, in der er aufgefaßt und dargestellt wird, *Wandlungen* erfahren. Unsere Kenntnis reicht (noch?) nicht hin, deren Geschichte zu schreiben, doch lassen sich ein paar Grundlinien andeuten. Von der älteren »Erfahrungsweisheit« hebt sich eine jüngere »theologische Weisheit« ab, die wir in Ijob 28, Spr 1–9, Sir und späteren Texten vor uns haben (v. RAD). Das heißt aber nicht, daß der ältere Typus ganz abgestorben wäre, und ebensowenig, daß man ihn irreligiös-profan nennen dürfte. Auch gibt die »Erfahrungsweisheit« selten einfach pragmatisch Erfahrungen oder deren Summe wieder; vielmehr sind so gut wie immer auch allgemeinere weltanschauliche Motive im Spiel, voran die – nicht notwendig mit dem Vergeltungsglauben identische – Anschauung vom Zusammenhang zwischen Tun und Ergehen. In der Sammlung Spr 25–27, deren Substanz eine ziemlich frühe Entwicklungsstufe der Spruchdichtung zu repräsentieren scheint, kommt Jahwe nur einmal vor, durchaus im Rahmen des Zusammenhangs von Tun und Ergehen (25,22). Dem entspricht meist die Rolle Jahwes in Spr 10–15, während er in 16–22,16 stärker als der souveräne Herr erscheint. Die antithetische Zeichnung des Gerechten und des Frevlers in 10–15 denkt den Zusammenhang von Tun und Ergehen in stärkerer Typisierung weiter: das Ergehen entspricht über die Handlungen hinaus der Gesamthaltung, der sittlichen Qualität der Menschen.

5. Ein eindeutiger und einheitlicher *Sitz im Leben* läßt sich nicht angeben. Den glaubwürdigsten Anhaltspunkt liefert die Notiz von den Männern des jud. Königs Hiskija, die salomonische Sprüche zusammengestellt haben (Spr 25,1). In der Tat muß der Königshof ein zentraler Ort für die Pflege der Spruchweisheit gewesen sein. Dort gab es die für die Weisheit so wichtigen internationalen Beziehungen, dort gab es auch ein Beamtentum, dessen Ausbildung man sich gern im Geist und auch mit dem Wortlaut der alten Spruchsammlungen vorstellt. Alles Nähere können wir freilich nur vermuten. Waren die »Weisen« ($ḥ^a k\bar{a}mîm$) eine klar abgrenzbare Gruppe (vgl. Jer 18,18), mehr oder weniger identisch mit dem Stand der königl. Schreiber (GRESSMANN u. a.)? Lehrten sie in der Schule und sind die Weisheitstexte großenteils Schultexte (A. KLOSTERMANN, Schulwesen im Alten Israel, Fs. Th. Zahn, 1908, 193–232; L. DÜRR, Das Erziehungswesen im AT und

im Alten Orient, 1932; HERMISSON; LANG)? Beides legen die altoriental. Verhältnisse nahe, beides läßt sich aber für Israel nicht klar belegen. So ist denn auch beides bestritten worden zugunsten der These von einer nichtinstitutionellen Pflege der Weisheit durch Menschen, denen Intelligenz und Bildung gemeinsam waren (WHYBRAY). Ähnlich wie beim Verhältnis der Psalmen zum Kultus wird auch hier eine scharfe Alternative der histor. Wirklichkeit kaum gerecht; vielmehr ist ein Nach- und Nebeneinander von freier und institutioneller Pflege der Spruchdichtung anzunehmen.

Was wir jetzt in Spr lesen, macht überwiegend nicht den Eindruck eigentlicher Volkstümlichkeit; vielmehr scheint es sich im ganzen eher um Kunstsprüche zu handeln, die eine gehobene Bildung voraussetzen. Läßt sich dahinter noch eine ältere Volksweisheit greifen? Es liegt nahe, in den Ältesten der Familien, Dörfer und Städte auch die ältesten Weisen zu suchen (GRESSMANN); neuerdings hat man an eine »Sippenweisheit« gedacht und dort namentlich die Heimat der »Mahn- und Warnworte« und in diesem Zusammenhang auch der Prohibitive des apodikt. Rechts vermutet (GERSTENBERGER, s. o. § 17,5). Die Existenz familiärer Belehrung ist selbstverständlich und wird durch dt-dtr Anweisungen wie Ex 12,26 f.; Dtn 6,7 f.20—25 oder das Vermächtnis Tobits an seinen Sohn Tobias (Tob 4) schön illustriert; alles weitere bleibt Vermutung.

6. Die Spruchweisheit steht in mancherlei *Beziehungen*, die über das Buch Spr weit hinausführen. In diesem Buch ragt noch erheblich mehr als im Psalter der alte Orient ins AT hinein, in nahen und fernen Parallelen der Form und des Inhalts, vor allem aber in einer bei allen Unterschieden gemeinsamen Grundauffassung von der richtigen Weltordnung (ägypt. Maat) und dem ihr entsprechenden Verhalten des Menschen. »Die altorientalische Weisheit in ihrer israelitisch-jüdischen Ausprägung«: dieser Titel (J. FICHTNER, BZAW 62, 1933) bezeichnet den Tatbestand scharf und zutreffend. Eine praktische Übersicht über das gesamte Material gibt SCHMID; dort auch die ältere Literatur. Es sei daran erinnert, daß wir auch zu Ijob altoriental. Parallelen zu nennen hatten; nicht nur die positive Weisheitslehre, sondern auch deren Krise ist dem außerisr. alten Orient nicht fremd gewesen!

Um so dringender erhebt sich die Frage nach der Stellung der Weisheit innerhalb des AT, vor allem nach ihrem Verhältnis zu den zentralen Aussagen in Gesetz und Propheten über Jahwe, den Gott Israels, und Israel, das Volk Jahwes. Seit W. ZIMMERLI die weisheitl. Lebenshaltung pointiert als anthropozentrisch und eudämonistisch beschrieben hat (Zur Struktur der at. Weisheit, ZAW 51, 1933, 177–204), ist einiges zu ihrer theol. Ehrenrettung oder doch wenigstens ihrer genaueren Erfassung unternommen worden, ohne daß doch das Problem aus der Welt geschafft wäre (vgl. GESE, SCHMID, v. RAD und wiederum ZIMMERLI, Ort und Grenze der Weisheit im Rahmen der at. Theologie [1962], Ges. Aufs. I, 300–315). Darauf muß hier nicht näher eingegangen werden. Wohl aber ist der Hinweis angebracht, daß man an manchen Stellen des AT weitab von den eigentlichen Weisheitsschriften weisheitliches Denken und weisheitliche Tradition gefunden hat. Die »Weisheitspsalmen« wurden schon erwähnt (§ 40,6 c), das sporadische Vorkommen von Sprichwörtern in Erzählungen ist nicht verwunderlich. Darüber hinaus aber gibt es kürzere und längere Erzählungen, die als ganze so stark weisheitl. Charakter zeigen, daß man sie weisheitl. Lehrerzählungen nennen kann, so die Josefsgeschichte (Gen 37; 39–50), die Rahmenerzählung des Buches Ijob (Ijob 1 f.; 42,7–17), aber auch Rut, Ester, Tobit und die Erzählungen in Dan 1–6 (vgl. H.-P. MÜLLER, Die weisheitl. Lehrerzählung im AT und seiner Umwelt, WO 9, 1977, 77–98). Eine gewisse Affinität zu weisheitl. Denken zeigt sich in der dt Theologie

(WEINFELD, s. § 12) – kaum ein Zufall, wo doch die rechtliche und die weisheitl. Anweisung von vornherein mindestens faktisch einige Ähnlichkeit haben und dann in nachkanon. Zeit weisheitliche und gesetzliche Theologie geradezu konvergieren können, so in der Weisheit des Jesus Sirach. Einen weisheitl. Einschlag weisen endlich auch einige Propheten auf, voran Amos und Jesaja (vgl. §§ 25,6 e; 30,4). Bei allen diesen Entdeckungen und Kombinationen ist freilich Zurückhaltung am Platz; je weiter der Weisheitsbegriff ausgedehnt und angewendet wird, um so weniger vermag er – schon von Hause aus etwas unbestimmt und nicht nur darin den Begriffen Geschichte und Kultus vergleichbar – schließlich zu leisten.

II. Die fünf Megillot

§ 43 Rut

Kommentare: W. RUDOLPH (KAT) 1939, 1962; M. HALLER (HAT) 1940; G. GERLEMAN (BK) 1965; E. WÜRTHWEIN (HAT) 1969.
H. GUNKEL, Ruth (1905), Reden und Aufsätze, 1913, 65–92; O. EISSFELDT, Wahrheit und Dichtung in der Ruth-Erzählung, SSAW.PH 110,4, 1965; H. H. WITZENRATH, Das Buch Rut. Eine literarwissenschaftl. Untersuchung, StANT 40, 1975.

1. Der *Inhalt* des Büchleins braucht nicht weitläufig nacherzählt zu werden. Die Hauptfiguren sind zwei Frauen, Noomi aus Betlehem und ihre moabit. Schwiegertochter Rut. Sie ziehen als Witwen gemeinsam aus Moab in Noomis Heimat. Dort lernt Rut beim Ährenlesen den Boas, einen Verwandten ihres Mannes, kennen und wird nach dem Verzicht eines noch näheren Verwandten auf Recht und Pflicht des »Lösers« seine Frau. Aus der Ehe geht ein Sohn hervor, dessen Enkel König David sein wird. Den Abschluß bildet Davids zehngliedriger Stammbaum.
2. Diese *Genealogie* bietet das Hauptproblem des exegetisch sonst nicht schwierigen Büchleins. GOETHE sprach von »seinem hohen Zweck, einem König von Israel anständige, interessante Voreltern zu verschaffen« (Noten und Abhandlungen zu besserem Verständnis des Westöstlichen Divans. Hebräer). Auch für WELLHAUSEN schien »der genealogische Zweck die Hauptsache zu sein und dabei wiederum die Pointe (deren histor. Anhalt in 1 Sam 22,3 zu suchen ist) dies, daß das vornehmste Geschlecht in Israel von einer moabit. Proselytin abstammt«. Das Büchlein hat, so meint man, das Ziel, »die harmvolle und zählebige Moabitertradition, die der davidischen Herkunft anhaftete, zu beschönigen und unschädlich zu machen« (GERLEMAN); es habe in diesem Sinn »eine eminent politische Bedeutung« (WITZENRATH). Diese Tendenz geht aber aus dem Wortlaut nirgends hervor. Ja es fragt sich, ob die Erzählung von Hause aus überhaupt etwas mit David zu tun hatte.

Mit großer Wahrscheinlichkeit ist der nicht zum Stil des Ganzen passende Stammbaum am Schluß (4,18–22) ein nachträglicher Zusatz im Stil von P (*'ellæh tôlᵉdôt!*), inhaltlich identisch mit 1 Chr 2,5.9–15. Streit herrscht über 4,17. Zwar wirkt 17 b jetzt als »die Krönung des Ganzen« (RUDOLPH), aber ein gekröntes Ganzes wäre die Erzählung auch schon mit 17 a und etwa einer nunmehr durch 17 b ersetzten, ursprüngl. andersartigen Namengebung (vgl. zuletzt WÜRTHWEIN). Vorher weist schlechterdings nichts auf David hin. Die Beziehung zu ihm könnte durch die Namensgleichheit des hiesigen Boas mit dem Boas im Stammbaum Davids (1 Chr 2,11 f.) zustandegekommen sein (WÜRTHWEIN); doch dieser Stammbaum ist wohl gegenüber dem Buch Rut sekundär, Boas also von hier entlehnt. Natürlich ist die Erwägung ernst zu nehmen, es sei ausgeschlossen, daß man »dem größten und gefeiertsten König von Israel, dem Prototyp des Messias, eine moabitische Urgroßmutter angedichtet hätte« (RUDOLPH). Aber man muß ja nicht überall im nachexil. Israel gleiche Maßstäbe voraussetzen; der hiesige Erzähler scheint an dieser Genealogie, wie sie auch zustandegekommen sein mag, nichts Absonderliches zu finden.

3. Der *Gattung* nach ist das Buch eine Erzählung im ausgeführten Stil, eine Novelle (GUNKEL, nach sehr eingehender formaler Analyse H. H. WITZENRATH). Seit GOETHE (»das lieblichste kleine Ganze . . ., das uns episch und idyllisch überliefert worden ist« a. a. O.) spricht man auch gern von Idylle. Aufgrund von 2,12 formuliert RUDOLPH als Lehre des Ganzen: »Wer sich in den Schutz des Gottes Israels begibt, wird dafür voll belohnt.« Der vorbildhaft gezeichneten menschlichen Treue entspricht die verborgene, aber wirksame Führung durch Gott. Man mag die Erzählung wegen ihrer lehrhaften Züge weisheitlich nennen.

4. Angesichts des einigermaßen zeitlosen Charakters einer solchen Erzählung scheinen für ihre *Datierung* alle Zeiten offenzustehen. Nach jüd. Tradition hat Samuel Rut geschrieben (s. § 2,3), Datierungen in vorexil. Zeit gibt es auch heute (RUDOLPH, GERLEMAN). Doch gewichtige Indizien sprechen für spätere Entstehung. Die Vorstellung von einer Richterzeit (1,1) ist ziemlich sicher erst dtr. Daß das Büchlein keinen Nomismus verrät und über die Moabiter freundlicher denkt als dt-dtr Stellen (Dtn 23,4 f.; 1 Kön 11,1 f.), braucht nicht an höherem Alter zu liegen; die genannten Anschauungen haben schwerlich überall geherrscht. Dasselbe gilt vom Verfahren mit der Leviratsehe in Dtn 25,5–10 einerseits, Rut 4,1–12 andererseits. Der Brauch des Schuhausziehens zur Bestätigung eines Rechtsaktes wird in 4,7 als etwas längst nicht mehr Geübtes eingeführt. Eine genauere zeitliche Festlegung, etwa auf die Zeit Esras, gegen dessen rigorose Mischehenpolitik das Büchlein protestiere (KUENEN; BERTHOLET, Kommentar 1898, u. a.), ist unmöglich; von einem solchen Protest oder überhaupt von aktueller Tendenz läßt sich nichts erkennen.

§ 44 Das Hohe Lied

Kommentare: M. HALLER (HAT) 1940; H. RINGGREN (ATD) 1958; W. RUDOLPH (KAT) 1962; G. GERLEMAN (BK) 1965; E. WÜRTHWEIN (HAT) 1969.
F. HORST, Die Formen des althebr. Liebesliedes (1935), Ges. St. 176–187; H. H. ROWLEY, The Interpretation of the Song of Songs (1937), in: The Servant of the Lord, ²1965, 195–245; E. WÜRTHWEIN, Zum Verständnis des Hohenliedes, ThR NF 32, 1967, 177–212; O. LORETZ, Das althebr. Liebeslied. Untersuchungen zur Stichometrie und Redaktionsgeschichte des Hohenliedes und des 45. Psalms, AOAT 14,1, 1971.

1. Das *Buch* wird in der Überschrift 1,1 superlativisch *šîr-haššîrîm* »Lied der Lieder« genannt und auf Salomo zurückgeführt, der ja als Liederdichter galt (vgl. 1 Kön 5,12). Die Überschrift ist jünger als der Inhalt des Buches (Relativpartikel *ʾǎšær* nur hier, sonst stets *šæ*), der die salomonische Fiktion nirgends bestätigt, sie dagegen in 8,11 f., wo der Sänger sich ausdrücklich von Salomo unterscheidet, schlagend widerlegt. Die gelegentlichen Erwähnungen eines Königs (1,4.12; 7,6?) und sogar Salomos (3,7–11) sind wohl nicht redaktionelle Zusätze im Sinne der salomonischen Fiktion (LORETZ), sondern bezeichnen bildlich den Bräutigam. Immerhin hat die Zurückführung auf Salomo dem Buch in den Kanon verholfen und es damit vor dem Untergang bewahrt.

2. Es handelt sich um eine Sammlung einzelner *Liebeslieder,* wie vor allem J. G. HERDER erkannt hat (Salomos Lieder der Liebe, die ältesten und schönsten aus

dem Morgenlande, 1778). Von ihm angeleitet sprach GOETHE (s. § 43,2 f.) vom Hohen Lied als dem »Zartesten und Unnachahmlichsten, was uns von Ausdruck leidenschaftlicher, anmutiger Liebe zugekommen«, beklagte freilich, »daß uns die fragmentarisch durcheinander geworfenen, übereinander geschobenen Gedichte keinen vollen, reinen Genuß gewähren«. In der Tat liegt eine Gliederung so gut wie nicht vor. Die etwa 30 Gedichte sind meist nach Stichworten aneinandergereiht. Ganz abwegig ist die Auffassung als Drama (z. B. bei H. EWALD in seinem Kommentar, ²1867); es fehlt ja schon die Steigerung über das hinaus, was bereits in Kap. 1 gesagt wird. Soviel ist immerhin richtig, daß teils der Mann und teils die Frau singt und daß man dabei stellenweise auch an beabsichtigten Wechselgesang denken darf. Nach den verwendeten Motiven hat HORST folgende Einzelformen unterschieden: Bewunderungslied, Vergleiche und Allegorien, Beschreibungslied (arab. *waṣf*), Selbstschilderung, Prahllied, Scherzgespräch, Erlebnisschilderung, Sehnsuchtslied. Zu alledem finden sich zahlreiche Parallelen in der Liebesdichtung des Orients vom alten Ägypten (vgl. S. SCHOTT, Altägypt. Liebeslieder, 1950) über 1001 Nacht bis in die Neuzeit. Besonders ergiebig war die Beschreibung des Brauchtums der zeitgenössischen »syrischen Dreschtafel« (einwöchige Hochzeitsfeier, Braut und Bräutigam als »König« und »Königin« auf der Dreschtafel als »Thron«, viele Gesänge, darunter »Beschreibungslieder«) durch J. G. WETZSTEIN (ZE 5, 1873, 270–302). Die dortigen Analogien sprechen dafür, daß wir im Hohen Lied Hochzeitslieder vor uns haben (vgl. 3,7–11; dagegen H. SCHULT, Kritische Noten zu Hld 3,6–11, Dielheimer Blätter zum AT 2, 1972, 1–18). Freilich nicht ausschließlich; die durchgängige Beziehung auf die Hochzeit (zuletzt WÜRTHWEIN) wirkt ebenso gezwungen wie ihre durchgängige Bestreitung (zuletzt GERLEMAN). Eine andere, wohl ebenfalls überspitzte Alternative ist die, ob es sich um Volksdichtung (HERDER, RUDOLPH) oder um Kunstdichtung aus gebildeten, etwa »weisheitlichen« Kreisen (GERLEMAN, WÜRTHWEIN) handelt.

Die jüd. und die christl. Exegese haben das Hohe Lied allegorisch (oder auch typologisch) gedeutet. Danach wäre in ihm die Beziehung zwischen Jahwe und Israel bzw. zwischen Christus und der Kirche, der Seele oder Maria dargestellt. Das ist ein sekundäres Verständnis des bereits kanon. Buches.

Kaum weniger problematisch ist die (kult)mytholog. Deutung in der modernen Wissenschaft, wonach eine (im Kultus gefeierte) Götterhochzeit, etwa zwischen Tammuz und Ischtar, im Hintergrund steht (vgl. HALLER; H. SCHMÖKEL, Heilige Hochzeit und Hoheslied, 1956, zurückhaltender RINGGREN). Natürlich lassen sich Parallelen aus dem mytholog. Sprachgebrauch beibringen; doch die aus der profanen Liebeslyrik sind viel zahlreicher, unmittelbarer und natürlicher und lassen nicht an einen derartigen Hintergrund denken, der zudem – oder sollte die Erinnerung an dergleichen ganz ausgelöscht gewesen sein? – die Aufnahme in den Kanon zu einem völligen Rätsel machen würde.

3. Eine genauere *Datierung* ist bei solchen Liedern, die ja einigermaßen zeitlos sind und gewiß auch aus verschiedenen Zeiten stammen, kaum möglich, aber auch nicht sehr wichtig. Die Nennung der alten Königsstadt Tirza (6,4) erklärt sich am ehesten aus vorexil. Zeit, der also das Lied 6,4–7 und noch weitere angehören mögen. Anderseits enthält das Buch eine Reihe von Aramaismen, die durchgängig gebrauchte Relativpartikel *šæ* gehört in die nachexil. Zeit, *pardes* »Lustgarten, Paradies« (4,13, vgl. Koh 2,5; Neh 2,8) ist ein pers., *'appirjôn* »Tragsessel« (3,9) wohl gar ein griech. Lehnwort (LXX φορεῖον). Man hat also mindestens mit sprachlicher Neugestaltung, wahrscheinlich aber auch mit der Entstehung eines Großteils der Lieder in nachexil. Zeit zu rechnen. Schon die häufig vorkommenden »Töchter Jerusalems« (1,5 usw.) sprechen für Jerusalem als Entstehungs- oder zumindest Sammelort.

§ 45 Kohelet

Kommentare: F. DELITZSCH (BC) 1875; H. W. HERTZBERG (KAT) 1932, 1963; K. GALLING (HAT) 1940, ²1969; W. ZIMMERLI (ATD) 1962; A. LAUHA (BK) 1978.
K. GALLING, Koh-Studien, ZAW 50, 1932, 276–299; DERS., Stand und Aufgabe der Koh-Forschung, ThR NF 6, 1934, 355–373; H. L. GINSBERG, Studies in Koh, TSJTSA 17, 1950; R. GORDIS, Koh – the Man and his World, TSJTSA 19, 1951; R. KROEBER, Der Prediger hebr. und deutsch, SQAW 13, 1963; O. LORETZ, Qoh und der Alte Orient. Untersuchungen zu Stil und theol. Thematik des Buches Qoh, 1964; F. ELLERMEIER, Qoh, I,1, 1967; R. BRAUN, Koh und die frühhellenist. Popularphilosophie, BZAW 130, 1973; W. ZIMMERLI, Das Buch Koh – Traktat oder Sentenzensammlung? VT 24, 1974, 221–230.

1. Buch und Autor werden uns durch die Hinweise eines *Rahmens* vorgestellt. Nach der Überschrift 1,1 handelt es sich um »die Worte Kohelets, des Sohnes Davids, Königs in Jerusalem«. *qohælæt* ist Part. fem. Qal von *qhl*, einem von *qāhāl* »Versammlung« abgeleiteten Verb, das sonst im Qal nicht vorkommt. Es muß wohl jemanden bezeichnen, der mit der Versammlung zu tun hat, in ihr auftritt (zu dem merkwürdigen Fem. vgl. den *sopæræṭ* Esr 2,55). Der appellative Gebrauch des Wortes liegt noch nahe, wie der vorangesetzte Artikel in 7,27 (c. T.) und 12,8 zeigt; den ursprüngl. Namen des Lehrers, der in diesem Buch zu Wort kommt, kennen wir nicht. LXX übersetzt Ἐκκλησιαστής, danach 𝔙 Ecclesiastes, Luther »Prediger«. Die Überschrift scheint aus 1,12 hergeleitet zu sein. Sie läßt das dortige »über Israel« weg, fügt aber »Sohn Davids« hinzu und setzt so den königl. Autor mit Salomo gleich. Die Königsfiktion wird innerhalb des Buches nur in den beiden ersten Kapiteln beibehalten.

Am Schluß stehen zwei (HERTZBERG: drei, nämlich 12,9–11.12.13 f.) Epiloge. Der erste (12,9–11) nennt Kohelet »in Ehrerbietung« (ZIMMERLI) einen Weisen und darüber hinaus einen Volkslehrer und betont die Qualität und den Nutzen seiner Sprüche wie der Weisheitsworte überhaupt; wenn mit dem »einen Hirten« in 11 b Gott gemeint ist, behauptet er geradezu deren Inspiriertheit. Anders der zweite Epilog (v.12–14). Er spricht, ohne Koh zu erwähnen, unter Hinweis auf die Endlosigkeit des Büchermachens und die ermüdende Wirkung des Studierens eine Warnung aus und empfiehlt, durchaus anders als Koh, problemlos Gottesfurcht und Gesetzesgehorsam im Blick auf Gottes Gericht über alles Tun. Das erinnert an die nomist. Epiloge Hos 14,10; Mal 3,22, in v.12 auch an 2 Petr 3,15 f.

Haben die Epilogisten auch am Buch selbst gearbeitet? Der Hinweis auf das Gericht in 11,9 b entspricht 12,14 und stammt also wohl vom zweiten Epilogisten. Mit der Annahme weiterer »orthodoxer« Zusätze (vgl. bes. 3,17; 8,5.12 b.13) muß man angesichts der abwägenden, vielschichtigen Denkweise Kohelets vorsichtig sein. Dagegen liegt es nahe, in dem ersten Epilogisten, Kohelets Schüler und Anwalt, auch einen Redaktor seines Buches zu vermuten. Von ihm könnte die Überschrift 1,1 stammen (ELLERMEIER, GALLING: noch ohne den erst vom zweiten Epilogisten hinzugefügten Königstitel), dazu die Rahmung des Ganzen durch den zusammenfassenden Satz über Kohelets Lehre 1,2; 12,8, der, wie ELLERMEIER wahrscheinlich gemacht hat, nicht auf Koh selbst zurückgehen dürfte (Koh spricht oft von *hæbæl* »Hauch, Eitelkeit«, aber nicht in dieser Totalität, verwendet auch nicht den Plural). Wieweit der erste Epilogist im übrigen an der Komposition beteiligt ist und wieweit diese von Koh selbst stammt, läßt sich kaum entscheiden.

2. Die *Worte Kohelets*, wie die Überschrift sie nennt, sind keine einheitlich konzipierte Abhandlung (etwa über das Thema des *hæbæl*, vgl. LORETZ), sondern eine Sammlung von Sentenzen (GALLING zählt in der 1. Aufl. 37, in der 2. Aufl. 27). Deren Aufreihung erfolgte nicht nur zufällig-mechanisch nach Stichworten, son-

dern auch nach sachlichen Gesichtspunkten, so daß man in manchen Passagen den Eindruck hat, als solle ein Problem von mehreren Seiten her angegangen werden. Gewiß mit Absicht stehen die große Rückschau des »Königs« Koh 1,12–2,26 am Anfang (1,3–11 sekundär davorgestellt?) und die Belehrung über das Alter 11,9–12,7 am Ende.

Koh bedient sich durchaus der Form des kurzen Einzelspruchs, wie wir sie aus der Schulweisheit gewohnt sind (vgl. 10,4–20). Charakteristischer sind thematisch angeordnete Wortreihen (4,17–5,6), vor allem aber längere, oft nicht rhythmisch geformte Ausführungen, in denen das Ich des Autors (vgl. Spr 24,30–34 – dort ein Einzelfall) mit seinen Erfahrungen, Beobachtungen und Folgerungen zu Wort kommt. Hier formuliert Koh in immer neuen Variationen kritisch gegen die glatten Thesen der Schulweisheit seine eigene Erkenntnis der Welt und des Menschen, die ihn zum interessantesten und für viele Leser anziehendsten Außenseiter innerhalb des AT gemacht hat.

3. Man kann viel über *fremde Einflüsse* auf Koh vermuten. Ganz unzweifelhaft ist indessen nur seine kritische Anknüpfung an die isr. Weisheit, der er von Hause aus zugehört. Er lebt in der Zeit des frühen Hellenismus. Es wäre sehr verwunderlich, wenn von der geistigen Krise des Griechentums in dieser Zeit und auch von ihrem philosoph. Niederschlag nichts an ihn gedrungen wäre. Die älteren Thesen über den Einfluß von dort sind unter dem Eindruck der Wiederentdeckung der altorientaal. Weisheit eine Zeitlang zurückgetreten, aber jetzt durch M. HENGEL (Judentum und Hellenismus, WUNT 10, ²1973, 210–240) und BRAUN erneuert worden. Ob und wieweit Koh mit griech. Begrifflichkeit und Literatur vertraut war, muß offenbleiben; die Krise der Zeit prägt sich bei ihm auf eine sehr individuelle und vom Gegenüber zu seiner nationalen Weisheitstradition geprägte Weise aus. Mindestens ebenso offen muß die Frage nach einer klaren und bewußten Anknüpfung an die natürlich faktisch vorausgesetzte und immer im Hintergrund stehende altoriental. Tradition bleiben (das Material bes. bei LORETZ, der für mesopotam. Einfluß plädiert). Daß es manche Einzelparallelen sachlicher und stilistischer Art gibt, verwundert bei dem allgemein menschlichen Charakter der Probleme und der Internationalität ihrer Bewältigung durch die Weisheit nicht.

4. Für die *Datierung* stehen keine zeitgeschichtl. Anspielungen zur Verfügung; in 4,13–16; 9,13–16; 10,16 handelt es sich nicht um verifizierbare Einzelereignisse, sondern um typische Fälle. Koh kennt den Pentateuch (vgl. 5,3f. mit Dtn 23,22–24). Seine Sprache enthält pers. Lehnwörter (*pardes* 2,5, s. § 44,3; *piṯgām* »Urteil« 8,11) und viele Aramaismen (aber keine Übersetzung aus dem Aramäischen, wie bes. GINSBERG gemeint hat); sie repräsentiert das späteste Hebräisch im AT. Sir scheint Koh schon zu kennen (Nachweise bei HERTZBERG 47f.), von den Problemen und Kämpfen der Makkabäerzeit klingt nichts an. Die vorausgesetzte Gesamtlage (Frieden, Möglichkeit des Reichtums, soziale Unterschiede, straffe Verwaltung) ist am ersten die der Ptolemäerzeit, also das 3. Jh. (HENGEL), der geograph. Hintergrund der palästin.-jerusalemische. In den Kanon kam das, wie schon die Epiloge zeigen, lange umstrittene Buch durch die Zurückführung auf Salomo. Über deren Unrichtigkeit – zuerst klar erkannt von H. GROTIUS (Annotationes, 1644) – ist sich die Wissenschaft aller Lager in seltenem Ausmaß seit langem einig.

§ 46 Die Klagelieder

Kommentare: W. RUDOLPH (KAT) 1939, 1962; M. HALLER (HAT) 1940; H. WIESMANN SJ 1954; H.-J. KRAUS (BK) 1956; O. PLÖGER (HAT) 1969.
B. ALBREKTSON, Studies in the Text and Theology of the Book of Lamentations, STL 21, 1963.

1. Das *Buch* heißt in der hebr. Bibel '*ēkāh* »ach!« nach den Anfängen 1,1; 2,1; 4,1. Der Name *qînôṯ* »Klagelieder« ist im Talmud (Baba batra 14,b, s. § 2,3) und sonst im Judentum bezeugt (2 Chr 35,25?). Ihm entsprechend überschreiben LXX ϑϱῆνοι (Ιεϱεμιου) und 𝔚 threni, id est lamentationes Ieremiae prophetae. Zur Stellung im Kanon s. §§ 2,2; 4,5.
2. Das Buch vereint *fünf Lieder,* die mit den Kapiteln identisch sind. Schon formal ist ihnen die Beziehung auf das Alphabet gemeinsam: die vier ersten sind Akrostichen, wobei in 1 und 2 jede dritte, in 4 jede zweite Zeile mit dem nächsten Buchstaben des Alphabets beginnt, in 3 dagegen sogar immer drei Zeilen durch den Beginn mit demselben Buchstaben zusammengefaßt sind (in 2–4 übrigens die übliche Reihenfolge von ʿ und p vertauscht); 5 hat wenigstens so viele Verse, wie es Buchstaben gibt (22). Der Inhalt aller Lieder ist durch die Überschrift(en) des Buches richtig gekennzeichnet. Ein klares Beispiel für eine Gattung liefert nur das Volksklagelied Kap. 5. In den ersten vier Liedern mischen sich, gewiß auch aufgrund des akrostichischen Formzwangs, die Gattungen: 1, 2 und 4 sind im Grundbestand nachgeahmte Leichenlieder (über Jerusalem), 3 das Klagelied eines einzelnen, aber jedesmal wird in andere Formen übergegangen. KRAUS postuliert eine gemeinsame Gattung der »Klage um das zerstörte Heiligtum«; Lieder solchen Inhalts gibt es in Mesopotamien (Klage um das Heiligtum von Ur). Gottesdienstliche Verwendung der Klgl ist jedenfalls anzunehmen (vgl. Sach 7,3.5; 8,19).
3. Der *geschichtl.* Ort ist eindeutig die Exilszeit zwischen der Zerstörung Jerusalems 587 und dem Cyrusedikt 538 v. Chr.; RUDOLPH möchte Kap. 1 schon nach der ersten Eroberung Jerusalems 597 v. Chr. datieren. Die Zurückführung auf Jer ist in der hebr. Bibel weder durch eine Über- oder Unterschrift noch durch die Stellung im Kanon angedeutet; vielleicht hat 2 Chr 35,25 zu ihr Anlaß gegeben (Klgl 4,20 auf den Tod Joschijas bezogen?). Spezifisch Jeremianisches fehlt den Liedern durchaus. Sie stehen anderseits so nah beisammen, daß die Herkunft aus demselben Kreis sicher, die von einem einzigen Verfasser (so RUDOLPH) möglich ist. Es spricht nichts gegen, allerdings auch nichts entscheidend für Jerusalem oder doch Palästina als Abfassungsort.

§ 47 Ester

Kommentare: M. HALLER (HAT) 1940; H. RINGGREN (ATD) 1958; H. BARDTKE (KAT) 1963; E. WÜRTHWEIN (HAT) 1969; G. GERLEMAN (BK) 1973.
H. GUNKEL, Esther, RV II, 19/20, 1916; R. STIEHL, Das Buch Esther, WZKM 53, 1956, 4–22; A. MEINHOLD, Die Gattung der Josephsgeschichte und des Estherbuches: Diasporanovelle II, ZAW 88, 1976, 72–93.

1. Den *Inhalt* bilden Vorgänge, die sich z. Z. des Ahasveros = Xerxes I. (485–465) zwischen Persern und Juden abgespielt haben sollen: die Ersetzung der unbotmäßigen Königin Waschti durch die Jüdin Ester, das Gegeneinander des Wesirs Haman und des Juden Mordechai, des Onkels und Vormunds der Ester, der mit Esters Hilfe die von Haman geplante Ausrottung der Juden verhindert, Haman

an den Galgen bringt, an seine Stelle tritt und eine große Racheaktion der Juden veranstaltet. Sie findet am 13. Adar (Febr./März) statt, den eigentlich Haman durch das Los *(pûr)* für seine Vernichtungsaktion ausersehen hatte (3,7 c. T.); am 14. und 15. Adar soll daraufhin das Purimfest gefeiert werden.

2. Im Blick auf die *lit. Einheitlichkeit* bieten die Partien, die ausdrücklich vom Purimfest handeln, das einzige ernsthafte Problem. Die eigentliche Erzählung schließt mit 9,19. Die Fortsetzung ist umständlicher formuliert und scheint, indem sie in v.21 nicht wie v.19 (c. T.) zwischen den Juden in der Stadt und denen auf dem Land unterscheidet, auch inhaltlich von der Erzählung abzuweichen. Man hat darum 9,20–32 (oder Teile davon) mitsamt der Purim-Stelle 3,7 sowie den nun scheinbar in der Luft hängenden Schluß 10,1–3 mit seinem an Kön und Chr erinnernden Verweis auf »Tagebücher der Könige von Medien und Persien« gern für sekundär erklärt.
Unzweifelhafte Zusätze enthält die LXX (die apokryphen »Stücke zu Est«). Sie stellen die Gestalt des Mordechai noch stärker heraus, verstärken den national-fremdenfeindlichen Akzent und fügen einen (im hebr. Text nur in 4,14 angedeuteten) religiösen hinzu.

3. Eine eindeutige *Gattungsbestimmung* fällt schwer. Mit »Hofgeschichte«, »Novelle« (MEINHOLD: »Diasporanovelle«), »historischer Roman« wird jeweils Richtiges getroffen, und jedesmal gibt es Analogien inner- und außerhalb des AT. Der Erzählungsgang läßt sich auch ohne den Bezug auf das Purimfest verstehen. War dieser Bezug und damit der ätiolog. Charakter des Ganzen, der ja wohl nachträglich noch einmal kräftig ausgeführt wurde (s. o. 2), überhaupt von Anfang an vorhanden?
Die mit großem Geschick disponierte und geschriebene, spannend zu lesende Erzählung hat zur geschichtl. Realität ein ganz gebrochenes Verhältnis. Wenn Mordechai durch Nebukadnezar 597 exiliert wurde (2,6), kann er unter Xerxes kaum noch gelebt haben – hier herrschen offenbar nur noch dunkle Vorstellungen vom 6. und 5. Jh. Eine Waschti oder Ester (oder auch Hadassa, 2,7) ist als Frau des Xerxes nicht belegt (dagegen eine Amestris Herodot IX 109–112). Die geschilderten Vorgänge sind großenteils phantastisch, so die königlich sanktionierte Tötung von mehr als 75 000 Menschen durch die Juden (9,6.15 f.). Eine gewisse Kenntnis des Milieus, die fraglos vorhanden ist, kommt gegen diese Unwahrscheinlichkeit nicht auf.

4. Für die *Datierung* liefert die Erwähnung des Mordechaitages, d. h. des Purimfestes, zusammen mit dem Nikanortag in 2 Makk 15,36 (um 50 v. Chr.) nur eine alleruntere Grenze, indem sie das vermutlich mitsamt seiner Legende, also dem Buch Est, aus der östlichen Diaspora eingeführte Fest für diese Zeit in Palästina bezeugt (vgl. dagegen noch 1 Makk 7,49). Die Beziehungen des Buches zu Gegebenheiten der Makkabäerzeit (vgl. STIEHL) sind nicht sehr spezifisch. Daß Sir Ester oder Mordechai nicht nennt, muß nicht heißen, daß ihm das – seiner Frömmigkeit fernliegende – Buch unbekannt war. Dagegen spricht die Verwandtschaft mit dem hellenist. Roman (vgl. STIEHL) gegen eine Ansetzung vor dem 3. Jh. v. Chr. Das stützen sprachliche Argumente.

5. Während die Suche nach einem »historischen Kern« – abgesehen von der allgemeinen Lage der Juden in der Diaspora – vergebliche Mühe ist, darf man damit rechnen, daß der Autor *älteren Stoff* verwendet hat (Waschti-, Ester-, Mordechai-Motiv?). Die Erhöhung Mordechais erinnert frappant an die Erhöhung Josefs (vgl. bes. MEINHOLD). Problematisch ist dagegen die von GERLEMAN durchgeführte Exodus-Typologie. Nicht bewährt haben sich auch Vermutungen über mytholog. Hintergründe, so verführerisch einige Namensgleichungen auch aussehen mögen (Mordechai-Marduk, Ester-Ischtar).

III. Das apokalyptische Buch

§ 48 Daniel

Kommentare: J. A. Montgomery (ICC) 1927; A. Bentzen (HAT) 1937, ²1952; N. W. Porteous (ATD) 1962, ³1978; O. Plöger (KAT) 1965.
G. Hölscher, Die Entstehung des Buches Daniel, ThStKr 92, 1919, 113–138; M. Noth, Zur Komposition des Buches Daniel (1926), Ges. St. II, 11–28; W. Baumgartner, Ein Vierteljahrhundert Danielforschung, ThR NF 11, 1939, 59–83.125–144.201–228; H. H. Rowley, The Unity of the Book of Daniel (1952), in: The Servant of the Lord, ²1965, 247–280; K. Koch u. a., Das Buch Daniel. Erträge der Forschung 144, 1980.

1. Die *Komposition* des Buches scheint einfach. Die erste Hälfte (1–6) bringt Erzählungen über Daniel und seine drei Freunde Hananja, Mischael und Asarja (alsbald umbenannt in Schadrach, Meschach und Abed-Nego): wie sie an den Hof Nebukadnezars kommen, sich dort an die jüd. Speisevorschriften halten und die anderen an Schönheit und Weisheit übertreffen (1); wie Daniel den Traum Nebukadnezars von der Statue aus viererlei Material, die vier Reiche bedeutet, errät und erklärt (2); wie die drei Freunde nach ihrer Weigerung, ein Bild anzubeten, in den Feuerofen geworfen und dort wunderbar erhalten werden (3,1–30); wie Nebukadnezar gemäß einem ihm wiederum von Daniel gedeuteten Traum von einem hochgewachsenen und dann abgehauenen Baum sieben Jahre lang wahnsinnig ist und wie ein Tier lebt (3,31–4,31); wie König Belschazzar nach einem Gastmahl, auf dem er die Jerusalemer Tempelgeräte mißbraucht, woraufhin eine dann wieder von Daniel gedeutete geheimnisvolle Inschrift an der Wand erscheint, in derselben Nacht getötet wird (5); wie Daniel infolge seiner Übertretung eines dem König Darius von seiner Umgebung nahegelegten gegen ihn gerichteten Erlasses in die Löwengrube geworfen wird, dort aber unversehrt bleibt (6). In der zweiten Hälfte des Buches (7–12) spricht Daniel selbst (3. Person nur 7,1; 10,1). Er berichtet vier Visionen: die vier Tiere, die aus dem Meer steigen, wiederum vier Reiche bedeutend, das Gericht durch den »Hochbetagten«, die Übergabe der Herrschaft an den »Menschensohn« (7), der zweihörnige Widder aus dem Osten (gedeutet als die Könige von Medien und Persien) und der Ziegenbock aus dem Westen (Alexander d. Gr.), der ihn angreift und tötet und dem anstelle seines Horns vier wachsen, aus deren einem wiederum eines wächst, das groß wird und schreckliche Dinge tut (8), die Erklärung der 70 von Jer angekündigten Jahre der Verödung Jerusalems (9), der Geschichtsverlauf von den letzten Perserkönigen an bis zur Rettung des Volkes Daniels (10–12).

Zwischen den beiden Hälften des Buches gibt es Berührungen. Beide Male ist die Reihe der fremden Könige fast die gleiche: nach Nebukadnezar (nur 1–4) Belschazzar (5; 7 f.), Darius (6; 9) und Cyrus (6,29; 10–12). Gesichte und Weissagungen spielen nicht nur im zweiten, sondern auch im ersten Teil eine Rolle; namentlich stehen die Kapitel über die Weltreiche 2 und 7 f. einander nahe. Mit der Einteilung in Erzählungen und Gesichte überschneidet sich die nach den Sprachen: 2,4 b–7,28 ist aram. geschrieben, die Erzählungen beginnen also hebr. und die Gesichte aram.; die Eingangskapitel 1 und 7 scheinen in ihrer jeweiligen Buchhälfte eine Sonderstellung zu haben.

Eine ganz befriedigende Erklärung für den Sprachenwechsel gibt es bisher nicht. Für 1,1–2,4 a läßt sich Übersetzung aus dem Aramäischen wahrscheinlich machen, für 8–12 dagegen nicht. Man hätte also mit einem aram. (1–7) und einem hebr. (8–12) Buchteil zu rechnen — für die Entstehung des Ganzen kein gleichgültiger Tatbestand. Der Anfang könnte ins Hebr. übersetzt worden sein, um die Einheit des Buches deutlich zu machen. Wechselte man in 2,4 wieder ins Aram., weil man dieses für die Sprache der »Chaldäer« (Babylonier) hielt?

2. Der *geschichtl. Ort* soll das bab. Exil sein. Daniel soll mit einer Deportation durch Nebukadnezar im 3. Jahr das jud. Königs Jojakim (606 v. Chr.) nach Babylonien gekommen sein und dort nacheinander unter den Königen Nebukadnezar, Belschazzar, Darius und Cyrus gelebt haben. Das ist unmöglich. Für jene Aktion Nebukadnezars i. J. 606 gibt es keinen ernsthaften Beleg (Kombination von 2 Kön 24,1 und 2 Chr 36,5–8?). Belschazzar war (gegen 5,2) nicht der Sohn Nebukadnezars, sondern Nabonids, des letzten bab. Königs (555–539), und selbst zeitweise Regent, aber nicht König. Einen Meder Darius (6,1), Sohn des Xerxes (9,1), der vor Cyrus regiert haben soll, hat es nicht gegeben. Der Perserkönig Darius regierte 522–486, Cyrus ging ihm 558–530 voran, Xerxes folgte 485–465. Das Danielbuch hat von dieser Geschichtsperiode also keine klare Vorstellung mehr.

Dazu kommen weitere Argumente für erheblich spätere Entstehung. Das Buch gelangte nicht mehr in den Prophetenkanon und ist bei Sir noch nicht vorausgesetzt, sondern erst in 1 Makk 2,59 f., also um 100 v. Chr. (vgl. auch Sib. III, 388–400). Die Sprache ist spät, sie hat nicht nur pers., sondern auch griech. Lehnwörter. Dazu kommen junge Theologumena: die Engellehre (Engel als Vermittler, als Schutzpatrone der Völker, Namen Michael und Gabriel, Kap. 7–12), Auferstehungsglaube (12,2 f.), Vermeidung des Jahwenamens.

Man braucht sich in diesem Fall nicht mit einer ungefähren Datierung zu begnügen. Die Visionen geben vielmehr Hinweise auf eine genau begrenzte Zeit, die des Aufstandes gegen die Bedrückung der Juden in Jerusalem durch den Seleukidenkönig Antiochos IV. Epiphanes (175–164, der Aufstand seit 167). Was in den Visionen über die Ereignisse bis dahin gesagt wird, ist vaticinium ex eventu; mit diesem Zeitpunkt setzt die wirkliche Weissagung ein. Das hat schon der Neuplatoniker Porphyrios (234– um 304 n. Chr.) erkannt, aus dessen Schrift Κατὰ Χριστιανῶν Hieronymus in seinem Danielkommentar zitiert. Nachdem sich Kritiker und Apologeten noch im 19. Jh. darüber heftig gestritten haben, herrscht heute bei der Datierung des Buches in die Makkabäerzeit Übereinstimmung. Strittig ist nur, ob und wieweit die Endgestalt des Buches eine lit. (und vorlit.) Vorgeschichte gehabt hat.

3. Wir haben demnach bei den *Visionen* einzusetzen. Aus der letzten, Kap. 10–12, geht die Situation klar hervor. Die Weissagung in Kap. 11 zählt detailliert und ohne bildliche Verhüllung, aber auch ohne Namensnennung, eine lange Reihe von polit.-dynast. Vorgängen und Figuren auf, die sich in v.2–39 historisch verifizieren lassen: die Perserkönige (2), Alexander d. Gr. (3 f.), sodann (5 ff.) die Ptolemäer (»Könige des Südens«) und Seleukiden (»Könige des Nordens«) bis auf Antiochos III. (223–187, v.10–19), Seleukos IV. (187–175, v.20) und Antiochos IV. Epiphanes (175–164). Was von diesem in v.21–39 gesagt wird, entspricht der Geschichte: die beiden ägypt. Feldzüge, die Verfolgung der jüd. Religion mit der Entweihung des Tempels und der Aufstellung eines heidnischen Altars, des »Greuels der Verwüstung« (31), wonach die makkabäische Erhebung »eine kleine Hilfe« bringt (34). Darauf folgt in 40–45, eingeleitet durch »Und in der Zeit des Endes...«, die wirkliche Weissagung, die denn auch nicht mehr mit der Geschichte übereinstimmt; Antiochos IV. ist nicht auf dem Rückweg von einem dritten (nicht belegten) Ägyptenfeldzug »zwischen dem (Mittel-)Meer und dem Berg der heiligen Pracht (Zion)« gestorben, sondern in Persien. Weder sein Tod noch die Wiedereinweihung des Tempels (beide Dez. 164) sind dem Visionär schon bekannt; er schreibt zwischen

der Schändung des Heiligtums (167) und diesen Ereignissen, die für ihn den Auftakt des Endes bilden (12,1–3).

Die Zeit bis dahin wird mehrfach angegeben: mit 3½ Jahren (? 7,25, vgl. 9,27; 12,7), mit 1150 (8,14), 1290 (12,11) und 1335 (12,12) Tagen. Darin spiegelt sich die sukzessive Entstehung der Visionen oder auch ihre Glossierung angesichts des Verzugs des Geweissagten. Eine weitere Zeitberechnung ist die der 70 bei Jer (25,11; 29,10) geweissagten Exiljahre auf 70 »Wochen« zu je 7 Jahren in Kap. 9. Das dortige Bußgebet Daniels v.4–20, wegen der Verwendung des Jahwenamens meist als Zusatz angesehen (vgl. dagegen PLÖGER), zielt, indem es scheinbar von der Not nach 587 spricht, auf die Situation nach 167. Der Zurückverlegung der Visionen in die Exilszeit entspricht die Weisung, sie lange geheimzuhalten (8,26; 12,4). So ist motiviert, daß sie bisher unbekannt waren. Sie haben nun das Gewicht nicht nur der Beglaubigung durch das bisher Eingetretene, sondern auch der Herkunft aus der Zeit, in der es noch die Prophetie im Vollsinn gab (s. § 2,3).

Die beiden Tiervisionen in Kap. 7 und 8 zielen ebenfalls auf Antiochos IV., den beide Male ein Horn symbolisiert (7,8.24 b.25; 8,9–12.23–25). Hinter Kap. 7 steht eine nur noch teilweise erkennbare Vorgeschichte. Das grundlegende Motiv der vier Tiere hat seine Parallele in der Statue aus vier Metallen in Nebukadnezars Traum Kap. 2. Es handelt sich um verschiedene Ausprägungen der Lehre von mehreren Weltaltern bzw. Weltreichen, die in verschiedener Gestalt auch außerhalb Israels bezeugt ist (vgl. M. NOTH, Das Geschichtsverständnis der at. Apokalyptik [1954], Ges. St. I, 248–273). In der hiesigen Fassung sind die Reiche der Babylonier, Meder, Perser und Griechen gemeint (spätere christl. Deutung: Babylonier, Meder-Perser, Griechen, Römer). Die Visionen sind auch schon ohne die Zuspitzung auf Antiochos IV. sinnvoll, und so hat man für eine Grundform von Kap. 7 (vgl. bes. NOTH 1926) und mit unzweifelhaftem Recht für Kap. 2, wo die Zeit nach der Teilung des Alexanderreiches nur in der Deutung (v.42 f.) und also wohl in einem Zusatz behandelt wird, ein höheres Alter postuliert.

4. Kap. 2 steht damit nicht allein. Die *Erzählungen* der ersten Hälfte des Buches stammen allesamt schwerlich aus der Makkabäerzeit. Sie handeln vom Verhalten einzelner Juden in heidnischer Umwelt, wobei der Staat nicht als prinzipiell böse erscheint; meist preisen die Könige am Ende den Gott Daniels und seiner Freunde (2,47; 3,28 f.; 4,31–34; 6,27 f.). Vom Milieu gilt ähnliches wie bei Est (s. § 47,3). Die Erzählungen haben z. T. fast Dublettencharakter (Träume 2; 4; Märtyrerlegenden 3; 6) und sind nur oberflächlich aufeinander abgestimmt; Daniel kommt in einer (3) überhaupt nicht vor, die am wenigsten spezifische erste (1) könnte als Einleitung der Sammlung konzipiert sein. Der Ursprung der Erzählungen dürfte in der Perserzeit liegen, ihre Sammlung vor der Makkabäerzeit, wohl im 3. Jh. (HÖLSCHER). Oder nahm der Autor sie als mündl. umlaufendes Gut auf, so daß das ganze Buch eine zwischen 167 und 163 entstandene lit. Einheit wäre (vgl. ROWLEY)? Wahrscheinlicher ist, daß an die vorhandene Erzählungsreihe zuerst Kap. 7 und dann nacheinander die weiteren Visionen angefügt wurden.

IV. Die chronistische Geschichtsschreibung

M. NOTH, Überlieferungsgeschichtl. St. (s. vor § 18); C. C. TORREY, The Chronicler's History of Israel. Chronicles-Ezra-Nehemia Restored to its Original Form, 1954; R. MOSIS, Untersuchungen zur Theologie des chronist. Geschichtswerkes, FThSt 92, 1973.

§ 49 Esra und Nehemia

Kommentare: A. BERTHOLET (KHC) 1902; G. HÖLSCHER (HSAT) 1923; W. RUDOLPH (HAT) 1949; K. GALLING (ATD) 1954.
ED. MEYER, Die Entstehung des Judentums, 1896 (1965); C. C. TORREY, The Composition and Historical Value of Ezra-Neh, BZAW 2, 1896, 16–20; S. MOWINCKEL, Ezra den skriftlaerde, 1916; DERS., »Ich« und »Er« in der Ezrageschichte, Fs. W. Rudolph, 1961, 211–233; DERS., St. zu dem Buche Ezra-Neh I–III, SNVAO.HF.NS 3,5,7 1964/65; H. H. SCHAEDER, Esra der Schreiber (1930), in: St. zur oriental. Religionsgeschichte, 1968, 162–241; A. KAPELRUD, The Question of Authorship in the Ezra Narrative, 1944; U. KELLERMANN, Neh. Quellen, Überlieferung und Geschichte, BZAW 102, 1967; K.-F. POHLMANN, St. zum dritten Esra. Ein Beitrag zur Frage nach dem ursprüngl. Schluß des chronist. Geschichtswerkes, FRLANT 104, 1970; W. TH. IN DER SMITTEN, Esra. Quellen, Überlieferung und Geschichte, SSN 15, 1973.

1. Die Einteilung in zwei *Bücher* ist nicht ursprünglich. Sie wurde z. T. in der LXX und dann in der 𝔙 durchgeführt und drang von dort in die hebr. Texte ein. Außer den beiden kanon. Büchern Esr (LXX 2 Esr 1–10, 𝔙 1 Esr) und Neh (LXX 2 Esr 11–23, 𝔙 2 Esr) gibt es das apokryphe Buch 1(LXX)/3(𝔙) Esr, das in griech. Übersetzung 2 Chr 35–Esr 10; Neh 7,72–8,13a und dazu das »Gastmahl des Darius« mit dem »Pagenstreit« enthält (3,1–5,6), sowie die Apokalypse 4 Esr (s. § 2,1). Die beiden kanon. Bücher hängen so eng zusammen, daß die Wissenschaft sie gemeinsam behandeln muß.
2. Die *Komposition* ist nur im groben durchsichtig: Esr 1–6 handelt von der Rückkehr aus dem bab. Exil und dem Tempelbau, Esr 7–Neh 13 von der Restauration der jerusalem. Gemeinde durch Esra und Nehemia. Im einzelnen gibt es beträchtliche Ungereimtheiten.

Übersicht: Edikt des Cyrus und Rückkehr (Esr 1), Liste der Heimkehrer (2), Beginn der Opfer und des Tempelbaus (3), Behinderung des Baus z. Z. des Cyrus bis auf Darius (4,1–5), Beschwerde über die Juden an Xerxes (4,6), Beschwerde an Artaxerxes, Verbot des Baus, Stillstand bis auf Darius (4,7–24), Wiederbeginn auf Antreiben Haggais und Sacharjas z. Z. des Darius, Anfrage des Statthalters Tattenai bei Darius (5), Antwort des Darius unter Mitteilung des Edikts des Cyrus (6,1–12), Vollendung des Baus, Einweihung (6,13–18), Paschafeier (6,19–22).
Esra (A): Reise nach Jerusalem (7 f., Wortlaut des Edikts des Artaxerxes 7,12–26), Auflösung der Mischehen (9 f., darin das Bußgebet 9,5–15).
Nehemia (A): Reise nach Jerusalem, Vorbereitung des Mauerbaus (Neh 1 f.), Liste der am Bau Beteiligten (3,1–32), Störung von außen (3,33–4,17), soziale Maßnahmen (5), Vollendung des Mauerbaus trotz weiterer Störungen (6), Sicherung der Stadt, Vorbereitungen zur Vermehrung der Einwohnerschaft (7,1–72 a, darin v.6–72 a die Liste von Esr 2).
Esra (B): Gesetzesverlesung und Laubhüttenfest (7,72 b; 8), Bußgebet (9), Verpflichtung auf das Gesetz (10).
Nehemia (B): Vermehrung der Einwohnerschaft, Listen (11), Priester und Leviten (12,1–26), Einweihung der Mauer (12,27–43), kult. Abgaben (12,44–47), Aussonderung Fremder (13,1–3); Nehemias zweite Wirksamkeit (13,4–31).

Es überrascht sogleich, daß das Edikt des Cyrus zweimal und mit durchaus verschiedenem Inhalt angeführt wird (Esr 1,2–4; 6,3–5). Dazu wie im Danielbuch die unrichtige Reihenfolge der Könige: *Cyrus*, Ahasveros *(Xerxes), Artaxerxes, Darius* (4,5–7.24) gegenüber der histor. Reihenfolge *Cyrus* (558 bzw. 538–530), Kambyses (530–522), *Darius* (522–486), *Xerxes* (485–465), *Artaxerxes* (464–424), Darius II. (423–405), Artaxerxes II. (404–359). Eine ähnliche Verwirrung scheint zu herrschen, was das Auftreten des Esra und des Nehemia angeht, die nach der jetzigen

Komposition teilweise gleichzeitig gewirkt haben müßten, wofür aber der Text keine Anhaltspunkte bietet (die Erwähnung Nehemias in Neh 8,9 und die Esras in 12,36 sind sekundär, ebenso die mit dem Namen Nehemias beginnende Liste 10,2–28). Man ist versucht, eine ursprüngl. Ordnung zu rekonstruieren, in der die von jedem der beiden handelnden Texte zusammenstanden, also zunächst Esra AB, dann Nehemia AB; damit ergäbe sich eine gute Gliederung des Ganzen (vgl. bes. RUDOLPH) und historisch ein klares Nacheinander (Esra: 7. Jahr Artaxerxes' I. = 458, Esr 7,8; Nehemia: 20. bis mindestens 32. Jahr Artaxerxes' I. = 445 bis mindestens 433, Neh 1,1; 2,1; 13,6). Doch sicher ist das nicht, und dazu kommen allerlei ungelöste histor. Fragen, darunter die, ob nicht Esras Tätigkeit die Nehemias schon voraussetzt und also auf sie gefolgt ist (ein anderes Jahr Artaxerxes' I. oder das 7. Jahr Artaxerxes' II. = 398? vgl. die Lehrbücher der Geschichte Israels). Auf festerem Boden steht die Erkenntnis, daß die Komposition streckenweise ältere Quellen verarbeitet hat. Indizien dafür sind vor allem die aram. Sprache von Esr 4,6–6,18 (4,6 f. jetzt hebr.); 7,12–26 und die 1. Person Nehemias im Buch Neh (vgl. auch die 1. Person Esras Esr 7,28 u. ö.).

3. Den Schriftsteller, auf den die beiden Bücher im wesentlichen zurückgehen, nennen wir den *Chronisten*. Er ist nämlich auch der Autor der Chronikbücher, wie sich schon aus der Überschneidung von 2 Chr 36,22 f. und Esr 1,1–3 a und vor allem aus der Übereinstimmung im Stil und in der Geschichtstheologie ergibt. Das hiesige Thema ist der äußere und innere Wiederaufbau der Jerusalemer Gemeinde nach dem Exil. Der Einsatzpunkt liegt dort, wo nicht erst die Chronik, sondern bereits das dtr Geschichtswerk geendet hat.

Nach herrschender Lehre haben Chr und Esr/Neh zusammen ein »chronistisches Geschichtswerk« gebildet, das nachträglich in zwei Teile zerlegt wurde. Doch die Verschiedenheit sowohl des Themas als auch des Materials und seiner Verarbeitung sprechen eher für zwei Werke desselben Autors (WILLI, s. § 50). Auch die gemeinsame Autorschaft bestreitet S. JAPHET, The Supposed Common Authorship of Chronicles and Ezra-Neh Investigated anew, VT 18, 1968, 330–371.

Die früheste mögliche Abfassungszeit liegt nach dem Ende der erzählten Ereignisse, also etwa um 400 v. Chr. Es gibt Indizien für ein erheblich späteres Datum (s. § 50,3). Man muß mit kleinen Zusätzen rechnen. Nach einigen ist sogar die Nehemiageschichte erst nachträglich eingearbeitet worden (so zuletzt POHLMANN aufgrund von 3 Esr).

4. Der Chronist teilt z. T. umfangreiche ältere *Quellen* mit, deren Herausarbeitung nicht zuletzt darum wichtig ist, weil sie eine Kritik seiner eigenen Geschichtsdarstellung ermöglicht.

a) Der in 4,6–6,18 verwendete aram. Text war eine *Dokumentensammlung über den Aufbau Jerusalems und des Tempels* mit verbindendem Text. Das jetzige Voranstehen der jüngsten Vorgänge (Xerxes, Artaxerxes, 4,6–23) scheint erst auf den Chronisten zurückzugehen, der die mißlungene Intervention im Sinne von 4,1–5 am Anfang sehen wollte, das chronolog. Durcheinander übersah oder nicht schwer nahm und zudem nicht bemerkte, daß es in 4,8–23 nicht um den Bau des Tempels, sondern den der Stadt ging (4,24 wohl chronist. Formulierung, RUDOLPH). Die Echtheit der Dokumente hat ED. MEYER anhand ihrer Übereinstimmung mit den sonst bekannten Zeugnissen für den pers. Kanzleistil und der pers. Politik gegen W. H. KOSTERS (Het herstel van Israël in het pers. tijdvak, 1894) und WELLHAUSEN erwiesen.

b) Während der ebenfalls aram. mitgeteilte *königl. Erlaß für Esra* (Esr 7,12–26) wiederum seit ED. MEYER meist als echt gilt, ist die Frage umstritten, ob die Darstellung Esras auch im übrigen auf einem authentischen Dokument beruht, nämlich den z. T. noch an der (anderwärts getilgten) 1. Person erkennbaren eigenen Aufzeichnungen (SCHAEDER: »Denkschrift«) Esras. Sie hätten nach RUDOLPH umfaßt: Esr 7,12–8,36 ... Neh 7,72 b; 8; Esr 9 f.; Neh 9,1 f. Doch es gibt schwerwiegende Bedenken. Der Sprachgebrauch der fraglichen Passagen ist weithin eindeutig der chronistische (TORREY, NOTH), die 1. Person braucht für einen eigenen Autor nichts zu besagen (MOWINCKEL). Es liegt nahe, an eine Nachahmung der Stilform der Denkschrift Nehemias zu denken. Gleichwohl bleibt die Existenz irgendwelchen älteren Materials wahrscheinlich (vgl. zuletzt IN DER SMITTEN).

c) Die *Denkschrift Nehemias* bildet den Grundstock des jetzigen Buches Neh. Sie hat nach KELLERMANN umfaßt: Neh 1,1–7,5 bα; 12,27 aα.31 f.37–40; 13,*4–31. Das eindrückliche Dokument ist eine Geschichtsquelle ersten Ranges, bei deren Verwendung man freilich berücksichtigen muß, daß es sich nicht um einen unparteiischen Bericht handelt, sondern wie bei den meisten autobiograph. Texten um eine Rechtfertigungsschrift. Man hat an verschiedene Vorbilder gedacht: königl. Monumentalinschriften (MOWINCKEL), Votiv- bzw. Stifterinschriften (W. SCHOTTROFF, »Gedenken« im Alten Orient und im AT, WMANT 15, ²1967, 218–222), Grabinschriften von ägypt. Beamten (G. v. RAD, Die Neh-Denkschrift [1964], Ges. St. I 297–310) und an die Gebete Angeklagter (KELLERMANN).

d) Dazu kommen *Listen*. Sie verzeichnen die Tempelgeräte (Esr 1, 8–11 a, vgl. K. GALLING, St. zur Geschichte Israels im pers. Zeitalter, 1964, 78–88), die heimgekehrten Exulanten (Esr 2,1–67 par. Neh 7,6–68, vgl. GALLING a. a. O., 89–108), die Genossen Esras (Esr 8,1–14), die am Mauerbau Beteiligten (Neh 3,1–32) und andere Menschengruppen, aber auch Orte (11,25–36). Authentizität, ursprüngl. Sitz im Leben und Zugehörigkeit zum Werk des Chronisten bzw. seinen Quellen sind meist umstritten.

§ 50 Chronik

Kommentare: K. GALLING (ATD) 1954; W. RUDOLPH (HAT) 1955.
A. C. WELCH, The Work of the Chronicler. Its Purpose and its Date, 1939; TH. WILLI, Die Chronik als Auslegung. Untersuchungen zur lit. Gestaltung der histor. Überlieferung Israels, FRLANT 106, 1972; P. WELTEN, Geschichte und Geschichtsdarstellung in den Chronikbüchern, WMANT 42, 1973; H. G. M. WILLIAMSON, Israel in the Books of Chronicles, 1977.

1. Wie bei Esr-Neh ist die Teilung in zwei Bücher erst aus LXX und 𝔙 in die hebr. Texte übernommen worden. Das ursprüngl. *Buch* heißt hebr. *(sepær) dibrê hajjāmîm* »(Buch der) Begebenheiten«, »Tagebuch«. Die LXX sagt Παραλειπόμενα = »(in den älteren Geschichtsbüchern) Ausgelassenes«, die 𝔙 auch Verba dierum, Luther, von Hieronymus (χρονικὸν totius divinae historiae, Prologus galeatus) angeregt, Chronica.
2. Der *Inhalt* läuft, was die beschriebene Zeit und weithin den Wortlaut angeht, den Büchern Gen–Kön parallel.

I 1–9 Genealogien: Abraham–Jakob/Esau (1,1–34), Edom (1,35–54), Söhne Israels (2,1 f.), Juda (2,3–55), Davididen (3), Juda, Simeon (4), Ruben, Gad, Halb-Manasse (5), Levi (6), Issachar, Benjamin, Neftal, Manasse, Efraim, Ascher (7), Benjamin, Sauliden (8), Jerusalem, Leviten, Sauliden (9).
I 10–29 David: Sauls Ende (10, vgl. 1 Sam 31), David König, Eroberung Jerusalems (11,1–9, vgl. 2 Sam 5,1–10), Davids Helden (11,10–47, vgl. 2 Sam 23,8–39), weitere Helden (12), Abholung der Lade (13, vgl. 2 Sam 6,1–11), Zwischenzeit (14, vgl. 2 Sam

5,11—25), Überführung der Lade (15 f., vgl. 2 Sam 6,12—19), Ablehnung des Tempelbaus (17, vgl. 2 Sam 7), Kriege (18 f., vgl. 2 Sam 8; 10), Gewinnung des Tempelplatzes (21, vgl. 2 Sam 24), Vorbereitung der Regierung Salomos (22—29).
II 1—9 Salomo (vgl. 1 Kön 1—11).
II 10—36 Die Könige von Juda (vgl. 1 Kön 12—2 Kön 25).

3. Für die *Datierung* bietet die enge Zusammengehörigkeit mit Esr—Neh einen festen Anhaltspunkt. Auch Chr kann frühestens einige Zeit nach dem Abschluß der dort erzählten Ereignisse, also etwa 400 v. Chr., entstanden sein (s. § 49,3). Als terminus ante quem gilt die Zeit um 200, weil Sir 47,2—11 David in der Weise der Chr sieht. Innerhalb dieses Zeitraums kommt eher das 3. als das 4. Jh. in Betracht, vor allem darum, weil die vielen Kriegstexte in Chr den Zustand häufiger militärischer Bedrohung widerzuspiegeln scheinen, wie er während des Gegeneinanders von Ptolemäern und Seleukiden im 3. Jh. gegeben war (vgl. bes. WELTEN). Die oft in Chr vermutete antisamaritanische Tendenz (vgl. NOTH, RUDOLPH) trägt zur Datierung nicht viel bei: sie braucht ja das vollzogene Schisma, das wir überdies zeitlich nicht sicher fixieren können, nicht vorauszusetzen, und zudem ist diese Tendenz keineswegs eindeutig (vgl. WILLI).

Die Entstehung der jetzigen Chr (wie auch von Esr-Neh) hat insofern längere Zeit beansprucht, als in das ursprüngl. Werk wiederholt *Nachträge* eingefügt worden sind. So ist bereits der genealog. Anfangsteil, der von Hause aus unter Verwendung einschlägiger Pentateuchtexte (vgl. bes. Gen 46,8—27; Num 26) einen wohlgegliederten Überblick über das vordavidische Israel gab, zu einem »Gewirr von sekundären wilden Textwucherungen« (NOTH) geworden (Grundbestand nach RUDOLPH: 1,1—4 a.24—31.34 b—42; 2,1—17.25—33.42—50 aα; 4,24—27; 5,1—3; 6,1—9.14 f.; 7,1.2 a.3 ... 12 f. ... 14—19.*20; 9,1 a). Eine große Einschaltung bilden sodann die Listen des kult. Personals in 1 Chr 23,3—27,34. Sie unterbrechen die Angabe über die Einberufung der Versammlung, auf der David den Salomo als seinen Nachfolger vorstellt; 23,2 wird in 28,1 wieder aufgenommen. In sich sind diese Listen nicht einheitlich. Sie sollen Einrichtungen der spätnachexil. Zeit auf David zurückführen; ein ganz später Nachtrag ist das sachlich kaum noch in diesen kult. Bereich gehörige Kap. 27. Auch sonst sind, wie sich meist schon an der Störung des Erzählungszusammenhangs zeigt, mehrfach Listen nachgetragen worden, so 1 Chr 12, 1—23 (auch v.24—41? NOTH); 15,4—10.16—24; 16,5—38.42 (darin der Psalm v.7—36 das jüngste Stück). Als Thema dieser und einiger weiterer kleinerer Zusätze tritt bes. die kult. Organisation hervor (WILLI). Es gelingt aber nicht, das sekundäre Gut als eine sachlich und zeitlich homogene Größe zusammenzusehen; GALLINGS These von einem »zweiten Chronisten« hat sich nicht durchgesetzt.

4. Der entscheidende Gesichtspunkt für die Beurteilung der Chronik ist ihre *Abhängigkeit von Sam-Kön*. Zwar erwecken die zahlreichen Hinweise nicht nur auf »das Buch der Könige von Israel und Juda« (2 Chr 27,7; 35,27; 36,8) und umgekehrt »das Buch der Könige von Juda und Israel« (2 Chr 16,11; 25,26; 28,26) sowie »das Buch der Könige von Israel« (2 Chr 20,34), »die Worte der Könige von Israel« (2 Chr 33,18) und den »Midrasch des Buches der Könige« (2 Chr 24,27), sondern auch auf allerlei von Propheten hergeleitete Schriften (Samuel, Natan und Gad für David 1 Chr 29,29; Natan, Ahija und Jedo für Salomo 2 Chr 9,29, Jehu für Joschafat 2 Chr 20,34 usw.) zunächst den Eindruck, als sei eine Vielzahl alter Quellen benutzt. Aber näheres Zusehen macht diesen Eindruck zunichte. Es besteht kein Anlaß, mit anderen als den uns bekannten kanon. Büchern zu rechnen. Sozusagen kanonisch sind sie im Rahmen des großen Komplexes, der von Gen bis Kön reicht, auch schon für den Verfasser der Chr gewesen, der auf sie verweist wie einst DtrH auf die von ihm benutzten Quellen (s. §§ 19,3 g; 23,1). Die Verweise auf die prophet. Autoren sind Verweise des »tertiären« Geschichtsschreibers auf die nach

seiner Sicht von der ihm vorliegenden »sekundären« Geschichtsschreibung verwendeten Primärquellen, die in ihrer Herkunft aus Prophetenhand Wahrheit und Gültigkeit des Erzählten verbürgten (vgl. zum Verhältnis der »primären« und der »sekundären« Quellen 2 Chr 20,34). Die »tertiäre« Geschichtsschreibung der Chronik ist zuerst und vor allem Auslegung ihrer in den Rang des Kanonischen einrückenden Vorgängerin (WILLI).

Freilich eine ungewöhnliche Art der Auslegung. Sie steht nicht geradezu im Gegensatz zu dem ihr gegebenen Text – sehr mit Recht hat G. v. RAD (Das Geschichtsbild des chronist. Werkes, BWANT 54, 1930) auf den Einfluß der dtr Theologie auf die Chr hingewiesen –, doch sie akzentuiert einige bereits dort maßgebliche Elemente wie die Rolle Davids, die Prärogative Judas vor Israel und die Vergeltungsdoktrin so stark, daß das Gesamtbild von der vorexil. Geschichte und viele Einzelheiten grotesk verzerrt sind. David wird zur Zentralfigur und zum Inaugurator des Tempelkultus, die Könige des Nordreichs werden nicht mehr wegen ihrer Nichterfüllung der jerusalem. Norm nur getadelt, sondern fast durchweg mit Schweigen übergangen, die Geschichte einzelner jud. Könige erscheint nach der Doktrin neugestaltet, am augenfälligsten die des Manasse: Nach 2 Kön 21,1–18 regierte er 55 Jahre und war ein großer Übeltäter. Das verträgt sich für die Chr nicht miteinander, und so bestraft sie ihn mit einem persönlichen Exil durch die Assyrer, worauf er sich bekehrt und von Jahwe wieder nach Jerusalem in seine Herrschaft gebracht wird, die er fortan tadellos ausübt; nun ist die lange Regierungszeit kein Rätsel mehr (2 Chr 33,1–20). Ein anderes Beispiel für die wirklichkeitsfremde, nach einer theol. Doktrin gestaltete Geschichtsdarstellung ist der Sieg, den König Joschafat in einer gottesdienstl. Aktion ohne Schwertstreich über die Moabiter und Ammoniter gewinnt (2 Chr 20,1–30). Quellenwert besitzt diese Darstellung nur für die Zeit, der sie entstammt, das 3. Jh. v. Chr.; dem damaligen Israel soll mit dieser konsequentesten Durchführung des alten Motivs vom »heiligen Krieg« Mut zugesprochen werden. Den immer wieder lesenswerten schlagenden Beweisen DE WETTES und WELLHAUSENS dafür, daß die Chr für den Historiker des vorexil. Israel fast ganz ausscheidet, ist nichts hinzuzufügen. Nur wenige Ausnahmen innerhalb des chronist. Sondergutes bestätigen die Regel, so die Festungsliste Rehabeams (2 Chr 11,5–10 aβ) oder fragmentarische Nachrichten aus der Regierungszeit Usijas (2 Chr 26,6 a.10) und Hiskijas (2 Chr 32,30 a), die alten Datums sein könnten (WELTEN). Glücklicherweise hat die Chr das dtr Geschichtswerk nicht verdrängt und, obgleich sie so viel wörtlich übernahm, wohl auch nicht verdrängen wollen (WILLI), so daß der Historiker des vorexil. Israel nicht auf sie angewiesen ist. Was herauskam, wo die chronist. Geschichtsschreibung keine ältere Gesamtdarstellung zur Verfügung hatte, sondern ein Quellenmaterial selbst ordnen mußte, zeigt sich in Esr-Neh. Die Aufgabe war aber hier und dort auch in einem tieferen Sinn verschieden. Und so steht die Chr, die einen bereits kanonisch gewordenen Stoff noch einmal behandelt, zu Recht am Ende des Kanons.

Bibelstellenregister

Aus den mit kursiven Ziffern bezeichneten Besprechungen größerer Textzusammenhänge werden keine Einzelnachweise gegeben, soweit sie Texte aus diesen Zusammenhängen betreffen.

Gen	Seite
1–11	*40–43, 47, 84, 96 f.*
1,1–2,4a	*37, 49, 53*
1,1	28
1,28–2,4a	50, 54
2 f.	103
2,4a	50
2,(4b)5–3,24	*37, 86, 88*
3	91
3,13	178
3,17	92
4	88, 91, 103
4,23 f.	105
4,25 f.	88
5	202
5,1	50, 52
5,3	88
6,1–4	91, 104
6,5–9,17	*41–43*
6,5 f.	54, 91
6,9	50, 53
6,11 f.	54
7,1	53
8,21 (f.)	54, 91 f.
9,1–17	50
9,1–6	62
9,8–17	49
9,18 f.20–27	88, 91, 93, 103
9,25–27	106
10	88
10,1	50
10,12	178
11,1–9	88, 91, 93, 103
11,10–27.31 f.	50
11,28–30	92
12–50	*43 f., 47, 64 f., 83 f., 97 f.*
12,1–3	92 f.
12,7	92
12,10–20	85, 97, 103
14	46
15,6	66
16	103
17	50
17,7 f.	54 f., 58
17,21	53
18 (f.)	103
18,14	53
18,20 f.	178
18,22b–33a	92
19	104
19,30–38	93, 104
20	85, 97, 103
21,5	50
23	49
24	69, 87, 93
24,60	106
25.12.19	50
25,14	212
25,21–34	93
26,1–11	85, 103

Gen	Seite
26,2–5	92
27	93, 103
27,27–29.39	106
28,4	58
28.10–22	103 f.
28.13.15	65, 92
29–31	93
30,37–43	85
31,2.4–16	85
31,27	105
31,47	30
32 f.	93
32,5	142
32,23–33	103 f.
34,22	99
35,29	202
36.1.9	50
36,7	58
36.31	36, 93
37–50	69, 87 f., 214
37,1	58
37,21 f.26 f.29 f.; 42,37; 43.3.8; 44.14.16.18	94
46.8–27	52. 228
47,9	50, 58
48,20	106
49	105 f.
49,10	93
50,10	105

Ex	
1–18	*44, 47 f., 65 f., 100*
1,1–5	52
1,11	99
1,15–21	84 f.
3 f.	82, 84
4.10.16	53
6,2 f.	51, 82
6,4	58
6,12	53
6,13–30	52
7,1	53
12,1–20	51
12.42–51	51
13,13–14,31	84
14,31	67
15,1–18	102, 105, 191, 199
15,1	199
15,16	102
15,20 f.	105, 199
16,10	55
17.1–7	99
17,8–16	93
17,14	36
17,16	105
18	71, 84 f., 99
19–24	*44, 48, 66–68, 84*
20.2	100. 109
20,2–17	20, *107 f.*

Ex	Seite
20.22–23,33	*94–96*
20,24–26	59, 109
21,1	106
21,2–6.7	81
21,8–11.17.18 f.	106
21,12.15–17; 22,18 f.	107
23,10–19	109
23,16	99
23,20–33	59, 115
24,4	36
24,15b–18	55
25–31	*44, 48, 49, 51 f., 59, 66*
29,38 f.	35
29,45 f.	55
31.15b	107
31,16 f.	150
31.18	*44,* 67 f.
32–34	*44, 66–68*
32	65
33	45, 84
34,1	101
34,6	178
34.10–26	108, 115
34.27	36
35–Num 10,10	45
35–39	*48, 49, 52*
40.12–16.27.29.36–38	46
40,34 f.	55

Lev	
1–27	*48, 52*
1–7; 11–15	54, 109
4.3.5.16	52
5.14–26	60
7.12–15	198
8 f.	46, 51, 55
10	55
17–26	*59–62*
18.7–17	107
20.2	106
20.2.9–13.15 f.27; 24,16 f.; 27,29	107
23,17	119
26.5	174
26.25.44 f.	50
26,46	109
27,34	46

Num	
1–36	*45, 48*
1–4	52
1–3	55
1 f.	49
3,1	50
4,3.23	52
6,24–26	106
8	49
8,24	52

Num	Seite
9,15–10,28	52
9,15–23	46, 55
10,35 f.	105
11	99
11,11–15	71
13 f.	58, 71, 100
14,10	55
14,11–25	68
14,26–35	49
15,32–36	60
16	191
16,19; 17,7; 20,6	55
20,2–13	99
20,12.24	58
21,14.17 f.27–30	105
22–24	68, *84*, 93
22,6b	106
23,7–10.18–24	106
23,8	102
24,3–9.15–19	93, 106
26	49, 53, 228
33,1–49	46
33,2	36
33,50–55	115
36,13	46

Dtn	
1–34	*69–81*
1–3	113
1,1	36
1,3	45
1,5	36
3,12–20	114
3,24	66
3.28	34
4.8.44 f.	108
4,29–31	124
4,41–43	45
5	94
5,6–21	20, *107 f.*
6,4 f.	20
6,7 f.20–25	214
6,8	65
6,20–24	89
6,20	65
7,1–5	115
11,18	65
12–26	36
12	59, 62, 96
12,8	117
16,8	66
17,18	33
21,18–21	106
23,4 f.	35, 216
23,22–24	219
25,5–10	216
26,2	99
26,5–9	90, 99
26,5	97
27	95, 117
27,11–26	107
28	59, 61
28,61	35
29,23–27	159
30,1–10	124
31,1–8.23	34
31,9–13	107
31,10	99

Dtn	Seite
31,30	120
32,1–43	102, 105, 191
32,48–52	45
32,51; 33,2	99
33	105
33,8	99
33,10	109
33,22	106
34.1a.7–9	45, 48
34,5–12	16, 35 f.
34,6	100

Jos	
1–24	*114 f.*
1–11	84, 139
1,1–9	34, 71, 120, 187
1,8	35
1,12–18	71, 73
2–9	99, *125 f.*
3–5	99
4,6.21	65
6,26	112
8	128
8,31	35
9	120
9,6	99
10	126
10.6.9.15	99
10,12 f.	115, 138
11,1–15	126
12	113, 139
13–21 (22)	*58*, 139
13,2–9	186
14.6	99
21.43 f.	73, 116
22,1–6	71
23	113, 118, 121, 159
23.6	35
23,13.16	116
24	84, 95, 99, 126
24.2b–13	89
24,28–33	115

Ri	
1–12	*115–117, 126 f.*, 129
1,1–2,5	34, 84, 86, 110, 125
1,1 f.	128
1,19.21.27–35	139
2,1	99
2,11–19	113
2,11; 3,7.12; 4,1	112
5	105
6,1	112
8,14	101
8,22 f.	119
10,1–5; 12,7–15	139
10,6	112
11,16 f.	99
11,34	105
13–16	*127*
13,1	112, 117
13.5b.7	117
14.6.19; 15,14	116
15,20; 16,31	116 f.
16,23 f.	105
17–21	*117, 127 f.*

1 Sam	Seite
1–7	*117 f., 128 f.*
2,1–10	191, 199
7	125
8–12	*118 f.,* 124
8,1–3	128
9,1–10,16	129
10,8	130
10,17	125
11	129 f.
11,7	128
11,15	126
12	112 f., 121
12,10	116
12,14 f.24 f.	159
13 (bzw. 16,14) – 1 Kön 2	119
13 f.	119, 129 f.
13,13 f.	119
14,47–52	119
15	93, 106, 129 f.
15,27 f.	121
15,35	130
16,1–13	129 f.
16,1	130
16,14–2 Sam 5,10	*130*
18,6	105
20,12–17.42b	119
22.3	215
23,16–18; 24,18–23a	119
25,1	105
25,28.30; 28,17 f.	119
28	119, 129
31	119, 129, 227

2 Sam	
1 Sam 16,14–2 Sam 5,10	*130*
1,17–27	105, 130, 138
2,8–5.3	131
3,9 f.18	119
3,33 f.	105, 130
5–8	*119 f., 131*
5; 6,1–19	227
6	129, 131
7	131, 133, 228
7,9	93
7,16.29	113
8	93, 130, 228
8,16–18	139
9–20; 1 Kön 1 f.	102, *131–133*
9	119
10	228
11,27b–12,15a	122
17,14b	134
20,23–26	120, 139
21–24	*120*
21,1–14	134
22	22
24	134, 228
23,8–39	227

1 Kön	
2 Sam 9–20; 1 Kön 1 f.	*130–133*
1–11	*120 f., 138*, 228
2,27.35b	117
3,1	193
3,4–15.16–28	133 f., 210
4,2–6.7–19	138 f.

231

1 Kön	Seite
5,9–14	210
5,11	191
5,12	216
5,18	73
6,1	112
8,9 f.	159
8,13	105, 138
8,14–53	113
8,37 f.	198
8,46–53	124
9,4–7	159
9,21	113
10,1–13(23 f.)	134, 206, 210
11,1 f.	216
11,14–22	93
11,36	113
12–2 Kön 25	121–123, 138, 228
12,1–19(20).26–32	134
12,28 f.	68, 128
13	135
15,11	117
16,31	193
16,34	112
17–19; 21; 2 Kön 1	135 f.
19,4 f.	178
20; 22	135
21,10	95

2 Kön	
1 Kön 12–2 Kön 25	121–123, 138
1 Kön 17–19; 21; 2 Kön 1	135 f.
2; 3.4–8.15; 9,1–10; 13,14–21	136 f.
2,16	168
3,4–27	135
6,24–7,20	135
6,32	168
8,18.26	193
8,19.22	113
8,20	93
9 f.	134
9,25 f.	135
10,1–9	126
11	134
13,5	116
14,6	35
14,25	177 f.
16,6	113
17,4	171
17,7–23	113
17,28	36
18–20	137, 143, 147, 156 f.
18 f.	193
18,4	80
18,19	142
21,1–18	229
22 f.	76–79
22.8.11	35, 67
22.20	113
23,2.21	67
23,9	117
23.15	175
23.29	113
23.33	162
24 f.	113, 156
24,19	112

2 Kön	Seite
25.7	124
25.22–30	124 f.
25,27–30	73, 113, 122 f.

Jes	
1–66	143–156
1–39	144–151
1–12	145 f.
1,4–9	137
2,2–4.6–8	179
2,12–17	182
5,1–7	191
6	135
6,1	165
6,3	199 f.
7 f.	141
7,20	168
8,1 f.	142, 183
8,16 f.	141
13–23	146
13,6	172
14,28	165
22,1–14	137
24–35	146 f.
26,9–20	191
30,8	141
36–39	137, 147, 156
38,10–20	191, 196, 198
40–66	143 f., 158
40–55	151–154
40,3.10; 42,1.7; 49,8 f.16.18a.26	155
52,1bβ.7aα	181
52.7–10	195
55.5b	155
56–66	154–156
63,11–64,11	198

Jer	
1–52	156–164
1,1	133
1,4	122
1.14 f.	172
3.6–13	168
5,1	92
6.4	122
8,8	74
10,11	30
11,3	122
11,5	65
13,27	78
15,16	168
17,1–4	78
18.7 f.	178
18,18	109, 142, 213
20,14–18	202
23,1–6	168
23,20	178
25,1	165
25.5	178
25,11 f.	144, 224
26,1	165
26,17–19	180
28,1	165
29,10	144, 224
30,2	141
31,29 f.31–34	168

Jer	Seite
32,14	101
35,15	178
36	101, 141, 178
36,9	165
40 f.	125
41,1	165
42,10	178
44,15–19	78
49,9.10a.14–16	176
51,59–64	141
52,11	24

Ez	
1–48	164–168
2,9–3,3	101, 141
8	78
14,1–11	61
14,14.20	208
20	61
34,25–31	61
38,6	172
40–48	59, 166
40,3	185
44	62
44,23	109

Hos	
1–3	80, 168 f., 170
4–14	168 f., 171
4,2	108
6,1–3	198
9,9; 10,9	128
12,10; 13,4	98

Joel	
1–4	171–173
1,18–20	198
2,13	178
2,17	198
4,18–21	174
4,19	176

Am	
1–9	173–176
3,7	64
5,1 f.	151
5,18–20	182
9,12	176

Obd	
1–21	176
17	172

Jon	
1–4	176–178
2,3–10	191, 198

Mi	
1–7	179 f.
4,1–5	145

Nah	
1–3	180 f.

Hab	
1–3	181 f.
2,2 f.	142
3	191

Zef	Seite
1–3	*182*
1,14 f.	172

Hag

1 f.	*182 f.*
1,1.12.14; 2,2.4	62
2,10–14	109

Sach

1–14	*183 f.*
1–8	*184 f.*
3,1 f.	202
3,1.8; 6.11	62
7.3.5; 8,19	220
9–14	*185 f.*

Mal

1–3	*186 f.*
1,1	184
3.2.23	172
3,22–24	140 f.
3,22	218

Ps

1–150	*188–201*
18	22
22	29
31,14	163
73	208
74,9	16
78	74, 89 f.
81	74
81,10 f.	108
95	74
105	89
111,10	210
136	89 f.

Ijob

1–42	*201–209*
1 f.; 42.7–17	*206–208*, 214
3,1–42,6	*205 f.*
7.5	196
22–27	203
28	203, 211. 213
32–37	*203 f.*
38–41	*204*, 210
38 f.; 40,4 f.; 42,2–6	212

Spr

1–31	*209–215*
1–9	*211*
8,22–31	203
10–22.16	*211*
12.4; 15,17	202
22.17–24,34	*211 f.*
25–29	*212*
25.1	74
30 f.	*212*

Rut

1–4	*215 f.*

Hld

1–8	*216 f.*

Koh	Seite
1–12	*218 f.*
2,5	217

Klgl

1–5	220
3	196
5	198

Est

1–10	*220 f.*

Dan

1–12	*222–224*
1–6	214, *224*
2.4b–7,28	30
3,26–45 LXX	191
3,38 LXX	16
3,52–90(88) LXX	191, 199
6,8	178
7–12	*223 f.*
12,1–3	147

Esr

1–10	*225–227*
1,1 f.	144
1,2	178
1,8	166
2,41	190
2,55	218
3.2	35
4,8–6,18	30
6,14	183
7,1	16
7,6.12	35
7,11–26	30
7,12.21	178

Neh

1–13	*225–227*
1,4 f.	178
2.8	217
7,44	190
8–10	17, 19, 35
8,1	35
8,7 f.	30, 74
9,3	35
11,17	190
12,16	183
13,1	35

1 Chr

1–29	*227–229*
2,5.9–15	215
5,29–34	112
6,16–32; 9,19; 15,17; 16,5.38.41	190 f.
16,7–36	191
16,36	200
16,40	35
25	190
26.1.4	191
29,29 f.	16

2 Chr

1–36	*227–229*
5,12	190

2 Chr	Seite
13,22	177
17,7–9	74
17,9	35
20,14.19	191
23,18	35
24,20 f.	14
29,13 f.	190
31,3 f.	35
34,3.8	79
34,14; 35,12	35
35,15	190
35,25	220
36,5–8	223
36,21	144
36,22 f.	144, 226

1 Makk

1,41	25
2.59 f.	223
3.46	125
4.46; 9,27; 14,41	16
7,17	189
7,49	221

2 Makk

2.13	16
15,36	221

Tob

4	214

Jdt

5,5–21	89

Sir

Prol.	14, 26, 210
1	211
24	211
24.33	18
44–49	18
47.2–11	228
47.17	210
48.10	187
48.24 f.	144
49,9	202
51	198

Bel und der Drache

33–39	182

Mt

5.17; 7,12; 22,40	18
5.21 f.	24
23.35	14
27,9 f.	183

Mk

12,26	35

Lk

1,46–55.68–79; 2.29–32	191
4,17	19
11.51	14
16.16.29.31	19
20.42	188
24.27.32.45	16
24,44	14

Joh	Seite	Röm	Seite	Gal	Seite
1,45	19	1.2.17; 2,24	16	3,8.22	16
2,22	16	3,19.21	19		
5,39	24			2 Tim	
10,34; 12,34; 15,25	19	1 Kor		3,15	16
		10,11	24	Hebr	
Apg		14,21	19	1,1	142
1,20	188				
2	28	2 Kor		2 Petr	
13,15; 15,21	19	3,14	24	3,15 f.	218

Sachregister

Aaron 65
Abjatar 133
Abraham 97
Ägyptisches 133, 192, 208 f., 211 f., 217, 227
Ätiologie 104, 125 f., 128, 221
Aḥiqar 212
Alexander d. Gr. 184, 186
Alphabetisches Gedicht (Akrostichon) 180 f., 220
Amenemope 211 f.
Amenope 210
Amos 173–176, 180
Amphiktyonie 80, 98
Annalen 57, 138
Apodiktisches Recht 61, 81, 95, 106–109, 214
Apokalypsen 17
Apokalyptik, apokalyptisch 141, 147, 172, 184, 186
Apokryphen 18, 26 f., 32
Aquila 21, 24 f., 28
Aramäerkriege 94, 136
Aramäisch, Aramaismen 30, 178, 202, 217, 219, 222 f.
Aristarchos 29
Aristeasbrief 25, 28
Artaxerxes 13
Audition 143
Aufstiegsgeschichte Davids 130
Augustin 29, 32
Auslegung 16, 75, 141, 156, 229
Auszugsgeschichte 66

Baruch 160 f.
Beerscheba 98
Bekenntnis 89, 99 f.
Ben Ascher 23
Benjamin 98, 125 f.
Ben Naftali 23
Bet-El 97
Biographie 161
Botenformel 142
Bundesbuch 72, 77, 81, 84, 86, 94–96, 106
Bundesfestkultus 10, 61, 71, 74, 99 f., 195
Bundesformel 75
Bußlied 197

Christentum 24 f., 28–32, 189
Chronik 55, 125, 227–229
Chronistisches Geschichtswerk 226
Chronologie 112, 143, 165, 183 f.
Chrysostomus 77
Clemens Alexandrinus 28
Credo 89 f., 99

Daniel 147, 222–224
Danklied 198
David 93, 98, 100, 192, 215 f.
Davidsgeschichte 119 f.

Deboralied 127
Dekalog 84, 86, 108
Denkschrift Jesajas 145, 148 f.
Denkschrift Nehemias 227
Deuterojesaja 143 f., 151–154
Deuteronomisten, deuteronomistisch 60 f., 62–68, 71–76, 86, 111–139, 158, 171, 174 f., 214, 229
Deuteronomium, deuteronomisch 69–81, 86, 160, 162, 171, 214 f.
Dialog 205
Diaskeue 46, 60, 114
Disputationswort 153, 187
Doxologie 175, 190
Drohwort 142
Drucke der hebr. Bibel 23 f.
Drucke der LXX 29 f.

Einteilung des Bibeltextes 22
Elihu-Reden 203 f.
Elija 80, 135 f.
Elischa 80, 136
Elohist 37, 40, 82–86, 126, 171
Engel 85, 185, 223
Epilog 169, 187, 218
Ergänzungshypothese 38 f., 46, 69, 71, 81, 85, 89, 111, 147
Erhörungsorakel s. Heilsorakel
Erkenntnisformel 165, 185
Erzählung 87, 90 f., 103–105
Erzählungszyklen 90 f., 96–100, 104
Eschatologie 141, 147 f., 151, 173 f., 185 f., 195
Esra 14, 16 f., 19, 30, 35–37, 46, 59, 124, 216, 225–227
4 Esra 13 f., 16, 225
Ester 220 f., 224
Euseb 28 f.
Exil 58 f., 61, 75, 137, 141, 144 f., 151 f., 160, 180, 193
Ezechiel 57, 61 f., 164–168, 171

Fragmentenhypothese 37, 69, 111, 147

Gebet 63, 120, 177, 196–198
Gelübde 197
Geniza 16, 21, 29
Gerichtsrede 142, 153 f.
Gesetz, Gesetzgebung 18–20, 34 f., 51 f., 59–62, 70–81, 95, 114 f., 123 f., 140, 159 f., 187
Gilead 98
Gottesknechtlieder 154
Gottesnamen 37, 39 f., 82
Griechisches 178, 219, 223
Grundschrift (G) 89
Grundschrift (P) 39 f., 45 f., 59

Hammurapi 59, 106
Handschriften 23, 25, 27, 29
Hebron 100

235

Heiligkeitsgesetz 59–61, 168
Heilsorakel 153, 172 f., 197
Heilswort s. Verheißung
Hellenismus, Hellenisierung 26
Hesychius 29
Hetitisches 106
Hexapla 28 f., 31
Hieronymus 14 f., 26, 31 f., 77
Hiskija 80, 212 f.
Hofgeschichte 221, 224
Hosea 80, 168–171, 175
Humanitätsgesetze 76
Hymnus 152 f., 175, 181, 199 f., 203

»Ich« der Psalmen 195 f.
Inspiration 13, 16
Interpretation s. Auslegung
Irenäus 28
Isaak 97

Jahwist 37, 40–43, 82–94, 96–100, 126, 131
Jakob 97
Jamnia 17
Jehowist (JE) 40–46, 53 f., 62–68
Jeremia 156–164, 171
Jerusalem s. Kultus
Jesaja 80, 136 f., 143–151, 171, 180
Joschija 19, 76–80, 139, 148, 162, 220
Josefsgeschichte 83 f., 87 f., 99
Josephus 13–17, 27, 35

Kadesch 99 f.
Kanaanäer, kan. Religion 86, 95
Kanonizität 16, 18, 20
Kantate 147, 180
Karäer 21
Kasuistisches Recht 81, 95, 106 f.
Katenen 29
Kehrversgedicht 145, 149, 173
Kinderfrage 65
Klagelieder 163 f., 196–198, 206, 220
Königserzählung 133 f.
Königsgeschichte 121 f.
Königspsalmen 200
Königtum 80, 95, 118 f., 213
Konfessionen des Jer 154, 163 f., 198
Kriegsgesetze 75
Kultprophetie 173, 175 f., 182 f.
Kulturland 95, 98
Kultus in Jerusalem 54, 79, 190 f., 194 f.
Kultuszentralisation 62, 72 f., 76–81, 95 f.

Ladeerzählung 129
Laienquelle 89
Land 58
Landnahmeerzählung 114 f.
Leastämme 98 f.
Legende 104, 201
Lehrererzählung 214 f.
Lehrrede 213
Leviten 74, 79
Liebeslied 216 f.
Lied 105 f., 138, 142, 147, 151

Listen 57, 97, 138 f., 227
Listenwissenschaft 208, 210
Liturgie 155, 172, 179 f., 182, 200
Loblied 198–200
Lukian 29

Märchen 98, 104
Märtyrerlegende 224
Mahnung, Mahnwort, Mahnspruch 108, 142, 150, 153, 159, 184, 187, 212 f.
Maimonides 23
Makkabäerzeit 86, 192 f., 223 f.
Mamre 98
Masada 21
Masoreten, masoretischer Text 20–23
Megillot 16, 19, 215–221
Mesopotamisches 97, 106, 137, 192, 196, 208 f., 219 f.
Metrum 102 f., 161
Midrasch 177
Mizpa 124 f.
Mose, mosaisch 35–37, 95, 99
Mosegeschichte 44 f., 65–68, 84, 98–100
Mündliche Überlieferung 87, 101 f.
Mythos 104

Nachholung 177
Naḥal Ḥever 21, 27
Nomadenquelle 89
Nordreich 80 f., 86
Novelle 87 f., 104, 177, 216, 221
Numeruswechsel 72

Orakel 142
Origenes 28 f., 33

Papyri 20, 27
Paradigma 105
Paränese 59 f., 72–75, 95
Parallelismus membrorum 102
Pascha 100
Persisches 151, 217, 219, 223 f., 226 f.
Peschitta 31
Philo von Alexandria 14 f., 27 f., 35
Poesie 102 f., 105, 160
Porphyrios 224
Postmosaica 36
Predigt 60, 74, 160
Priester 109
Priesterliche Tradition 57, 61 f., 168
Priesterschrift 35, 39–63, 79, 85, 114, 125, 166
Prokop 77
Prophetenbuch 140 f.
Prophetenerzählungen 134–137, 142 f., 160 f., 164, 176
Prophetenschule 141, 167, 175
Prophetie 75, 80, 86, 91, 108, 122–124
Prophetische Tradition 150, 168, 172
Psalmen 188–201, 205 f., 208
Pseudepigraphen 18, 31
Pseudonymität 39, 141, 173
Punktation 22 f., 24

Quellenscheidung 39—46, 177
Qumran 18, 20 f., 27, 30, 144, 181, 191

Rätsel 209
Rahelstämme 98—100
Recht 106—109, 175, 205 f., 208, 210
Rechtsbuch 94 ff., 109
Redaktion 38—46, 54, 62—69, 76, 82—84, 86 f., 110—139, 158—160, 169, 174 f., 183, 189 f., 218
Reden 63, 113—115, 118, 120, 122, 158—160, 204—206
Regentenspiegel 212
Reihenfolge der at. Bücher 15 f., 26 f.
Rezensionen der LXX 27—29
Richter, Richtergeschichte(n) 115—118, 126 f., 138 f.
Roman 221

Sage 103 f.
Salomo 93, 133, 209 f., 216, 218 f.
Salomogeschichte 120 f., 138
Samaritaner 19 f., 155, 183, 186, 228
Samaritanus 20
Samuel-Saul-Geschichte 118 f., 128 f.
Scheltwort 142
Schreiber 21 f., 79 f., 213
Schriftliche Überlieferung 101 f., 141
Schrift, Schreibkunst 20, 101
Schule 213 f.
Segen und Fluch 59 f., 105 f.
Selbstvorstellung Jahwes 60 f., 109, 165
Sentenz 212, 218 f.
Septuaginta 20, 24—32, 110, 156 f., 201, 221, 225, 227
Sichem 97
Sinaigeschichte 44 f., 66—68, 84, 99 f.
Sintflutgeschichte 41—43
Sirach 215
Skythen 162, 182
Spruch 105 f., 142, 209—213, 218 f.
Stichwortanreihung 152
Symbolische Handlung 143, 167, 170
Symmachos 21, 24 f., 28

Tagebücher der Könige von Israel und Juda 138
Talmud 15—17, 35

Targum 21, 30
Teile des Kanons 14 f., 26 f.
Tetrapla 29
Textkritik 24
Theodotion 21, 24 f., 28
Theologie 54 f., 91
Theologisierung 75, 104 f.
Theophanie 182, 204
Thronbesteigungsfest 195
Thronfolgeerzählung 93, 131—133
Tora (vgl. Gesetz) 66, 108 f., 142, 155
Traum 85, 222, 224
Tritojesaja 144, 154—156

Überschrift 143, 157, 169, 173 f., 186, 188 f., 216, 218
Ugarit 192, 209
Unschuldslied 197
Urdeuteronomium 78 f.
Urgeschichte 40—43, 64 f., 84, 88, 91 f., 94, 96 f., 104
Urkundenhypothese 37—40, 68 f., 70 f., 85, 88 f., 111
Urrolle 157, 160

Vätergeschichte 43 f., 64 f., 90, 92, 97
Vasallenverträge 71
Verheißung 64, 142, 144, 150, 153, 163, 167 f., 170, 174, 179 f.
Vertrauenslied 198
Vetus Latina 31 f.
Vision 143, 166, 185, 223 f.
Völkerworte 146, 157, 164
Volksdichtung 206 f., 214, 217
Vulgata 31 f., 110, 225, 227

Wadi Muraba'at 21, 27
Weheruf 142, 147
Weisheit 88, 94, 108, 142, 150, 169, 175 f., 203, 205 f., 208—215, 217—219
Weisheitspsalm 200 f.
Wortereignisformel 142 f., 158, 165, 169
Wüstenzeit 92, 100, 171

Zahl der at. Bücher 14
Zionstheologie 80, 150, 190
Zwölfprophetenbuch 144, 184, 187

Die *Transkriptionen* erfolgen nach dem ThWAT, *Abkürzungen* in der Regel nach RGG[3] bzw. TRE. Besonders seien genannt: akk. = akkadisch, ass. = assyrisch, bab. = babylonisch, isr. = israelitisch, jud. = judäisch, jüd. = jüdisch, kan. = kanaanäisch, lit. = literarisch, pers. = persisch, sum. = sumerisch. RTAT meint das Religionsgeschichtliche Textbuch zum AT, hrsg. von W. Beyerlin (1975). (Ges.) St. = (Gesammelte) Studien. Mit »Ges.St.«, »Ges.Aufs.«, »Kl.Schr.« werden die geläufigen Sammlungen, bes. in der »Theologischen Bücherei«, ohne Jahres- und Auflagenzahl zitiert.

Biblische Konfrontationen

Die Reihe »Biblische Konfrontationen« faßt im Hinblick auf zentrale Probleme gegenwärtigen Lebens und Handelns das biblische Zeugnis zusammen. Altes und Neues Testament, Vergangenheit und Gegenwart sowie unterschiedliche Auffassungen und Stellungnahmen in den biblischen Schriften selbst werden dabei einander gegenübergestellt.

Otto Kaiser / Eduard Lohse
Tod und Leben
Band 1001. DM 10,–
ISBN 3-17-002010-2

Siegfried Herrmann
Zeit und Geschichte
Band 1002. DM 10,–
ISBN 3-17-001925-2

Eckart Otto / Tim Schramm
Fest und Freude
Band 1003. DM 10,–
ISBN 3-17-002133-8

Erhard Gerstenberger / Wolfgang Schrage
Leiden
Band 1004. DM 14,–
ISBN 3-17-002429-0

Hans-Jürgen Hermisson / Eduard Lohse
Glauben
Band 1005. DM 10,–
ISBN 3-17-002012-9

Odil Hannes Steck
Welt und Umwelt
Band 1006. DM 16,–
ISBN 3-17-004849-X

Antonius H. J. Gunneweg / Walter Schmithals
Leistung
Band 1007. DM 12,–
ISBN 3-17-002014-5

Klaus Seybold / Ulrich Müller
Krankheit und Heilung
Band 1008. DM 12,–
ISBN 3-17-002246-6

A. H. J. Gunneweg / W. Schmithals
Herrschaft
Band 1012. DM 14,–
ISBN 3-17-002013-7

E. S. Gerstenberger / W. Schrage
Frau und Mann
Band 1013. DM 16,–
ISBN 3-17-005067-2

R. Smend / U. Luz
Gesetz
Band 1015. DM 18,–
ISBN 3-17-002015-3

In Vorbereitung:

Ernst Würthwein / Otto Merk
Verantwortung
Band 1009. Ca. DM 16,–
ISBN 3-17-002617-8

W. H. Schmidt / J. Becker
Zukunft und Hoffnung
Band 1014. Ca. DM 20,–
ISBN 3-17-007220-10

Verlag W. Kohlhammer
Stuttgart · Berlin · Köln · Mainz

Urban-Taschenbücher

Horst Seebaß
Biblische Hermeneutik
Bd. 199. DM 8,–. ISBN 3-17-001847-7

Günther Bornkamm
Jesus von Nazareth
Bd. 19. DM 12,–. ISBN 3-17-005930-0

Günther Bornkamm
Paulus
Bd. 119. DM 14,–. ISBN 3-17-005637-9

Klaus Koch
Die Profeten I
Bd. 280. DM 12,–. ISBN 3-17-004700-0

Klaus Koch
Die Profeten II
Bd. 281. DM 14,–. ISBN 3-17-004869-4

Eckart Otto
Jerusalem – die Geschichte der Heiligen Stadt
Bd. 308. DM 18,–. ISBN 3-17-05553-4

Gerd Bockwoldt
Religionspädagogik
Bd. 183. DM 12,–. ISBN 3-17-002031-5

Hans von Campenhausen
Lateinische Kirchenväter
Bd. 50. DM 14,–. ISBN 3-17-004795-7

Hans von Campenhausen
Griechische Kirchenväter
Bd. 14. DM 14,–. ISBN 3-17-004290-4

Edward Conze
Der Buddhismus
Bd. 5. DM 16,–. ISBN 3-17-088085-3

Martin Greschat (Hrsg.)
Theologen des Protestantismus im 19. und 20. Jahrhundert
Bd. 284/285. DM je 14,–.
ISBN 3-17-004899-6

Karl Kupisch
Kirchengeschichte
Band I: Von den Anfängen bis zu Karl dem Großen
DM 40,–. ISBN 3-17-001502-8

Band II: Das christliche Europa. Größe und Verfall des Sacrum Imperium
ISBN 3-17-001781-0

Band III: Politik und Konfession. Die Reformation in Deutschland
ISBN 3-17-002061-7

Band IV: Das Zeitalter der Aufklärung
ISBN 3-17-002126-5

Band V: Das Zeitalter der Revolutionen und Weltkriege
ISBN 3-17-002127-3

Martin Schmidt
Pietismus
Bd. 145. DM 12,–. ISBN 3-17-004935-6

Martinus A. Beek
Geschichte Israels
Von Abraham bis Bar Kochba
Bd. 47. DM 10,–. ISBN 3-17-004226-2

Tor Andrae
Islamische Mystik
Bd. 46. DM 14,–. ISBN 3-17-005748-0

Verlag W. Kohlhammer
Stuttgart · Berlin · Köln · Mainz

Der Koran

Mit diesen beiden Bänden liegt komplett das Standardwerk zum Koran vor: Mit der zuverlässigen und gut lesbaren **Übersetzung** wird der Leser denkbar nahe an das Original herangeführt; für ein vertieftes Verständnis des Korans sind **Kommentar und Konkordanz** ein unentbehrliches Hilfsmittel, insofern hier der Wortlaut in seinem ursprünglichen Sinngehalt erklärt sowie philologische und religionsgeschichtliche Zusammenhänge beschrieben werden.

Übersetzung
von Rudi Paret

Taschenbuchausgabe
2. Auflage 1980. 440 Seiten.
Kart. DM 18,–
ISBN 3-17-005743-X

Kommentar und Konkordanz
von Rudi Paret

Taschenbuchausgabe
2. Auflage 1981. 556 Seiten.
Kart. DM 32,–
ISBN 3-17-005657-3

Beide Bände zus. im Schuber DM 45,–
ISBN 3-17-005658-1

Rudi Paret
Mohammed und der Koran

Geschichte und Verkündigung des arabischen Propheten
5., überarbeitete Auflage 1980.
DM 16,–
ISBN 3-17-005784-7
Urban-Taschenbücher, Bd. 32

Rudi Paret
Schriften zum Islam

Volksroman – Frauenfrage – Bilderverbot
Hrsg. von Josef van Ess
276 Seiten mit 5 Abbildungen und einer Tabula gratulatoria
Kart. DM 69,–
ISBN 3-17-005981-5

Verlag W. Kohlhammer
Stuttgart · Berlin · Köln · Mainz